French B

A comprehensive preparation for Paper 1 HL/SL

Stéphanie Le Petit
Estelle Payne

IBID Press

First published in 2010 by IBID Press,
Victoria, Australia.

Library Catalogue:
Le Petit, S.
Payne, E.
1. French, 2. International Baccalaureate.
Series Title: International.
2. International Baccalaureate.
Series Title: International Baccalaureate in Detail.

ISBN-13: 978-1-876659-76-9
ISBN-10: 1-876659-76-9

Cover design: Adcore Creative
Printed by KHL Printing Co Pte Ltd, Singapore

First impression 2010.

IBID Press would like to sincerely thank the International Baccalaureate Organisation for permission to reproduce its intellectual property.

Avant-propos

Cet ouvrage constitue un recueil d'activités basées sur l'épreuve 1 de l'examen du cours de français langue B et s'adresse aux élèves de niveaux moyen et supérieur.

Dans ce manuel nous avons fait le choix de couvrir 11 thèmes qui, en tant que professeurs, nous semblent répondre aux exigences linguistiques et culturelles d'un programme tel que celui du français langue B. En travaillant avec ce manuel, les apprenants seront exposés à divers types de textes fréquemment rencontrés sous forme écrite. Chaque texte a été choisi avec soin afin de promouvoir la discussion en classe et de pouvoir être développé sous forme de réponse écrite.

Nous tenons à préciser que les textes sélectionnés ne sont pas représentatifs du point de vue des auteurs.

Chaque chapitre est constitué de trois parties : une section « mise en route », les textes et leurs activités et une section « pour aller plus loin ». Comme son nom l'indique la section « mise en route » permet d'aborder chaque thème de façon ludique, stimulante et de provoquer une certaine réflexion chez les élèves. Ces activités souvent orales peuvent bien évidemment être adaptées par le professeur suivant l'objectif pédagogique et les besoins des étudiants. Les questions des compréhensions écrites sont formulées suivant le modèle de celles de l'épreuve 1 afin de familiariser les apprenants aux exigences de l'examen du baccalauréat international. La section « pour aller plus loin » permet aux élèves d'approfondir leurs connaissances à travers divers médias. Les questions en fin de chapitre ont été conçues en vue de la préparation de l'épreuve orale.

Toutefois, nous recommandons fortement aux professeurs de vérifier au préalable que le contenu des ouvrages proposés convient à la sensibilité de la culture ou du pays d'origine des apprenants.

Enfin, le chapitre 12 se concentre sur la réponse écrite qui semble poser quelques difficultés à un grand nombre d'étudiants. Les conseils et les exercices présents dans ce chapitre permettront de préparer les apprenants à cet exercice.

Nous espérons vivement que cet ouvrage aidera aussi bien les enseignants que les étudiants à la préparation de l'examen du baccalauréat international.

Les auteurs

AVANT-PROPOS

Remerciements

Nous tenons à remercier les auteurs, éditeurs ou organisations suivants pour nous avoir généreusement permis d'utiliser leurs articles ou extraits d'ouvrage gratuitement :

Caroline Carissoni (Lutter contre les discriminations, Une loi pour apprendre à bien manger, Lycéens fin de bataille au tribunal) Milan Presse.

Anne Debroise (Dix ans après Kyoto, Peut-on se passer de l'énergie nucléaire) Milan Presse.

Claude Faber (Écrire au-delà des préjugés) Milan Presse.

Laurent Fordant (origine des noms de famille- les surnoms).

Nancy Ladde (Des lycéens équitables) Milan Presse.

Nicolas Palita-Leroy (Vocation chanteur : l'effet StarAc ?) Milan Presse.

Claude Poirier (Le lexique québécois : son évolution, ses composantes), Stanford French Review, Spring-Fall 1980 (Culture populaire et littératures au Québec)

Marie Révillon (Médias pour filles : interdit aux garçons ?) Milan Presse.

Flammarion : Vendredi ou la vie sauvage de Michel Tournier.

Hachette Littératures : Kiffe Kiffe demain de Faïza Guène.

Le livre de poche : La Puce à L'oreille de Claude Duneton.

Le Point :

- Tecktonic- La nouvelle fièvre du samedi soir
- Obésité enfantine : la télé au banc des accusés.

Le Monde :

- Pacs, enfants tardifs et hors mariage : la famille en 2008.
- Dans son pavillon de Bourg-la-Reine, Liliane, 75 ans teste avec Indira, 21 ans, le logement intergénérationnel
- Le parcours scolaire parfois chaotique des enfants
- Cinquième année de baisse pour le CD
- Pour les enfants, les écoles de cirque ouvrent la voie du sport et de la créativité
- Des associations formulent sept propositions pour une loi de lutte contre l'obésité
- Fins de mois difficiles à la cité U Jean-Mermoz, à Lyon
- 100 000 SDF vivent en France
- « Restos du cœur » : le provisoire s'est installé
- La presse écrite à la conquête des jeunes
- Les ventes de la presse people en forte hausse cet été
- Le virtuel pour soigner les enfants en difficulté
- Petit lexique du parler caillera
- "Vous parlez français ? - Neen."

Dossier Familial :

- J'ai dix-huit ans, je fais ce que je veux
- Parents trop aimants, trop étouffants
- Les devoirs de vacances, passage obligé ?
- Voyager autrement en échangeant sa maison
- Des vacances pour apprendre
- Enfants : faut-il les envoyer en colo ?

L'association immeubles en fête : la fête des voisins.

L'Association Française d'Information et de Recherche sur l'Animal de Compagnie : *Chiens, chats et compagnie*

La CGT :

- Sans papiers. À Paris, plus de 200 travailleurs en grève pour les régularisations
- Femmes et mixité.

La lettre des parents :

- Halte à la triche
- Carton rouge pour la dispense du sport

Sécurité routière, Ministère de l'Écologie, de l'Énergie, du Développement durable et de l'Aménagement du territoire : Celui qui conduit, c'est celui qui ne boit pas.

Les auteurs

SOMMAIRE

Pour les résponse, visitez www.ibid.com.au

LA CLÉ DE LA RÉUSSITE

Pas toujours facile de se remettre au français après deux longs mois de vacances. Et pourtant il ne faut surtout pas attendre les derniers mois pour se mettre sérieusement au travail car il sera alors trop tard et vos chances de réussite n'en seront que réduites.
Tout d'abord, il est primordial d'être bien organisé, assidu, motivé et surtout de croire en vos capacités.

- Équipez-vous d'un bon dictionnaire bilingue et d'un autre unilingue. Vous pouvez également trouver de bons dictionnaires gratuits en ligne.
- Organisez vos cours (vous pouvez utiliser un classeur divisé en différentes sections : notes de cours, vocabulaire, grammaire...).
- Créez des fiches de révision (vocabulaire, grammaire, expressions idiomatiques...) au fur et à mesure.
- Efforcez-vous à réutiliser les nouveaux mots, les nouvelles expressions idiomatiques dans les tâches écrite et orales.
- Corrigez vos erreurs. Lorsque le professeur vous rend un devoir, prenez l'habitude de le relire et de systématiquement corriger vos fautes afin de les comprendre et surtout de ne pas les reproduire dans d'autres tâches.
- Tenez un journal de bord dans lequel vous écrirez régulièrement (trois-quatre fois par semaine) afin d'améliorer la qualité de votre langue et votre style.
- Familiarisez-vous avec les critères de notation afin d'être conscient de ce que l'on attend de vous.
- Lisez ! Que ce soit des romans, des pièces de théâtre, des magazines, des journaux ou même des bandes dessinées.
- Créez un portfolio de textes que vous lisez indépendamment. Cela vous permettra de prendre des notes sur le vocabulaire, les structures grammaticales et le format des textes. Se tenir au courant de ce qui se passe dans le monde francophone pourra également vous aider à choisir un sujet pour votre oral individuel.
- Efforcez-vous à regarder des films et documentaires en français. Si vous n'avez pas accès à une sélection intéressante de films vous avez toujours la possibilité de regarder TV5 et France 24.
- Écoutez la radio, cela améliorera votre compréhension orale et vous permettra de connaître les derniers tubes ! Internet est un outil fantastique qui vous permettra l'accès à une très grande variété de stations radio francophones.
- Parlez français ! Si vous n'habitez pas dans un pays francophone, il y a de fortes chances que vos cours de français représentent l'unique opportunité de pratiquer la langue de Molière donc profitez-en, participez, posez des questions. Bref, ayez un rôle actif dans la classe de français.

On ne le répétera jamais assez : Surtout n'attendez pas la fin de la deuxième année pour vous mettre au travail. Connaissez-vous la célèbre fable de La Fontaine Le Lièvre et la Tortue ? Inutile donc de vous rappeler que la tortue arrive la première !

« Rien ne sert de courir ; il faut partir à point. »

Bonne chance et surtout bonne réussite !

Et pour le plaisir...

LE LIÈVRE ET LA TORTUE

Rien ne sert de courir ; il faut partir à point.
Le Lièvre et la Tortue en sont un témoignage.
Gageons, dit celle-ci, que vous n'atteindrez point
Si tôt que moi ce but. Si tôt ? Êtes-vous sage ?
Repartit l'Animal léger.
Ma Commère, il vous faut purger
Avec quatre grains d'ellébore.
Sage ou non, je parie encore.
Ainsi fut fait : et de tous deux
On mit près du but les enjeux.
Savoir quoi, ce n'est pas l'affaire ;
Ni de quel juge l'on convint.
Notre Lièvre n'avait que quatre pas à faire ;
J'entends de ceux qu'il fait lorsque prêt d'être atteint
Il s'éloigne des Chiens, les renvoie aux calendes,
Et leur fait arpenter les landes.
Ayant, dis-je, du temps de reste pour brouter,
Pour dormir, et pour écouter
D'où vient le vent, il laisse la Tortue
Aller son train de Sénateur.
Elle part, elle s'évertue ;
Elle se hâte avec lenteur.
Lui cependant méprise une telle victoire ;
Tient la gageure à peu de gloire ;
Croit qu'il y va de son honneur
De partir tard. Il broute, il se repose,
Il s'amuse à toute autre chose
Qu'à la gageure. À la fin, quand il vit
Que l'autre touchait presque au bout de la carrière,
Il partit comme un trait ; mais les élans qu'il fit
Furent vains : la Tortue arriva la première.
Eh bien, lui cria-t-elle, avais-je pas raison ?
De quoi vous sert votre vitesse ?
Moi l'emporter ! et que serait-ce
Si vous portiez une maison ?

Jean de La Fontaine, *Le Lièvre et la Tortue*, Livre VI, Fable 10, 1668

Chapitre 1

L'IDENTITÉ

MISE EN ROUTE

Imaginez l'identité de ces personnes, puis comparez vos portraits à ceux faits par les autres étudiants.

© Stéphanie Le Petit

© Stéphanie Le Petit

Nom : Anne

Prénom(s) : Grand-mére

Surnom ou diminutif :

Nationalité : Français

Date de naissance : Novembre 21, 1933

Âge : Quatre-vingt-cinq

Religion :

Situation familiale :

Occupation professionnelle :

Goûts :

Loisirs :

- Voile

Une histoire personnelle :

Nom :

Prénom(s) :

Surnom ou diminutif :

Nationalité :

Date de naissance :

Âge :

Religion :

Situation familiale :

Occupation professionnelle :

Goûts :

Loisirs :

Une histoire personnelle :

© Stéphanie Le Petit

Nom :	***Nom :*** ....
Prénom(s) :	***Prénom(s) :*** ....
Surnom ou diminutif :	***Surnom ou diminutif :*** ....
Nationalité :	***Nationalité :*** ....
Date de naissance :	***Date de naissance :*** ....
Âge :	***Âge :*** ....
Religion :	***Religion :*** ....
Situation familiale :	***Situation familiale :*** ....
Occupation professionnelle :	***Occupation professionnelle :*** ....
Goûts :	***Goûts :*** ....
Loisirs :	***Loisirs :*** ....
Une histoire personnelle :	***Une histoire personnelle :*** ....

Les prénoms
Législation, les points essentiels

TEXTE

❶ **Aujourd'hui, vous pouvez appeler votre enfant comme bon vous semble. Seul l'officier de l'Etat civil inscrit le prénom de votre bébé sur le registre et vérifie qu'il ne lui nuise pas. S'il trouve par contre que l'association du nom et du prénom ou encore que le prénom est préjudiciable pour l'enfant, il pourra en avertir le procureur de la République qui saisira le juge des affaires familiales.**

❷ Aude Vaisselle, Sophie Fonfec, Wilda Rachid, Goldorak, etc. avant de vous arrêter sur un prénom pour votre enfant, si joli soit-il, assurez-vous quand même qu'on ne puisse pas faire des jeux de mots douteux. « On donne le prénom que l'on veut ! » direz-vous! Oui mais bon, même si aujourd'hui il y a peu de limitations légales, il faut néanmoins bien réfléchir. Petit topo sur ce que vous devez savoir.

Petit retour en arrière...

❸ Saviez-vous que pendant très longtemps, les générations qui nous précèdent n'étaient pas aussi libres que nous le sommes aujourd'hui dans le choix du prénom. La loi du 11 germinal de l'an XI notamment, n'autorisait que les prénoms de personnages connus de l'histoire ou ceux présents dans les différents calendriers. L'officier d'Etat civil avait même l'interdiction d'en accepter d'autres. Même la tradition de transmettre le prénom du grand-père ou du parrain était surveillée de très près.

❹ C'est seulement en 1966 qu'une réforme ministérielle va faire évoluer les choses en autorisant les prénoms mythologiques, régionaux, composés et même les diminutifs. Les articles de loi ne cesseront par la suite d'être créés, qui donneront toujours plus de liberté quant au choix du prénom.

❺ L'édiction de la loi du 8 janvier 1993 enfin stipulera que les parents sont libres de choisir un prénom qui leur plaît sauf s'il va à l'encontre de l'intérêt de votre bambin. En effet, tous les prénoms qui paraissent grossiers, ridicules, dévalorisants pour l'enfant sont immédiatement contestés par l'officier d'Etat civil. Le prénom peut être alors supprimé du registre et les parents doivent en donner un autre. S'ils ne le font pas, un prénom sera attribué d'office à votre enfant.

❻ Extrait de la loi de 1993, avec l'article 57 : Tout prénom inscrit dans l'acte de naissance peut être choisi comme prénom usuel. Lorsque ces prénoms ou l'un d'**eux**, seul ou associé aux autres prénoms ou au nom, **lui** paraissent contraires à l'intérêt de l'enfant ou au droit des tiers à voir protéger leur patronyme, l'officier de l'état civil en avise sans délai le procureur de la République. **Celui-ci** peut saisir le juge aux affaires familiales.

❼ La fantaisie et l'originalité vont bon train aujourd'hui. Il est évident qu'en tant que parents, on a envie de donner un prénom hors du commun, super original, qui sorte de la « normalité ». Mais sachez que prénommer votre enfant « Périphérique Nord » parce que vous avez justement accouché dans un camion de pompier bloqué sur le périphérique nord à Paris, pourra être un peu lourd à porter...

Alexandra Rêteux, www.neufmois.fr
URL: http://www.neufmois.fr/prenoms/dossier-prenoms,legislation--les-points-essentiels_57_1295.html

ACTIVITÉS

1. *Cet article s'adresse à…*
   A. des personnes qui désirent changer de prénom.
   B. un public général.
   C. des officiers de l'Etat civil.
   D. de futurs parents.

   ☐

2. *Selon le 1ier paragraphe, **deux** des phrases suivantes sont vraies. Indiquez les réponses correctes dans les cases de droite.*
   A. Il est impossible de choisir le nom que l'on désire pour son enfant.
   B. Les parents ont la possibilité de prénommer leur enfant comme ils le souhaitent.
   C. Le prénom choisi ne doit pas porter préjudice à l'enfant.
   D. Le rôle de l'officier de l'Etat civil est d'enregistrer le prénom sans juger.
   E. Il n'y a pas de mesures prévues si les parents choisissent un prénom nuisible à l'enfant.

   ☐ ☐

Dans le 2e paragraphe retrouvez les mots ou expressions qui sont équivalents à ceux proposés ci-dessous.

3. *« décider »* ....
4. *« de mauvais goût »* ....
5. *« cependant »* ....

*Vous avez des débuts de phrases à gauche et des fins possibles à droite. En vous basant sur les 3e, 4e et 5e paragraphes, associez chaque début avec la fin qui lui correspond. **Attention** : il y a plus de fins que de débuts et chaque fin ne peut être utilisée qu'une seule fois.*

6. Nos ancêtres n'avaient pas autant...	☐	*A. existants dans les calendriers et aux personnages historiques célèbres.*
7. À partir de 1966 il devient possible de...	☐	*B. aux prénoms de la mythologie.*
		C. de choisir le prénom de leur choix grâce à une loi adoptée en 1993.
8. Avant 1966, le choix des prénoms était limité aux prénoms...	☐	*D. de liberté quant au choix des prénoms.*
9. Les parents ont la liberté...	☐	*E. à choisir un prénom préjudiciable à l'enfant.*
10. Les parents ne sont pas autorisés...	☐	*F. choisir un prénom autre que ceux existants dans les calendriers ou ceux de personnages célèbres de l'histoire.*

11. *D'après le 5e paragraphe, donnez* **deux** *raisons pour lesquelles un prénom peut être refusé.*

(a) ....

(b) ....

12. *En vous basant sur le 5e paragraphe, terminez la phrase suivante.*

Si le prénom de votre enfant a été rayé du registre et que vous n'en choisissez pas un autre ....

Trouvez dans le 6e paragraphe, les mots qui se réfèrent à chaque mot en gras dans le texte.

13. *Lorsque ces prénoms ou l'un d'***eux**	**eux**	
14. ***lui*** *paraissent contraires à l'intérêt de l'enfant*	**lui**	
15. ***Celui-ci*** *peut saisir le juge aux affaires familiales.*	**Celui-ci**	

16. *Dans le 7e paragraphe, quelle expression utilisée signifie « avancent rapidement » ?*

....

17. *Quel mot du 7e paragraphe signifie « mis au monde » ?*

....

18. *Dans le 2e paragraphe, pouvez-vous trouver le jeu de mots fait par l'association du prénom et du nom de famille ?*

Aude Vaisselle ....

Sophie Fonfec ....

Wilda Rachid ....

TOTAL : 22

ORIGINE DES NOMS DE FAMILLE – Les surnoms

TEXTE

❶ **Les surnoms :**

Les surnoms constituent la catégorie de base des noms de famille. S'ils peuvent être facilement confondus avec les surnoms dits « physiques » ou « moraux », ou [-7-] les « sobriquets », ils étaient motivés par un trait marquant de l'individu qui se trouvait [-8-] nommé sans ambiguïté, dans le cercle restreint de son village et de ses proches.

C'est ainsi, par exemple, que deux personnes ayant le même nom de baptême, se verront distinguées par l'attribution d'un adjectif qui, au fil des évolutions, deviendra son nom de famille. Par exemple, si deux personnes d'un même village portent le nom de Bernard, on attribuera à l'un des deux un nom faisant référence soit à une de ses qualités propres, soit à son lieu d'habitation. Le nom ainsi donné sera [-9-] Petibernard ou Bernarmont.

Les surnoms peuvent également désigner une expression employée fréquemment. Ainsi, un homme répétant souvent « par la grâce de Dieu » se verra appelé Pardieu.

Nous allons poursuivre en évoquant ci-dessous différentes formes de surnoms utilisés pour caractériser leurs porteurs : les noms de lieux, les noms « d'état », les noms de métiers, les sobriquets, [-10-] les surnoms moraux et physiques.

❷ **Les noms de lieux :**

[-1-] C'est à cette époque que des noms comme Duhamel (« le hameau »), Dumas (« la ferme ») ou Castel (« le château ») virent le jour.

A l'heure actuelle, les noms de lieux constituent une grande partie des noms de famille. Ils font référence à deux types de lieux :

- Les lieux-dits :

  Ce sont des noms empruntés aux domaines dont la propriété passait d'une génération à une autre au rythme des héritages. Parmi les porteurs de ces noms, il en est beaucoup qui ne possèdent plus les domaines correspondants. Pourtant, il n'est pas rare de retrouver certains porteurs de noms de lieux non loin de l'endroit en question.

- La provenance :

  Ces noms désignaient les lieux proches du domicile d'un individu (route, chemin, source, cours d'eau, marécage, toponymie alpine, monastère, chapelle, etc.), ou les régions d'origine de nouveaux habitants (hameau, village, ville, région, pays, etc.).

  Il pouvait s'agir, par exemple, d'une personne vivant près d'un pont (Dupont, Dupontet, Dupontel, etc.), ou venant d'Auvergne (Lauvergne, Larverne, Larvergne, etc.).

Mais on désignait également l'individu par un terme rappelant la caractéristique de sa maison : Kergoat (« maison en bois »), Piarresteguy (« demeure de pierre »).

❸ Les noms dit « d'état » :

[-2-] Ils apparaissent en France à partir du XIIème siècle, époque à laquelle la vie sociale prend une véritable place en France. C'est en effet la période où naît la petite bourgeoisie englobant les artisans, les petits commerçants, ainsi que toutes les professions issues de la fonction publique. Les avocats et les religieux, jusqu'alors au service de la noblesse, se mettent à côtoyer cette bourgeoisie génératrice de développement économique. Les porteurs de ces noms n'exerçaient pas forcement cette profession. En effet, le maître dont ils dépendaient transmettait à ses serviteurs son nom générique.

La quasi totalité de ces noms révèlent une caractéristique liée à la vie sociale (Ex. : Avoyer « Avocat », Chevalier, Maréchal, Prévosts, Clerc, Abbey, Évêque).

Il est à noter que ces noms se retrouvent sur l'ensemble du territoire français, avec dans certains cas des modifications orthographiques liées au changement de région, le sens ne changeant guère.

De part leur spécificité ces noms sont les plus rares en France.

❹ Les noms de métiers :

Entre le Vème et le Xème siècle, les habitants de la France ne portaient que leurs

noms de baptême. [-3-] C'est plus tard, au hasard d'un acte de baptême, de mariage ou de sépulture que les noms de métiers sont devenus héréditaires, se transformant en nom de famille.

Il est à noter, que ces noms relèvent plutôt d'une origine citadine. En effet, c'est dans les bourgs et dans les lieux de foires que l'on retrouve le plus souvent artisans et négociants. Voici quelques exemples de noms de métiers : Couturier, Fournier, Lefebure, Barbier, Wagner (charron), Schumacher (cordonnier), Mitterand (le mesureur).

❺ Les sobriquets :

Il est assez difficile de bien repérer un nom répertorié comme « sobriquet ». [-4-]

Ils ne sont pas forcément péjoratifs, mais expriment plutôt une particularité chez un individu. Ce dernier, une fois dénommé par ses pairs, créait sa propre famille autour de ce nom.

Ces noms sont apparus au Moyen-Âge et sont dans bien des cas des adjectifs. Par exemple : Bachelard (« jeune garçon à marier »), Gagnebin (« qui sait gagner de l'argent »), Lesot (« celui qui ramenait l'eau »), Couard (« désignait un homme peureux »), Romeu (rappel le pèlerinage d'un individu à Rome), Lesoldat, etc.

❻ **Les surnoms « moraux » :**

Les noms dits « moraux » sont apparus en France aux alentours du XIIème siècle.

[-5-] : Vaillant, Hardy (« homme brave »), Doucet (« homme gentil », « doux »), Lesage (« homme savant »), Agassi (« celui qui jacasse »).

Les animaux servaient aussi de référence pour qualifier les surnoms moraux : Renard (« le rusé »), Chevrier (« chèvre », désignait un homme leste, agile), Cocteau (« coq », désignait un homme vaniteux, orgueilleux, querelleur).

❼ **Les surnoms « physiques » :**

Les noms à caractéristique « physiques », sont apparus en France, comme d'autres types de noms, aux alentours du XIIème siècle. [-6-]

Laurent Fordant, www.geopatronyme.com

ACTIVITÉS

Les définitions des différentes origines des noms ont été enlevées du texte. Remettez-les dans le texte.

1. [-1-] *Les noms de lieux* ☐
2. [-2-] *Les noms dit « d'état »* ☐
3. [-3-] *Les noms de métiers* ☐
4. [-4-] *Les sobriquets* ☐
5. [-5-] *Les surnoms « moraux »* ☐
6. [-6-] *Les surnoms « physiques »* ☐

A. *Ces noms sont en effet des déformations humoristiques ou fantaisistes. Cependant, ils peuvent également exprimer une caractéristique morale ou physique, sans pour autant devoir être considérés comme des noms dits « à caractère physiques ou moraux ».*

B. *Ces noms de famille étaient donnés aux personnes qui présentaient une particularité physique apparente permettant de les distinguer. Ces particularités étaient bien souvent en rapport avec la morphologie.*

C. *Cette catégorie regroupe des noms issus des fonctions occupées par les personnes auxquelles ils ont été attribués.*

D. *Ils désignaient les personnes qui se distinguaient par leurs qualités ou leurs défauts.*

E. *Au Moyen-Âge, pour différencier les personnes (nobles et roturiers) qui n'avaient qu'un nom de baptême, on les surnommait souvent du nom de leurs terres d'origines.*

F. *A partir du XIIème siècle, pour différencier les homonymes devenus trop nombreux, certains noms de métiers furent adoptés pour désigner les individus.*

Ajoutez les mots qui manquent dans le 1ier paragraphe en les choisissant dans la liste proposée ci-dessous. ***Attention :*** *il y a plus de mots que d'espaces et chaque mot ne peut être utilisé qu'une seule fois.*

en suivant ***alors*** ***encore*** ***mais*** ***puis*** ***ainsi***

[-7-] ....

[-8-] ....

[-9-] ....

[-10-] ....

11. *D'après le 3e paragraphe de quelle catégorie sociale font partie les artisans et les petits commerçants ?*

    ....

12. *Quelle expression du 4e paragraphe signifie « prénoms » ?*

    ....

13. *Quel mot du 4e paragraphe indique que les noms de métiers se sont transmis de génération en génération ?*

    ....

14. *En vous basant sur le 4e paragraphe, donnez* ***deux*** *moyens de transmission d'un nom de « métier » comme nom de famille.*

    (a) ....

    (b) ....

15. *Selon le 4e paragraphe,* ***deux*** *des phrases suivantes sont vraies. Indiquez les réponses correctes dans les cases de droite.*

    A. Les Français ont toujours porté un prénom et un nom de famille.
    B. Avant l'an 1000, les Français ne portaient pas de noms de famille.
    C. Les noms de métiers sont généralement apparus dans les villes.
    D. Les noms de métiers ne sont portés que par les citadins.

    ☐
    ☐

En vous basant sur les 5e, 6e et 7e paragraphes, reliez chacun des mots du texte figurant dans la colonne de gauche à son équivalent dans la colonne de droite. ***Attention*** *: il y a plus de mots dans la colonne de droite que dans celle de gauche.*

16. répertorié (5e paragraphe)	☐	*A. classé*
17. péjoratifs (5e paragraphe)	☐	*B. ainsi*
18. bien des (5e paragraphe)	☐	*C. catégories*
19. aussi (6e paragraphe)	☐	*D. individus*
20. types (7e paragraphe)	☐	*E. beaucoup de*
		F. valorisants
		G. également
		H. dépréciatifs
		I. peu de

TOTAL : 22

Textes

TEXTES

❶ - Je ne m'appelle pas Momo, mais Moïse.
Le lendemain, c'est lui qui ajouta :
- Je sais que tu t'appelles Moïse, c'est bien pour cela que je t'appelle Momo, c'est moins impressionnant.

Éric-Emmanuel Schmitt, *Monsieur Ibrahim et les Fleurs du Coran*, © Albin Michel, 2001

❷ Robinson s'était longtemps demandé comment il appellerait l'Indien. Il ne voulait pas lui donner un nom chrétien aussi longtemps qu'il ne serait pas baptisé. Il décida finalement de **lui** donner le nom du jour où il l'avait recueilli. C'est ainsi que le second habitant de l'île s'appela *Vendredi*.

Michel Tournier, *Vendredi ou la vie sauvage,* © Flammarion, 1971.

❸ Le directeur de l'usine la plus nécessaire de toutes les usines me toisait sans gentillesse. C'était un long personnage. On aurait dit une girafe désincarnée, une sorte de squelette géant sur lequel on aurait collé un peu de peau pour ne pas effrayer complètement les gens.[…] Le directeur-girafe semblait sidéré par cet accueil. […] – Un verbe ne peut pas se tenir tranquille, m'expliqua la girafe, c'est sa nature.

Erik Orsenna, *La grammaire est une chanson douce,* © Éditions Stock, 2001.

❹ Sidérée, je la regardai. Elle planta ses yeux dans les miens et je vis qu'elle savourait mon humiliation. Son hilarité reprit de plus belle. Un éclair me traversa le crâne : « Elle ne s'appelle pas Christa ! Elle s'appelle Antéchrista ! »

Amélie Nothomb, *Antéchrista,* © Albin Michel, S.A., 2003.

❺ - Dieu, que je suis bête ! dit madame Lepic. Je n'y pensais plus. Poil de Carotte, va fermer les poules ! Elle donne ce petit nom d'amour à son dernier né, parce qu'il a les cheveux roux et la peau tachée. Poil de Carotte, qui joue à rien sous la table, se dresse et dit avec timidité :

- Mais, maman, j'ai peur aussi, moi.

Jules Renard, *Poil de Carotte*, 1894.

❻ La première fois que je me vis dans un miroir, je ris : je ne croyais pas que c'était moi. A présent, quand je regarde mon reflet, je ris : je sais que c'est moi. Et tant de hideur a quelque chose de drôle. Mon surnom arriva très vite. Je devais avoir six ans quand un gosse me cria, dans la cour : « Quasimodo ! » Fous de joie, les enfants reprirent en chœur : « Quasimodo ! Quasimodo ! »

Amélie Nothomb, *Attentat,* © Albin Michel, S.A., 1997.

❼ Sa mère l'appelait Paulet par câlinerie, il ne pouvait articuler ce mot et le prononçait Poulet, ce qui éveillait des rires interminables. Le surnom de Poulet lui resta. On ne le désignait plus autrement.

Guy de Maupassant, *Une vie,* 1883.

ACTIVITÉS

Relevez dans les extraits ci-dessus : ***le surnom donné*** *et* ***son origine*** *ou la raison pour laquelle la personne porte ce surnom.*

	Surnom	Raison/origine
1.	....	....
2.	....	....
3.	....	....
4.	....	....
5.	....	....
6.	....	....
7.	....	....

8. *Dans le 1[ier] extrait, quel mot signifie « le jour après » ?*

....

En vous basant sur le 2e extrait, indiquez dans le tableau à quoi ou à qui se réfèrent les mots en gras.

9. ***il*** *ne serait pas baptisé*	**il**	
10. *Il décida finalement de* ***lui*** *donner le*	**lui**	
11. *nom du jour où* ***il*** *l'avait recueilli*	**il**	

Dans le 3e extrait, trouvez les mots qui ont la même signification que les expressions ou mots ci-dessous.

12. *« regardait avec dédain »* ....
13. *« stupéfait »* ....

14. *Dans le 4e extrait, que signifie « Elle planta ses yeux dans les miens »*
    A. Elle détournait son regard du mien.
    B. Elle ne supportait pas mon regard.
    C. Elle me fixait du regard.
    D. Son regard évitait le mien.

☐

15. *Dans le 4e extrait, quelle phrase indique que Christa/Antéchrista éclate de rire ?*

....

16. *En vous basant sur le 4e extrait, indiquez dans le tableau à quoi ou à qui se réfère le mot « la » dans la phrase « Sidérée, je la regardai » ?*

....

17. *Dans le 5e extrait, quelle est l'excuse de Poil de Carotte ?*

....

18. *Dans le 6e extrait, qu'est-ce qui est risible selon le narrateur ?*

....

Dans le 6e extrait, trouvez les mots qui ont la même signification que les mots ci-dessous.

19. *« laideur »* ....
20. *« enfant »* ....

21. *Dans le 7e extrait, pourquoi sa mère appelle-t-elle Paul « Paulet » ?*

....

22. *Trouvez dans le 7e paragraphe, à quoi se réfère « **le** » dans la phrase « **le** prononçait Poulet ».*

....

23. *Dans le 7e paragraphe, « On ne le désignait plus autrement » veut dire :*
    A. On l'appelait toujours Poulet.
    B. On ne l'appelait plus Poulet.
    C. On ne l'appelait pas Poulet.
    D. On l'appelait Poulet de temps en temps.

☐

TOTAL : 23

Béni ou le Paradis privé

« - Ben Abdallah Bellaouina est-il présent ?

- Présent, m'sieur!

Il se moquait. Ça se voyait bien que j'étais dans la classe, non? J'étais facilement reconnaissable !

Les autres profs étaient moins vicieux. Au début de l'année, l'un avait demandé quel était le nom de famille dans les deux morceaux, l'autre la signification, comme si moi je me cassais la tête de savoir ce que voulait dire Thierry Boidard ou Michel Faure.

Fils de serviteur d'Allah : voilà la définition de Ben Abdallah. Fils élevé à la puissance deux d'Allah. Ça devrait impressionner, normalement, mais voilà, comme on n'est pas au pays des djellabas et des mosquées, ça n'impressionne pas le Lyonnais des Terreaux ou de la Croix-Rousse. Au contraire, ça fait rire. Qu'Allah me pardonne, mais quand j'aurai les moyens et quand je serai plus sûr de moi, je changerai de nom. Je prendrai André par exemple. Parce que franchement, faut avouer que ça sert strictement à rien de s'appeler Ben Abdallah quand on veut être comme tout le monde.

Bien sûr, les profs pourraient m'appeler Béni et je serais mieux dans ma peau, mais ils n'aiment pas les familiarités avec les élèves.

Abboué ne serait pas content du tout s'il apprenait le fond secret de mes pensées. Jamais de la vie il ne pourrait m'appeler André, **sa** langue elle-même refuserait de prononcer ce nom de traître. Certaines choses ne méritent pas d'être dites aux parents. Alors s'ils savaient aussi que je suis tombé amoureux fou de France dès la première heure de cours, mon père m'expédierait illico au bled et ma mère, comme d'habitude, se déchirerait les joues, s'arracherait les cheveux, avant d'aller consulter un marabout.

France, c'est un joli prénom, comme le pays qui **lui** aussi est joli. Mais qui aurait l'idée de rire de ce prénom ? Habiter à Lyon, avoir les cheveux blonds et les yeux bleus, tout en s'appelant France n'a rien de surprenant. André et France... France et André, ou Dédé pour les amis : voilà un accord naturel et harmonieux. Ben Abdallah et France ! tout de suite, ça sent l'agression, l'incompatible.

Quant elle m'a parlé pour la première fois, elle m'a demandé comment je m'appelais et avant qu'elle ait fini de poser la question je **lui** ai lancé :

- Béni!
- C'est joli ! elle a dit. Ça vient d'où ?
- De partout. Mon père est africain et ma mère anglaise ! J'ai ajouté pour conserver mes chances.

- Ah bon! C'est marrant ces mélanges. »

Azouz Begag, *Béni ou le Paradis privé,* © Éditions Points, 2005.

ACTIVITÉS

1. *La scène se déroule…*
   A. dans la cour de récréation.
   B. dans une salle de classe.
   C. chez Ben Abdallah.
   D. chez France. ☐

2. *Quelle phrase du début du texte indique qu'il est tourné en ridicule par son professeur?*

   ....

3. *Quel adjectif utilise-t-il pour qualifier son professeur ?*

   ....

4. *Quelle expression imagée utilise-t-il pour désigner l'Algérie ?*

   ....

5. *En vous basant sur les lignes 8 à 11, indiquez quelle réaction provoque son nom ?*

   ....

6. *Quelles sont les* **deux** *conditions, selon lui, pour qu'il puisse changer de nom (lignes 11 à 14) ?*
   (a) ....
   (b) ....

7. *En vous basant sur le texte expliquez pourquoi il voudrait changer de nom ?*

   ....

8. *Pourquoi préférerait-il être appelé « Béni »?*

   ....

9. *Quel est « ce nom de traître » dont il est question à la ligne 19 ?*

   ....

10. *Aux lignes 19 à 22, quelle expression indique qu'il aime France ?*

    ....

11. *Quelles sont les* **deux** *raisons qui rendraient son père mécontent (lignes 17 à 22) ?*
    (a) ....
    (b) ....

12. *Quel mot d'origine arabe signifie « pays » ?*

    ....

13. *Comment appelle-t-il son père ?*

    ....

En vous basant sur le texte, indiquez dans le tableau à quoi ou à qui se réfère le mot en gras

*14. **sa** langue elle-même refuserait de prononcer ce nom*	**sa**	
*15. qui **lui** aussi est joli*	**lui**	
*16. je **lui** ai lancé*	**lui**	

*17. Selon le texte **trois** des six phrases suivantes sont fausses. Indiquez les lettres correspondantes dans la case de droite.*

A. Ben Abdallah ne se distingue pas physiquement de ses camarades.
B. Le nom Ben Abdallah est sujet de moquerie.
C. Son prénom l'empêche de s'intégrer.
D. Son père accepterait sans difficulté que Ben Abdallah change de nom.
E. Selon Ben Abdallah son prénom est en parfait accord avec le prénom France.

☐ ☐ ☐

TOTAL : 21

TEXTE

Un nom à coucher dehors

« Pour boire de l'eau et coucher dehors il ne faut demander congé à personne », dit un ancien proverbe. Encore que de nos jours ce ne soit pas si sûr; on peut toujours s'attirer des tracas policiers. En tout cas, pour demander l'hospitalité, un soir, en frappant à une porte il vaut mieux pouvoir décliner une identité convenable. « Je suis le marquis Bernard de Nicourt, braves gens, et je me suis égaré... » Dans ces conditions on peut vous ouvrir et vous offrir le gîte. Mais si vous vous appeliez Strastvanberkof ou même simplement Demerdjibachian, vous risquiez fort de faire dresser l'oreille, autrefois, dans une campagne obscure, à des hôtes peu hardis et vous voir refuser l'accès. Des noms à coucher dehors, sûrement, quelque temps qu'il fasse, pour n'être pas parfaitement chrétiens. Encore aujourd'hui dans certaines auberges il vaut mieux ne pas trop s'appeler Mohamed ben Mustapha, à moins, bien sûr, d'avoir aussi une très belle voiture...

On a rajouté pendant un temps « coucher dehors avec un billet de logement. » Cela fait allusion aux troupes en campagne qui logeaient « chez l'habitant » avec un billet de réquisition du régiment. Il s'agit d'une plaisanterie qui renforce la chose : même avec une autorité officielle, le nom est trop étrange pour pouvoir être accepté. « Dans l'intérieur de la boîte à prières – relate Le Père Peinard (1897) – le ratichon Lemius, perché dans l'égrugeoir à paroles, prêchait. – Qui ça Lemius? allez-vous dire. C'est un nom à coucher dehors avec un billet de logement! »

Claude Duneton, *La Puce à l'oreille,* © Librairie Générale Française – Le Livre de Poche, 1981

ACTIVITÉS

1. *En vous basant sur le texte, quel mot signifie « à l'extérieur » ?*

   ....

2. *En vous basant sur le texte, quelle expression signifie « héberger » ?*

   ....

3. *En vous basant sur les lignes 5 à 7, nommez un exemple d'un « nom à coucher dehors ».*

   ....

4. *Selon les lignes 1 à 6 quelle est la condition pour pouvoir être hébergé ?*

   ....

5. *En vous basant sur les lignes 5 à 10, quel mot signifie « courageux » ?*

   ....

6. *À la ligne 7, « vous risquiez fort de faire dresser l'oreille » veut dire :* ☐
   - A. vous ne provoquiez aucun soupçon.
   - B. vous passiez inaperçu.
   - C. vous étiez comparé à un animal.
   - D. vous attiriez l'attention sur vous.

7. *Selon les lignes 6 à 10 qu'est-ce qui est reproché aux porteurs de « noms à coucher dehors » ?*

   ....

8. *À la ligne 14 « en campagne » signifie :* ☐
   - A. habitant à la campagne.
   - B. en expédition militaire.
   - C. en vacances à la campagne.
   - D. se reposant à la campagne.

TOTAL : 8

Kiffe kiffe demain

TEXTE

Doria a quinze ans et vit seule avec sa mère dans une cité.

Parfois, j'essaie de m'imaginer ce que je serais si j'étais d'origine polonaise ou russe au lieu de marocaine... Je ferais peut-être du patinage artistique mais pas dans des concours locaux à deux sous où on gagne des médailles en chocolat et des tee-shirts. Non, du vrai patinage, celui des Jeux olympiques, avec les plus belles musiques classiques, des mecs venus du monde entier qui notent tes performances comme à l'école, et des stades entiers qui t'applaudissent même quand tu te vautres comme un steak. De toute façon, le plus important c'est de garder la classe. C'est vrai que le patinage, c'est vraiment trop fort, les robes avec plein de paillettes, de voiles et de couleurs. Le problème, c'est que les filles, à cause des tenues, on voit toujours **leur** culotte. Alors ma mère, ça **lui** plairait pas trop que je fasse du patinage artistique à la télé. Et puis, si j'étais russe, j'aurais un prénom super compliqué à prononcer et je serais sûrement blonde. Je sais, c'est des préjugés de merde. ça doit exister des Russes brunes avec des prénoms hyper simples à prononcer, tellement simples qu'on les appellerait rien que pour le plaisir de dire un prénom aussi facile. Et puis y a peut-être même carrément certaines Russes qui ont jamais enfilé de patins de **leur** vie.

Faiza Guène, *Kiffe kiffe demain*, © Hachette Littératures, 2004.

ACTIVITÉS

1. *De quelle origine est la protagoniste ?*

   ....

2. *Aux lignes 1 à 3, quelle expression familière utilise-t-elle pour signifier « sans importance » ?*

   ....

3. *Qu'est-ce qui est représentatif « du vrai patinage » pour elle?*

   (a) ....

   (b) ....

4. *Quelle expression imagée familière signifie « tu tombes » ?*

   ....

5. *A quoi compare-t-elle la notation des performances du patinage artistique ?*

   ....

6. *Selon le texte, citez* ***deux*** *préjugés que la narratrice a sur les Russes ?*

   (a) ....

   (b) ....

7. *Relevez* ***deux*** *mots qui signifie « très ».*

   (a) ....

   (b) ....

En vous basant sur le texte, indiquez dans le tableau à quoi ou à qui se réfère les mots en gras

8. *on voit toujours* ***leur*** *culotte*	**leur**	
9. *ça* ***lui*** *plairait pas trop*	**lui**	
10. *Qui ont jamais enfilé de patins de* ***leur*** *vie*	**leur**	

TOTAL : 13

INSOLITE

Nouméa : un site hommage

© Stéphanie Le Petit

Le centre culturel Tjibaou, du nom du leader indépendantiste kanak Jean-Marie Tjibaou à l'origine de ce projet et mort en 1989, est ouvert en Nouvelle-Calédonie – territoire d'Outre-mer – depuis 1998. C'est aussi un hommage à la nature luxuriante de l'île. Dressées vers la mer, dix hautes structures verticales et courbes, réparties en trois villages, rappellent les cases de l'habitat kanak et les pins typiques de l'île. Construite par l'architecte italien Renzo Piano, créateur, entre autres, du centre Georges-Pompidou de Paris, en collaboration avec l'ethnologue Alban Bensa, la structure, qui mêle bois et métal, témoigne de l'alliance de la tradition et de la modernité. Un jardin tropical invite à une promenade végétale et chaque village abrite divers espaces : salles de spectacles et d'exposition, centre de recherche et d'accueil, médiathèque et espace d'animations, atelier culinaire... Ce site, dédié à la sauvegarde du patrimoine des peuples mélanésiens et océaniens, est également ouvert à la création contemporaine.

Mélina Gazsi
Journaliste
LABEL FRANCE n° 68 (2007)

TEXTE

ACTIVITÉS

1. *Quelle était la fonction de la personne en l'honneur de laquelle le centre culturel a été nommé ?*

   ....

2. *Que peut-on voir depuis le centre culturel Tjibaou ?*

   ....

3. *L'architecture du centre culturel s'inspire de* ***deux*** *caractéristiques de la Nouvelle-Calédonie. Quelles sont-elles?*

   (a) ....

   (b) ....

4. *Quel autre édifice a construit l'architecte du centre culturel ?*

   ....

5. *Que représente chacun des matériaux utilisés dans la construction du centre culturel ?*

métal	bois
(a)	(b) ....

6. *Citez les* ***deux*** *objectifs du centre culturel.*

   (a) ....

   (b) ....

TOTAL : 9

POUR ALLER PLUS LOIN...

À discuter

1. En France il y a une réglementation quant au choix des prénoms, est-ce le cas dans votre pays ?
2. Pensez-vous qu'il soit nécessaire de réglementer le choix des prénoms ? Pourquoi, ou pourquoi pas ?
3. Dans certaines sociétés chaque enfant choisit son prénom. Qu'en pensez-vous ?
4. Que représente votre nom de famille pour vous ?
5. Pensez-vous qu'un prénom représente l'identité d'une personne ?
6. Qu'est-ce qui représente l'identité d'un individu selon vous ?
7. Souhaiteriez-vous changer de prénom ou de nom ? Pour quelle(s) raison(s) ?
8. Que pensez-vous des diminutifs ? Donnez-vous des diminutifs à vos amis, aux membres de votre famille ?
9. Croyez-vous que certains prénoms/noms sont victimes de préjugés (dans certains pays ou certaines cultures) ?
10. Certains traits de caractère sont parfois associés à un prénom ? Y croyez-vous ?
11. Si vous étiez né(e) dans un autre pays, pensez-vous que vous seriez la même personne, auriez-vous la même personnalité ?
12. Est-ce que l'identité d'une personne est liée à sa nationalité ?
13. Ana Maria est une jeune femme née au Mozambique de parents portugais, ayant grandi en Afrique du Sud et habitant depuis 12 ans en Australie. Quand on lui demande d'où elle vient, que doit-elle répondre ?
14. D'après vous, l'identité d'une personne peut-elle changer au cours de sa vie ?
15. Que seriez-vous prêt(e) à changer dans votre vie par amour ou par amitié ?
16. Que pensez-vous du système des cartes d'identité ? Cela vous fait-il peur ou au contraire vous rassure ?
17. Certains pays n'acceptent pas que leurs citoyens aient la double nationalité. Qu'en pensez-vous ?
18. Selon vous est-ce plutôt un avantage ou un inconvénient d'être l'enfant d'un couple mixte ?
19. Il existe des préjugés, des stéréotypes sur les différentes nationalités. Quels sont les clichés que les autres ont de votre pays et de votre culture ?
20. Que pensez-vous du proverbe « Chassez le naturel, il revient au galop » ?

À voir

Le Dîner de cons, de Francis Veber, 1998

Le Bonheur est dans le Pré, de Etienne Chatiliez, 1995

La doublure, Francis Veber, 2006

Bienvenue en Suisse, Léa Fazer, 2004

À écouter

Dugenou, Thomas Fersen, 1999 "Tôt ou tard"

Les hirondelles, Les Cowboys Fringants, 2008 "L'expédition"

Drôle d'animal, Calogero, 2007 "Pomme C"

Tout le monde il est beau, Zazie, 2003 "Made in love"

On n'a pas besoin, Paris Combo, 1997 "Paris Combo"

À consulter

Site sur les prénoms :
www.prenoms.com

Arbre généalogique :
http : //www.arbre-genealogique.net/

À lire

Francoscopie, Gérard Mermet, éd. Larousse, 2007

L'identité de la France, Fernand Braudel, éd. Flammarion, 2009

Une idée fausse est un fait vrai. Les stéréotypes européens, Jean-Noël Jeanneney, éd. Odile Jacob, 2000

Astérix ou la parodie des identités, Nicolas Rouvière, éd. Flammarion, 2008

Chapitre 2

LA FAMILLE

MISE EN ROUTE

Le jeu des sept familles. Créez des cartes avec les familles suivantes et jouez!

Règles du jeu

But: Reconstituer les familles.

Déroulement: 2 joueurs minimum.
Chaque joueur doit avoir 8 cartes, les autres cartes constituent « la pioche ».
Le joueur peut demander une carte à n'importe quel joueur *« dans la famille... je voudrais.... ».*
Si la personne n'a pas la carte demandée le joueur doit alors piocher une carte. Le jeu continue jusqu'à ce que toutes les familles soient reconstituées.

Le gagnant est le joueur qui a reconstitué le plus grand nombre de familles.

La famille monoparentale	La famille recomposée
La mère Le fils Le grand-père La grand-mère L'oncle La tante	Le père La belle-mère Le frère La sœur Le demi-frère La demi-sœur
La famille mixte	**La famille concubinage**
La grand-mère française Le grand-père roumain La mère franco-roumaine Le père mexicain La fille franco-roumaine-mexicaine Le fils franco-roumain-mexicain	Le concubin La concubine Le bébé L'ado Le parrain La marraine

La famille pacsée	La famille divorcée	La famille traditionnelle
Le partenaire La partenaire Le garçon La fille L'oncle La tante	L'ex-mari L'ex-femme Le fils La fille Le demi-frère La demi-sœur	Le grand-père La grand-mère Le père La mère Le fils La fille

Pacs, enfants tardifs et hors mariage: la famille en 2008

VIVE LES PACSÉS !

TEXTE

❶ LA FAMILLE des années 2000 est bien loin du modèle traditionnel des années 1950. Des mères plus âgées, des pacs qui se substituent de plus en plus souvent aux mariages et une majorité d'enfants qui naissent désormais hors mariage: telles sont ses nouvelles caractéristiques, décrites dans le bilan 2007 de l'Institut national d'études démographiques.

❷ Des grossesses de plus en plus tardives. En 2007, les femmes qui ont mis un enfant au monde avaient en moyenne 29,9 ans. « La tendance observée depuis trente ans à avoir ses enfants toujours plus tard se poursuit », note le démographe Gilles Pison dans Population et sociétés (La Population de la France en 2007, mars 2008, no 443, www.ined.fr). En 1977, l'âge moyen des femmes à l'accouchement était de 26,5 ans. Aujourd'hui, plus d'un nouveau-né sur cinq (21,1 %) a une mère âgée de plus de 35 ans.

❸ L'explosion du pacs. Créé en 1999, le pacte civil de solidarité, que Jacques Chirac jugeait « inadapté aux besoins de la famille », connaît un immense succès: alors que le mariage ne cesse de reculer, le nombre annuel de pacs a plus que quintuplé, passant de 20 000 en 2001 à plus de 100 000 en 2007. Cette progression est liée à l'augmentation des pacs signés par des couples homosexuels (+50 %), mais surtout au succès du pacs auprès des couples hétérosexuels: en six ans, leur nombre a été multiplié par six. « En 2007, on se rapproche d'un pacs pour deux mariages, remarque Gilles Pison. Le pacs hétérosexuel est-il en train de remplacer le mariage ? »

❹ Le triomphe du pacs est sans doute lié au fait qu'il s'est peu à peu rapproché du mariage: en 2005, les avantages fiscaux accordés aux pacsés ont été alignés sur ceux des couples mariés. Sa souplesse – il peut être dissous à la suite d'une simple déclaration écrite – semble en outre correspondre aux demandes des couples d'aujourd'hui. [...]

❺ La banalisation des naissances hors mariage. En 2007, près de la moitié des bébés sont nés au sein d'un couple non marié, contre seulement 6 % en 1970. « Ces naissances, alors rares et mal perçues, étaient classées officiellement comme « naturelles » ou « illégitimes », souligne Gilles Pison. Mais la norme sociale a changé et elles sont aujourd'hui à parité avec les naissances au sein de couples mariés. »

[...]

❻ Les naissances hors mariage ne sont plus le signe d'une absence de père: en 2005, plus de 80 % des enfants nés hors mariage ont été reconnus par leur père dès la naissance. « Les naissances hors mariage surviennent désormais le plus souvent au sein de couples stables, conclut M. Pison. Avec la banalisation des naissances de couples non mariés, la reconnaissance paternelle est devenue la règle. »

Anne Chemin, *Le Monde*, 01.04.08.
DÉMOGRAPHIE BILAN 2007 DE L'INED

ACTIVITÉS

1. *Dans le 3e paragraphe, quelle expression signifie « multiplié par cinq » ?*

   ....

Les affirmations suivantes, basées sur le texte sont soit vraies, soit fausses. Cochez [✓] la réponse correcte. Justifiez votre réponse par les mots du texte.

	Vrai	Faux
2. *Les femmes ont des enfants de plus en plus tard.*	☐	☐
3. *Le pacs séduit largement plus les couples homosexuels que les couples hétérosexuels.*	☐	☐
4. *En ce qui concerne les impôts, il est plus avantageux d'être mariés que d'être pacsés.*	☐	☐
5. *La naissance d'un enfant au sein d'un couple non marié est entré dans les mœurs.*	☐	☐

2. *Les femmes ont des enfants de plus en plus tard.*

   Justification ....

   ....

3. *Le pacs séduit largement plus les couples homosexuels que les couples hétérosexuels.*

   Justification ....

   ....

4. *En ce qui concerne les impôts, il est plus avantageux d'être mariés que d'être pacsés.*

   Justification ....

   ....

5. *La naissance d'un enfant au sein d'un couple non marié est entré dans les mœurs.*

   Justification ....

   ....

6. *Dans le 4e paragraphe, quel mot est synonyme de « succès »?*

   ....

Vous avez des débuts de phrases à gauche et des fins possibles à droite. En vous basant sur le texte, associez chaque début avec la fin qui lui correspond. ***Attention****: il y a plus de fins que de débuts et chaque fin ne peut être utilisée qu'une seule fois.*

7. Le pacs remplace...	☐	*A. accouchent de leur premier enfant vers 26 ans.*
8. De nos jours, beaucoup de femmes...	☐	*B. par la facilité de sa dissolution.*
9. Le succès du pacs...	☐	*C. ont leur premier enfant après 35 ans.*
10. Les naissances hors mariage...	☐	*D. sont toujours marquées par l'absence paternelle.*
		E. progressivement le mariage pour les couples hétérosexuels.
		F. s'explique par son rapprochement du mariage, notamment du point de vue fiscal.
		G. sont aussi fréquentes que les naissances de couples mariés.

En vous basant sur le texte, reliez chacun des mots du texte figurant dans la colonne de gauche à son équivalent dans la colonne de droite. ***Attention*** *: il y a plus de mots dans la colonne de droite que dans celle de gauche.*

11. sans doute (4e paragraphe)	☐	*A. flexibilité*
		B. opposition
12. souplesse (4e paragraphe)	☐	*C. dorénavant*
		D. toujours
13. parité (5e paragraphe)	☐	*E. déjà*
		F. égalité
14. désormais (6e paragraphe)	☐	*G. légèreté*
		H. apparemment

15. Qu'est-ce qui caractérise la « souplesse » du pacs selon le 4e paragraphe?

....

16. *D'après le texte, quelles sont les trois tendances qui entraînent une mutation de la famille française ?*

(a) ....

(b) ....

(c) ....

TOTAL : 18

Le défi des familles recomposées (1)

TEXTE

Papa, maman et leur progéniture: l'envolée des divorces a mis à mal le modèle traditionnel. Des tabous tombent, de nouvelles tribus se créent. Des hôtes de l'Elysée aux Français lambda, c'est désormais un phénomène de société qui concerne près de 2 millions d'enfants. Mais les obstacles sont nombreux: liens à réinventer, gestion du quotidien... Enquête sur ces maisonnées dont la vie n'est pas un long fleuve tranquille.

[...]

Plus de 1 petit Français sur 10 vit dans une famille recomposée – c'est-à-dire au sein d'un couple dont seul l'un des membres est son parent, biologique ou adoptif. Un chiffre sûrement bien inférieur à la réalité, puisque les dernières statistiques disponibles datent de... 1999. Au cours des années 1990, le nombre de tribus mosaïques avait fait un bond de 10%. Une tendance qui s'est sûrement poursuivie, voire accentuée...

Dans ces familles, 63% des enfants habitent avec leur mère et son nouveau compagnon, 37% avec leur père et sa nouvelle compagne. « Il faudrait aussi comptabiliser les garçons et les filles qui vivent en famille monoparentale, quand leur mère a **leur** garde, et passent week-ends et vacances dans le nouveau foyer de leur père », remarque la sociologue Sylvie Cadolle, auteur du livre *Familles recomposées, un défi à gagner* (Marabout). Au total, les enfants concernés seraient donc près de 2 millions.

Désormais estampillée « phénomène de société », au même titre que le foyer monoparental ou homoparental, la tribu recomposée a fait une jolie percée sur grand écran avec des films comme *Un transat pour huit*, de Pierre Joassin, *Les Enfants*, de Christian Vincent, ou *Nos enfants chéris*, de Benoît Cohen. [...]

Ces maisonnées puzzles, si jolies sur papier glacé, donnent beaucoup de fil à retordre à leurs membres. « N'oublions pas que ces familles recomposées sont d'abord fondées sur la séparation du couple de l'un des parents, voire des deux », rappelle Jean-Paul Sauzède, psychothérapeute et coauteur, avec sa femme, Anne, du livre *Former une famille recomposée heureuse* (InterEditions). Reconstruire un couple sur un champ de ruines sentimentales, ce n'est pas simple. Rebâtir une famille avec les rejetons de l'un ou de l'autre, voire des deux, c'est de la haute voltige. Sans oublier les anciens conjoints, avec **lesquels** chacun est prié de rester en bons termes et de pratiquer une coparentalité sereine, « pour le bien des petits ». Car depuis l'instauration, en 1987, de l'autorité parentale conjointe en cas de séparation, pères et mères, mêmes désunis, sont liés à vie par **leurs** enfants. A cela près que l'entente cordiale entre ex ne va pas de soi...

[...]

Anne Vidalie, LEXPRESS.fr, 27.09.2007

ACTIVITÉS

1. *D'après les lignes 1 à 6, pour quelle raison est-ce que la famille traditionnelle disparaît petit à petit ?*

   ....

2. *Selon les lignes 7 à 11, quel mot veut dire « formé d'éléments nombreux et différents » ?*

   ....

3. *Dans la phrase « quand leur mère a **leur** garde... » ligne 16, « **leur** » se réfère à*

   ....

4. *Quels sont les **deux** autres types de familles mentionnés dans le texte ?*

   (a) ....

   (b) ....

Les affirmations suivantes, basées sur le texte sont soit vraies, soit fausses. Cochez [✓] la réponse correcte. Justifiez votre réponse par les mots du texte.

	Vrai	**Faux**
5. *Plus de 10% des enfants français font partie d'une famille recomposée.*	☐	☐

Justification ....

....

	Vrai	**Faux**
6. *La majorité des enfants vivent chez leur père.*	☐	☐

Justification ....

....

	Vrai	**Faux**
7. *Il y a une constante augmentation du nombre de familles recomposées.*	☐	☐

Justification ....

....

8. *Les statistiques les plus récentes remontent à 1990.* ☐ ☐

Justification ....

....

9. *En vous basant sur les lignes 20 à 23, quelle expression signifie « cinéma » ?*

....

10. *A la ligne 24, « donner du fil à retordre » veut dire*
    A. apporter du bonheur.
    B. provoquer de la peine. ☐
    C. causer des difficultés.
    D. avoir des problèmes.

11. *D'après les lignes 24 à 35 , donnez* ***deux*** *des raisons avancées dans le texte pour lesquelles il n'est facile de refonder une famille ?*
    (a) ....
    (b) ....

12. *Selon le dernier paragraphe, quel mot veut dire « enfants » ?*

....

13. *En vous basant sur les lignes 30 à 35, complétez la phrase avec la fin qui lui correspond, « pour le bien des petit »...*
    A. les ex-partenaires ne doivent pas être inclus.
    B. les nouveaux partenaires doivent avoir de bonnes relations avec les anciens conjoints. ☐
    C. les nouveaux conjoints remplacent les ex-conjoints dans leur rôle de parents.
    D. les ex-partenaires doivent entretenir de bonnes relations.

Trouvez, les mots qui se réfèrent à chaque mot en gras dans le texte.

14. *Sans oublier les anciens conjoints, avec* ***lesquels*** *chacun est prié de rester en bons termes*	**lesquels**	
15. *en cas de séparation, pères et mères, mêmes désunis, sont liés à vie par* ***leurs*** *enfants.*	**leurs**	

TOTAL : 17

Le défi des familles recomposées (2)

[...]

Une clientèle qui intéresse

Les entreprises pleurent la famille « Ricoré » – papa, maman, deux enfants, ce pilier traditionnel du marketing de masse. La fragmentation du modèle familial et l'émergence des foyers recomposés, monoparentaux et homoparentaux ne font pas leur affaire. « La complexité des configurations et des modes de vie les effraie », note Jolanta Bak, fondatrice de l'agence de conseil en innovation et en gestion de marques Intuition et auteur du livre *La Société mosaïque* (Dunod).

Quelques pionniers, pourtant, ont pris une longueur d'avance. Chez Ikea, on chouchoute les tribus à grand renfort de lits superposés, de tables à géométrie variable, de chaises empilables, de poufs-coffres et autres rangements malins. « Nous essayons de répondre aux besoins spécifiques qui émergent aux différentes étapes d'une vie : les études, la mise en couple, le divorce, la recomposition familiale », explique le directeur du marketing, Jean-Yves Masse.

Le voyagiste Jet Tours s'intéresse de près, lui aussi, à cette clientèle. « Depuis deux ans, nous réorganisons notre offre pour satisfaire les attentes de ces familles qui ont souvent plus d'enfants que la moyenne, avec des écarts d'âge parfois importants », indique Godeleine Vérin, directrice de production. Le résultat s'appelle Esprit de famille, un label accordé à un peu plus de 70 hôtels dans le monde. A plusieurs conditions : ils doivent disposer de baby-sitters, de clubs pour enfants et pour ados, de grandes chambres ou de pièces communicantes et d'une large gamme d'activités ludiques et sportives. Avec, en prime, des réductions pour les plus jeunes valables au moins pendant une partie des vacances scolaires.

Jean-Paul Sauzède, père de trois enfants et beau-père de deux autres, le reconnaît franchement : « Parmi nos enfants qui ont aujourd'hui entre 20 et 31 ans, certains s'entendent bien et d'autres ne peuvent pas se supporter. Ils ont beau être inscrits dans la même histoire familiale, ils ne se verraient plus si Anne et moi ne vivions plus ensemble. » Autre écueil de cette « Maison du bonheur » version 2007, le conflit de loyauté auquel est confronté l'enfant, tiraillé entre sa mère et sa belle-mère ou son père et son beau-père. Corinne, 42 ans, en a fait l'amère expérience. « J'adore les enfants et mon rêve était de construire une jolie famille. Gabriel avait 9 ans quand j'ai connu son père, il y a six ans. Je me suis occupée de lui avec amour, je crois. J'ai même organisé sa première boum! Mais sa mère n'a pas supporté ce lien entre lui et moi. Gabriel a dû choisir son camp, d'une certaine façon. Il est devenu si désagréable que j'ai fini par refuser qu'il vienne à la maison. Je ne l'ai quasiment pas vu depuis un an. Je ne sais pas si notre couple pourra surmonter cela... »

Le quotidien de ces familles n'a rien d'un long fleuve tranquille. Les difficultés commencent avec la répartition des chambres entre les enfants – ou, souvent, leur partage. « C'est un symbole fort, car la place de chacun est reflétée par son territoire, souligne la psychologue Monique Eleb, responsable du laboratoire Architecture, cultures et sociétés. Aussi, mieux vaut discuter, proposer des choix. Tenir compte à la fois des affinités, des personnalités et des qualités de l'espace – une pièce plus ou moins grande, plus ou moins isolée. »

Au prix du mètre carré, la chambre coûte cher quand elle ne sert qu'un week-end sur deux. « Mon beau-fils de 20 ans a sa chambre chez nous, râle Marine, alors qu'il n'y dort qu'une fois par mois. Et, quand notre fille est née, nous avons dû faire une croix sur notre bureau au nom de l'équité... » Le sacrifice est parfois lourd. Agathe, 44 ans, deux enfants et deux beaux-enfants, a gardé un souvenir épouvantable de son premier appartement « recomposé ». « Dans nos 100 mètres carrés, nous avions quatre chambres : deux pour les enfants, une pour la jeune fille au pair et la dernière pour mon compagnon, qui y avait installé son bureau. Nous en étions réduits à dormir sur la mezzanine, à 50 centimètres du plafond. J'étouffais... Cela a sûrement contribué à notre séparation temporaire, il y a trois ans. »

La gestion de l'emploi du temps familial, rythmé par les petits arrangements entre anciens conjoints, exige un sens aigu de l'organisation. Jacques et Clara, un petit garçon chacun et quatre mois de vraie vie commune, se prennent encore les pieds dans leurs agendas. « Nous nous débrouillons pour avoir nos enfants les mêmes week-ends, raconte ***Jacques***, 39 ans. Sauf que l'ex de Clara voyage beaucoup, si bien que, chaque fois qu'il part, tout est chamboulé. Et notre vie sociale est passablement compliquée à gérer » ***Claire***, 33 ans, a des soucis plus terre à terre : ceux d'une famille nombreuse parisienne confrontée à l'exiguïté des appartements et aux problèmes d'intendance. Un cas très fréquent : selon l'Insee, 1 tribu recomposée sur 4 a trois enfants et 1 sur 10 en compte quatre ou davantage – deux fois plus que les couples traditionnels. ***Martin***, le mari de Claire, avait deux filles quand ils se sont rencontrés. Ensemble, ils en ont eu deux autres. « Pour nous déplacer à six, en vacances ou en week-end, nous devons louer un monospace. Plus question de nous entasser dans l'auto des copains qui viennent nous chercher à la gare! L'été dernier, nous sommes allés à Amsterdam. L'hôtel nous a coûté une fortune. Nous allons essayer l'échange d'appartements, c'est la seule solution pour nous... »

Dans ce melting-pot familial, la cohabitation n'est pas toujours une partie de plaisir. Surtout avec les ados. « Quand Emmanuel et moi nous sommes installés ensemble, Guillaume, son fils aîné, a décidé de venir vivre avec nous, raconte ***Hélène***, 40 ans. Cela a été dur pour moi de partager mon quotidien avec un ado qui se levait à 14 heures, tapait dans le frigo à toute heure et se plaignait qu'il n'y avait « rien à bouffer » sous prétexte que le congélateur n'était pas plein de pizzas et de hamburgers ! »

Entre parents et beaux-parents, les principes éducatifs divergent parfois sérieusement. Frictions garanties. Quand Jacques vivait seul avec son fils Félix, 6 ans et demi, c'était plateau télé tous les soirs. Depuis qu'il vit avec Clara, changement de programme : on mange à table, on demande la permission de se lever et on regarde la télé un jour sur deux seulement. « On s'adapte, Félix et moi, soupire Jacques. On espère qu'elle finira par lâcher du lest... »

Heureusement, avec le temps, des règles communes s'esquissent, des codes s'installent. « En huit ans, nous avons instauré des rituels, reprend Agathe : chacun met et débarrasse la table à tour de rôle; le vendredi soir, c'est pizza-salade tous ensemble, sans télé ni ordinateur, pour pouvoir nous retrouver et parler. Nous avons aussi nos jeux de société ou de cartes favoris, comme toutes les familles. » Elle a imposé à son compagnon un autre principe : elle veut du temps pour eux deux, du temps pour elle et ses enfants. « Parce que nous sommes une famille, deux sous-familles et un couple et qu'il ne faut négliger aucun de ses sous-ensembles. » A chacun sa recette du bonheur recomposé.

Anne Vidalie, LEXPRESS.fr, 27/09/2007

ACTIVITÉS

1. *Selon les lignes 1 à 6, de qui est composée la famille traditionnelle ?*
   (a) ....
   (b) ....
   (c) ....

2. *D'après le 1ier paragraphe, quels sont les* ***trois*** *types de famille qui coexistent avec la famille traditionnelle ?*
   (a) ....
   (b) ....
   (c) ....

3. *Selon le voyagiste Jet Tours, quelles sont les* ***deux*** *faits qui caractérisent le plus souvent les familles recomposées (lignes 13 à 21) ?*
   (a) ....
   (b) ....

4. *En vous basant sur les lignes 22 à 26, complétez la phrase suivante avec les informations du texte.*
   Jean-Paul a .... enfants et Anne a .... enfants, ils sont âgés de .... à .... ans.

En vous basant sur le 4e paragraphe, indiquez dans le tableau à quoi ou à qui se réfère les mots en gras.

5. *Corinne, 42 ans,* ***en*** *a fait l'amère expérience.*	**en**	
6. *Mais sa mère n'a pas supporté ce lien entre* ***lui*** *et* ***moi****.*	**lui**	
	moi	

En vous basant sur les lignes 54 à 62, reliez chacun des mots du texte figurant dans la colonne de gauche à son équivalent dans la colonne de droite. ***Attention*** *: il y a plus de mots dans la colonne de droite que dans celle de gauche.*

8. *conjoints (l.55)*	☐	A. *cohabitation*
		B. *grandeur*
9. *vie commune (l.56)*	☐	C. *bouleversé*
		D. *pragmatique*
10. *chamboulé (l.59)*	☐	E. *étroitesse*
11. *terre à terre (l.60)*	☐	F. *ému*
		G. *amasser*
12. *exiguïté (l.61)*	☐	H. *combinés*
		I. *époux*

13. *Parmi les phrases suivantes,* ***deux*** *reprennent les idées des lignes 54 à 60. Indiquez les lettres qui leur correspondent dans les cases de droite.*
    A. L'organisation est le principal souci.
    B. L'organisation ne pose aucun problème.
    C. Il est impossible de s'organiser car tout change au dernier moment.
    D. La vie sociale de la famille n'est pas si difficile à organiser.

☐ ☐

Voici cinq affirmations basées sur les lignes 54 à 77. Trouvez à qui elles s'appliquent. Cochez [✓] la réponse correcte.

	Jacques	**Claire**	**Martin**	**Hélène**
14. *Il est difficile de s'organiser.*				
15. *Vivre avec un adolescent n'est pas toujours facile.*				
16. *Avoir une grande famille coûte très cher.*				
17. *Nous manquons de place à la maison.*				
18. *On essaie d'avoir la garde des enfants au même moment.*				

19. *Pourquoi Guillaume se plaignait « qu'il n'y avait rien à bouffer », lignes 71 à 77?*

....

20. *En vous basant sur les lignes 78 à 83, donnez deux exemples des changements imposés par Clara à sa nouvelle famille.*

(a) ....

(b) ....

21. *Quelle expression des lignes 78 à 83 signifie « faire des concessions » ?*

....

22. *La phrase suivante « On s'adapte, Félix et moi, soupire Jacques. » témoigne...*

A. la résignation de Jacques.
B. l'impatience de Jacques.
C. la colère de Jacques.
D. l'exaspération de Jacques.

☐

23. *En vous basant sur les lignes 84 à 92, donnez* **trois** *exemples des ingrédients de la recette du « bonheur recomposé ».*

(a) ....

(b) ....

(c) ....

TOTAL : 36

Le créneau des demandes en mariage extravagantes

TEXTE

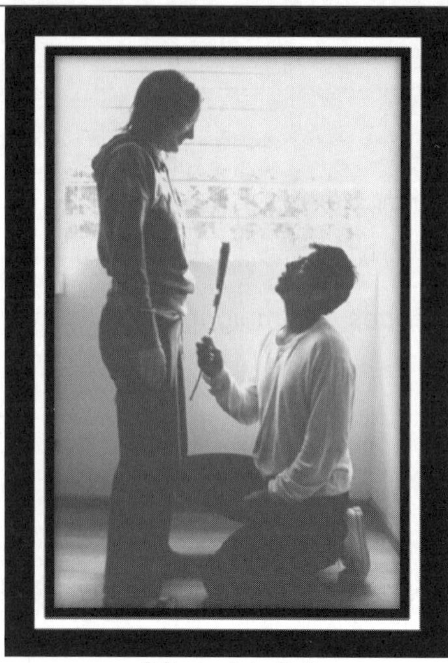

© Stephanie Le Petit

Le secteur est porteur. Manque de temps, stress, les amoureux en mal d'imagination délèguent cet instant magique à des sociétés spécialisées.

❶ Pluie de roses sous le pont des Arts... Folle virée en limousine qui se termine par une demande en mariage. Amoureux transis en mal d'imagination, soucieux d'épater leur compagne, les hommes n'hésitent plus à mettre en scène leur demande en mariage. À tel point que des sociétés se sont spécialisées sur ce créneau, comme Apoteosurprise ou Trouvtoo. En juin, Régis, agent administratif en banlieue parisienne, a demandé la main de Véronique grâce aux services d'Apoteosuprise. « Je voulais faire quelque chose de vraiment spécial, se souvient-il, encore sous le coup de l'émotion. Une limousine de neuf mètres de long avec un bar est venue nous chercher à la sortie du restaurant, le jour de ses quarante ans... Après une balade de deux heures dans Paris, nous avons découvert une immense affiche placardée dans une rue de Paris lui demandant de m'épouser.»

❷ Pour 2 790 euros, les amoureux peuvent aussi s'envoler à bord d'un avion au son de leur musique préférée, avant de voir apparaître un second avion avec inscrit sur les ailes, « Veux-tu m'épouser ? ». Créateur en 2006 de cette société, Nicolas Garreau a monté une quarantaine de scénarios de déclarations d'amour, qui vont de la balade à Montmartre à l'affichage au pied de la tour Eiffel. Pour 5 990 euros, il est même possible de privatiser le Stade de France. Pour 11 990 euros, les tourtereaux se retrouveront dans un château digne des Mille et une Nuits.

« Créer un pic d'émotion »

❸ Nicolas Garreau est parti d'un constat : « 80% des femmes seraient déçues par leur demande en mariage et trois millions de couples viennent se dire je t'aime à Paris. » Analysant le phénomène, il explique qu'il faut « créer une bulle autour du couple et un pic d'émotion pendant lequel l'homme fait sa demande ». Cette année, il table sur 150 clients. « Cette tendance vient des États-Unis, où des hommes très occupés ou peu imaginatifs confient à des sociétés privées le soin de leur rappeler les anniversaires importants, d'organiser des surprises et même de choisir des cadeaux pour leur épouse... », explique Sylvain Mimoun, psychosomaticien et gynécologue, spécialiste des relations amoureuses et coauteur de Sexes et Sentiments. Pour lui, « c'est comme si l'affectif et le romantisme devenaient consommables... On n'a même plus le temps de s'occuper de cela, ce qui est attristant ». « Mais poursuit-il, les femmes ont encore et toujours besoin de romantisme. Même celles qui sont les plus assurées sont heureuses qu'un homme se dépasse pour elle. » D'ailleurs, ce sont parfois elles qui prennent l'initiative et cherchent à surprendre leur compagnon.

❹ L'inconscient archaïque des contes de fées est visiblement toujours bien présent. « Nous avons des demandes très pointues, les hommes ont souvent des rêves qu'ils veulent réaliser, explique Esther Baruchel, fondatrice de la société Trouvtoo, spécialisée en voyages à la carte pour amoureux. Hôtel en Provence avec Jacuzzi ou voyage personnalisé en Italie sont le plus demandés. » Laurence se souviendra longtemps de la surprise faite par son futur époux qui a réservé le Musée Rodin pour se déclarer et avait délicatement posé un immense bouquet de roses rouges au centre de la plus belle salle.

❺ Souvent trentenaires, les clients ont parfois dépassé la cinquantaine et ne veulent pas rater un nouveau départ de leur vie amoureuse. « Ils sont alors beaucoup plus exigeants », note Esther Baruchel. Mais les demandes les plus impressionnantes ne sont pas forcément les plus onéreuses… Un passager de Corsair a emprunté le 31 décembre 2007 le micro de l'hôtesse pour faire sa demande en mariage devant tous les passagers. Émotion garantie… pour tous.

Aude Sérès, *Le Figaro*, 29.07.2008.

ACTIVITÉS

1. *En vous basant sur le 1ier paragraphe, donnez **deux** raisons pour lesquelles les hommes font appel aux services de sociétés comme « Apoteosurprise » ou « Trouvtoo ».*

   (a) ....

   (b) ....

Dans les 1ier et le 2e paragraphes retrouvez les mots ou expressions qui sont équivalents à ceux proposés ci-dessous.

2. *« a demandé en mariage »* ....
3. *« promenade »* ....
4. *« collée »* ....
5. *« amoureux »* ....

6. *En vous basant sur le 2e paragraphe, mettez les demandes en mariage dans l'ordre décroissant de leurs prix (du plus cher au moins cher).*

   A. Une demande en mariage semblable à un conte de fées. ☐

   B. Une demande en mariage dans les airs. ☐

   C. Une demande en mariage dans un environnement sportif. ☐

En vous basant sur le 1ier paragraphe, indiquez dans le tableau à quoi ou à qui se réfère les mots en gras.

7. *soucieux d'épater **leur** compagne.*	**leur**	
8. *Le jour de **ses** quarante ans*	**ses**	
9. ***nous** avons découvert*	**nous**	
10. ***lui** demandant de **m'**épouser.*	**lui**	
	m'	

11. *En vous basant sur le 2e paragraphe, de combien de manières différentes est-il possible de faire sa demande en mariage grâce à la société « Apoteosurprise » ?*

    ....

12. *Selon le 3e paragraphe, donnez **deux** raisons pour lesquelles les Américains font appel aux services de sociétés privées ?*

    (a) ....

    (b) ....

13. *Dans le 3e paragraphe l'expression « il table » signifie :*

    A. Il a.

    B. Il compte.

    C. Il travaille.

    D. Il mesure.

    ☐

14. *Selon le 4e paragraphe, qu'est-ce qui inspire ces demandes en mariage extravagantes ?*

    ....

Les affirmations suivantes, basées sur les 3e, 4e et 5e paragraphes sont soit vraies, soit fausses. Cochez [✓] la réponse correcte. Justifiez votre réponse par les mots du texte.

	Vrai	**Faux**
15. *Très peu de demandes en mariage satisfont les attentes des femmes.*	☐	☐
16. *Sylvain Mounin se réjouit de cette nouvelle tendance.*	☐	☐

15. Justification ....

....

16. Justification ....

....

17. *Les hommes sont les seuls à s'adresser à des sociétés privées.* ☐ ☐

Justification ....

....

18. *Les gens de cinquante ans ou plus ont des demandes très précises.* ☐ ☐

Justification ....

....

19. *Les demandes en mariage extravagantes coûtent toujours très cher.* ☐ ☐

Justification ....

....

TOTAL : 24

TEXTE

Quand la première génération des pacsés se sépare

Depuis 1999, 14 % des couples unis par un pacs ont rompu leur engagement.

❶ En 1999, année de la tumultueuse adoption du pacte civil de solidarité (pacs), un seul couple tenté par cette nouvelle forme d'union s'est désuni. Et encore, cette dissolution était due au décès de l'un des partenaires. Depuis, le pacs s'est banalisé tant par le nombre de contrats signés – en grande majorité par des couples hétérosexuels – que de contrats rompus. En 2006, un record a ainsi été enregistré avec la signature de quelque 77 000 pacs. En parallèle, une première génération de couples séparés ou « dépacsés » émerge. Plus de 38 000 contrats ont été dissous depuis 1999, soit 14 % de l'ensemble des unions.

❷ « Le mariage me faisait peur, raconte Claire, une jeune femme de 32 ans qui s'est pacsée avec son compagnon après la naissance de leur fille, en mai 2005. Je savais aussi en signant ce contrat qu'il serait aisé de le rompre. Mais je n'imaginais pas à quel point ce serait facile. » En effet, une dizaine de jours après avoir décidé de mettre fin à leur union, cet automne, Claire et son compagnon étaient légalement « dépacsés ». Si la séparation se fait d'un commun accord, il suffit au couple d'envoyer une lettre de demande de dissolution au greffe de son tribunal d'instance. Ce mode de rupture représente l'écrasante majorité des dissolutions de pacs, soit 7 100 des 9 200 contrats rompus en 2006.

❸ Reste la douleur de la séparation, toujours écrasante, quel que soit le contrat. Infidélité, incompatibilité d'humeur... Nathalie Couzigou voit défiler dans son cabinet de notaire une clientèle de couples en instance de séparation confrontés aux mêmes problématiques qu'ils soient pacsés ou mariés. « L'opération de partage de leurs biens s'avère parfois plus violente pour les pacsés, commente-t-elle. Notamment parce qu'ils ne peuvent pas réclamer de prestation compensatoire. » Ni de pension de réversion, qui donne droit au veuf ou à la veuve d'un assuré social de recevoir une partie de la pension de vieillesse de son conjoint décédé. Ces différences de traitement pourraient s'estomper. Un député PS vient par exemple de faire une proposition de loi pour étendre ce droit à la pension de réversion aux couples pacsés.

Un mariage à l'essai

❹ La facilité à nouer et à dénouer les liens du pacs fait-elle grimper en flèche les ruptures ? Valérie Carrasco, auteur d'un rapport chiffré du ministère de la Justice sur le pacs, relève que les couples pacsés sont pour l'instant plus prompts à se séparer que les couples mariés, tout particulièrement lors de la première année d'union (plus de 7 % des pacs de 2005 pour moins de 1 % des mariages). Mais, depuis la modification du régime fiscal de 2005, non seulement les pacsés sont plus nombreux, mais ils hésitent plus à se séparer. Ils savent que l'imposition commune dont ils bénéficient l'année de la signature du contrat sera remise en cause l'année de sa dissolution. À partir de trois ans d'union, les taux de rupture des mariés et pacsés se rapprochent pour flirter avec les 3 % (3,3 % pour les divorces en 2005 pour 4,4 % puis 3,8 % pour les dissolutions de pacs en 2005 et 2006). Ces ressemblances croissantes concernent avant tout les couples hétérosexuels. Les unions entre deux femmes restent plus fragiles, avec un taux de rupture au bout de trois ans de 5,7 %, contre 4,1 % pour les couples d'hommes et 3,6 % pour les couples mixtes.

❺ Enfin, il est un chiffre que ces statistiques ne prennent pas en compte : **celui** des pacs qui se transforment en mariages. En 2006, c'était le deuxième motif de dissolution de pacs, avec près de 1 500 cas. « Certains contractants parlent du pacs comme d'un mariage à l'essai, d'autres évoquent des fiançailles », explique Wilfried Rault, chercheur à l'Ined. Des fiançailles parfois tardives comme celles de Maurice et Marguerite, respectivement âgé de 96 et 88 ans. Pacsés en 2002, ils se sont mariés à Clermont-Ferrand il y a une dizaine de jours. Le marié aurait déclaré avoir « bien réfléchi ».

Agnès Leclair**,** *Le Figaro*, 04.12.2007.

ACTIVITÉS

1. *Dans le 1ier paragraphe retrouvez l'expression qui illustre que la mise en place du Pacs n'a pas été facile.*

   ....

2. *Selon le 2e paragraphe, pourquoi Claire s'est-elle pacsée ?*

   ....

3. *D'après le 2e paragraphe, que faut-il faire pour se « dépacser » ?*

   ....

4. *En vous basant sur le 3e paragraphe, citez* ***deux*** *motifs de séparation.*

(a) ....

(b) ....

5. *Selon le 3e paragraphe, quelles sont les* ***deux*** *« allocations » auxquelles les couples pacsés n'ont pas droit quand ils se séparent ?*

(a) ....

(b) ....

6. *D'après les 3e, 4e et 5e paragraphes,* ***deux*** *des affirmations suivantes sont vraies. Indiquez les lettres correspondantes dans les cases de droite.*

A. Lors de la séparation les couples pacsés ont moins de recours que les couples mariés.

B. Les couples d'hommes sont plus stables que les couples de femmes.

C. Au début de l'union, les couples pacsés et les couples mariés ont autant de risque de se séparer.

D. Les couples pacsés hésitent à se séparer car la dissolution du pacs n'est pas simple.

E. La dissolution d'un pacs est toujours due à une séparation.

☐ ☐

7. *Selon le 4e paragraphe, combien de temps après le début de l'union, le taux de séparation se rapproche-t-il entre les couples pacsés et les couples mariés ?*

....

8. *À quoi se réfère le mot «* ***celui*** *» dans le dernier paragraphe ?*

....

9. *Dans le dernier paragraphe à quoi est comparé le pacs ?*

....

TOTAL : 12

Être père et cadre, des rôles incompatibles ?

TEXTE

❶ **La place des mères est souvent évoquée, plus rarement celle des pères. Pourtant, eux aussi aspirent à une vie professionnelle plus respectueuse de leur famille.**

❷ « Chez moi, les hommes sont à fond. Les demandes cocooning ne m'intéressent pas, c'est quand on a un job ennuyeux qu'on se pose des questions sur comment passer plus de temps avec ses enfants. » À entendre les propos de ce DRH d'un grand groupe de cosmétiques, on se dit que la famille est encore un tabou dans l'entreprise, voire un gros mot lorsqu'il est prononcé par un homme.

❸ Les études le montrent : devenir père a des conséquences sur la situation professionnelle de moins de 10 % des hommes. [-5-] la paternité intervient à la trentaine, [-6-] sont détectés les potentiels et que les cadres sont pressés de démontrer leurs compétences et leur engagement à l'égard de l'entreprise. « [-7-], une nouvelle culture émerge chez les hommes : la capacité à partager travail et famille au lieu de cliver les deux », remarque Christine Castelain-Meunier, sociologue au CNRS.

Le congé paternité séduit

❹ L'aspiration des « nouveaux pères » à s'investir davantage que leurs aînés dans la vie familiale ne trouve donc que peu d'échos dans les entreprises françaises. « Tout chef d'entreprise un peu câblé sur ce qu'est une vie d'homme ne peut pas négliger la dimension humaine et familiale de ses collaborateurs. Contrairement à ce que beaucoup pensent, l'entreprise peut être gagnante en retour sur motivation », estime pourtant cet ancien DRH*.

Déjà, certains cadres se saisissent des dispositifs comme le congé paternité et si le contexte de l'entreprise le permet, commencent à revendiquer un meilleur équilibre entre vie professionnelle et privée. « Ce qui est nouveau c'est la consommation du congé paternité : la moitié des nouveaux papas le prennent pour une durée moyenne de neuf jours, alors qu'à son lancement c'était une exception. L'autre élément nouveau concerne les temps partiels chez les hommes : sept associés hommes sont aujourd'hui en temps partiel, ce qui ne se faisait pas il y a quelques années de peur de mettre en jeu sa carrière », constate Antoine de Riedmatten, associé en charge des RH du cabinet d'audit Deloitte.

C'est d'ailleurs le constat de tous les observateurs : pour que les hommes osent revendiquer un aménagement de leur emploi du temps, rien de tel qu'une impulsion venue d'en haut.

Le divorce les fait bouger

❺ Les valeurs portées par les entreprises ne sont cependant pas seules en cause. Si certains hommes n'hésitent pas à aménager leur temps ou condition de travail, ce n'est pas toujours pour se précipiter sur les couches du petit dernier. C'est ainsi que ce cadre en télétravail se fait régulièrement tancer par sa femme car il est loin de profiter de l'opportunité pour se rendre plus disponible pour sa famille.

Et si dans le cabinet d'audit Ernst & Young huit hommes sont actuellement en temps partiel, aucun n'a officiellement avancé de raison familiale. « Peut-être que les hommes séparés seront ceux qui feront bouger les choses, comme ils ont su faire évoluer le rôle du père dans les années 1970 », avance Christine Castelain-Meunier. Ce n'est qu'à l'occasion d'une séparation que beaucoup de pères se sont réellement investis dans la vie de famille. « Ma fonction m'autorise une certaine liberté d'organisation et mon patron m'a facilité les choses en aménageant mon temps de travail, notamment les réunions d'équipe à Paris, reconnaît cet animateur régional des ventes d'une grande entreprise de service public qui a la garde de son fils de 7 ans. Mais le plus prenant ce n'est pas tant d'être chez la nounou à 18 h 30 que d'avoir à penser la logistique au quotidien. »

Gaëlle Ginibrière, *Le Figaro*, 06/11/2007.
* DRH (Directeur des ressources humaines)

ACTIVITÉS

1. *D'après le 1ier paragraphe, quel est le souhait des pères ?*

   ....

2. *D'après le 2e paragraphe, « les hommes sont à fond » signifie :*
   - A. que les hommes s'ennuient au travail.
   - B. que les hommes sont entièrement impliqués dans leur travail.
   - C. que les hommes souhaitent passer plus de temps avec leur famille.
   - D. que les hommes désirent passer le plus de temps possible avec leur famille.

   ☐

3. *Selon le Directeur des ressources humaines (2e paragraphe), quelle est la raison qui pousse les hommes à vouloir consacrer plus de temps à leur famille ?*

   ....

4. *Dans le 2e paragraphe, à quoi est comparé « la famille » ?*

   ....

Ajoutez les mots qui manquent dans le 1ier paragraphe en les choisissant dans la liste proposée ci-dessous. ***Attention*** *: il y a plus de mots que d'espaces et chaque mot ne peut être utilisé qu'une seule fois.*

pourtant ***d'autant que*** ***encore*** ***déjà*** ***lorsque***

[-5-] ....

[-6-] ....

[-7-] ....

En vous basant sur les 2e, 3e, 4e et 5e paragraphes, reliez chacun des mots du texte figurant dans la colonne de gauche à son équivalent dans la colonne de droite. ***Attention*** *: il y a plus de mots dans la colonne de droite que dans celle de gauche.*

8. voire (2e paragraphe) ☐

9. cliver (3e paragraphe) ☐

10. câblé (4e paragraphe) ☐

11. tancer (5e paragraphe) ☐

A. regarder
B. réprimander
C. concilier
D. approuver
E. au courant
F. même
G. connecté
H. séparé
I. diviser.

12. Dans le 4e paragraphe, à qui se réfère « leurs aînés » ?

A. à leurs frères plus âgés.
B. aux pères des générations précédentes. ☐
C. aux pères des générations futures.
D. à leurs directeurs.

13. D'après le 4e paragraphe, quel serait le bénéfice pour une entreprise qui permet à ses employés masculins d'avoir une vie professionnelle plus respectueuse de leur famille.

....

14. Selon le 4e paragraphe, quels sont les ***deux*** *nouveaux facteurs qui permettent aux hommes de plus s'investir dans leur vie de famille ?*

(a) ....

(b) ....

15. D'après le 4e paragraphe, pourquoi auparavant les hommes ne travaillaient-ils pas à temps partiel ?

....

16. Dans le 4e paragraphe, à quoi se réfère « ***le*** *» dans « la moitié des nouveaux papas* ***le*** *prennent » ?*

A. le contexte de l'entreprise.
B. le meilleur équilibre entre vie professionnelle et privée. ☐
C. des dispositifs.
D. le congé paternité.

17. *Selon le 5ᵉ paragraphe,* ***deux*** *des phrases suivantes sont vraies. Indiquez les réponses correctes dans les cases de droite.*

A. Ce n'est pas parce qu'un homme aménage son temps de travail qu'il consacre forcément plus de temps à sa vie de famille.

B. Les hommes séparés s'impliquent plus dans leur vie de famille.

C. Les hommes qui ont la possibilité de passer plus de temps à la maison s'occupent plus de leurs enfants.

D. La séparation n'a aucun impact sur l'investissement d'un homme dans sa vie de famille.

E. Après un divorce les hommes sont généralement moins disponibles pour leur famille.

☐ ☐

18. *Dans le dernier paragraphe, quelle est la plus grande difficulté selon l'animateur régional des ventes ?*

....

TOTAL : 20

Ados, parents : même combat !

Une enquête fait le point sur ce que les parents pensent des adolescents, et inversement

Vos parents veulent votre bonheur ! On les savait inquiets pour vous, parfois exagérément. Une nouvelle enquête, menée cet été auprès des parents et des 11–25 ans ayant appelé un service d'écoute d'Île-de-France, bat en brèche certaines idées reçues et révèle que parents et enfants partagent les mêmes aspirations et les mêmes soucis.

Réussite. À commencer par la réussite scolaire, citée par les parents comme principal objet d'inquiétude (68 %). C'est aussi le sujet de conversation le plus abordé entre les deux générations. Au deuxième rang des inquiétudes des parents, on retrouve la crainte d'un mal-être de leurs enfants (37 %), loin devant leurs fréquentations (19 %).

Amours. La vie amoureuse des 11–25 ans préoccupe peu les parents (8 %). Pourtant, plus de la moitié des appels reçus au Fil santé jeunes concernent la sexualité et les relations avec les autres, thèmes peu discutés en famille. « *C'est plutôt normal et sain : c'est le domaine de d'intervention des meilleurs amis, pas des parents* », analyse Victor Silberfeld, responsable du site Web Fil santé jeunes.

Amitié. Même si les parents respectent la sphère intime de leur enfant, ils ne semblent pas avoir conscience du rôle primordial que joue l'amitié : alors que, pour les adolescents, avoir des amis compte autant que la réussite scolaire (18 %), pour leurs parents, c'est un « détail » (4 %). Et la question des copains et des sorties est souvent perçue par les jeunes comme un point qui fâche (40 %). Les adultes, eux, voient les choses autrement. Seuls 15 % d'entre eux considèrent ce thème comme un sujet important de discorde.

Conflits. Parents et adultes ont aussi une vision différente sur la façon dont les désaccords sont gérés. Plus de la moitié des parents (59 %) assurent essayer de régler l'affaire par le dialogue et 34 % avouent se mettre en colère. À l'inverse, les adolescents estiment que leurs parents se mettent plus souvent en colère qu'ils ne discutent. Mais dans l'ensemble, ils sont satisfaits de la situation : près de sept jeunes sur dix trouvent que leurs parents leur consacrent assez de temps et ils sont une grosse moitié à se sentir compris.

Anne Lesterlin, Les clés de l'actualité/ du 7 au 13 novembre 2007

TEXTE

ACTIVITÉS

1. *Dans la 3e ligne, à qui se réfère le pronom « **vous** » ?*

   ....

2. *Quelle expression du premier paragraphe signifie « remettre en question » ?*

   ....

3. *Que révèle cette nouvelle enquête ?*

   ....

   ....

   ....

Vous avez des débuts de phrases à gauche et des fins possibles à droite. En vous basant sur les 2e, 3e et 4e paragraphes, associez chaque début avec la fin qui lui correspond.

***Attention :** il y a plus de fins que de débuts et chaque fin ne peut être utilisée qu'une seule fois.*

4. *Les parents parlent surtout…* ☐
5. *La majorité des parents ont peur que leurs enfants…* ☐
6. *Les ados se tournent vers leurs amis pour…* ☐
7. *Les parents ne réalisent pas …* ☐
8. *Les ados et les parents ne sont pas d'accord…* ☐

A. *ne soient pas heureux.*
B. *l'importance des amis dans la vie des adolescents.*
C. *aient de mauvaises fréquentations.*
D. *réussite scolaire.*
E. *d'école avec leurs enfants.*
F. *les aider s'ils ont des problèmes à l'école.*
G. *parler de leurs problèmes d'amour.*
H. *sur les sujets qui provoquent des disputes.*

9. *Selon le 5e paragraphe, **deux** des phrases suivantes sont vraies. Indiquez les réponses correctes dans les cases de droite.*
   A. En cas de dispute, le dialogue est considéré par les parents comme la meilleure solution.
   B. La plupart des ados pensent que leurs parents passent suffisamment de temps avec eux.
   C. La plupart des parents admettent se mettre en colère en cas de conflit.
   D. Peu d'ados se sentent vraiment compris par leurs parents.

   ☐ ☐

TOTAL : 10

TEXTE

Histoire du tablier

Te souviens-tu du tablier de ta Grand Mère ? Le principal usage du tablier de Grand' Mère était de protéger la robe en dessous, mais en plus de cela :

- Il servait de gant pour retirer une poêle brûlante du fourneau.

- Il était merveilleux pour essuyer les larmes des enfants, et, à certaines occasions, pour nettoyer les frimousses salies.

- Depuis le poulailler, le tablier servait à transporter les œufs, et de temps en temps les poussins!

- Quand des visiteurs arrivaient, le tablier servait d'abri à des enfants timides.

- Quand le temps était frais, Grand' Mère s'en emmitouflait les bras.

- Ce bon vieux tablier faisait office de soufflet, agité au dessus du feu de bois.

- C'est lui qui transbahutait les pommes de terre et le bois sec jusque dans la cuisine.

- Depuis le potager, il servait de panier pour de nombreux légumes; après que les petits pois aient été récoltés, venait le tour des choux.

- En fin de saison, il était utilisé pour ramasser les pommes tombées de l'arbre.

- Quand des visiteurs arrivaient de façon impromptue, c'était surprenant de voir avec quelle rapidité ce vieux tablier pouvait faire la poussière.

- A l'heure de servir le repas, Grand' Mère allait sur le perron agiter son tablier, et les hommes aux champs savaient aussitôt qu'ils devaient passer à table.

- Grand' Mère l'utilisait aussi pour poser la tarte aux pommes à peine sortie du four sur le rebord de la fenêtre pour qu'elle refroidisse; de nos jours, sa petite fille la pose là pour la décongeler.

Il faudra de bien longues années avant que quelqu'un invente quelque objet qui puisse remplacer ce bon vieux tablier qui servait à tant de choses.

En souvenir de nos Grands-mères, envoyez cette histoire à ceux qui savent, et à ceux qui pourront apprécier : « l'histoire du tablier de Grand Mère. »

Anonyme

ACTIVITÉS

1. *Cette grand-mère vivait plus probablement durant la première ou la deuxième partie du 20ième siècle ? Justifiez votre réponse.*

   ....

   ....

2. *Donnez* ***trois*** *raisons qui indiquent que cette grand-mère habitait à la campagne.*

   (a) ....

   (b) ....

   (c) ....

3. *Dans la première partie du texte, indiquez quelle expression montre combien l'auteur parle de ce tablier avec affection.*

   ....

4. *Le tablier de grand-mère se substituait à beaucoup d'objets. Indiquez lesquels.*
   Le tablier de grand-mère servait de :

   A. mouchoir

   B. drap ☐

   C. gilet ☐

   D. bonnet

Reliez chacun des mots du texte figurant dans la colonne de gauche avec son équivalent dans la colonne de droite. Référez-vous au texte pour le sens. ***Attention :*** *il y a plus de mots dans la colonne de droite que dans celle de gauche.*

5. *retirer (l.4)*	☐	*A. quelquefois*
6. *à certaines occasions (l.7)*	☐	*B. entendue*
7. *abri (l.12)*	☐	*C. en plus*
8. *faire office de (l.15)*	☐	*D. servir*
9. *impromptue (l.24)*	☐	*E. inattendue*
10. à *peine* (l.31)	☐	*F. juste*
		G. désormais
		H. enlever
		I. cacher
		J. refuge

TOTAL : 13

INSOLITE

Chiens, chats et compagnie

TEXTE

[-1-]

❶ La France est en Europe au premier rang des pays possesseurs d'animaux de compagnie. 65 millions de chats, chiens, petits rongeurs, oiseaux et poissons partagent la vie des familles.

Ainsi, plus de 51 % des foyers hexagonaux possèdent un animal familier.

[-2-]

❷ La présence plus importante du Chat est une tendance forte dans de nombreux pays occidentaux qui se vérifie en France. Avec 9,9 millions de petits félins, le chat se revendique l'animal préféré des français et goûterait particulièrement la vie citadine! Et plus particulièrement à Paris, dans l'Est de la France et chez les 35/44 ans.

Si 26 % des foyers ont au moins un chat, il apparaît que la cohabitation harmonieuse de plusieurs chats est une tendance significative.

L'acquisition d'un chat est le plus souvent la rencontre fortuite avec un animal trouvé ou donné (93 %). L'achat est donc rare. A cet égard, les chats de race ne représentent que 5 % de la population féline.

[-3-]

❸ Lorsque un chien partage votre existence et surtout dans la période de l'enfance, la mémoire est durablement imprégnée par cet épisode agréable pour 94 % des personnes interrogées. Pas étonnant que 8,51 millions de chiens accompagnent aujourd'hui nos concitoyens. Présents majoritairement dans les foyers de plus de trois personnes, ils sont accueillis par 73 % des maîtres dans une maison avec jardin. Le chien a suivi la mouvance urbaine des hommes car ils sont 20 % dans les villes de 2000 à 20 000 habitant et 21 % vivent dans des agglomération de plus de 100 000 habitants.

[-4-]

❹ Petits rongeurs, lapins nains, hamsters, cochons d'Inde affirment d'année en année leur place dans 6 % des foyers. Le poisson rouge a toujours la côte. Avec ses congénères tropicaux, de bassin ou de mare ils affichent une population de 35 millions auprès de 11 % de foyers. Avec 6,59 millions d'individus, les oiseaux reste une population stable au fil des ans, répartie dans 5 % des foyers, dont 11 % sont présents dans des familles de 5 personnes ou plus.

Sce : enquête Facco/TNS-Sofres 2005 www.facco.fr
http://www.afirac.org/pages/ccc_chiens-chats-compagnie.php

ACTIVITÉS

Les sous titres du texte ont été enlevés. Retrouvez-les dans la colonne de droite. ***Attention*** *: il y a plus de sous-titres proposés que de réponses possibles.*

1. [-1-] ☐
2. [-2-] ☐
3. [-3-] ☐
4. [-4-] ☐

A. Le chat : une séduction croissante

B. & Cie...

C. La France : dernière position en Europe pour la possession animale

D. Le chien : un lien affectif puissant

E. Leader européen de la possession animale

F. Le chat : de moins en moins apprécié

5. *Quel mot du premier paragraphe signifie « français » ?*

....

6. *Quel est l'autre nom donné aux « chats » dans le 2e paragraphe ?*

....

7. *Dans le 2e paragraphe, quel mot signifie « par hasard » ?*

....

8. *Où peut-on trouver la majorité des chats ?*

....

9. *Quel est l'âge de la majorité des propriétaires de chats ?*

....

Les affirmations suivantes, basées sur le texte sont soit vraies, soit fausses. Cochez [✓] la réponse correcte. Justifiez votre réponse par les mots du texte.

	Vrai	**Faux**
10. *Une minorité de français ont un animal de compagnie.*	☐	☐
Justification		
11. *Les gens tendent à posséder plus d'un chat.*	☐	☐
Justification		
	☐	☐

12. *Les Français préfèrent avoir des chats de race.*

Justification ....

....

13. *À quel moment de la vie la cohabitation avec un chien marque de manière significative un individu ?*

....

Vous avez des débuts de phrases à gauche et des fins possibles à droite. En vous basant sur les 3e et 4e paragraphes, associez chaque début avec la fin qui lui correspond. ***Attention*** *:il y a plus de fins que de débuts et chaque fin ne peut être utilisée qu'une seule fois.*

14. *Les Français possèdent....*	☐	A. *principalement dans une maison avec jardin.*
15. *Les chiens vivent....*	☐	B. *à des gens vivant à la campagne.*
16. *41% des chiens appartiennent...*	☐	C. *plus de chats que de chiens.*
		D. *tous en ville.*
		E. *à des gens vivant en ville.*
		F. *plus de chiens que de chats.*

17. *Citez* ***deux*** *exemples d'animaux de compagnie, autre que le chien et le chat.*

(a) ....

(b) ....

18. *Quelle expression du dernier paragraphe signifie « reste populaire » ?*

....

19. *Selon le dernier paragraphe,* ***deux*** *des phrases suivantes sont vraies. Indiquez les réponses correctes dans les cases de droite.*

A. Les Français possèdent de moins en moins d'oiseaux.
B. Les Français possèdent plus d'oiseaux que de petits rongeurs, lapins nains, hamsters, cochons d'Inde.
C. Les Français possèdent plus de petits rongeurs, lapins nains, hamsters, cochons d'Inde que d'oiseaux.
D. Les Français possèdent plus de poissons que de petits rongeurs, lapins nains, hamsters, cochons d'Inde et d'oiseaux.
E. Les Français possèdent autant de petits rongeurs que d'oiseaux.

☐ ☐

TOTAL : 21

POUR ALLER PLUS LOIN...

À discuter

1. Que représente la famille pour vous ?
2. Que pensez-vous des familles recomposées ?
3. La famille est-elle une valeur, une réalité en voie de disparition ?
4. La famille recomposée est-elle le nouveau modèle familial de demain ?
5. Est-ce que la structure de la famille a changé dans votre pays aussi ? De quelle façon ?
6. Aimeriez-vous vous marier un jour ?
7. Que représente le mariage pour vous ?
8. Dans certaines cultures la polygamie est autorisée. Quelle est votre opinion à ce sujet ?
9. Souhaiteriez-vous fonder une famille un jour ?
10. Est-ce que le mariage est essentiel pour fonder une famille selon vous ? Pourquoi ? Pourquoi pas ?
11. Serait-il acceptable d'avoir un enfant sans être marié(e) dans votre pays ?
12. Pensez-vous qu'il faut avoir eu un bon modèle de ses parents pour réussir sa vie de couple ?
13. Que pensez-vous des gens qui se marient trois, quatre fois, voire plus ?
14. Que pensez-vous de la cohabitation ? Est-ce que cela serait accepté dans votre famille ou votre pays ?
15. La procédure du divorce devrait-elle être simplifiée ? Justifiez votre point de vue.
16. Pensez-vous que les couples homosexuels ont les mêmes droits que les couples hétérosexuels en France et dans votre pays ?
17. Commentez l'expression « on ne choisit pas sa famille » ? Est-ce que c'est toujours vrai ?
18. Qu'est-ce qui est le plus important pour vous, la famille ou les amis ?
19. Décrivez la famille idéale.
20. Certaines personnes font le choix de rester célibataires. Est-ce un choix que vous pourriez envisager ?

À voir

La vie est un long fleuve tranquille, Etienne Chatiliez

Un air de famille, Cedric Klappisch, 1996

Un transat pour huit, Pierre Joassin, 2006

Nos enfants chéris, Benoît Cohen, 2003

Les enfants, Christian Vincent, 2005

Neuf mois, Patrick Braoudé, 1994

Comme les autres, Vincent Garenq, 2008

Un conte de Noël, Arnaud Desplechin, 2008

Mariages !, Valérie Guignabodet, 2004

Prête moi ta main, Éric Lartigau , 2006

15 ans et demi, François Desagnat, Thomas Sorriaux, 2008

Un gars, une fille, Isabelle Camus, Hélène Jacques, 1999–2003

À écouter

Quatre murs et un toit, Bénabar, 2005 *"Reprises des négociations"*

La berceuse, Bénabar, 2005 *"Reprises des négociations"*

La plus belle chose au monde, Anaïs Croze, 2005 *"The Cheap Show"*

Ma fille, Mon enfant, Serge Reggiani

Mon père spirituel, Christophe Maé, 2007 *"Mon paradis"*

Le vrai père, Cali, 2005 *"Menteur"*

Daddy, Diam's, 2003, *"Brut de Femme"*

Maman, Christophe Maé, 2007 *"Mon paradis"*

Les Ex, Camille, 2002 *"Le sac des filles"*

1, 2, 3, Camille, 2002 *"Le sac des filles"*

Qui c'est la fille sur la photo, Anaïs Croze, 2005 *"The love album"*

Pépé, Adèle, 2006 *"Bleu"*

Désolé Memé, Les Wriggles, 2007 *"Tant Pis ! Tant Mieux!"*

À ma femme, Charles Aznavour, 1995 *"Idiote je t'aime"*

Mon frère, Serge Reggiani

Bon anniversaire, Charles Aznavour, 1995 *"Qui ?"*

Adam et Yves, Zazie, 2001 *"La Zizanie"*

Un homme ou une femme, Axelle Red, 1993 *"Sans plus attendre"*

Aujourd'hui on se marie, la Grande Sophie, 2005 "La suite…"

Les photos de mariage, Jeanne Cherhal, 2004 "Douze fois par an"

À consulter

Ministère du Travail, des Relations sociales, de la Famille, de la Solidarité et de la Ville :
www.travail-solidarite.gouv.fr/espaces/famille

Notre famille :
www.notrefamille.com

À lire

La gloire de mon père, Marcel Pagnol, 1957

Le château de ma mère, Marcel Pagnol, 1958

La Famille, Michel Fize, éd. Le Cavalier Bleu, 2005

Les Pères, Fabrice Garau, éd. Le Cavalier Bleu, 2005

Le Zèbre, Alexandre Jardin, éd. Gallimard, 1990

Un secret, Philippe Grimbert, éd. Grasset, 2004

C'est qui ce garçon ? Nicole de Buron, 1987

Chapitre 3

LES RELATIONS

MISE EN ROUTE

1. **_Selon vous, quelles sont les relations entre ces personnes. Discutez-en avec un partenaire :_**

© Stéphanie Le Petit

© Stéphanie Le Petit

© Stéphanie Le Petit

© Stéphanie Le Petit

© Stéphanie Le Petit

© Stéphanie Le Petit
© Stéphanie Le Petit
© Laure Gracia
© Stéphanie Le Petit
© Laure Gracia

J'ai 18 ans, je fais ce que je veux

TEXTE

« Dans six mois, j'aurai 18 ans. La liberté, c'est ne plus demander de permission aux parents et décider seul. Mais tant que je ne suis pas autonome financièrement, je dois encore accepter des contraintes. »
Romain, 17 ans et demi

[...] Étape symbolique décisive, l'âge de la majorité est pourtant une fin affichée et sans retour de l'enfance. Un petit de maternelle, passablement turbulent, interrogé par sa maîtresse, lui répondait gravement que c'était l'âge où les policiers le mettraient en prison. Un âge donc où l'on sait qu'on répond personnellement de ses actes. Et qu'on décide de sa propre vie : Camille, 8 ans, a déjà prévenu son père, à la suite d'une fessée plutôt méritée : *« Quand j'aurai 18 ans, je prendrai mon sac à dos et je partirai de la maison et on me retrouvera plus jamais. »* Menace destinée à glacer d'effroi un papa d'habitude compréhensif. Mais si, pour les jeunes enfants, la majorité est l'horizon de toutes les espérances, la situation est parfois plus ambiguë pour ceux qui se rapprochent du terme fatidique.

Le paradis c'est avant ou après 18 ans ?

Au contraire de leurs aînés qui aspiraient à croquer la vie et le monde, beaucoup d'ados en restent au stade sucette : l'univers « cocooning » de la famille est une protection difficile à quitter. Pour Floriane, 16 ans et demi, c'est la crise d'angoisse: *« Etre majeure, c'est déjà vieillir, c'est la pente descendante. Je n'ai pas de honte à dire que je me sens encore enfant, pas envie de construire un avenir sérieux, de m'engager dans du définitif. Ma famille, mon univers me plaisent, tels quels. Au lycée, on nous demande toujours de réfléchir pour faire des choix. Est-ce qu'on peut choisir des choses qu'on ne connaît même pas ? »*

[...] Faut-il craindre alors de voir se développer le fameux « syndrome de Peter Pan » décrit par le psychologue Dan Kiley? (Bon nombre d'adultes veulent rester à tout prix dans le « pays imaginaire » de l'enfance, cherchant l'amusement, la fantaisie débridée et fuyant toute responsabilité.) Qu'est-ce qui fait si peur dans l'idée de bientôt mener une vie d'adulte? Floriane le dit d'emblée : le refus du temps qui passe et l'impression de ne pas avoir la maîtrise de sa propre vie. Se faire porter par les autres est tellement plus confortable!

A l'opposé, il y a aussi ceux qui voudraient voir le temps défiler un peu plus vite. À 17 ans, Benjamin est un fonceur. Pour lui, 18 ans, c'est l'âge du permis de conduire et la possibilité d'aller en soirée sans problème. Il voit l'avenir plutôt « cool » : *« Plus, besoin de ruses pour ne pas se faire bloquer à l'entrée des boîtes. Être majeur, c'est être plus tranquille pour trouver un petit boulot, partir en vacances comme on veut. Je trouve que maintenant les jeunes sont au courant de tout, c'est pas comme avant. S'entendre opposer des refus parce qu'on est trop jeune, c'est énervant. »* Avec ses parents, les négociations ne sont pas des plus sereines, parce qu'ils ont du mal à admettre son impatience. Il trépigne : *« Un an de plus, je ne vois pas ce que ça change. De toute façon, ils seront bien obligés de me laisser faire ce que j'ai envie. Toujours entendre que je ferai telle ou telle chose quand j'aurai 18 ans! Ils ne savent pas tout ce que je fais sans leur dire ! ... »* La majorité marque une frontière, même si certains, comme Benjamin, la passent parfois en clandestins.

Diplomatie familiale

[...]

La « coloc » entre vieux et jeunes adultes a parfois du mal à s'organiser. Brigitte trouve que ses jumeaux en prennent trop à leur aise : « *Ils doivent trouver que l'hôtel et le resto familiaux sont plutôt bons. Les lits ne sont pas faits, le linge s'entasse, les assiettes stagnent dans l'évier et le frigo est pillé régulièrement. Ils oublient de prévenir s'ils passent la nuit dehors ou s'ils amènent des copains. Ce qui m'agace, c'est que leur père trouve ça presque normal. Je suis la râleuse de la maison. Pourtant, il y a un minimum de respect et de règles à suivre qui ne sont pas des contraintes surhumaines.* »

Voilà le maître mot : respect. Si le jeune veut être entendu dans sa liberté nouvellement acquise, il doit aussi tenir compte d'une certaine liberté retrouvée des parents qui ont « donné » depuis tant d'années, assumant des contraintes parfois usantes. Dire clairement les choses n'est jamais inutile. Avoir des limites et des attentes réciproques, c'est poser sainement les termes du nouveau « contrat parents-enfants », contrat qui recevra bien de temps en temps des coups de canif... Dans l'ensemble, cependant, les jeunes adultes aiment qu on s'adresse à **leur** sens des responsabilités. Fabien, qui fait des études loin de sa famille, apprend à se gérer : « *Je jongle avec mon budget et j'essaie de ne pas* ***le*** *dépasser. Les parents ne sont pas au courant de tous mes embêtements, c'est normal à partir d'un certain âge. L'entraide se fait entre copains. C'est plus facile parce qu'on est tous plus ou moins dans la même situation. Chaque fin de mois, je véhicule mes copains,* ***eux*** *me nourrissent en retour.* »

Isabelle de Kochko
avec la collaboration du Dr Curtet, délégué général de l'association Objectif Parents
Dossier Familial n° 402 – Juillet 2008

ACTIVITÉS

1. *Selon Romain, aux lignes 1 à 4, pourquoi doit-il encore obéir à ses parents ?*

   ....

2. *Quelle est « l'étape symbolique » dont il est question dans le texte ?*

   ....

3. *D'après les lignes 9 à 12, pourquoi Camille menace-t-elle son père de quitter la maison à 18 ans ?*

   ....

4. *En vous basant sur le 1ier paragraphe, citez les* ***deux*** *changements que marque l'âge de 18 ans.*

   (a) ....

   (b) ....

5. *A quoi est comparée l'âge de la majorité à la fin du 1ier paragraphe ?*

..

Chacune des personnes citées dans ce texte exprime ***deux*** *des idées suivantes. Indiquez ces deux idées dans la case appropriée, à droite du nom de la personne à laquelle elles appartiennent.* ***Attention*** *: il y a des affirmations qui n'appartiennent à personne.*

6. *Romain*	☐☐	A. *Je ne me sens pas prêt(e) à devenir adulte.*
7. *Floriane*	☐☐	B. *À dix-huit ans je pourrai prendre mes propres décisions.*
8. *Benjamin*	☐☐	C. *Quand j'aurai dix-huit ans, mes parents ne pourront plus rien m'interdire.*
		D. *Je fais des choses en cachette car je ne demande pas toujours la permission à mes parents.*
		E. *À dix-huit ans je quitterai la maison de mes parents et je partirai loin.*
		F. *Je n'ai pas envie de quitter mon univers familial.*
		G. *Même si je n'ai pas dix-huit ans je fais tout ce que je veux.*
		H. *J'obéis à mes parents car je dépends encore d'eux.*

9. *D'après les lignes 23 à 29, nommez deux caractéristiques du « syndrome de Peter Pan » dont parle le psychologue Dan kiley ?*
   (a) ....
   (b) ....

10. *À la ligne 43, à quoi se réfère le mot «* ***la*** *» ?*

..

11. *À la ligne 43 « la passent parfois en clandestins » signifie :*
    A. que les jeunes attendent patiemment l'âge de 18 ans.
    B. que les jeunes demandent toujours la permission à leurs parents. ☐
    C. que les jeunes font des choses illégales.
    D. que les jeunes font certaines choses en secret, sans en avoir l'autorisation.

12. *En vous basant sur les lignes 44 à 51, citez* ***deux*** *faits que Brigitte reproche à ses enfants.*

(a) ....

(b) ....

13. *D'après les lignes 52 à 57, sur quoi est basé le « contrat parents-enfants » ?*

....

Trouvez dans le dernier paragraphe, les mots qui se réfèrent à chaque mot en gras dans le texte.

14. *on s'adresse à* ***leur*** *sens des responsabilités*	**leur**	
15. *j'essaie de ne pas* ***le*** *dépasser*	**le**	
16. ***eux*** *me nourrissent en retour*	**eux**	

Vous avez des débuts de phrases à gauche et des fins possibles à droite. En vous basant sur les 2e et 3e paragraphes, associez chaque début avec la fin qui lui correspond. ***Attention*** *: il y a plus de fins que de débuts et chaque fin ne peut être utilisée qu'une seule fois.*

17. *La nouvelle génération d'ados...* ☐

18. *Les jeunes...* ☐

19. *Il est utile d'avoir un « contrat »...* ☐

A. *libère les parents de certaines contraintes.*

B. *sont impatients de commencer leur vie d'adulte, loin des contraintes parentales.*

C. *dont les termes doivent être posés clairement et réciproquement.*

D. *libérer les parents de certaines contraintes.*

E. *duquel les termes doivent être posés clairement et réciproquement.*

F. *trouve difficile de quitter un environnement familial protecteur.*

TOTAL : 25

Parents trop aimants, trop étouffants

TEXTE

« Reprocher à ses parents de trop vous aimer, c'est possible, quitte à paraître ingrat. J'ai dû m'éloigner de beaucoup de kilomètres pour devenir autonome. »
Brigitte, 32 ans

❶ Brigitte est infirmière, baroudeuse des missions humanitaires. Se dépenser sans compter pour les autres et vivre « à la dure » ne lui fait pas peur. Il **lui** a fallu pour cela quitter un cocon familial douillet et des parents entièrement dévoués. [...]

Peut-on trop aimer ses enfants? À cette question, certains sursautent : non, l'amour n'est jamais en trop! Alors, peut-être faut-il se poser la question autrement : comment aimer ses enfants et de quelle manière? C'est sans doute sur les « manifestations » de cet amour qu'il convient parfois de s'interroger. ***Cécile*** et ***Anne*** ont des avis très différents sur le sujet. Cécile est toujours un peu déçue par le manque de retour de ses enfants et petits-enfants : « *Je pense toujours à* ***eux****, téléphone, petits cadeaux ou somme d'argent. J'essaie de tout faire pour leur faire plaisir, mais on dirait qu'ils sont blasés. En tout cas, les remerciements sont longs à venir !* »

Anne connaît bien son amie : « *C'est vrai que Cécile se dévoue constamment pour sa famille, mais je n'arrive pas à* ***lui*** *faire comprendre combien il est usant pour les autres de construire des relations sur de la gratitude et une reconnaissance sans fin. Du coup, elle se vexe si les autres ne pensent pas autant à elle, et s'indigne si je lui dis de les laisser un peu respirer.* »

❷ En effet, on peut se demander si un amour qui a un besoin constant de preuves n'est pas le signe d'une inquiétude fondamentale. [...]

Comment alors laisser partir les petits et accepter qu'ils volent de leurs propres ailes? Certains « parents poules » reconnaissent d'ailleurs volontiers que leur vie n'aurait pas beaucoup de sens si les enfants n'étaient pas là. S'ils sont un moteur pour avancer, faire des projets, ils sont aussi bien souvent la raison d'être qui cimente le couple parental.

Ils doivent chercher ailleurs ce qu'ils ont chez eux

[...]

❸ Eh oui! Pourquoi chercher ailleurs ce que l'on a chez soi? La question mérite d'être posée. Et c'est celle qui taraude le cœur de ces mères caricaturales dont on plaisante. Attendrissant mais parfois franchement toxique, leur amour immense peut devenir tyrannique si on s'y laisse bercer, comme aime à le dire ***Sandrine*** : *« J'ai vu le travail familial agir sur ma copine Mathilde. On avait décidé de prendre un appartement en colocation. Sa mère nous aidait beaucoup, c'était plutôt sympa. Puis elle a commence à déprimer et à tomber malade. L'année suivante, sur sa proposition et pour faire des économies, on s'est installées dans sa grande maison. Il est alors devenu difficile pour Mathilde de continuer à sortir avec les copains, il lui fallait toujours rendre des services à sa mère, qui m'a progressivement poussée dehors. Cette année, j'habite avec une autre copine et Mathilde se sent piégée mais n'ose rien dire. Elle ne sait pas comment s'échapper. »*

S'en sortir sans dommage

4 Aimer ses enfants, [-14-], mais ne pas faire tourner sa vie autour d'eux, telle est la ligne de conduite adoptée par Anne : *« J'ai deux grands enfants mais aussi une vie personnelle bien remplie, avec des occupations extérieures. Vivre seul ne signifie pas vivre triste, et ça, mes enfants le savent. Ils ne se sentent pas obligés de me réconforter.* [-15-] *on se voit, c'est qu'on en a envie. »* [-16-], égoïsme de la part des enfants, ingratitude? Non, la loi de la vie fait qu'un certain détachement affectif est nécessaire pour construire quelque chose d'autre ailleurs. [la psychologue] Catherine Jacquet connaît bien ces dysfonctionnements familiaux: *« Le jeu de rôle fait rejouer en famille des scènes qui permettent à chacun de prendre conscience de l'impact de son comportement sur autrui. La surprotection entraîne révolte ou soumission culpabilisée de la part des enfants. Cette tension constante chez les parents recouvre au fond des éléments de déception, de dépression ou de colère larvée. Un amour solide n'a pas besoin de preuves renouvelées. »* Alors, peut-on « vacciner » ses parents contre leur affection trop envahissante? Le processus de détachement est tout naturel chez la plupart des enfants. L'âge adulte arrivant, si l'on se sent trop faible ou trop coupable pour asséner un « sevrage » brutal à ses parents, on peut y aller par petites touches répétées. L'idée est de casser une routine captatrice pour créer un climat plus souple émaillé de surprises pour tout le monde, avec davantage de fantaisie et d'attention véritable : s'intéresser à leurs occupations, ne pas entrer dans la polémique des reproches, [...], faire des petits cadeaux imprévus. Enfin, ne pas « subir » un amour trop lourd à porter mais redynamiser des relations « donnant-donnant ». Alors, il n'y a pas « moins d'amour » mais il y a un amour qui respecte la place de chacun.

Isabelle de Kochko
avec la collaboration du Dr Curtet, délégué général de l'association Objectif Parents
Dossier Familial n° 385 – Février 2007

ACTIVITÉS

1. *Quelle a été la condition pour que Brigitte devienne indépendante ?*

   ....

En vous basant sur le 1er paragraphe, indiquez dans le tableau à quoi ou à qui se réfère les mots en gras.

2. *Il **lui** a fallu.*	**lui**	
3. *Je pense toujours à **eux***	**eux**	
4. *mais je n'arrive pas à **lui** faire comprendre*	**lui**	

5. *Dans le 1ier paragraphe, quelle est **la réelle** question qu'il faut se poser ?*

   ....

6. *Dans le 3e paragraphe, quels sont les **deux** adjectifs à connotation négative utilisés pour décrire l'amour de certains parents ?*

   (a) ....

   (b) ....

En vous basant sur le texte, à qui peuvent être attribuées les affirmations suivantes ?

	Brigitte	**Cécile**	**Sandrine**	**Anne**
7. *L'amour maternel peut être trop envahissant.*				
8. *Être loin de mes enfants ne m'attriste pas car nous avons chacun notre vie.*				
9. *Je me dévoue entièrement à ma famille, mais ils ne sont pas toujours reconnaissants.*				
10. *J'ai été obligée de partir loin de mes parents pour devenir indépendante.*				

11. *Dans le 2e paragraphe, l'expression « parents poules » signifie :*

    A. que les parents sont protecteurs.
    B. que les parents sont autoritaires.
    C. que les parents sont libéraux.
    D. que les parents sont compréhensifs.

    ☐

12. *Selon le 4e paragraphe, quelles peuvent être les **deux** conséquences d'une affection trop envahissante ?*

    (a) ....

    (b) ....

13. *En vous basant sur le 4e paragraphe, relevez **deux** gestes qui permettent de faciliter le processus de détachement ?*

    (a) ....

    (b) ....

Ajoutez les mots qui manquent dans le 4e paragraphe en les choisissant dans la liste proposée ci-dessous. ***Attention*** *: il y a plus de mots que d'espaces et chaque mot ne peut être utilisé qu'une seule fois.*

en suivant ***alors*** ***encore*** ***quand*** ***certes***

[-14-] ....

[-15-] ....

[-16-] ....

Reliez chacun des mots du 4e paragraphe figurant dans la colonne de gauche avec son équivalent dans la colonne de droite. ***Attention*** *: il y a plus de mots proposés que de réponses possibles.*

17. ailleurs	☐	*A. endurer*
18. autrui	☐	*B. plus*
29. larvée	☐	*C. ici*
20. davantage	☐	*D. autre part*
21. subir	☐	*E. cachée*
		F. bénéfice
		G. les autres
		H. agir
		I. encore moins

TOTAL : 24

Une vie

TEXTE

« Mon cher enfant, je viens te supplier de revenir auprès de moi. Songe donc que je suis vieille et malade, toute seule, toute l'année, avec une bonne. J'habite maintenant dans une petite maison auprès de la route. C'est bien triste. Mais si tu étais là, tout changerait pour moi. Je n'ai que toi au monde et je ne t'ai pas vu depuis sept ans ! Tu ne sauras jamais comme j'ai été malheureuse et combien j'avais reposé mon cœur sur toi. Tu étais ma vie, mon rêve, mon seul espoir, mon seul amour, et tu me manques, et tu m'as abandonnée !

« Oh! reviens, mon petit Poulet, reviens m'embrasser, reviens auprès de ta vieille mère qui te tend des bras désespérés.

« Jeanne. »

Il répondit quelques jours plus tard.

« Ma chère maman, je ne demanderais pas mieux que d'aller te voir, mais je n'ai pas le sou. Envoie-moi quelque argent et je viendrai. J'avais du reste l'intention d'aller te trouver pour te parler d'un projet qui me permettrait de faire ce que tu me demandes.

« Le désintéressement et l'affection de celle qui a été ma compagne dans les vilains jours que je traverse, demeurent sans limites à mon égard. Il n'est pas possible que je reste plus longtemps sans reconnaître publiquement son amour et son dévouement si fidèles. Elle a du reste de très bonnes manières que tu pourras apprécier. Et elle est très instruite, elle lit beaucoup. Enfin, tu ne te fais pas l'idée de ce qu'elle a toujours été pour moi. Je serais une brute, si je ne lui témoignais pas ma reconnaissance. Je viens donc te demander l'autorisation de l'épouser. Tu me pardonnerais mes escapades et nous habiterions tous ensemble dans ta nouvelle maison.

« Si tu la connaissais, tu m'accorderais tout de suite ton consentement. Je t'assure qu'elle est parfaite, et très distinguée. Tu l'aimerais, j'en suis certain. Quant à moi, je ne pourrais pas vivre sans elle.

« J'attends ta réponse avec impatience, ma chère maman, et nous t'embrassons de tout cœur.

« Ton fils,

« Vicomte Paul de Lamare. »

Jeanne fut atterrée. Elle demeurait immobile, la lettre sur les genoux, devinant la ruse de cette fille qui avait sans cesse retenu son fils, qui ne l'avait pas laissé venir une seule fois, attendant son heure, l'heure où la vieille mère désespérée, ne pouvant plus résister au désir d'étreindre son enfant, faiblirait, accorderait tout.

Et la grosse douleur de cette préférence obstinée de Paul pour cette créature déchirait son cœur. Elle répétait : « Il ne m'aime pas. Il ne m'aime pas. »

Rosalie entra. Jeanne balbutia : « Il veut l'épouser maintenant. »

La bonne eut un sursaut : « Oh! Madame, vous ne permettrez pas ça. M. Paul ne va pas ramasser cette traînée. »

Et Jeanne accablée, mais révoltée, répondit : « Ça, jamais, ma fille. Et, puisqu'il ne veut pas venir, je vais aller le trouver, moi, et nous verrons, laquelle de nous deux l'emportera. »

Et elle écrivit tout de suite à Paul pour annoncer son arrivée, et pour le voir autre part que dans le logis habité par cette gueuse.

Guy de Maupassant, *Une vie*, 1883.

ACTIVITÉS

1. *D'après le début du texte, citez **deux** arguments sur sa condition physique que Jeanne utilise pour attendrir son fils ?*

   (a) ....

   (b) ....

2. *En vous basant sur le texte, quel mot signifie « servante » ?*

   ....

3. *En vous basant sur la première lettre, que reproche Jeanne à son fils ?*

   ....

4. *Cela fait combien de temps que son fils est parti ?*

   ....

5. *Dans la première lettre, quel surnom, Jeanne donne-t-elle à son fils ?*

   ....

6. *Quel est le but de la lettre de Jeanne ?*

   ....

7. *À la ligne 13, que signifie l'expression « je n'ai pas le sou » ?*

   A. je n'ai pas d'argent.

   B. je n'ai pas le temps. ☐

   C. je n'ai pas de chance.

   D. je n'ai pas l'autorisation.

8. *De quel projet Paul parle dans sa lettre ?*

   ....

9. *Selon Paul, qu'est-ce qui indique que sa compagne est éduquée ?*

   ....

10. *Quel est le but de la lettre de Paul ?*

    ....

11. *En vous basant sur sa lettre, quels sont les **deux** mots que Paul utilise pour qualifier sa compagne afin de convaincre sa mère qu'elle l'apprécierait ?*

    (a) ....

    (b) ....

12. *En vous basant sur les lignes 32 à 35, quel mot signifie « accablée » ?*

....

13. *De quoi Jeanne accuse-t-elle « cette fille » ?*

....

14. *Aux ligne 36 et 37, quel mot Jeanne utilise-t-elle pour désigner la compagne de son fils ?*

....

Les affirmations suivantes, basées sur les lignes 39 à 45, sont soit vraies, soit fausses. Cochez [✓] la réponse correcte. Justifiez votre réponse par les mots du texte.

	Vrai	Faux
15. *La servante a une vive réaction à la nouvelle du mariage de Paul.*	☐	☐

Justification ....

....

16. *Jeanne consent au mariage de son fils.*	☐	☐

Justification ....

....

17. *Jeanne décide de rendre visite à son fils.*	☐	☐

Justification ....

....

18. *Jeanne désire rencontrer son fils chez sa compagne.*	☐	☐

Justification ....

....

TOTAL : 20

TEXTE

Les adolescents préfèrent leur mère

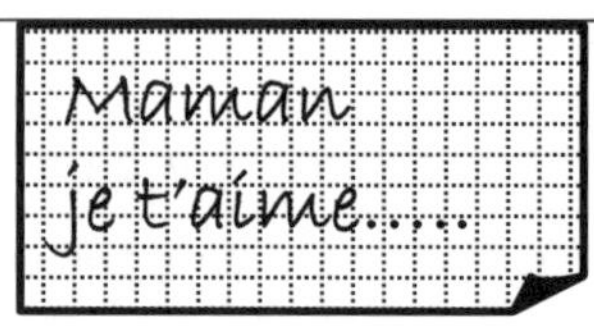

Selon un sondage, les mères, plus compréhensives et plus dévouées, l'emportent sur des pères jugés «démodés».

1 C'est le sacre de la mère. Les adolescents de 14 à 18 ans lui voient toutes les qualités, loin de l'acrimonie que l'on prête à cet âge, à en croire les résultats tranchés d'un récent sondage Ifop/Sélection du Reader's Digest sur l'apport de chaque parent. Ils la disent aimante, ouverte, proche d'eux, bien plus complice que le père. « L'intimité des débuts de vie entre l'enfant et la mère

ne se perd pas », explique le psychiatre Philippe Jeammet. Autrefois, cependant, le père tirait grandeur à fixer les règles, à dire le code d'honneur de la famille. Dépouillé de ses attributs, il semble englouti. « Parce que l'homme (...) n'exerce plus la fonction d'autorité. Il apparaît souvent, aux yeux de l'enfant, comme un subalterne de la maman omnipotente », analyse Jean Gabard, auteur d'un essai sur les excès du féminisme. De fait, l'image des mères s'est étoffée. Les adolescents **leur** font confiance pour **leur** assurer « un toit », de la sécurité, des « bons conseils », et **les** informer sur la sexualité. Mieux que le père.

❷ L'ode à maman varie cependant selon la situation familiale. Les enfants de divorcés se montrent plus circonspects. Ils doutent plus souvent de la parole de leurs parents, même si, là encore, la mère conserve l'avantage. La proximité avec les parents diffère aussi selon les sexes. Les garçons affichent plus de complicité avec leur père que les filles, ancrées dans le gynécée.

❸ La mère est pour tous, bien plus dévouée : elle connaît les copains, les apprécie, aide pour les devoirs avec patience, « subit sans râler de la musique à haut volume », ajoute Marianne, mère de deux adolescents. Parfois, le père accompagne la mode adolescente. Mais souvent il ne fait qu'y céder, à contrecœur. Or, « lorsque les pères imitent les mères, les jeunes préfèrent l'original et ils ont raison », tranche le pédopsychiatre Marcel Rufo. Pour autant, il ne faudrait pas discréditer la révolution paternelle des dernières décennies. Ils se sont fortement investis « et prennent en charge avec bonheur les tout-petits ». L'homme portant bébé fait désormais partie du paysage de la piscine municipale, ou du parc. En primaire, le père assure toujours les activités sportives, surtout avec les garçons.

Les pères hors jeu

❹ Puis l'harmonie s'étiole. [-11-] il « respecte mieux l'intimité » à l'adolescence. [-12-] si les liens fusionnels avec la mère portaient toujours une part d'intrusion. « Il est le garant de la pudeur », affirme encore Marcel Rufo. Autrement, le père vit mal la contestation. Tandis que la mère négocie, discute plus, lui se raidit. « [-13-] il vit souvent une crise personnelle, une sorte de ménopause psychique », expose Marcel Rufo. Il constate son vieillissement, tandis que son fils le bat au ping-pong, ou le devance à la course. Les jeunes décrivent souvent des pères hors jeu, démodés. Quelque 11 % des jeunes se disent brouillés avec lui (contre 4 % avec la mère). L'affrontement d'antan recule peu à peu. «Les adolescents sont à 90 % en forme, contrairement à ce que l'on croit, insiste Marcel Rufo, car leurs parents se montrent beaucoup plus sympas que par le passé. »

❺ Ce nouveau modèle ne fait pourtant pas l'unanimité, comme en témoignent les polémiques sur l'autorité. « Nous voyons se dessiner un schéma parental, qui privilégie le modèle féminin, l'affectif », explique Philippe Jeammet, ancien directeur du service de psychiatrie de l'institut Montsouris (2). Les femmes peuvent exercer de l'autorité, mais sans le détachement du père, assure le spécialiste. Tout devient émotion. « Le père veut à son tour être aimé et ne pose plus les règles ». C'est le repli sur la famille, le cocon avec la peur de l'extérieur. Non seulement le père **y** perd sa place, mais ce matriarcat, risque selon Philippe Jeammet de « fabriquer une société d'enfants ».

(1) *Enquête Ifop/Sélection du Reader's Digest du 8 au 12 mars 2008, menée auprès d'un échantillon de 512 personnes représentatif de la population âgée de 14 à 18 ans.*

(2) « Pour nos ados soyons adultes », Philippe Jeammet, Odile Jacob.

Cécilia Gabizon, *Le Figaro*, 29/05/2008

ACTIVITÉS

1. *D'après le 1[ier] paragraphe, citez **trois** qualités attribuées à la mère.*
   (a) ....
   (b) ....
   (c) ....

2. *Dans le 1[ier] paragraphe, selon cette enquête, à quel rôle est relégué le père aujourd'hui ?*

   ....

3. *Dans le 1[ier] paragraphe, quel mot est utilisé pour signifier « la toute puissance » de la mère ?*

   ....

Dans le 1[ier] paragraphe, trouvez les mots qui se réfèrent à chaque mot en gras dans le texte.

4. *Les adolescents **leur** font confiance*	**leur**	
5. *pour **leur** assurer «un toit»,*	**leur**	
6. *et **les** informer*	**les**	

7. *En vous basant sur le 2e paragraphe, quels sont les **deux** facteurs qui déterminent la proximité entre parent et enfant ?*
   A. la complicité.
   B. le sexe.
   C. la parole des parents.
   D. la situation familiale.

   ☐ ☐

8. *Dans le 3e paragraphe, à quoi se réfère le mot « **y** » dans la phrase « il ne fait qu'y céder » ?*
   A. la musique à haut volume.
   B. les copains.
   C. la mode adolescente.
   D. les devoirs.

   ☐

9. *D'après le 3e paragraphe, nommez* ***deux*** *marques de dévotion des mères.*

(a) ....

(b) ....

10. *Selon les 3e et 4e paragraphes,* ***deux*** *des phrases suivantes sont fausses. Indiquez les lettres correspondantes dans les cases de droite.*

A. Les enfants n'aiment pas que leur père se comportent comme leur mère.
B. L'investissement des pères dans la vie de famille n'a pas évolué depuis des générations.
C. Le père n'accepte pas vraiment que l'enfant le contredise ou ne lui obéisse pas.
D. Les parents d'aujourd'hui sont plus aimables qu'autrefois.
E. Lors d'un conflit, la mère est une meilleure négociatrice que le père.
F. Le père est intrusif et n'a aucun respect pour l'intimité de ses enfants.

☐ ☐

Ajoutez les mots qui manquent dans le 4e paragraphe en les choisissant dans la liste proposée ci-dessous. ***Attention*** *: il y a plus de mots que d'espaces et chaque mot ne peut être utilisé qu'une seule fois.*

d'autant qu' ***contre*** ***certes*** ***encore*** ***comme***

[-11-] ....

[-12-] ....

[-13-] ....

Dans le 4e paragraphe, trouvez les mots qui ont la même signification que les expressions ou mots ci-dessous.

14. *« en conflit/en froid »* ....

15. *« autrefois »* ....

Vous avez des débuts de phrase à gauche et des fins possibles à droite. En vous basant sur le 5e paragraphe, remettez chaque début avec la fin qui lui correspond. ***Attention*** *: il y a plus de fins que de débuts et chaque fin ne peut être utilisée qu'une seule fois.*

16. Le nouveau schéma parental...	☐	*A. car l'affectif devient plus important pour les parents.*
17. Les règles tendent à disparaître...	☐	*B. est basé sur l'autorité.*
		C. ne doit pas ignorer le rôle du père.
18. L'autorité maternelle...	☐	*D. les parents n'ont plus d'autorité.*
		E. est fondé sur l'émotionnel.
		F. un risque pour la société.

19. *Dans le 5e paragraphe, à quoi se réfère « **y** » dans la phrase « le père **y** perd sa place » ?*

....

20. *En vous basant sur le 5e paragraphe, comment s'appelle le système familial dans lequel la place de la femme est prédominante ?*

....

TOTAL : 25

Monsieur Ibrahim et les Fleurs du Coran

TEXTE

Monsieur Ibrahim et les putes* me rendaient la vie avec mon père encore plus difficile. Je m'étais mis à faire un truc épouvantable et vertigineux : des comparaisons. J'avais toujours froid lorsque j'étais auprès de mon père. Avec monsieur Ibrahim et les putes, il faisait plus chaud, plus clair.

Je regardais la haute et profonde bibliothèque héréditaire, tous ces livres censés contenir la quintessence de l'esprit humain, l'inventaire des lois, la subtilité de la philosophie, je **les** regardais dans l'obscurité – Moïse, ferme les volets, la lumière bouffe les reliures – puis je regardais mon père lire dans son fauteuil, isolé dans le rond du lampadaire qui se tenait, telle une conscience jaune, au-dessus de ses pages. Il était clos dans les murs de sa science, il ne faisait pas plus attention à moi qu'à un chien – d'ailleurs, il détestait les chiens –, il n'était même pas tenté de me jeter un os de son savoir. Si je faisais un peu de bruit...

- Oh, pardon.

- Moïse, tais-toi. Je lis. Je travaille, moi.

Travailler, ça c'était le grand mot, la justification absolue...

- Pardon, papa.

- Ah, heureusement que ton frère Popol n'était pas comme ça. Popol, c'était l'autre nom de ma nullité. Mon père me lançait toujours à la figure le souvenir de mon frère aîné, Popol lorsque je faisais quelque chose de mal. Popol, il était très assidu, à l'école. Popol, il aimait les maths, il ne salissait jamais la baignoire. Popol, il faisait pas pipi à côté des toilettes. Popol il aimait tant lire les livres qu'aimait papa.

Au fond, ce n'était pas plus mal que ma mère soit partie avec Popol, peu de temps après ma naissance, parce que c'était déjà difficile de se battre avec un souvenir mais alors vivre auprès d'une perfection vivante comme Popol, ça, ça aurait été au-dessus de mes forces.

- Papa, tu crois qu'il m'aurait aimé, Popol ?

Mon père me dévisage, ou plutôt me déchiffre, avec effarement.

- Quelle question !

- Voici ma réponse : Quelle question!

Eric-Emmanuel Schmitt, *Monsieur Ibrahim et les Fleurs du Coran,* © Albin Michel, 2001.

* Pute = Mot familier (vulgaire) qui désigne une prostituée.

ACTIVITÉS

1. *Selon le début du texte, **deux** des phrases suivantes sont fausses. Indiquez les lettres correspondantes dans les cases de droite.*
   A. Le narrateur se sent coupable de faire des comparaisons.
   B. Le narrateur se sent mieux en compagnie de Monsieur Ibrahim et des prostituées.
   C. Le narrateur se sent mieux en compagnie de son père.
   D. Le père du narrateur semble être une personne chaleureuse.
   E. L'existence du narrateur est bien plus simple depuis qu'il a fait la connaissance de Monsieur Ibrahim et des prostituées.

   ☐ ☐

2. *Quel mot du début du texte signifie « une chose » ?*

   ....

3. *À la ligne 7, à quoi se réfère le mot « **les** » dans la phrase « je **les** regardais dans l'obscurité » ?*

   ....

4. *Aux lignes 7 et 8, qui énonce cette phrase « Moïse, ferme les volets, la lumière bouffe les reliures » ?*
   A. Moïse.
   B. Monsieur Ibrahim.
   C. Popol.
   D. son père.

   ☐

5. *En vous basant sur les lignes 5 à 12, à quoi Moïse se compare-t-il ?*

   ....

6. *Selon son père, le travail est associé :*
   A. à la lecture.
   B. à la science.
   C. à la philosophie.
   D. à la loi.

   ☐

7. *En vous basant sur les lignes 17 à 21, citez **trois** différences entre Moïse et Popol.*
   (a) ....
   (b) ....
   (c) ....

8. *Qui est Popol ?*

   ....

9. *Pourquoi Moïse vit-il seul avec son père ?*

....

10. *Quelles sont les **deux** expressions qu'utilise Moïse pour définir Popol (Lignes 17 à 25) ?*

(a) ....

(b) ....

11. *Quelle expression utilise Moïse pour signifier qu'il serait impossible pour lui de vivre avec Popol ?*

....

12. *En répondant « Quelle question ! », son père veut dire :*

A. Certainement ! Il t'aurait aimé.

B. C'est une très bonne question !

C. C'est une question idiote !

D. Évidemment que non !

☐

TOTAL : 16

Antéchrista

TEXTE

Le lendemain, elle vint vers moi et me dit bonjour.

Je lui rendis son salut et me tus. Je détestais ma gêne.

- Tu as l'air plus jeune que les autres, remarqua-t-elle.

- C'est parce que je **le** suis. J'ai seize ans depuis un mois.

- Moi aussi. J'ai seize ans depuis trois mois.

Avoue que tu ne l'aurais pas cru.

- C'est vrai.

Son assurance **lui** donnait les deux ou trois années qui nous séparaient du peloton.

- Comment t'appelles-tu? me demanda-t-elle.

- Blanche. Et toi?

- Christa.

Ce prénom était extraordinaire. Emerveillée, je me tus à nouveau. Elle vit mon étonnement et ajouta :

- En Allemagne, ce n'est pas si rare.

- Tu es allemande?

- Non. Je viens des cantons de l'Est.

- Tu parles allemand?

- Bien sûr.

Je la regardai avec admiration.

- Au revoir, Blanche.

Je n'eus pas le temps de la saluer. Déjà, elle avait descendu l'escalier de l'amphithéâtre. Une bande d'étudiants la héla à grand bruit. Rayonnante, Christa marcha vers le groupe qui **l'**appelait.

« Elle est intégrée », pensai-je.

Ce mot avait pour moi une signification gigantesque. Moi, je n'avais jamais été intégrée à quoi que ce fût. J'éprouvais envers ceux qui l'étaient un mélange de mépris et de jalousie.

J'avais toujours été seule, ce qui ne m'eût pas déplu si cela avait été un choix. Ce ne l'avait jamais été. Je rêvais d'être intégrée, ne fût-ce que pour m'offrir le luxe de me désintégrer ensuite.

Je rêvais surtout de devenir l'amie de Christa. Avoir une amie me semblait incroyable.
A plus forte raison, être l'amie de Christa
- mais non, il ne fallait pas l'espérer.
L'espace d'un instant, je me demandai pourquoi cette amitié me semblait si souhaitable. Je ne trouvai pas de réponse claire : cette fille avait quelque chose, sans que je pusse savoir ce dont il s'agissait.

Amélie Nothomb, *Antéchrista*, © Albin Michel, S.A., 2003.

ACTIVITÉS

1. *Quel âge ont les deux personnages?*

   ....

2. *Qui est la plus âgée des deux ?*

   ....

3. *Au début du texte, quelle expression Christa utilise-t-elle pour dire que Blanche n'a pas le même âge que le reste du groupe ?*

   ....

4. *À la ligne 8, la phrase « Son assurance lui donnait les deux ou trois années qui nous séparaient du peloton. » signifie :*

   A. Elle avait le même âge que les autres.
   B. Elle semblait avoir le même âge que les autres.
   C. Elle était plus âgée que les autres.
   D. Elle paraissait plus jeune que les autres.

   ☐

5. *Qu'est-ce qui surprend Blanche (lignes 9 à 14)?*

   A. La nationalité de Christa.
   B. Le prénom « Christa ».
   C. Le fait que Christa habite dans les cantons de l'Est.
   D. Le fait que Christa parle allemand.

   ☐

6. *Citez **deux** mots qu'utilise Blanche, la narratrice, pour illustrer l'admiration qu'elle éprouve pour Christa.*

   (a) ....

   (b) ....

7. *À la ligne 25, quel est « ce mot » dont elle parle ?*

   ....

8. *En vous basant sur les lignes 25 à 30, de qui la narratrice est-elle jalouse ?*

   A. Blanche.

   B. Les gens intégrés.

   C. Le groupe.

   D. Christa.

   ☐

9. *D'après les lignes 28 à 30, pourquoi Blanche n'aime-t-elle pas être seule ?*

   ....

10. *D'après le texte, quels sont les **deux** rêves de Blanche ?*

    (a) ....

    (b) ....

11. *À la ligne 33, lorsque Blanche dit « mais non, il ne fallait pas l'espérer », elle pense :*

    A. qu'elle n'a aucune chance de devenir l'amie de Christa.

    B. qu'il ne faut pas devenir l'amie de Christa.

    C. qu'elle peut devenir l'amie de Christa.

    D. qu'elle n'a pas d'amis.

    ☐

Trouvez dans le texte, les mots qui se réfèrent à chaque mot en gras dans le texte.

12. *C'est parce que je **le** suis. (l.4)*	**le**	
13. *Son assurance **lui** donnait (l.8)*	**lui**	
14. *Christa marcha vers le groupe qui **l'**appelait. (l.22-23)*	**l'**	
15. *Ce ne **l'**avait jamais été. (l.29)*	**l'**	

En vous basant sur le texte, remettez les sentiments suivants dans l'ordre où Blanche, la narratrice, les ressent dans le texte. Indiquez les réponses correctes dans les cases de gauche.

16. Premier sentiment	☐	*A. de l'admiration*
17. Second sentiment	☐	*B. de l'espoir*
18. Troisième sentiment	☐	*C. de la gêne*
19. Quatrième sentiment	☐	*D. de l'étonnement*
20. Cinquième sentiment	☐	*E. du mépris et de la jalousie*

TOTAL : 22

Les Catilinaires

TEXTE

L'après-midi même, vers 4 heures, quelqu'un frappa à la porte.

J'allai ouvrir. C'était un gros monsieur qui semblait plus âgé que moi.

- Je suis monsieur Bernardin. Votre voisin.

Qu'un voisin vienne faire la connaissance de nouveaux arrivants, a fortiori dans une clairière bâtie de deux maisons en tout et pour tout, quoi de plus normal? En outre, il n'y avait pas plus quelconque que le visage de cet homme. Je me souviens pourtant d'être resté figé d'ahurissement, comme Robinson lors de sa rencontre avec Vendredi.

Quelques secondes pesèrent avant que je prenne conscience de mon impolitesse et que je prononce les paroles attendues:

- Bien sûr. Vous êtes le docteur. Entrez.

Quand il fut au salon, j'allai chercher Juliette. Elle eut l'air apeuré. Je souris.

- Ce n'est rien qu'une petite visite de courtoisie, chuchotai-je.

Monsieur Bernardin serra la main de ma femme puis s'assit. Il accepta une tasse de café. Je lui demandai s'il habitait la maison voisine depuis longtemps.

- Depuis quarante ans, répondit-il.

Je m'extasiai:

- Quarante ans ici! Comme vous avez dû être heureux!

Il ne dit rien. J'en conclus qu'il n'avait pas été heureux et je n'insistai pas.

- Etes-vous le seul médecin, à Mauves?

- Oui.

- Sacrée responsabilité !

- Non. Personne n'est malade.

Il n'y avait rien d'étonnant à cela. La population du village ne devait pas dépasser cent âmes. Peu de chances, donc, de tomber sur une personne en mauvaise santé.

Je lui arrachai quelques autres renseignements élémentaires – arracher est le verbe adéquat: il répondait le moins possible. Quand je ne parlais pas, il ne parlait pas non plus. J'appris qu'il était marié, qu'il n'avait pas d'enfant et qu'en cas de maladie nous pouvions le consulter. Ce qui me fit dire :

- Quelle aubaine de vous avoir pour voisin !

Il resta impassible. Je lui trouvais l'air d'un bouddha triste. En tout cas, on ne pouvait pas lui reprocher d'être bavard.

Pendant deux heures, immobile dans le fauteuil, il répondit à mes questions anodines. Il mettait du temps à parler, comme s'il lui fallait réfléchir, même quand je l'interrogeais sur le climat.

Il me parut touchant: je ne doutai pas un instant que cette visite l'ennuyait. Il était clair qu'il s'y était senti obligé par une conception naïve des convenances. Il semblait attendre désespérément le moment de partir. Je voyais qu'il était trop gourd et empêtré pour oser prononcer les paroles libératrices: « Je ne vais pas vous déranger plus longtemps », ou: « Je suis content d'avoir fait votre connaissance. »

Au bout de ces deux heures pathétiques, il finit par se lever. Je crus lire sur son visage ce message désemparé: « Je ne sais pas quoi dire pour partir sans être grossier. »

Attendri, je volai à son secours :

- Comme c'est gentil à vous de nous avoir tenu compagnie! Mais votre femme doit s'inquiéter de votre absence.

Il ne répondit rien, enfila son manteau, prit congé et sortit.

Je le regardai s'éloigner en réprimant mon envie de rire. Quand il fut à distance, je dis à Juliette:

- Pauvre monsieur Bernardin ! Comme sa visite de courtoisie lui a pesé!
- Il n'a pas beaucoup de conversation.
- Quelle chance! Voici un voisin qui ne nous dérangera pas.

Amélie Nothomb, *Les Catilinaires,* © Albin Michel, S.A., 1995.

ACTIVITÉS

1. *Ce texte décrit :*

   A. La visite du narrateur chez son médecin.

   B. La visite de son médecin.

   C. La visite de courtoisie de son voisin.

   D. La visite de courtoisie du narrateur à son voisin.

☐

En vous basant sur le texte, complétez l'identité de ce « quelqu'un » mentionné à la première ligne ?

2. *Nom*		
3. *Relation par rapport au narrateur*		
4. *Profession*		
5. *Caractéristique physique*		
6. *Situation familiale*	(a)	
	(b)	

7. *À la ligne 6, « quelconque » veut dire :*
   A. curieux.
   B. ordinaire.
   C. remarquable.
   D. étonnant.

☐

Les affirmations suivantes, basées sur le texte sont soit vraies, soit fausses. Cochez [✓] la réponse correcte. Justifiez votre réponse par les mots du texte.

	Vrai	**Faux**
8. *Le voisin est un homme mince.*	☐	☐

Justification ....

....

9. *Le narrateur est surpris par cette visite.*	☐	☐

Justification ....

....

10. *Le narrateur est étonné par son voisin.*	☐	☐

Justification ....

....

11. *Le voisin vient d'emménager dans la maison d'à côté.*	☐	☐

Justification ....

....

12. *Le narrateur n'est pas surpris d'apprendre que personne n'est malade.*	☐	☐

Justification ....

....

13. *Le voisin est un homme qui parle beaucoup.*	☐	☐	☐

Justification ....

....

14. *À la ligne 29, «aubaine » veut dire :*

A. chance.
B. malchance.
C. infortune.
D. hasard.

☐

15. *Dans le texte, à quoi le narrateur compare-t-il le voisin ?*

....

16. *En vous basant sur les lignes 29 à 31, quel mot suggère que le voisin ne manifeste pas d'émotion ?*

....

En vous basant sur les lignes 37 à 50, reliez chacun des mots du texte figurant dans la colonne de gauche à son équivalent dans la colonne de droite. ***Attention*** *: il y a plus de mots dans la colonne de droite que dans celle de gauche.*

17. *gourd (l.37)*	☐	A. *embarrassant*
		B. *gênera*
18. *empêtré (l.37)*	☐	C. *dégourdi*
		D. *impoli*
19. *grossier (l.41)*	☐	E. *obèse*
		F. *maladroit*
20. *dérangera (l.50)*	☐	G. *fou*
		H. *gêné*

21. *Combien de temps dure la visite ?*

....

22. *À la ligne 36, à quoi se réfère le mot «* ***y*** *» dans « Il était clair qu'il s'****y*** *était senti obligé » ?*

A. de partir.
B. de parler.
C. de faire cette visite.
D. de déranger.

☐

TOTAL : 23

Dans son pavillon de Bourg-la-Reine, Liliane, 75 ans teste avec Indira, 21 ans, le logement intergénérationnel

TEXTE

❶ Liliane Bunel, 75 ans, trouvait son pavillon de banlieue bien vide depuis la mort de son mari. Indira Deer, 21 ans, en avait assez d'être hébergée par une parente, loin de Paris. La solitude de l'une et les envies de changement de l'autre se sont unies dans un curieux attelage.

❷ Liliane, aide-puéricultrice à la retraite, héberge en échange de quelques services Indira, étudiante haïtienne en économie. Ce mode d'hébergement, appelé « logement intergénérationnel », est un système né en Espagne qui constitue, selon le rapport du député UMP Jean-Paul Anciaux, remis au gouvernement, vendredi 15 février, un des moyens de diversifier l'offre de logement étudiant.

❸ Il y a deux ans, Liliane a découvert l'association Atout'âge, qui met en relation personnes âgées et étudiants en quête d'un toit. Dans sa maison années 1950 de Bourg-la-Reine (Hauts-de-Seine), jardin et calme assuré, elle a une chambre inoccupée depuis des années et de longues soirées à combler. L'association met Liliane en contact avec Indira.

❹ Après un mois d'essai, le « binôme » décide de faire affaire. Les obligations des deux parties sont inscrites sur un contrat signé. Indira s'engage à une aide quotidienne : ramasser le courrier, ouvrir les volets, sortir les poubelles.... Mais aussi à partager du temps avec Mme Bunel. Celle-ci doit fournir gratuitement une chambre fermée, en bon état, et mettre à la disposition de l'étudiante les parties communes, cuisine et salle de bains.

❺ *« Nous mettons les choses au clair dès le départ »*, explique Michèle Dupont, directrice d'Atout'âge. *« L'étudiante n'est ni une garde de nuit, ni une aide à domicile, ni une femme de ménage. »* C'est parce qu'elle connaissait une amie qui avait tenté l'expérience qu'Indira s'est engagée. *« Au départ j'étais assez méfiante*, explique la jeune femme. *J'ai beaucoup réfléchi avant de sauter le pas car je craignais de partager mon intimité. »* La formule a ses contraintes. Liliane et Indira dînent généralement ensemble. Indira peut sortir le soir à condition de prévenir la vieille dame. *« Ce n'est pas que je n'aime pas qu'elle sorte mais je m'inquiète »*, explique la septuagénaire. Même chose pour les visites. *« Je peux ramener des amis, mais si c'est des garçons, ils ne restent pas*, sourit Indira. *En fait, c'est un peu comme vivre avec sa mamie. On sait qu'il y a des principes à respecter. »*

❻ Pour toutes ces raisons, ce type d'échanges ne peut convenir à tout le monde. *« Les étudiants qui viennent vers nous avec pour seule motivation la perspective d'être logés gratuitement font, en général, très vite marche arrière »*, analyse Mme Dupont. Côté seniors, les idées préconçues sur les jeunes (bruit, attitude désinvolte, goût de la fête...) freinent aussi les propositions. Selon le Réseau national du logement intergénérationnel et solidaire, qui réunit huit associations dans plusieurs villes, moins d'un millier d'étudiants seraient logés dans ce cadre.

« *C'est une expérience de vie, il faut tenter l'aventure* », s'enthousiasme Indira. Selon Liliane, l'étudiante a fait entrer de la « *joie de vivre* » et, accessoirement, une connexion Internet à la maison. Les discussions vont bon train dans le petit pavillon. Un seul sujet est difficilement abordé : celui de l'après-cohabitation.

Catherine Rollot, *Le Monde*, 14.02.08

ACTIVITÉS

1. *Pour quelle raison, Liliane a-t-elle décidé de partager sa maison ?*

   ....

2. *Pour quelle raison, Indira a-t-elle aussi décidé de vivre avec Liliane ?*

   ....

3. *Quelle était la profession de Liliane ?*

   ....

4. *En vous basant sur le 3e paragraphe, citez* ***deux*** *faits qui montrent que Liliane se sentait seule dans sa maison.*

   (a) ....

   (b) ....

En vous basant sur le 4e paragraphe nommez ***deux*** *obligations pour chaque personne.*

5. **Liliane**	6. **Indira**
(a)	(a)
(b)	(b)

7. *D'après le 5e paragraphe, citez* ***un*** *des rôles, que Indira ne doit pas tenir.*

   ....

8. *En vous basant sur le 5e paragraphe, de quoi avait peur Indira au début ?*

   ....

9. *Pourquoi Indira doit prévenir Liliane quand elle sort le soir ?*

   ....

10. *Dans le 5e paragraphe, quel mot indique que Liliane est âgée d'environ soixante-dix ans ?*

    ....

11. *Dans le 5e paragraphe, à quoi Indira compare-t-elle cette cohabitation ?*

....

12. *Selon le 6e paragraphe,* ***deux*** *des phrases suivantes sont vraies. Indiquez les réponses correctes dans les cases de droite.*

A. Les personnes âgées pensent que les jeunes sont bruyants.
B. La majorité des étudiants ont recours au logement intergénérationnel.
C. Le logement intergénérationnel convient à n'importe qui.
D. La gratuité du logement est un motif suffisant pour les étudiants qui veulent participer au logement intergénérationnel.
E. Les personnes âgées ne désirent pas partager leur logement à causes des préjugés qu'ils ont sur les jeunes.

☐ ☐

13. *D'après le dernier paragraphe, quels sont les* ***deux*** *effets positifs de la cohabitation avec Indira pour Liliane ?*

(a) ....

(b) ....

TOTAL : 18

Colloque Sentimental

TEXTE

Dans le vieux parc solitaire et glacé
Deux formes ont tout à l'heure passé.

Leurs yeux sont morts et leurs lèvres sont molles,
Et l'on entend à peine leurs paroles.

Dans le vieux parc solitaire et glacé
Deux spectres ont évoqué le passé.

- Te souvient-il de notre extase ancienne ?
- Pourquoi voulez-vous donc qu'il m'en souvienne ?

- Ton cœur bat-il toujours à mon seul nom ?
Toujours vois-tu mon âme en rêve ? - Non.

- Ah ! les beaux jours de bonheur indicible
Où nous joignions nos bouches ! – C'est possible.

- Qu'il était bleu, le ciel, et grand, l'espoir !
- L'espoir a fui, vaincu, vers le ciel noir.

Tels ils marchaient dans les avoines folles,
Et la nuit seule entendit leurs paroles.

Paul Verlaine, *Fêtes galantes*, 1869.

ACTIVITÉS

1. *Ce texte est :*

   A. Une interview.

   B. Un poème.

   C. Une pièce de théâtre.

   D. Un article.

   ☐

2. *Combien de personnages y a-t-il dans ce texte ?*

   ....

3. *Citez* ***deux*** *mots qui suggèrent que ces personnes sont des fantômes ?*

   (a) ....

   (b) ....

Choisissez à qui s'applique chacun des énoncés. Cochez [✓] la bonne case.

	La personne qui aime encore	La personne qui n'aime plus
4. *Te souvient-il de notre extase ancienne ?*		
5. *Pourquoi voulez-vous donc qu'il m'en souvienne ?*		
6. *Ton cœur bat-il toujours à mon seul nom ? Toujours vois-tu mon âme en rêve ?*		
7. *Non.*		
8. *Ah ! les beaux jours de bonheur indicible. Où nous joignions nos bouches !*		
9. *C'est possible.*		
10. *Qu'il était bleu, le ciel, et grand, l'espoir !*		
11. *L'espoir a fui, vaincu, vers le ciel noir.*		

12. *À la fin du texte, quelle phrase suggère la solitude de ces personnages ?*

   ....

TOTAL : 13

Ce cochon de Morin

TEXTE

à M. Oudinot

Morin se trouvait dans cet état, quand il prit son billet pour La Rochelle par l'express de 8h40 du soir, et il se promenait plein de regrets et de trouble dans la grande salle commune du chemin de fer d'Orléans, quand il s'arrêta net devant une jeune femme qui embrassait une vieille dame. **Elle** avait relevé sa voilette, et Morin, ravi, murmura : « Bigre, la belle personne ! »

Quand elle eut fait ses adieux à la vieille, elle entra dans la salle d'attente, et Morin la suivit ; puis elle passa sur le quai, et Morin la suivit encore ; puis elle monta dans un wagon vide, et Morin la suivit toujours.

Il y avait peu de voyageurs pour l'express. La locomotive siffla ; le train partit. Ils étaient seuls.

Morin la dévorait des yeux. Elle semblait avoir dix-neuf à vingt ans ; elle était blonde, grande, d'allure hardie. Elle roula autour de ses jambes une couverture de voyage, et s'étendit sur les banquettes pour dormir.

Morin se demandait : « Qui est-ce ? » Et mille suppositions, mille projets lui traversaient l'esprit. Il se disait : « On raconte tant d'aventures de chemin de fer. C'en est une peut-être qui se présente pour moi. Qui sait ? une bonne fortune est si vite arrivée. Il me suffirait peut-être d'être audacieux. » N'est-ce pas Danton qui disait : « De l'audace, de l'audace, et toujours de l'audace. » Si ce n'est pas Danton, c'est Mirabeau. Enfin, qu'importe. Oui, mais je manque d'audace, voilà le hic. Oh ! Si on savait, si on pouvait lire dans les âmes ! Je parie qu'on passe tous les jours, sans s'en douter, à côté d'occasions magnifiques. Il lui suffirait d'un geste pourtant pour m'indiquer qu'elle ne demande pas mieux... ».

Alors, il supposa des combinaisons qui le conduisaient au triomphe. Il imaginait une entrée en rapport chevaleresque ; des petits services qu'il lui rendrait ; une conversation vive, galante, finissait par une déclaration qui finissait par... par ce que tu penses.

La nuit cependant s'écoulait et la belle enfant dormait toujours, tandis que Morin méditait sa chute. Le jour parut, et bientôt le soleil lança son premier rayon, un long rayon clair venu de l'horizon, sur le doux visage de la dormeuse.

Elle s'éveilla, s'assit, regarda la campagne, regarda Morin et sourit. Elle sourit en femme heureuse, d'un air engageant et gai. Morin tressaillit. Pas de doute, c'était pour lui ce sourire-là, c'était bien une invitation discrète, le signal rêvé qu'il attendait. Il voulait dire, ce sourire : « êtes-vous bête, êtes-vous niais, êtes-vous jobard, d'être resté là, comme un pieu, sur votre siège depuis hier soir.

« Voyons, regardez-moi, ne suis-je pas charmante ? Et vous demeurez comme ça toute une nuit en tête à tête avec une jolie femme sans rien oser, grand sot. »

Elle souriait toujours en le regardant ; elle commençait même à rire ; et il perdait la tête, cherchant un mot de circonstance, un compliment, quelque chose à dire enfin, n'importe quoi. Mais il ne trouvait rien, rien. Alors, saisi d'une audace de poltron, il pensa : « Tant pis, je risque tout » ; et brusquement, sans crier « gare », il s'avança, les mains tendues, les lèvres gourmandes, et, la saisissant à pleins bras, il l'embrassa.

D'un bond elle fut debout, criant : « Au secours », hurlant d'épouvante. Et elle ouvrit la portière ; elle agita ses bras dehors, folle de peur, essayant de sauter, tandis que Morin éperdu, persuadé qu'elle allait se précipiter sur la voie, la retenait par sa jupe en bégayant : « Madame... oh ! ... Madame ».

Le train ralentit sa marche, s'arrêta. Deux employés se précipitèrent aux signaux désespérés de la jeune femme qui tomba dans leurs bras en balbutiant : « Cet homme a voulu... a voulu... me... me... » Et elle s'évanouit.

On était en gare de Mauzé. Le gendarme présent arrêta Morin.

Quand la victime de sa brutalité eut repris connaissance, elle fit sa déclaration. L'autorité verbalisa. Et le pauvre mercier ne put regagner son domicile que le soir, sous le coup d'une poursuite judiciaire pour outrage aux bonnes mœurs dans un lieu public.

Guy de Maupassant, *Ce cochon de Morin*, (ce conte parut le 21 novembre 1882 dans le journal *Gil Blas*, sous la signature de Maufrigneuse)

ACTIVITÉS

1. *À ligne 4, à qui se réfère le pronom « **elle** » ?*

   ....

2. *En vous basant sur le début du texte, indiquez **trois** des façons dont Morin se comporte après avoir vu la jeune fille pour la première fois.*

   (a)..

   (b)..

   (c)..

3. *L'expression « voilà le hic »signifie :*

   A. voilà une belle opportunité

   B. voilà une belle personne

   C. voilà la fin de l'histoire

   D. voilà le problème

   ☐

4. *Qu'attend Morin de la part de la jeune-fille pour lui adresser la parole ?*

   ....

5. *Morin manque...*
   A. de courage.
   B. de sommeil.
   C. d'esprit.
   D. d'honnêteté.

☐

6. *Donnez **deux** expressions se référant à la jeune fille.*
   (a) ....
   (b) ....

7. *Donnez **trois** adjectifs dans le texte signifiant « stupide ».*
   (a) ....
   (b) ....
   (c) ....

8. *D'après Morin, quel signe la jeune fille lui envoie-t-elle pour l'inciter à engager la conversation ?*

   ....

9. *Pourquoi Morin décide d'embrasser subitement la jeune fille ?*

   ....

10. *La jeune fille répond-elle aux attentes de Morin ? Expliquez.*

    ....

    ....

11. *Comment ce voyage se termine-t-il pour Morin ?*

    ....

    ....

TOTAL : 16

N'ayez plus peur de l'amour

TEXTE

❶ **Il (elle) vous a plu au premier regard, mais impossible de faire un pas vers lui (elle)... Il (elle) est venu(e) vous parler, mais vous n'avez pas réussi à articuler un seul mot... Comment réussir à trouver l'âme sœur quand la timidité est plus forte que l'amour ?**

Que cela s'appelle timidité, anxiété sociale ou peur des autres, c'est toujours la même chose : face à l'être qui pourrait vous rendre le plus heureux, vous rougissez, vos mains deviennent moites ou tremblent. Vos propos sont décousus ou vous bégayez. Un malencontreux ballonnement intestinal s'empare de vous, vos yeux s'égarent…

Assez des rendez-vous ratés !

❷ Certains timides se réfugient dans le silence. D'autres, sans oser se décommander, ne viennent pas aux rendez-vous fixés avec l'être aimé, arrivent trop tard ou tombent malade. La difficulté de rencontrer quelqu'un qu'on aime et dont on voudrait être aimé paraît à ce point insurmontable, que le timide préfère rêver une relation plutôt que de **la** vivre !

Les amoureux sont toujours intimidés

❸ Si le timide tremble et rougit, c'est parce qu'il craint d'être mésestimé. Il est à ce point préoccupé de son image qu'il en oublie de la délaisser pour autrui. Il se prend pour une victime – en premier lieu de sa timidité – et attend donc que l'autre vienne **le** chercher. Il est fasciné par l'être aimé et, du coup **le** croit à la fois invulnérable et inaccessible. S'est-il seulement demandé ce que l'autre éprouvait face à lui ? L'amoureux rougissant se trouve ridicule, mais il oublie qu'il perturbe, voire paralyse, son partenaire. **Ce dernier** est probablement intimidé lui aussi : en amour, quoi de plus normal ? Le risque est qu'il interprète à contresens un regard de biais, une froideur durable, des absences répétées aux rendez-vous…

Dominer sa peur pour aller vers l'autre

❹ Pour guérir de sa timidité, il faut d'abord apprendre à vivre avec, jusqu'au jour où l'on saura **la** surmonter ! Le timide doit d'abord comprendre ses sensations : pourquoi craint-il d'être rejeté ? Comment définit-il la nature de l'angoisse éprouvée ?

Ensuite, il faut se jeter à l'eau. Manquer un rendez-vous puis inventer ensuite une excuse improbable, ne pas oser l'embrasser, c'est se piéger soi-même et se moquer de son partenaire. Et puis l'autre aussi peut avoir le trac, même s'il ne **le** montre pas !

Le mieux est de s'exercer chez soi, avec un ami ou même carrément en jouant la scène appréhendée avec un cousin, pour ensuite affronter les vraies situations. Il faut également s'entraîner physiquement. [...] Travailler l'équilibre et la souplesse, grâce aux techniques du yoga par exemple, peut également aider à ne plus trembler ni rougir.

Bref, le timide doit apprendre à limiter les manifestations extérieures de son anxiété sociale. En réussissant à vaincre sa peur de l'autre, le timide sera capable de libérer son corps puis son esprit, pour enfin trouver l'amour…

Marianne Chouchan

http://www.doctissimo.fr/html/psychologie/mag_2000/mag1201/ps_3089_timide_amour.htm

ACTIVITÉS

1. *Quel autre mot utilisé dans le texte signifie « timidité » ?*

   ....

2. *En vous basant sur le début du texte, citez* **deux** *réactions physiques possibles de la personne timide.*

   (a) ....

   (b) ....

3. *Pourquoi la timidité pousse certaines personnes à rester silencieuses ou à ne pas aller à un rendez-vous ?*

   ....

Trouvez dans le texte, les mots qui se réfèrent à chaque mot en gras dans le texte.

4. *le timide préfère rêver une relation plutôt que de* ***la*** *vivre !*	**la**	
5. ***le*** *croit à la fois invulnérable et inaccessible.*	**le**	
6. *attend donc que l'autre vienne* ***le*** *chercher.*	**le**	
7. *jusqu'au jour où l'on saura* ***la*** *surmonter !*	**la**	
8. *même s'il ne* ***le*** *montre pas !*	**le**	

9. *Selon le 3ᵉ paragraphe, comment le timide perçoit-il la personne aimée ?*

   ....

10. *D'après le 3ᵉ paragraphe, citez* **une** *des réactions que peut provoquer la timidité sur l'autre personne ?*

    ....

11. *Dans le 3ᵉ paragraphe, à qui se réfère « ce-dernier » ?*

    A. le timide.
    B. la victime.
    C. l'amoureux.
    D. le partenaire.

    ☐

12. *Quelle expression du dernier paragraphe signifie « se lancer » ou « prendre une décision » ?*

    ....

13. *En vous basant sur la fin du texte, nommez* ***un*** *des conseils pratiques donnés aux personnes timides afin de surmonter leur timidité.*

....

Vous avez des débuts de phrases à gauche et des fins possibles à droite. En vous basant sur le dernier paragraphe, associez chaque début avec la fin qui lui correspond. ***Attention*** *:il y a plus de fins que de débuts et chaque fin ne peut être utilisée qu'une seule fois.*

14. *Afin de maîtriser sa timidité,...* ☐
15. *Le timide...* ☐
16. *Le timide peut se contrôler....* ☐

A. *n'est pas la seule personne à appréhender un rendez-vous.*
B. *l'unique personne qui a peur lors d'un rendez-vous.*
C. *un rendez-vous avec l'être aimé.*
D. *il faut que le timide comprenne l'origine de ses craintes et de ses angoisses.*
E. *en maîtrisant les manifestations extérieures de sa timidité.*

17. *D'après le dernier paragraphe, quelle est la condition pour que la personne timide puisse « trouver l'amour » ?*

....

TOTAL : 18

INSOLITE

La Bécasse

TEXTE

Le vieux baron des Ravots avait été pendant quarante ans le roi des chasseurs de sa province. Mais, depuis cinq à six années, une paralysie des jambes le clouait à son fauteuil ; il ne pouvait plus que tirer des pigeons de la fenêtre de son salon ou du haut de son grand perron.

Le reste du temps il lisait.

C'était un homme de commerce aimable chez qui était resté beaucoup de l'esprit lettré du dernier siècle. Il adorait les contes, les petits contes polissons, et aussi les histoires vraies arrivées dans son entourage. Dès qu'un ami entrait chez lui, il demandait :

- Eh bien, rien de nouveau ?

Et il savait interroger à la façon du juge d'instruction.

Par les jours de soleil il faisait rouler devant la porte son large fauteuil pareil à un lit. Un domestique, derrière son dos, tenait les fusils, les chargeait et les passait à son maître ; un autre valet, caché dans un massif, lâchait un pigeon de temps en temps, à intervalles irréguliers, pour que le baron ne fût pas prévenu et demeurât en éveil.

Et, du matin au soir, il tirait les oiseaux rapides, se désolant quand il s'était laissé surprendre, et riant aux larmes quand la bête tombait d'aplomb ou faisait quelque culbute inattendue et drôle. Il se tournait alors vers le garçon qui chargeait les armes, et il demandait, en suffoquant de gaieté :

- Y est-il, celui-là, Joseph ! As-tu vu comme il est descendu ?

Et Joseph répondait invariablement :

- Oh ! Monsieur le baron ne les manque pas.

A l'automne, au moment des chasses, il invitait, comme à l'ancien temps, ses amis, et il aimait entendre au loin les détonations. Il les comptait, heureux quand elles se précipitaient.

Et, le soir, il exigeait de chacun le récit fidèle de sa journée.

Et on restait trois heures à table en racontant des coups de fusil.

C'étaient d'étranges et invraisemblables aventures, où se complaisait l'humeur hâbleuse des chasseurs. Quelques-uns avaient fait date et revenaient régulièrement. L'histoire d'un lapin que le petit vicomte de Bourril avait manqué dans son vestibule les faisait se tordre chaque année de la même façon. Toutes les cinq minutes un nouvel orateur prononçait :

- J'entends : « Birr ! Birr ! » et une compagnie magnifique me part à dix pas. J'ajuste : pif ! paf ! j'en vois tomber une pluie, une vraie pluie. Il y en avait sept !

Et tous, étonnés, mais réciproquement crédules, s'extasiaient. Mais il existait dans la maison une vieille coutume, appelée le « conte de la Bécasse ».

Au moment du passage de cette reine des gibiers, la même cérémonie recommençait à chaque dîner.

Comme il adorait l'incomparable oiseau, on en mangeait tous les soirs un par convive ; mais on avait soin de laisser dans un plat toutes les têtes.

Alors le baron, officiant comme un évêque, se faisait apporter sur une assiette un peu de graisse, oignait avec soin les têtes précieuses en les tenant par le bout de la mince aiguille qui leur sert de bec. Une chandelle allumée était posée près de lui, et tout le monde se taisait, dans l'anxiété de l'attente.

Puis il saisissait un des crânes ainsi préparés, le fixait sur une épingle, piquait l'épingle sur un bouchon, maintenait le tout en équilibre au moyen de petit bâtons croisés comme des balanciers, et plantait délicatement cet appareil sur un goulot de bouteille en manière de tourniquet.

Tous les convives comptaient ensemble, d'une voix forte :

- Une, - deux, - trois.

Et le baron, d'un coup de doigt, faisait vivement pivoter ce joujou.

Celui des invités que désignait, en s'arrêtant, le long bec pointu devenait maître de toutes les têtes, régal exquis qui faisait loucher ses voisins.

Il les prenait une à une et les faisait griller sur la chandelle. La graisse crépitait, la peau rissolée fumait, et l'élu du hasard croquait le crâne suiffé en le tenant par le nez et en poussant des exclamations de plaisir.

Et chaque fois les dîneurs, levant leurs verres, buvaient à sa santé.

Puis, quand il avait achevé le dernier, il devait, sur l'ordre du baron, conter une histoire pour indemniser les déshérités.

Voici quelques-uns de ces récits...

Guy de Maupassant, ce conte parut le 5 décembre 1882, dans le journal *Le Gaulois*), [Conte d'ouverture du volume : « Les Contes de la bécasse »]

ACTIVITÉS

	Vrai	Faux
1. *Le baron ne peut plus chasser à cause de sa paralysie.*	☐	☐

Justification ....

....

2. *Dans le premier paragraphe (l. 2) à quel mot se réfère le pronom «* **le** *» ?*

....

3. *D'après le texte choisissez* ***trois*** *adjectifs de la liste ci-dessous qui décrivent le mieux la personnalité du baron. Justifiez votre réponse par un extrait du texte.*

(a) étrange	☐	....
(b) solitaire	☐	....
(c) affable	☐	....
(d) aigri	☐	....
(e) intelligent	☐	....
(f) jovial	☐	....

4. *Quelle expression du quatrième paragraphe (l.15–18) signifie « toute la journée » ?*

   ....

5. *Donnez* ***deux*** *expressions dans le quatrième paragraphe (l.15–18) qui montrent le plaisir que prend le baron à chasser.*

   (a) ....

   (b) ....

6. *Au moment des chasses que font les invités du baron pendant le dîner ?*

   ....

7. *Quel mot dans le texte est le synonyme du mot « tradition » ?*

   ....

8. *Quelles expressions dans la deuxième partie du texte (à partir de l.30) se réfère à la bécasse ?*

   (a) ....

   (b) ....

9. *A quoi sert la bouteille sur laquelle le baron a attaché une tête de bécasse ?*

   ....

	Vrai	Faux
10. Les invités ne mangent pas la tête de la bécasse car la tête n'est pas bonne à manger.	☐	☐

Justification ....

....

11. Que se passe t-il à la fin du repas ?

....

TOTAL : 15

POUR ALLER PLUS LOIN...

À discuter

1. Arrivez-vous à vous faire des amis facilement ?
2. Si un ami devait donner un de vos défaut, quel serait-il ?
3. Si un ami devait nommer une vos qualités, quelle serait-elle ?
4. Vous comportez-vous de la manière avec vos amis qu'avec votre famille ?
5. Que pensez-vous du proverbe « on choisit ses amis, pas sa famille » ?
6. Êtes vous d'accord avec le proverbe suivant « Il vaut mieux être seul que mal accompagné » ?
7. Quelle relation entretenez-vous avec votre famille ?
8. Avec qui vous entendez-vous le mieux dans votre famille?
9. Croyez-vous en l'amitié entre un homme et une femme ?
10. Comment expliquez-vous le manque de communication entre les générations ?
11. Croyez-vous au coup de foudre ?
12. L'âme sœur existe-t-il/ elle vraiment? Discutez.
13. Pensez-vous qu'aujourd'hui les gens communiquent plus/mieux entre eux ?
14. Que pensez-vous des mariages arrangés ? Existent-ils encore dans votre pays ?
15. Pourquoi, d'après vous, tant de personnes ont du mal à trouver un partenaire ?
16. Que pensez-vous des sites de rencontre sur internet ? Seriez-vous tenté(e) de les utiliser ? Pourquoi ?
17. Pensez-vous que les contes de fées nous donnent de fausses attentes ? Les filles attendent-elles trop souvent le prince charmant ? Ou se prennent-elles, à tort ou à raison, pour des princesses ?
18. Selon vous l'amitié peut-elle survivre à une trahison ?
19. Quelle relation entretenez-vous avec vos voisins ?
20. La religion dit : « Tu aimeras ton prochain comme toi-même ». Qu'en pensez-vous ?

À voir

Jules et Jim, François Truffaut,

15 août, Patrick Alessandrin, 2001

Je préfère qu'on reste amis..., Eric Toledano et Olivier Nakache, 2005

Mon meilleur ami, Patrice Leconte, 2006

Les sentiments, Noémie Lvovsky, 2003

Une hirondelle a fait le printemps, Christian Carion, 2001

Tanguy, Etienne Chatiliez, 2001

Le papillon, Philippe Muyl, 2002

Père et fils, Michel Boujenah, 2003

Ensemble, c'est tout, Claude Berri, 2007

À écouter

J'ai trouvé des amis, Tryo, 2000 *"Faut qu'ils s'activent…"*

Y'a une fille qu'habite chez moi, Bénabar, 2003 *"Bénabar"*

Les voyages en train, Grand Corps Malade, 2006 *"Midi 20"*

Fais comme tu veux, Calogero, 2004 *"3"*

Ma sœur, Vitaa, 2007 *"A fleur de toi"*

Amies Ennemies, Nâdiya, 2006 *"Nadiya"*

D'amour ou d'amitié, Celine Dion, 1983 *"Du Soleil Au Cœur", (*Corneille)

Chanson d'ami, Zazie, 1998 *"Made In Love"*

Les voisins, Axelle Red, 1993 *"Sans plus attendre"*

T'es ma maman, Axelle Red, 2002 *"Face A/Face B"*

À consulter

Doctissimo.fr:
www.doctissimo.fr

La fête des voisins:
www.immeublesenfete.com
www.fetedesvoisins.qc.ca

La maison de l'enfant :
www.wmaker.net/maisonenfant

Etiquette et savoir vivre :
www.hku.hk/french/dcmScreen/lang2043/etiquette.htm

À lire

Monsieur Ibrahim et les Fleurs du Coran, Eric-Emmanuel Schmitt, éd. Albin Michel, 2001

Ensemble, c'est tout, Ana Gavalda, éd. Le dilettante, 2004

Les Catilinaires, Amélie Nothomb, éd. Albin Michel, S.A., 1995

Antéchrista, Amélie Nothomb, éd. Albin Michel, S.A., 2003

Fanfan, Alexandre Jardin, éd. Flammarion, 1993.

Vipère au poing, Herve Bazin, éd. Grasset,

Le savoir-vivre efficace et moderne, Sophie Fontanel, éd. J'ai lu, 2006

Le petit Nicolas et les copains, René Goscinny & Jean-Jacques Sempé, éd. Denoël, 1963

Chapitre 4

L'ÉDUCATION

MISE EN ROUTE

Observez le système éducatif français et comparez-le à votre système d'éducation. Y-a-t-il des similitudes, des différences ? :

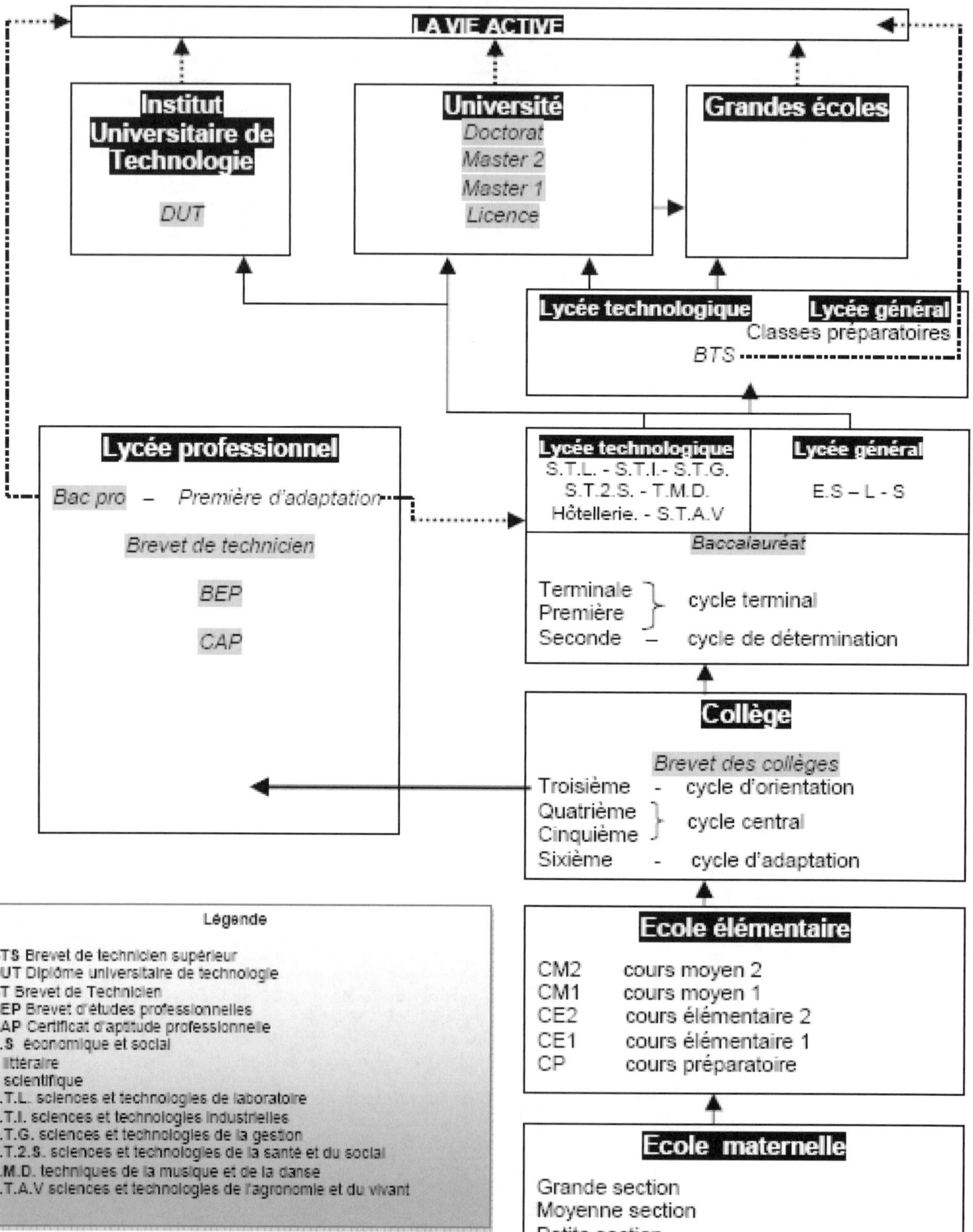

Quels sont les mots ? Retrouvez-les en vous servant des indices ci-dessous :

Created by Puzzlemaker at DiscoveryEducation.com

Horizontalement →
3. C'est l'examen qui marque la fin des études secondaires.
6. Ce sont des établissements spécialisés de l'enseignement supérieur.
8. C'est un diplôme que l'on obtient en trois ans à l'université.
9. Quand on est puni on en reçoit une.
10. En général on y rentre quand on a 11ans.

Verticalement ↓
1. C'est la personne qui représente la classe.
2. C'est la procédure qui permet à l'élève de choisir une voie plutôt qu'une autre.
3. On le reçoit à chaque trimestre et il permet de voir les progrès qu'un élève fait.
4. On le passe à la fin de la troisième.
5. Un test que l'on fait en classe pour évaluer les élèves.
7. C'est le fait de refaire une année.
8. Ce sont les élèves qui vont au lycée.

Le parcours scolaire parfois chaotique des enfants surdoués

TEXTE

Un tiers des enfants dits *« surdoués »*, *« précoces »*, ou encore *« à haut potentiel »* connaîtraient de graves difficultés scolaires. Comment s'explique ce paradoxe ? *« L'enfant surdoué possède une intelligence qualitativement différente,* explique Jeanne Siaud-Facchin, psychologue clinicienne. *Il active de façon privilégiée son cerveau droit, alors que les compétences du cerveau gauche sont plus en phase avec les apprentissages scolaires. »*

Grossièrement, le cerveau gauche, analytique, construit de façon linéaire son raisonnement, tandis que le cerveau droit, analogique, traite l'information en images et procède par associations d'idées. *« Ainsi,* poursuit la psychologue, *la pensée du surdoué est globale, arborescente. L'information se distribue dans tout le cerveau, créant des associations d'idées qui s'enchaînent à une très grande vitesse. »* L'élève arrivera rapidement à trouver la solution d'un problème mathématique, mais sans pouvoir restituer le raisonnement logique qu'attend le professeur.

« La deuxième différence importante réside dans leur hyperactivité émotionnelle. Elle procède d'une vulnérabilité particulière de l'amygdale (neurones du cerveau situés dans le lobe temporal) *»*, précise Mme Siaud-Facchin. Un incident mineur peut ainsi déclencher une crise émotionnelle. *« Pour apaiser ces enfants, inutile de les raisonner, il faut les toucher, les contenir physiquement »,* conseille-t-elle.

[...]

Différents, ces enfants nécessitent-ils une prise en charge scolaire particulière ? L'AFEP, Association française pour les enfants précoces, et l'Anpeip, Association nationale pour les enfants intellectuellement précoces (les deux seules structures agréées par le ministère de l'éducation nationale), militent pour une meilleure prise en charge en milieu ordinaire.

« L'idéal, c'est de trouver une école où il peut y avoir un dialogue avec l'enseignant », considère Vlinka Antelme, présidente de l'AFEP. Hélas, c'est encore loin d'être le cas. L'AFEP recense environ 80 collèges (privés sous contrat davantage que publics) qui accueillent ces enfants. Mais, faute de place, les parents se tournent aussi vers des établissements hors contrat, coûteux (de 4 000 à 7 000 euros) et de qualité variable.

Souvent à l'aise au primaire, une partie des enfants précoces perdent pied à partir du collège. Anne-Marie François, professeur de français à Notre-Dame de Verneuil (Verneuil-sur-Seine) – un établissement privé sous contrat qui accueille des enfants précoces – met en œuvre une pédagogie adaptée. *« Le plus souvent, ces enfants à l'intelligence intuitive n'ont pas mis en place des stratégies d'apprentissage en primaire. Il faut leur donner des repères méthodologiques, leur fournir, si besoin,*

plus que le programme pour alimenter leur curiosité, et les aider à se positionner dans le groupe social en leur proposant des activités collectives, intellectuelles, sportives, ou ludiques. »

A Paris, le collège Janson-de-Sailly accueille, depuis 2004, des élèves surdoués en difficulté. *« Ils sont intégrés dans des classes banales, mais une salle leur est réservée pendant leur temps libre »*, explique Geneviève Blaquière, coordinatrice du dispositif, qui inclut, depuis 2007, le collège Georges-Brassens. Ces jeunes, qui ont souvent été des victimes, **y** parlent de leurs problèmes et surtout pratiquent des jeux de construction ou de stratégie sur ordinateur. *« L'essentiel n'est pas de les faire avancer plus vite. Les sauts de classe sont exceptionnels,* explique Mme Blaquière. *Nous cherchons à harmoniser leur développement et travaillons leurs relations aux autres. »*

[...]

Martine Laronche, *Le Monde*, 02.07.2008.

ACTIVITÉS

1. *Ce texte **ne** parle **pas** :*

   A. des causes des difficultés rencontrées par les élèves surdoués.

   B. des écoles qui accueillent uniquement des enfants surdoués.

   C. de la sous-performance de certains enfants précoces.

   D. des difficultés scolaires de certains élèves précoces.

☐

En vous basant sur les lignes 1 à 13, à qui s'appliquent les caractéristiques ci-dessous. Cochez [✓] la bonne case :

	Les enfants surdoués	L'apprentissage scolaire
2. *cerveau droit*		
3. *cerveau gauche*		
4. *analytique*		
5. *analogique*		

6. *En vous basant sur les lignes 1 à 13, comment l'élève précoce arrive-t-il à trouver la solution à un problème mathématique ?*
   A. Il construit un raisonnement linéaire.
   B. Il utilise un raisonnement analytique.
   C. Il procède par associations d'idées.
   D. Il favorise l'utilisation de son cerveau gauche.

   ☐

7. *D'après les ligne 14 à 18, quelle est l'autre caractéristique qui marque une différence entre les enfants précoces et les autres enfants ?*

   ....

8. *Selon la psychologue Mme Siaud-Facchin, lorsqu'un enfant précoce a une crise émotionnelle il ne faut pas :*
   A. avoir de contact physique.
   B. le raisonner.
   C. le toucher.
   D. le contenir physiquement.

   ☐

9. *Aux lignes 25 à 30, quels sont les* ***deux*** *inconvénients des établissements hors contrat ?*
   (a) ....
   (b) ....

10. *Aux lignes 24 à 29, quel mot exprime la désolation de l'auteur ?*

    ....

11. *Aux lignes 30 à 33, quelle expression signifie « éprouvent des difficultés » ?*

    ....

12. *Le professeur de français Anne-Marie François parle de la pédagogie adaptée mise en place pour les enfants précoces. Citez* ***deux*** *exemples des stratégies utilisées pour améliorer la sociabilité des enfants surdoués.*
    (a) ....
    (b) ....

13. *D'après les lignes 39 à 47, quelle est la spécialité des collèges Janson-de-Sailly et Georges-Brassens ?*

    ....

14. *À la ligne 43, à quoi se réfère le mot « **y** » ?*

A. une salle qui leur est réservée.

B. des classes banales.

C. le collège Georges-Brassens.

D. le collège Janson-de-Sailly.

☐

15. *D'après les lignes 39 à 43, quels sont les **deux** objectifs du dispositif d'accueil des élèves surdoués en difficulté ?*

(a) ....

(b) ....

TOTAL : 18

Les devoirs de vacances, passage obligé ?

Quatre élèves sur dix font des devoirs de vacances, souvent à l'initiative de leurs parents. Mais cet effort ne porte ses fruits que si l'enfant est vraiment motivé.

Deux mois de vacances, c'est long ! Suffisamment pour oublier tables de multiplication et règles d'orthographe. Aussi, les parents sont de plus en plus nombreux à faire travailler leurs enfants pendant l'été : quatre élèves sur dix effectuent des devoirs de vacances, selon une enquête de l'Insee. Mais est-ce bien utile ?

Christine, professeur des écoles, le pense : "Certains enfants ne tiennent pas un crayon pendant deux mois ! Les apprentissages ne doivent pas rester en jachère aussi longtemps, surtout si les enfants ont accumulé des difficultés. Je conseille aux parents de reprendre avec eux certaines notions, mais en lien avec le quotidien. Par exemple, écrire des cartes postales, tenir un journal de vacances, réaliser des opérations à l'occasion d'achats ou lire un roman. Une courte dictée de temps en temps entretient les connaissances."

Cependant, elle n'est pas convaincue du bien-fondé des cahiers de vacances, qui, estime-t-elle, "reprennent le programme mais balaient trop de choses, y compris ce qui n'est pas fondamental".

Succès des cahiers de vacances

Pourtant, avec 4,5 millions d'exemplaires vendus chaque année, les cahiers de vacances sont plébiscités par les parents, loin devant la révision des cahiers et livres de l'année précédente.

Anne Kerkhove, présidente de la Fédération des parents d'élèves de l'enseignement public (PEEP), reconnaît que, pour les parents, "les cahiers constituent un achat rassurant : ils contiennent tout le programme de l'année écoulée avec les exercices et les corrigés, et, pour l'enfant, le cahier de vacances présente l'attrait de la nouveauté. Relire ses cahiers de l'année précédente et refaire quelques exercices, est sans doute tout aussi efficace, mais moins attractif."

[...]

Comment choisir ?

Devant l'abondance de l'offre, Chrystèle Acquistapace, responsable du rayon parascolaire de la librairie Durance, à Nantes (Loire-Atlantique), donne quelques pistes : "Il faut privilégier les maisons d'édition qui développent des produits parascolaires toute l'année et qui considèrent les cahiers de vacances comme un prolongement de leur activité. Les cahiers édités par Hachette, Hatier, Magnard et Nathan sont incontournables. Ils sont rédigés par des enseignants et collent toujours au programme scolaire".

"Personnellement, je constate que le cahier de vacances de Magnard plaît beaucoup aux parents, car il est très structuré et ne part pas dans tous les sens." Elle déconseille les cahiers de vacances "gadgets" dont le contenu est moins rigoureux.

Les livrets conçus pour le primaire ciblent l'ensemble du programme, **ceux** prévus pour le collège proposent soit une formule "tout-en-un" (toutes les matières [-9-] un seul cahier), soit une seule matière, généralement le français, les maths ou l'anglais.

La formule "tout-en-un" séduit de plus en plus de parents, surtout [-10-] des raisons économiques. Réviser sept matières coûtera bien moins cher : 9,40 € [-11-] Hachette (Hachette Vacances, niveau 4e) au lieu de 4,95 e à 6,30 € [-12-] cahier, à multiplier par les trois ou quatre matières essentielles à revoir.

[...]

Une efficacité discutable

Malgré tous ces efforts de présentation, les enfants achèvent rarement leur cahier de vacances (quatre sur dix seulement, selon l'enquête de l'Insee). **Ceux** de Sylvie n'ont pas échappé à la règle : "Je **leur** **en** ai acheté une ou deux fois en primaire, puis j'ai arrêté. Ils ne **les** ont jamais finis et ont vécu ça comme un pensum*. Cela aurait pu même être contre-productif ! "

Cependant, depuis qu'ils fréquentent le collège, elle trouve plus fructueux le ciblage d'une matière. Elle donne également ce conseil - elle est professeur de français – aux parents dont les enfants présentent quelques lacunes à la fin du troisième trimestre. "Mais il faut s'en tenir aux matières fondamentales. Pour l'éveil, il vaut mieux aller au musée ou au cinéma", suggère-t-elle.

Selon une étude menée en 2000 sur 2 500 élèves de CM1, seuls ceux qui ont fini leur cahier ont progressé. Ceux qui ne l'ont utilisé qu'en partie n'améliorent pas davantage leurs connaissances qu'un élève n'ayant pas travaillé ! Et qui sont les enfants qui vont jusqu'au bout ? Principalement les élèves en avance ou de bon niveau, c'est-à-dire ceux qui prennent le cahier de vacances comme un jeu…

L'avis de Dominique Glasman, professeur de sociologie à l'université de Savoie

Pour les parents, les devoirs de vacances ont pour objectif de maintenir leurs enfants dans le rythme scolaire : ils doivent s'entraîner pour démarrer la rentrée dans de bonnes conditions, sans perdre du temps à s'échauffer. Le système scolaire d'aujourd'hui est beaucoup plus compétitif que naguère, toutes les filières ne sont pas équivalentes et les parents le ressentent bien.

Mais les devoirs de vacances sont aussi un moyen de fixer les enfants dans l'espace domestique sur des préoccupations scolaires, de maintenir un contrôle des parents. Dans une période où les relations parents-enfants ont changé, il est plus facile de dire "fais ton cahier de vacances" que "ne sors pas, ne va pas jouer tout de suite".

www.dossierfamilial.com, 30.06.08.

*pensum = travail supplémentaire imposé à un écolier par punition.

ACTIVITÉS

1. *Quelle expression utilisée au début du texte signifie « obtient des résultats » ?*

   ....

2. *Pourquoi les parents font travailler leurs enfants pendant les vacances ?*

   ....

3. *À la ligne 8, le mot « **le** » se réfère à :*

   A. l'inutilité des devoirs de vacances.

   B. l'inefficacité des devoirs de vacances. ☐

   C. l'utilité des devoirs de vacances.

   D. l'échec des devoirs de vacances.

4. *D'après Christine, quels sont les enfants qui ont le plus besoin des devoirs de vacances ?*

   ....

5. *Citez **deux** exemples d'exercices que Christine propose aux familles pendant les vacances.*

   (a) ....

   (b) ....

6. *Selon le témoignage de Christine,* ***une*** *des phrases suivantes est vraie. Indiquez la réponse correcte dans la case de droite.*

   A. Les cahiers de vacances sont parfaits car ils comportent du matériel supplémentaire à ce qui est fondamental.
   B. Les cahiers de vacances ne comportent pas assez d'apprentissages fondamentaux.
   C. Les cahiers de vacances ne respectent pas le programme scolaire.
   D. Les cahiers de vacances ne sont pas efficaces car ils couvrent trop de matériel.

   ☐

7. *Quelle expression utilisée aux lignes 18 à 20 signifie « fortement approuvés »*

   ....

8. *En vous basant sur les lignes 21 à 26, nommez* ***deux*** *avantages des cahiers de vacances.*

   (a) ....
   (b) ....

Ajoutez les mots qui manquent aux lignes 39 à 44 en les choisissant dans la liste proposée ci-dessous. ***Attention*** *: il y a plus de mots que d'espaces et chaque mot ne peut être utilisé qu'une seule fois.*

à dans pour sur par chez vers

[-9-] ....
[-10-] ....
[-11-] ....
[-12-] ....

13. *À la ligne 38, à quoi se réfère «* ***ceux*** *» dans la phrase «* ***ceux*** *prévus pour le collège » ?*

    ....

14. *Citez* ***deux*** *raisons pour lesquelles il est préférable de choisir des cahiers « incontournables » comme ceux édités par Hachette, Magnard ou Nathan.*

    (a) ....
    (b) ....

15. *Pourquoi à la ligne 36, Chrystèle Acquistapace appelle certains cahiers de vacances des cahiers « gadgets » ?*

    ....

Trouvez aux lignes 45 à 49, à qui ou à quoi se réfèrent chaque mot en gras dans le texte.

16. ***Ceux*** *de Sylvie*	**ceux**	
17. *Je* ***leur*** *en ai acheté*	**leur**	
18. *Je leur* ***en*** *ai acheté*	**en**	
19. *Ils ne* ***les*** *ont jamais finis*	**les**	

Les affirmations suivantes, basées sur les lignes 45 à 59 sont soit vraies, soit fausses. Cochez [✓] la réponse correcte. Justifiez votre réponse par les mots du texte.

	Vrai	**Faux**
20. *40 % des enfants terminent leur cahier de vacances.*	☐	☐
21. *Sylvie, pense qu'à l'entrée au collège, il est plus bénéfique de se concentrer sur une seule matière.*	☐	☐
22. *Les enfants font des progrès même s'ils ne terminent pas leur cahier de vacances .*	☐	☐
23. *Les enfants qui terminent leur cahier de vacances sont généralement de bons élèves.*	☐	☐

Note: each item is followed on the page by:

Justification ....

....

Vous avez des débuts de phrases à gauche et des fins possibles à droite. En vous basant sur les lignes 60 à 64, associez chaque début avec la fin qui lui correspond. ***Attention*** *: il y a plus de fins que de débuts et chaque fin ne peut être utilisée qu'une seule fois.*

24. Aujourd'hui il existe... ☐

25. Les parents... ☐

26. Les parents réalisent... ☐

27. Les devoirs de vacances... ☐

A. pensent que les devoirs de vacances préparent les enfants pour la rentrée scolaire.

B. plus de compétition à l'école.

C. les cahiers de vacances préparent les enfants pour la rentrée scolaire en les maintenant dans le rythme scolaire.

D. permettent aux parents de contrôler leurs enfants.

E. qu'il existe une compétition entre les filières.

F. il est plus facile de fixer les enfants sur le travail scolaire.

TOTAL : 30

Halte à la triche

TEXTE

❶ *Les tricheurs faussent les règles du jeu*

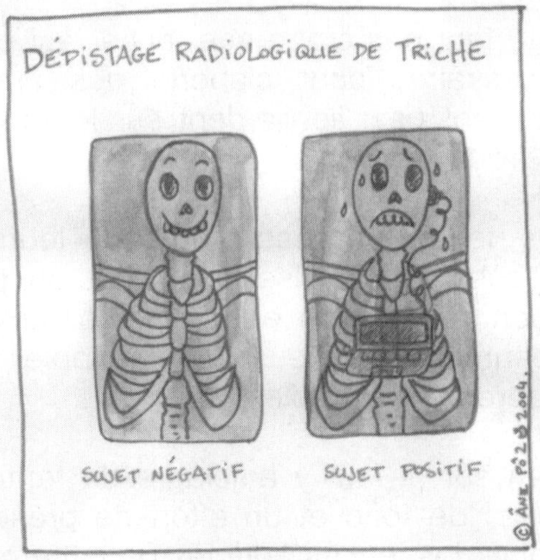

© Anne Berviller Alias Ane Pô 2 Banane

La triche est certainement apparue avec la création de l'école. Que ce soit un simple coup d'œil sur la feuille du voisin ou des techniques plus recherchées, elle a toujours existé. Mais, aux dires des professeurs, elle aurait tendance à se développer de manière inquiétante – au point de devenir banale.

Il y a certainement des causes à l'aggravation de ce problème. Les enfants sont-ils moins entraînés à l'effort, à l'apprentissage, à la mémorisation? Les professeurs sanctionnent-ils moins? Les parents sont-ils moins les gardiens de la moralité, en laissant leurs enfants faire, en les excusant auprès du professeur quand ils sont pris sur le fait? Toutes ces raisons se mêlent sans doute.

Ne serait-il pourtant pas temps de faire quelque chose? Car la triche a des répercussions importantes sur les valeurs de l'enseignement, sur l'enfant...

❷ *La valeur de la note*

Quand l'enseignant organise un contrôle, le but est:
– de mesurer les capacités des élèves;
– de vérifier qu'ils ont bien compris la leçon.

Cela permet aussi de connaître les difficultés des enfants (comme lors des grandes évaluations) afin de les aider à les surmonter. La note a donc la valeur que **lui** a donnée le travail qu'il a fallu fournir pour la mériter. Or, tricher dévalorise la note qui n'a plus de sens.

Cette attitude entraîne de surcroît une perte des repères pour l'enseignant, en particulier si beaucoup d'enfants utilisent des antisèches. Il ne peut plus évaluer le niveau réel de la classe, [-11-] peut nuire aux élèves moyens « honnêtes ».

❸ *Les répercussions sur l'élève*

Utiliser des antisèches, faire faire ses devoirs par quelqu'un d'autre (y compris par les parents qui peuvent être de mèche)... a des répercussions sur les enfants. Bien sûr, ils sont heureux d'avoir une bonne note, de passer pour de bons élèves – aux yeux de leurs professeurs et de leurs parents (même s'ils sont complices car ils oublient rapidement comment ces résultats ont été obtenus). Malgré tout, ils ne sont pas dupes: ils savent très bien que leurs notes ne reflètent pas leur travail. Les félicitations [-12-] ils reçoivent leur laissent un goût amer dans la bouche. Ils ne les ont pas méritées et préféreraient qu'on **les** oublie. Même s'il leur arrive de fanfaronner, de se moquer de ceux [-13-] travaillent, au fond d'eux-mêmes ils n'ont pas la conscience tranquille. Cela nuit à l'estime de soi car ils ne sauront jamais s'ils avaient pu obtenir leurs bonnes notes sans tricher. De plus, cela les entraîne dans un engrenage. Plutôt que d'expliquer pourquoi ils ont obtenu de bons résultats à tel devoir et pas à tel autre, ils sont tentés de renouveler l'expérience. Ils ne cherchent donc plus comment travailler mais comment mettre au point de nouvelles techniques de fraude, plus performantes, plus discrètes...

Il ne faut pas croire que tricher est plus économique car des heures sont parfois nécessaires pour élaborer des antisèches, bien que certains élèves ne se fatiguent pas: ils gardent sur leurs genoux les cours sans prendre la peine de les recopier.

Les heures passées à préparer leurs techniques de fraude feraient mieux d'être utilisées pour réaliser des fiches qui pourraient ensuite être mémorisées. De toute façon, le principe est le même puisqu'il faut repérer les points forts du cours. Néanmoins, au lieu de les recopier sur de minuscules papiers, il faut les écrire proprement et lisiblement.

Bien sûr, il faut y adjoindre du temps pour apprendre. Toutefois, en faisant ce travail de fond et un effort de présentation, on mémorise beaucoup mieux. Au moins, les jeunes adeptes de cette méthode mériteront leurs notes et ils pourront garder la tête haute. Ils n'auront plus peur de se faire prendre, de ne pas avoir l'antisèche adéquate lors d'un contrôle surprise.

Il convient aussi de se méfier des résultats largement surévalués pour le passage en classe supérieure ou pour l'orientation. À un moment, le niveau réel de l'enfant apparaîtra quand il ne s'agira plus de restituer mot pour mot un cours mais d'être capable de réfléchir, de composer avec ses connaissances acquises au cours des longues années passées sur les bancs de l'école. L'échec sera d'autant plus mal vécu qu'il ne sera pas prévu ni prévisible puisqu'on ne se basera que sur les notes obtenues en trichant.

❹ ***Les risques pour l'avenir***

L'école doit (ou devrait) transmettre les valeurs du travail, de l'apprentissage. Or, en banalisant la fraude (à l'école, dans les transports en commun...), ne risque-t-on pas de faire tomber les valeurs sur lesquelles repose la société ? Qu'importe comment on a obtenu une note, un blouson (racket?), une voiture (argent de la drogue?), une belle villa (détournement d'argent sur les comptes de l'entreprise?)...

Évidemment, ce n'est pas parce qu'on triche à l'école qu'on continuera par la suite, mais l'admettre est assez révélateur de la société [-14-] on vit. Les parents se doivent d'être les gardiens de la moralité, de ne pas s'arrêter aux simples notes, de chercher à savoir comment elles ont été obtenues. L'apparition d'excellentes notes chez un élève moyen devrait mettre la puce à l'oreille. Quant aux professeurs, durant les contrôles, ils se doivent d'accentuer leur surveillance pour rendre la vie plus difficile aux tricheurs. Il faut le faire au moins pour ceux qui ont pris la peine de travailler leurs cours.
Vous tous, parents et professeurs, faites comprendre aux enfants que l'important ce n'est pas la note, mais le travail dont ils pourront être fiers. Obtenir de bons résultats en trichant, c'est construire un édifice sur du sable: un jour, il risque de s'écrouler.

Extrait de "La lettre des parents ©" Mensuel d'information pratique écrit par les parents pour les parents www.lalettredesparents.com

ACTIVITÉS

1. *Qu'est-ce qui préoccupe les enseignants ?*
   A. le fait que les étudiants trichent.
   B. le fait que cela devienne commun pour les étudiants de tricher.
   C. le fait que les étudiants n'apprennent pas leurs leçons.
   D. le fait qu'il n'existe pas de sanction pour les étudiants qui trichent.

   ☐

2. *D'après le 1^ier^ paragraphe, quelle est la réaction des parents quand leurs enfants trichent ?*

   ....

3. *En vous basant sur le 1^ier^ paragraphe, citez **deux** raisons qui pourraient pousser les élèves à tricher.*

   (a) ....

   (b) ....

4. *Parmi les phrases ci-dessous laquelle **n'est pas** un des objectifs de l'examen ?*
   A. évaluer les compétences des enfants.
   B. vérifier la compréhension des cours.
   C. prendre connaissance des difficultés des enfants.
   D. donner une valeur à la note.

   ☐

5. *En vous basant sur le texte, citez **deux** manières de tricher.*

   (a) ....

   (b) ....

6. *Quelle est l'expression du 3e paragraphe qui signifie «être complice» ?*

   ....

Vous avez des débuts de phrases à gauche et des fins possibles à droite. En vous basant sur les 2e et 3e paragraphes, associez chaque début avec la fin qui lui correspond. ***Attention*** *: il y a plus de fins que de débuts et chaque fin ne peut être utilisée qu'une seule fois.*

7. Les élèves qui trichent sont heureux de leurs résultats...	☐	*A. les élèves entrent dans un cercle vicieux.*
8. En trichant,...	☐	*B. de réellement évaluer le niveau des élèves qui trichent.*
9. Préparer des antisèches peut...	☐	*C. mais sont conscients qu'ils ne les méritent pas.*
10. Il est impossible...	☐	*D. se sentent heureux de leurs résultats.*
		E. prendre autant de temps que réviser.
		F. si un élève triche ou non.

Ajoutez les mots qui manquent dans le texte en les choisissant dans la liste proposée ci-dessous. ***Attention*** *: il y a plus de mots que d'espaces et chaque mot ne peut être utilisé qu'une seule fois.*

dans laquelle ***ce qui*** ***qu'*** ***que*** ***qui*** ***duquel***

[-11-] (3e paragraphe) ....

[-12-] (3e paragraphe) ....

[-13-] (3e paragraphe) ....

[-14-] (4e paragraphe) ....

15. D'après le 3e paragraphe, que se passera-t-il le jour où l'enfant devra prouver qu'il est capable de réfléchir ?

....

16. Quel mot du dernier paragraphe désigne « un acte de tromperie contraire à la loi » ?

....

17. Quelle expression du dernier paragraphe signifie « éveiller des soupçons » ?

....

18. Selon le dernier paragraphe, quel est le rôle de l'école ?

....

19. Selon le dernier paragraphe, quel est le rôle des parents ?

....

20. *Quel conseil est donné aux parents ?*

A. d'être satisfaits des bons résultats de leurs enfants.
B. d'être suspicieux quand leurs enfants ont soudainement d'excellentes notes. ☐
C. de ne pas questionner les excellents résultats de leurs enfants.
D. de fermer les yeux si leurs enfants trichent, car ce sont les résultats qui comptent.

21. *Quel message doivent comprendre les jeunes ?*

....

Les affirmations suivantes, basées sur la dernière partie du texte (Les risques pour l'avenir) sont soit vraies, soit fausses. Cochez [✓] la réponse correcte. Justifiez votre réponse par les mots du texte.

	Vrai	Faux
22. *Tricher est une attitude qui se perpétue tout au long de la vie du jeune qui a commencé à l'école.*	☐	☐

Justification ....

....

23. *Les enseignants ne peuvent rien faire contre les élèves qui trichent.*	☐	☐

Justification ....

....

24. *L'essentiel pour les élèves est d'obtenir de bonnes notes.*	☐	☐

Justification ....

....

TOTAL : 26

Les universités françaises séduisent à l'étranger

TEXTE

Du Caire à Pékin, le rayonnement des universités françaises à l'étranger n'a jamais été aussi important, permettant à la France de devenir un élément de référence pour les élites intellectuelles de par le monde.

❶ La coopération universitaire a toujours été un canal privilégié pour faire connaître la qualité du système pédagogique français. Aujourd'hui, cette coopération internationale revêt plusieurs aspects. La forme la plus courante, dite des « filières francophones », s'opère dans le cadre d'un partenariat entre une ou plusieurs universités françaises et une université locale. Elle s'adresse essentiellement aux étudiants de deuxième cycle (master). En 2005, 11 000 étudiants étaient inscrits dans 167 filières francophones de par le monde. La reconnaissance de « crédits » permet à l'étudiant étranger de poursuivre ses études dans une université en France. Ainsi, des Cambodgiens peuvent s'inscrire en master d'ingénieur à Toulouse (dans le Sud-Ouest). L'université du Caire, en Égypte, coopère avec l'université de Paris-IX-Dauphine pour délivrer des diplômes français de journalisme, de droit des affaires et de sciences politiques.

Une présence renforcée

❷ Depuis quelques années, un fort engagement financier de l'État a permis la création de nouveaux établissements universitaires, accordant une visibilité et une influence accrues au savoir-faire éducatif français à l'étranger. C'est ainsi que l'université française d'Arménie, à Erevan, et l'université française d'Égypte, au Caire, assurent des formations - de la première année jusqu'au troisième cycle - qui reposent entièrement sur les critères universitaires français et débouchent sur un double diplôme, français et local.

❸ Créée en 2000, l'université française d'Arménie jouit d'un énorme prestige dans le pays. Ses 700 étudiants suivent des formations, en langue française, en droit, en gestion et en commerce. L'université française du Caire, fondée en 2002, accueille 350 étudiants en gestion, en langues appliquées et en sciences de l'ingénieur. Dans les années 1990, d'autres universités et écoles, moins subventionnées par la France, avaient déjà ouvert la voie à cette nouvelle visibilité internationale. Créée en 1992, l'université de Galatasaray, à Istanbul, en Turquie, accueille 2 400 étudiants qui suivent un enseignement, en langues française, turque et anglaise, dans les domaines des sciences de l'ingénieur, du droit, de l'économie, des lettres, des sciences humaines et de la communication. Plusieurs mastères aboutissent à un double diplôme. L'établissement est financé principalement par l'État turc et par le mécénat des entreprises locales et françaises, avec un appui de la France. L'université Saint-Joseph à Beyrouth, au Liban, a été fondée au début du XXe siècle par des jésuites français. En 1992, une coopération importante a été mise en place entre cet établissement et un consortium de plus de 30 universités françaises. Toutes les disciplines y sont enseignées, avec la possibilité de doubles diplômes pour certains mastères. À Beyrouth également, la France a contribué au lancement, il y a dix ans, et en partenariat avec la chambre de commerce et d'industrie de Paris, de l'École supérieure des affaires (ESA) qui forme les étudiants en français et délivre un MBA français de gestion. Elle jouit aujourd'hui d'un rayonnement important dans les pays du Golfe, preuve de la qualité et de l'attractivité d'un MBA français.

L'excellence sur commande

❹ Une troisième forme de coopération, plus récente, est l'implantation à l'étranger d'universités et de grandes écoles françaises mondialement reconnues pour leur excellence. C'est le cas de la Sorbonne (université de Paris-IV) qui a ouvert une antenne en octobre 2005 à Abou Dhabi (Émirats arabes unis), à la demande expresse de l'émirat qui la finance entièrement. Les exigences en ce qui concerne l'enseignement et l'obtention du diplôme sont celles de la Sorbonne à Paris. Le phénomène phare de 2005 – l'Année de la France en Chine – reste la création, à la demande des Chinois et au sein de l'université d'aéronautique Beihang à Pékin, d'une antenne commune des quatre prestigieuses Écoles Centrales, grands établissements d'ingénieurs français. Le cursus comporte un an d'études de la langue française, suivi de deux années de cours préparatoire, puis de trois ans de formation d'ingénieur, sous la direction de professeurs français. Une centaine d'élèves ont été recrutés pour la première rentrée en septembre 2005, dont les deux tiers issus des tout premiers classements d'étudiants chinois. La France y apporte un soutien financier, car elle espère trouver dans ces futurs centraliens chinois des interlocuteurs privilégiés pour les Français dans les entreprises locales et, inversement, des relations suivies pour les Chinois avec des entreprises françaises.

❺ *« Les étudiants étrangers accordent de plus en plus d'importance* [-15-] *la qualité de la formation »*, souligne Antoine Grassin, directeur de la Coopération scientifique et universitaire au ministère des Affaires étrangères (MAE). [-16-] répondre à ces exigences, la France réalise une réévaluation permanente [-17-] ses enseignements. [-18-] d'aller encore plus loin, une charte de qualité devrait être signée en 2006, qui s'étendra à l'ensemble des établissements soutenus [-19-] la France à l'étranger.

Barbara Oudiz
Journaliste
Label France n°62 - Étudier à la française (2006)

ACTIVITÉS

1. *Quel est l'objectif de la coopération universitaire ?*

....

2. *Quelles sont les **deux** conditions pour s'inscrire dans une filière francophone ?*

   A. être étudiant en premier cycle.
   B. être français.
   C. être Cambodgien.
   D. être étudiant en master.
   E. être étranger.

☐ ☐

En vous basant sur le 3e paragraphe, reliez chacun des mots du texte figurant dans la colonne de gauche à son équivalent dans la colonne de droite. ***Attention*** *: il y a plus de mots dans la colonne de droite que dans celle de gauche.*

3. *jouit*	☐	A. *débouchent*
		B. *collaboration*
4. *subventionnées*	☐	C. *financées*
		D. *financement*
5. *aboutissent*	☐	E. *influence*
6. *appui*	☐	F. *réflexion*
		G. *bénéficie*
7. *coopération*	☐	H. *influencé*
		I. *aide*
8. *rayonnement*	☐	

9. *Selon le texte* ***trois*** *des sept phrases suivantes sont vraies. Indiquez les lettres correspondantes dans la case de droite.*
   - A. Tous les établissements universitaires offrant un cursus français sont entièrement financés par l'État français.
   - B. La France subventionne la création d'établissements universitaires à l'étranger afin de promouvoir l'éducation française.
   - C. Les étudiants égyptiens peuvent préparer un diplôme en économie à l'université française du Caire.
   - D. Etudier dans une université française à l'étranger permet souvent d'obtenir un diplôme français et un diplôme du pays d'origine.
   - E. Les pays du Golfe ne s'intéressent pas à l'éducation française.
   - F. Les étudiants de l'université de Galatasaray suivent des cours enseignés uniquement en français.
   - G. Les étudiants de l'université française d'Arménie suivent des cours enseignés uniquement en français.

   ☐ ☐ ☐

10. *Dans le 3e paragraphe, à quoi se réfère le mot «* ***y*** *» dans la phrase « Toutes les disciplines* ***y*** *sont enseignées ».*
   - A. l'université Saint-Joseph.
   - B. un consortium.
   - C. une coopération.
   - D. 30 universités françaises.

   ☐

Vous avez des débuts de phrases à gauche et des fins possibles à droite. En vous basant sur le 4e paragraphe, associez chaque début avec la fin qui lui correspond. ***Attention*** *: il y a plus de fins que de débuts et chaque fin ne peut être utilisée qu'une seule fois.*

11. L'antenne de la Sorbonne à Abou Dhabi...	☐	*A. par les Chinois.*
		B. quatre universités sont regroupées.
12. L'antenne universitaire implantée en Chine...	☐	*C. doit appliquer les mêmes conditions que la célèbre université parisienne.*
		D. il faut étudier 6 ans.
		E. il faut étudier 3 ans.
13. Pour obtenir un diplôme d'ingénieur de l'antenne française en Chine...	☐	*F. est partiellement subventionnée par l'État français.*

Ajoutez les mots qui manquent dans le dernier paragraphe en les choisissant dans la liste proposée ci-dessous. ***Attention*** *: il y a plus de mots que d'espaces et chaque mot ne peut être utilisé qu'une seule fois.*

afin que ***pour*** ***à*** ***de*** ***par*** ***afin d'*** ***en***

[-15-] ....

[-16-] ....

[-17-] ....

[-18-] ....

[-19-] ....

TOTAL : 22

Carton rouge pour la dispense de sport !

TEXTE

Le sport n'est pas une matière facultative! C'est un enseignement obligatoire et essentiel dans la scolarité des enfants!

© Anne Berviller Alias Ane Pô 2 Banane

Faire l'appel en cours d'EPS* relève parfois de l'exploit sportif... À l'arrivée, présents, absents et dispensés terminent dans un mouchoir de poche, **les derniers** représentant trop souvent le tiers des effectifs!

Les enseignants constatent avec amertume que toutes les excuses de pacotille sont bonnes pour échapper à deux ou quatre heures de corvée physique : maux de tête ou de ventre, affaires oubliées, fragilité musculaire, spasmophilie chronique...

Le pire reste que beaucoup de parents se font complices : lorsque le banal petit mot « Mon fils se plaint de douleurs au côté quand il court » ne suffit plus, ils n'hésitent pas à se procurer un certificat médical de complaisance.

Longtemps apanage des coquettes jouant sur leur « indisposition » typiquement féminine, la dispense de sport se démocratise, se vulgarise, s'automatise. Un garçon n'aime pas la gym; ses parents le dispensent. Une adolescente refuse de se mettre en jogging ; ses parents la dispensent.

Leur viendrait-il à l'idée d'agir de même pour les équations en maths ou les rédactions en français? Tout le monde considère à tort que le sport n'est qu'une matière de second ordre. On **le** pratique pour les loisirs, pour son plaisir. Alors, pourquoi s'embêter à l'école ? Et il est vrai que certains horaires (tôt le matin ou en fin d'après-midi) et certaines activités (piscine en hiver par exemple) incitent à la paresse. Une maman n'a eu aucun scrupule à demander une dispense à l'année pour sa fille en seconde qui avait sport de 8 à 10 heures, invoquant de « graves raisons familiales », afin de la laisser dormir plus longtemps !

Un papa, considérant normal que son fils ne suive pas les séances consacrées au football au lycée car il pratiquait dans un club, l'a encouragé à sécher les cours ! Ces adultes permissifs avancent un argument solide : en proposant du matériel en mauvais état, limitant l'accès aux équipements adéquats et sacrifiant les emplois du temps, les autorités confirment que le sport passe en dernier.

Eh bien il revient justement aux parents d'inverser la tendance. Qu'ils prennent conscience et qu'ils fassent prendre conscience à leurs enfants que l'EPS permet d'apprendre à concilier le corps et l'esprit, de développer le sens de la coordination, du partage, du respect des règles...

L'hygiène et l'équilibre de vie s'entretiennent à l'école.

En sport, on se défoule, on libère son adrénaline, on appréhende ses résultats différemment.

Un élève médiocre relèvera la tête grâce à ses performances au saut en hauteur. Un jeune un peu fort perdra du poids à force de jouer au volley. Une « grande perche » sera mise en valeur par le basket-ball.

La dispense n'a de raison d'être qu'en cas de réels problèmes médicaux ou psychologiques (il existe en effet des enfants traumatisés par le regard des autres). Le sport rapporte des points au baccalauréat où même les handicapés sont soumis à des épreuves spécifiques. Il devient une matière sélective. Les prépas se méfient aujourd'hui des élèves dont le dossier révèle trop d'absences « sans motif valable » en cours d'EPS.

Mieux vaut finalement se dispenser de dispense de sport. C'est recommandé pour le corps et la scolarité !

Extrait de "La lettre des parents ©" Mensuel d'information pratique écrit par les parents pour les parents www.lalettredesparents.com

* EPS = Éducation Physique et Sportive

ACTIVITÉS

1. *À qui se réfère les mots « **les derniers** » au début du texte ?*

   ....

2. *Quelle expression est utilisée pour montrer que les raisons avancées pour être dispensé du cours d'EPS « ne sont pas convaincantes et n'on pas une grande valeur » ?*

   ....

3. *En vous basant sur le texte, nommez **deux** exemples d'excuses utilisées par les élèves pour ne pas participer au cours d'EPS.*

   (a) ....

   (b) ....

4. *Quel rôle jouent les parents dans le problème pausé par les dispenses de sport ?*

   ....

5. *Dans le texte il y a plusieurs expressions qui illustrent que la dispense de sport devient de plus en plus commune, citez-en **une**.*

   ....

6. *Citez **une** matière, qui elle, n'est pas considérée comme une « matière de second ordre » par les parents.*

   ....

7. *À quoi se réfère le mot « **le** » dans la phrase « On **le** pratique pour les loisirs » ?*

   ....

8. *Nommez* ***une*** *des raisons avancées dans le texte qui peuvent pousser les élèves paresseux à ne pas vouloir participer au cours d'EPS.*

....

En vous basant sur le texte, reliez chacun des mots du texte figurant dans la colonne de gauche à son équivalent dans la colonne de droite. ***Attention*** *: il y a plus de mots dans la colonne de droite que dans celle de gauche.*

9. *facultative (l.1)*	☐	A. *désolation*
		B. *très tolérants*
10. *amertume (l.8)*	☐	C. *attribut*
		D. *autoritaires*
11. *apanage (l.19)*	☐	E. *poussent*
12. *incitent (l.27)*	☐	F. *autoriser*
		G. *optionnelle*
13. *sécher (l.32)*	☐	H. *manquer*
		I. *obligatoire*
14. *permissifs (l.33)*	☐	

15. *Le sport est souvent considéré comme une matière moins importante, citez* ***deux*** *raisons qui confortent cette manière de penser de la part des parents.*

    (a) ....

    (b) ....

16. *En vous basant sur le texte, nommez* ***deux*** *des nombreux avantages du cours d'EPS mentionnés dans la dernière partie du texte.*

    (a) ....

    (b) ....

17. *Citez* ***une*** *raison qui peut réellement justifier la dispense de sport.*

....

18. *Quelle phrase de la fin du texte montre que l'EPS est une matière importante qui peut avoir une influence sur le choix d'orientation des élèves ?*

....

TOTAL : 21

Le français, un atout plus qu'un obstacle

TEXTE

❶ **[-1-] aux craintes de certains, on peut étudier en France sans renoncer à l'anglais, tout en apprenant le français, une langue commune à plus de 180 millions de personnes.**

En France, on parle français ! Une évidence [-2-], mais qui implique que, pour profiter au mieux de ses études, un candidat à la mobilité internationale doit avoir une connaissance préalable de cette langue. [-3-], précise Béatrice Khaïat, la directrice déléguée d'ÉduFrance, *« tout le monde s'accorde aujourd'hui à dire que le critère de la langue ne doit pas en être un* a priori. *L'idée est de sélectionner les bons candidats et de* ***leur*** *permettre d'apprendre le français ».* Pour ce faire, entre leur prise de décision et le début des cours dans l'établissement choisi, les étudiants disposent de nombreux mois, qu'ils peuvent mettre à profit.

[...]

❷ **Le français, langue internationale**

Mais pourquoi faire tous ces efforts, se demanderont certains, alors qu'ils parlent l'anglais et que la Grande-Bretagne ou les États-Unis sont très ouverts aux étudiants étrangers ? Outre de suivre des études de haut niveau pour un coût bien moins élevé ou d'avoir le plaisir de connaître une langue dont la richesse est mondialement reconnue, parler le français comporte plusieurs avantages. Tout d'abord, cela autorise l'accès à des filières dont l'excellence n'est plus à démontrer et qui offrent de véritables opportunités sur le marché international du travail, telles, par exemple, celles des grandes écoles ou des facultés de médecine. Ensuite, et cela peut paraître paradoxal, mais c'est bien dans la mesure où, contrairement à l'anglais, tout le monde ne parle pas le français que **le** maîtriser devient un atout supplémentaire pour son avenir professionnel. Car le français, ne l'oublions pas, est la langue maternelle ou le second idiome de 181 millions de personnes à travers le monde, et est appris par 82,5 millions d'autres. Il est de plus l'une des langues officielles et de travail des organisations internationales et principales enceintes multilatérales (Organisation des Nations unies, Union européenne, Organisation du traité de l'Atlantique-Nord, Conseil de l'Europe...).

❸ Il constitue, en outre, le lien fondateur des 56 pays *" ayant le français en partage "*, réunis au sein de l'Organisation internationale de la francophonie (OIF). Avec celle-ci, le français bénéficie donc d'une institution attentive à son essor et qui, de plus, est animée par la volonté que ce partage de la langue se double de celui de valeurs communes, dont la défense de la diversité linguistique et culturelle. Soucieux de soutenir le plurilinguisme, le ministère français des Affaires étrangères mène aussi, quant à lui, une politique active de promotion de la langue française, notamment *via* le réseau des 151 centres et instituts culturels et des 283 alliances françaises. Objectif : conforter le français comme grande langue de communication internationale, alliant culture et modernité.

❹ Venir en France n'implique pas pour autant de renoncer à l'anglais, voire à d'autres langues. L'enseignement de haut niveau de la langue de Shakespeare est en effet intégré à de nombreux cursus, et en particulier à ceux qui sont liés aux études de sciences, d'agriculture et de management.

[...]

ÉduFrance a d'ailleurs mis en ligne un catalogue des quelque 300 formations en anglais proposées dans des domaines variés (arts/design/mode, droit, commerce, littérature, sciences de l'ingénieur, tourisme, environnement...) et recense les enseignements bilingues français-anglais, et dans d'autres langues.

Ainsi, tout en suivant, par exemple, un cursus en anglais, les étudiants peuvent s'immerger dans un environnement leur permettant d'apprendre également, au quotidien, le français. De la sorte, ils accèdent à l'immense patrimoine littéraire et culturel de la France, mais aussi profitent de son célèbre art de vivre, de sa riche vie sociale et artistique, et découvrent d'autres approches des grands enjeux actuels politiques, philosophiques, éthiques... Enfin, la France étant au cœur de l'Europe, quelle meilleure passerelle pour partir à sa découverte ?

Florence Raynal
Journaliste
Label France n° 62 – Étudier à la française (2006)

ACTIVITÉS

Ajoutez les mots qui manquent dans le 1ier paragraphe en les choisissant dans la liste proposée ci-dessous. ***Attention*** *: il y a plus de mots que d'espaces et chaque mot ne peut être utilisé qu'une seule fois.*

néanmoins ***déjà*** ***certes*** ***souvent*** ***contrairement***

[-1-] ....

[-2-] ....

[-3-] ....

4. *Quelle expression du 1ier paragraphe veut dire « un préjugé » ?*

   ....

5. *De quel préjugé parle le texte ?*

   A. Il n'est pas utile de savoir parler français pour suivre ses études en France.
   B. Il faut parler français pour étudier en France.
   C. On peut étudier en France tout en continuant à parler anglais.
   D. Il est nécessaire d'avoir une mobilité internationale.

   ☐

6. *Dans le 1ier paragraphe, à qui ou à quoi se réfère le mot «* ***leur*** *» dans la phrase « de* ***leur*** *permettre d'apprendre le français » ?*

   ....

7. *D'après le 1ier paragraphe, les étudiants étrangers « disposent de nombreux mois » pour :*

A. prendre une décision.

B. commencer les cours.

C. être sélectionnés.

D. apprendre le français.

☐

8. *En vous basant sur le début du 2e paragraphe, donnez* **deux** *raisons d'étudier en France plutôt qu'aux Etats-Unis ou en Grande-Bretagne.*

(a) ....

(b) ....

9. *Donnez* **un** *exemple de ces filières d'excellence en France.*

....

10. *Quel autre mot utilisé dans le 2e paragraphe signifie « avantage » ?*

....

11. *En vous basant sur le 2e paragraphe, à quoi se réfère «* **le** *» dans la phrase «* **le** *maitriser devient un atout supplémentaire » ?*

....

12. *De quel paradoxe parle l'auteur dans le 2e paragraphe ?*

....

13. *Quel mot du 3e paragraphe veut dire « de plus » ?*

....

14. *Quelles sont les* **deux** *« institutions » mentionnées au 3e paragraphe qui permettent de promouvoir la langue française?*

(a) ....

(b) ....

15. *Quelle est l'expression utilisée dans le 4e paragraphe pour désigner « l'anglais » ?*

....

16. *En vous basant sur le 4e paragraphe, nommez* **trois** *avantages pour les étudiants qui vivent en France.*

(a) ....

(b) ....

(c) ....

17. *Selon le dernier paragraphe,* ***deux*** *des phrases suivantes sont vraies. Indiquez les réponses correctes dans les cases de droite.*

A. Il est impossible de suivre des études en anglais dans un établissement français.

B. La situation géographique de la France permet aux étudiants de découvrir le reste de l'Europe.

C. Faire des études de sciences en France implique qu'il faut renoncer à l'anglais.

D. Il est possible de suivre un cursus en anglais dans un établissement français.

E. Suivre une formation en anglais en France ne permet pas aux étudiants d'apprendre le français.

☐ ☐

TOTAL : 22

Laïcité : loi sur le voile

TEXTE

La loi sur la laïcité entre en vigueur à l'école. Comment les textes seront-ils appliqués ? Qu'est-ce qui sera interdit, autorisé ? Revue de détail.

Ça y est, la fameuse loi sur la laïcité qui a provoqué tant de débats et de polémiques entre en application dès cette rentrée. Rappelons qu'elle a été adoptée à une très large majorité par la Parlement. La loi est très claire : le port de signes religieux, croix catholique, foulard ou kippa « manifestant ostensiblement l'appartenance religieuse » sont interdits à l'école. Le ministre de l'Éducation nationale François Fillon a été très ferme à ce sujet : il n'y aura ni dérogation, ni négociation, les élèves seront tenus de respecter la loi. À charge pour les chefs d'établissement-proviseurs et principaux- de traduire sur le terrain la nouvelle réglementation.

Que se passera-t-il si une élève se présente malgré tout en cours coiffée d'un foulard ou d'un bandana ? Elle pourra être convoquée par le chef d'établissement de son lycée ou de son collège où on lui rappellera le texte du règlement et sa famille pourra être reçue pour en être informée. Si l'élève persiste dans son refus de retirer son voile, elle pourra être exclue de son lycée. « Mais ce n'est qu'en dernier ressort, lorsque toutes les possibilités d'accord seront épuisées, qu'une telle sanction pourrait être prise », précise-t-on au ministère de l'Éducation nationale.

Reste que l'application de la loi a de fortes chances de provoquer des remous. La rentrée pourrait en effet être marquée par des incidents, d'autant que la puissante Union des organisations islamiques de France (UOIF) conseille aux élèves musulmanes de « porter les tenues qu'elles auront choisies » . Un appel on ne plus clair à contourner la loi.

Entretien
« Cette loi respecte la liberté de conscience de chacun »

Henri Pena-Ruiz, **professeur de philosophie en classe préparatoire au lycée Fénelon à Paris (75).**

Pourquoi fallait-il une loi sur la laïcité ?

C'était nécessaire parce que la loi d'orientation sur l'école en 1989 et l'avis du Conseil d'État sur le port des signes religieux à l'école avaient ouvert une période d'incertitude sur la norme laïque. Il fallait que le principe de laïcité, reconnu par la Constitution, soit réaffirmé au niveau de la loi, qu'il ne soit plus l'objet de négociations dans le bras de fer qui se livrait avec les groupes politico-religieux.

En quoi la laïcité est-elle une valeur républicaine ?

La laïcité est un principe selon lequel il faut mettre en avant ce qui est commun à tous les hommes plutôt que ce qui les divise. Les religions doivent être libres de se manifester mais dans l'espace privé, l'espace public devant privilégier ce qui les unit. La laïcité est donc, de ce point de vue, la valeur républicaine par excellence parce qu'elle fait vivre à l'école l'idée d'un espace commun à tous les hommes par-delà leurs différences.

Que répondez-vous à ceux qui disent que cette loi ne respecte pas la liberté religieuse ?

Que c'est faux ! La liberté de conscience religieuse est parfaitement respectée, les croyants ont l'absolue liberté de manifester leur foi dans leur espace privé. En revanche, il est tout à fait légitime que dans les lieux publics, destinés à promouvoir tout ce qui rapproche les hommes, on demande un minimum de discrétion. La liberté de manifestation religieuse, ne peut pas s'exprimer partout, en toutes circonstances. Elle doit le faire de telle façon que l'ordre public soit préservé afin de permettre la coexistence entre gens croyants ou non dans les institutions publiques.

M.H, Les clés de l'actualité n° 585/du 2 au 8 septembre 2004

ACTIVITÉS

1. *Trouvez dans le texte d'introduction l'expression synonyme de « entre en application ».*

   ....

2. *Quelle expression du début du texte signifie « le premier jour d'école » ?*

   ....

3. *Les députés sont presque tous en faveur de cette loi sur la laïcité.* **Vrai** ☐ **Faux** ☐

   Justification ....

Vous avez des débuts de phrases à gauche et des fins possibles à droite. Remettez ensemble chaque début avec la fin qui lui correspond. ***Attention :*** *il y a davantage de fins que de débuts et chaque fin ne peut servir qu'une fois.*

4. *la loi sur la laïcité interdit strictement…*	☐	A. *devaient se soumettre à la loi.*
		B. *à beaucoup d'incidents pendant les premières semaines d'école.*
5. *François Fillon a déclaré que les élèves…*	☐	C. *obéir à la loi, devra changer d'école.*
		D. *les élèves musulmans à ne pas respecter la loi.*
6. *Une élève qui refuse …*	☐	E. *plusieurs cas de protestation.*
7. *On s'attend …*	☐	F. *pourront négocier avec leur proviseur selon leur cas.*
8. *D'après le texte, les organisations islamiques encouragent….*	☐	G. *de porter tout signe religieux à l'école.*
		H. *d'enlever son foulard sera expulsée de son école.*

Reliez chacun des mots figurant dans la colonne de gauche avec son équivalent dans la colonne droite. Référez-vous au texte pour le sens. ***Attention:*** *il y a plus de mots dans la colonne de droite que dans celle de gauche.*

9. *fameuse (l.3)*	☐	A. *spécifie*
		B. *réussit*
10. *ferme (l.8)*	☐	C. *continue*
11. *le chef d'établissement (l.13)*	☐	D. *en dépit de*
		E. *célèbre*
12. *malgré tout (l.12)*	☐	F. *d'autant que*
13. *persiste (l.15)*	☐	G. *agitation*
		H. *catégorique*
14. *précise (l.18)*	☐	I. *le proviseur*
15. *remous (l.20)*	☐	J. *remue*

Entretien avec Henri Pena-Ruiz

16. *Quelle expression dans le premier paragraphe montre qu'il y avait des tensions entre les politiques et les religieux.*

    ....

17. *La laïcité insiste sur les points communs entre les hommes.*

Vrai	**Faux**
☐	☐

18. *D'après Henri Pena-Ruiz, quelle est la place de la religion dans la société française ?*

    ....

    ....

19. *Pourquoi une telle décision ?*

    ....

    ....

TOTAL : 19

Lycéens : fin de bataille au tribunal

TEXTE

Depuis fin mai, des lycéens sont jugés pour des actes commis durant le mouvement lycéen contre le projet de loi sur l'école. Plusieurs organisations dénoncent cette action en justice.

Pour avoir craché sur un policier et l'avoir insulté lors d'une manifestation lycéenne, Samuel, 18 ans, est condamné à cinq mois de prison avec sursis et 5 000 euros de dommages et intérêts. Il fera appel. Déjà connu pour son activisme au sein de la coordination lycéenne contre le projet de loi Fillon, il est devenu le symbole de la répression contre les lycéens. Plus de 160 arrestations à travers la France et les procès médiatisés de 40 lycéens d'Ile-de-France closent ce mouvement qui a mobilisé les lycéens durant trois mois. Un épilogue dénoncé comme une « violence sociale » par la Ligue des droits de l'homme, réunie avec des organisations lycéennes, syndicats d'enseignants et parents dans un collectif de soutien.

Inquiétudes

Les lycéens estiment pour leur part d'être l'objet d'un jugement politique. « Nous sommes sanctionnés pour délit d'opinion », s'insurge Salah, 18 ans. Le 7 avril dernier, lui et une centaine d'autres lycéens entraient de force au lycée Fénelon de Paris, brisant la porte de l'établissement et blessant du même coup la proviseure, qui fait état de deux côtes cassées. Salah nie sa responsabilité et rejette l'inculpation : « Nous n'avons rien fait d'illégal ». Mélanie, 16 ans, qui figure parmi les 9 lycéens arrêtés le 20 mai pour dégradation et violence dans une annexe du ministère de l'Éducation, reconnaît les faits. Mais elle se dit choquée par un procédé consistant à « sanctionner quelques individus pour une action collective ». Cette vision collective est cependant réfutée par la Fidl, l'un des syndicats lycéens, qui refuse un soutien global aux inculpés : « Nous regrettons ces verdicts disproportionnés, explique Thomas, porte-parole de la Fidl, mais certains ont fait des choses condamnables, individuellement, que nous ne pouvons pas défendre ». Position contestée par l'UNL, autre syndicat lycéen, qui juge les dérives minoritaires et estime devoir faire bloc avec les accusés. « Nous nous sommes battus à leurs côtés pour les mêmes revendications, rappelle Karl Stockel, secrétaire national de l'UNL. Nous ne réclamions qu'à être entendus et nous n'avons pas trouvé d'écoute parce que le gouvernement voulait casser le mouvement ». Pour Éléonore, 16 ans, relais du collectif de soutien, « le verdict de Samuel laisse présager les peines encourues pas ceux qui sont mis en examen pour occupation et dégradation… ». Mélanie partage cette crainte : « À travers nous, c'est tout le mouvement qui est jugé ». Elle devra patienter plusieurs mois avant son procès.

Caroline Carissoni, Les clés de l'actualité n° 624/ du 9 au 16 juin 2005

ACTIVITÉS

1. *C'était la première manifestation de Samuel.*

	Vrai	Faux
	☐	☐

2. *Nommez **trois** groupes qui dénoncent ces arrestations de lycéens.*

   (a) ....

   (b) ....

   (c) ....

La liste de gauche vous donne les noms des personnes qui s'expriment dans cet article, tandis que la liste de droite vous donne une série d'opinions. Faites coïncider la personne qui parle avec une ou deux des opinions proposées. ***Attention*** *: Il y a plus d'opinions que de personnes.*

3. Salah	☐ ☐	*A. craint que les peines des lycéens en attente de jugement seront sévères.*
4. Mélanie	☐ ☐	*B. dénonce les violences policières lors des manifestations.*
5. Thomas	☐	*C. reconnaît que les peines sont trop sévères.*
6. Karl Stockel	☐	*D. pense que les jeunes sont punis pour avoir exprimé leur opinion.*
7. Eléonore	☐	*E. admet que beaucoup de jeunes ont commis des infractions pendant les manifestations.*
		F. se sent solidaire des jeunes condamnés.
		G. pense que les jeunes sont sévèrement punis de leurs actions pour servir d'exemples.
		H. admet avoir commis une infraction.
		I. refuse toutes responsabilités par rapport aux débordements de certains manifestants.
		J. dénonce l'attitude fermée des dirigeants politiques face au mouvement lycéen.
		K. nie avoir commis quelque action répréhensible.
		L. ne comprend pas pourquoi seuls certains jeunes seront punis.

TOTAL : 11

La dernière classe

Ce matin-là j'étais très en retard pour aller à l'école, et j'avais grand'peur d'être grondé, d'autant que M. Hamel nous avait dit qu'il nous interrogerait sur les participes, et je n'en savais pas le premier mot. Un moment l'idée me vint de manquer la classe et de prendre ma course à travers champs.

Le temps était si chaud, si clair!

On entendait les merles siffler à la lisière du bois, et dans le pré Rippert, derrière la scierie, les Prussiens qui faisaient l'exercice. Tout cela me tentait bien plus que la règle des participes; mais j'eus la force de résister, et je courus bien vite vers l'école. En passant devant la mairie, je vis qu'il y avait du monde arrêté près du petit grillage aux affiches. Depuis deux ans, c'est de là que nous sont venues toutes les mauvaises nouvelles, les batailles perdues, les réquisitions, les ordres de la commandature; et je pensai sans m'arrêter:

« Qu'est-ce qu'il y a encore? »

Alors, comme je traversais le place en courant, le forgeron Wachter, qui était là avec son apprenti en train de lire l'affiche, me cria:

« Ne te dépêche pas tant, petit; tu y arriveras toujours assez tôt à ton école Je crus qu'il se moquait de moi, et j'entrai tout essoufflé dans la petite cour de M. Hamel. »

D'ordinaire, au commencement de la classe, il se faisait un grand tapage qu'on entendait jusque dans la rue, les pupitres ouverts, fermés, les leçons qu'on répétait très haut tous ensemble en se bouchant les oreilles pour mieux apprendre, et la grosse règle du maître qui tapait sur les tables:

« Un peu de silence! »

Je comptais sur tout ce train pour gagner mon banc sans être vu; mais justement ce jour-là tout était tranquille, comme un matin de dimanche. Par la fenêtre ouverte, je voyais mes camarades déjà rangés à leurs places, et M. Hamel, qui passait et repassait avec la terrible règle en fer sous le bras. Il fallut ouvrir la porte et entrer au milieu de ce grand calme. Vous pensez, si j'étais rouge et si j'avais peur!

Eh bien, non. M. Hamel me regarda sans colère et me dit très doucement:

« Va vite à ta place, mon petit Frantz; nous allions commencer sans toi. »

J'enjambai le banc et je m'assis tout de suite à mon pupitre. Alors seulement, un peu remis de ma frayeur, je remarquai que notre maître avait sa belle redingote verte, son jabot plissé fin et la calotte de soie noire brodée qu'il ne mettait que les jours d'inspection ou de distribution de prix. Du reste, toute la classe avait quelque chose d'extraordinaire et de solennel. Mais ce qui me surprit le plus, ce fut de voir au fond de la salle, sur les bancs qui restaient vides d'habitude, des gens du village assis et silencieux comme nous, le vieux Hauser avec son tricorne, l'ancien maire, l'ancien facteur, et puis d'autres personnes encore. Tout ce monde-là paraissait triste; et Hauser avait apporté un vieil abécédaire mangé aux bords qu'il tenait grand ouvert sur ses genoux, avec ses grosses lunettes posées en travers des pages.

Pendant que je m'étonnais de tout cela, M. Hamel était monté dans sa chaire, et de la même voix douce et grave dont il m'avait reçu, il nous dit:

« Mes enfants, c'est la dernière fois que je vous fais la classe. L'ordre est venu de Berlin de ne plus enseigner que l'allemand dans les écoles d'Alsace et de la Lorraine… Le nouveau maître arrive demain. Aujourd'hui c'est votre dernière leçon de français. Je vous prie d'être bien attentifs. »

Ces quelques paroles me bouleversèrent. Ah! les misérables, voilà ce qu'ils avaient affiché à la mairie. Ma dernière leçon de français!…

Et moi qui savais à peine écrire! Je n'apprendrais donc jamais! Il faudrait donc en rester là! Comme je m'en voulais maintenant du temps perdu, des classes manqués à courir les nids ou à faire des glissades sur la Saar! Mes livres que tout à l'heure encore je trouvais si ennuyeux, si lourds à porter, ma grammaire, mon histoire sainte me semblaient à présent de vieux amis qui me feraient beaucoup de peine à quitter. C'est comme M. Hamel. L'idée qu'il allait partir, que je ne le verrais plus, me faisait oublier les punitions, les coups de règle.

Pauvre homme!

C'est en l'honneur de cette dernière classe qu'il avait mis ses beaux habits du dimanche, et maintenant je comprenais pourquoi ces vieux du village étaient venus s'asseoir au bout de la salle. Cela semblait dire qu'ils regrettaient de ne pas y être venus plus souvent, à cette école. C'était aussi comme une façon de remercier notre maître de ses quarante ans de bons services, et de rendre leurs devoirs à la patrie qui s'en allait…

Alphonse Daudet, *La dernière classe*

ACTIVITÉS

1. *Pourquoi Frantz, le narrateur, a-t-il peur d'être grondé ?*

   ……………………………………………………………………………………………………

2. *Qui est M. Hamel ?*

   ……………………………………………………………………………………………………

3. *Frantz va avoir un contrôle à l'école, sur quoi portera ce contrôle ?*

   ……………………………………………………………………………………………………

4. *Quelle expression du début du texte le narrateur utilise pour dire qu'il n'a pas appris sa leçon ?*

   ……………………………………………………………………………………………………

5. *À la ligne 10, à quoi se réfère le mot « **là** » dans la phrase « c'est de **là** que nous sont venues toutes les mauvaises nouvelles » ?*

....

6. *Deux mots signifiant « désordre accompagné de bruit » étaient significatifs du début de la classe. Citez-en **un**.*

....

7. *En vous basant sur les lignes 19 à 29, qu'est-ce qui est différent ce jour-là au début de la classe ?*

....

8. *Plusieurs faits surprennent Frantz ce matin-là. Un des faits suivants **ne** le surprend **pas**, lequel ?*

   A. Il y a des gens devant la mairie.
   B. La classe est calme.
   C. M. Hamel ne le gronde pas.
   D. M. Hamel porte ses beaux vêtements.
   E. Il y a des gens assis sur les bancs du fond de la classe.

   ☐

9. *Pourquoi est-ce que M. Hamel annonce aux enfants que c'est leur dernière classe de français?*

....

10. *Parmi les phrases suivantes, quelles sont les **deux** changements qu'annonce M. Hamel à ses élèves ?*

   A. Il va dorénavant enseigner les cours en allemand.
   B. Les cours seront enseignés en allemand en Lorraine et en Alsace.
   C. Les élèves auront un nouveau maître.
   D. Les cours seront enseignés en français par un nouveau maître.

   ☐ ☐

En vous basant sur le texte, reliez chacun des mots du texte figurant dans la colonne de gauche à son équivalent dans la colonne de droite. ***Attention*** *: il y a plus de mots dans la colonne de droite que dans celle de gauche.*

11. *grondé (l.2)*	☐	A. *nation*
		B. *presque pas*
12. *tapage (l.19)*	☐	C. *réprimandé*
		D. *tristesse*
13. *à peine (l.49)*	☐	E. *vacarme*
14. *patrie (l.61)*	☐	F. *réprimander*

15. *D'après le texte dans quelle région de France se déroule cette histoire ?*

....

Les affirmations suivantes, basées sur le texte sont soit vraies, soit fausses. Cochez [✓] la réponse correcte. Justifiez votre réponse par les mots du texte.

	Vrai	**Faux**
16. *Le maître annonce que c'est la dernière fois que les cours seront enseignés en langue française.*	☐	☐
17. *Frantz est fou de joie en entendant la nouvelle.*	☐	☐
18. *Frantz regrette de ne pas avoir été plus sérieux à l'école.*	☐	☐
19. *Frantz est très content que M. Hamel parte car il était trop sévère.*	☐	☐

Justification (16) ....

Justification (17) ....

Justification (18) ....

Justification (19) ....

20. *Aux lignes 51 à 54, à quoi compare-t-il ses livres ?*

....

21. *En vous basant sur la fin du texte, nommez* ***deux*** *raisons expliquant pourquoi « le vieux Hauser, l'ancien maire, l'ancien facteur, et puis d'autres personnes » sont venus assister à la classe ce jour-là ?*

(a) ....

(b) ....

22. *À la ligne 59, à quoi se réfère le mot «* ***y*** *» dans la phrase « qu'ils regrettaient de ne pas* ***y*** *être venus plus souvent » ?*

....

TOTAL : 24

INSOLITE

TEXTE

Extrait L'Antilope Blanche, de Valentine Goby

Un cœur de lion

Le Cameroun, ses coutumes, ses administrations, vus par une Française, entre 1949 et 1961, année de l'indépendance du pays : un roman à la fois historique, étonnant et féministe (éd. Gallimard).

GENRE : Journal intime romanesque

SUJET : Après un chagrin d'amour, une jeune femme décide de renoncer au mariage et part au Cameroun, alors colonie française, prendre la direction d'une école de jeunes filles, dans la ville de Douala. Les conditions des jeunes africaines devient son combat quotidien.

AUTEUR : Valentine Goby a 31 ans. Enseignante, elle a fondé avec l'écrivain Jean-Félix de la Ville une association, « L'Écrit du cœur », qui finance des projets humanitaires en réunissant des écrivains bénévoles autour de projets littéraires. L'Antilope Blanche est son troisième roman.

Résumé : Le garçon qu'elle aimait depuis l'enfance annonce son mariage avec une autre. Charlotte Marthe veut fuir la France. Elle accepte un poste de directrice d'école au Cameroun. Elle est accueillie par un certain Jacques Fronteny.

Un certain Jacques Fronteny m'a abordée dès les premières minutes.

- On est venu faire sous les tropiques ce qu'on faisait en banlieue nord, chère madame Marthe.

- Mademoiselle.

- Payés deux fois plus. Et vous ?

- Je suis directrice du collège moderne de jeunes filles, à New-Bell.

- Collège moderne de jeunes filles…ça sonne bien. Et qu'allez-vous en faire des jeunes filles ? Je ne suis pas douée pour le cynisme.

- Des femmes responsables, j'espère. Éduquées, avec un vrai métier si possible.

- Ah…vous cherchez des problèmes ?

- Pourquoi dites-vous cela ?

Jacques Fronteny a éclaté de rire.

- Vous allez vous mettre à dos tout le monde…je vous vois venir, chère madame…

- Mademoiselle.

-...pleine de bonne volonté, prête à dédier toute votre énergie à ces jeunes filles ignorantes, grignotant chaque jour davantage l'autorité du père, du futur mari, de l'administration coloniale...

L'hôte architecte nous a rejoints.

- Charlotte Marthe ! Ma femme ne quitte le Cameroun que dans trois jours. Elle connaît parfaitement Douala et serait enchantée de passer un moment avec vous demain. Quand peut-on venir vous chercher ?

Rendez-vous est pris pour dix heures.

Jacques Fronteny a regardé s'éloigner la haute silhouette et terminé d'un trait son verre de bière.

- Des négresses évoluées, je voudrais voir ça ! Le pendant féminin de ces pauvres hères prêts à vendre leur âme pour nous ressembler. Ils se pavanent dans leurs villages, habillés comme des princes : chapeau de feutre, costume gris, lunettes cerclées de dorure...ils plantent dans le cœur de leurs frères fascination et envie, quelquefois la haine. Des jeunes filles « modernes » à Douala...quelle bonne idée !

- Je crois à l'éducation.

Jacques Fronteny m'a dévisagée, goguenard.

- Phase un, mademoiselle Marthe.

- Pardon ?

- C'est le stade extatique. Vous êtes enthousiaste, débordante de courage et d'idées à la descente de l'avion. La phase deux viendra dans quelques mois, lorsque vous aurez un peu mieux apprivoisé les lieux. Vous verrez, la flamme survivra, mais brûlera moins fort. Phase trois, dans un an environ...

- C'est ridicule.

- Vous commencerez à percevoir la déception. Phase quatre, nul ne peut la dater. Ce sont les premiers signes de découragement, juste avant la catastrophe. Phase cinq ou stade de la sagesse : acceptation de la fatalité. Douce résignation. Ou bien : retour au pays dans les plus brefs délais. Commencez tout de suite à la phase cinq, vous éviterez bien des désagréments... Prenez les choses comme elles sont. Vous verrez, avec le bon vin, tout passe !

J'ai pincé ma peau sous le tissu de la jupe. Je lui ai dit qu'il était odieux.

- Vous voyez bien...Phase un ! Sourde à la voix de la raison, de l'expérience. C'est votre cœur qui parle, Charlotte Marthe. Dans quelque temps nous en rediscuterons, et nous rirons bien. Bienvenue, madame la directrice !

Le verre vide de Jacques Fronteny a tinté contre le mien. Je me suis éloignée, furieuse de n'avoir pas su lui clouer le bec. J'ai retrouvé mon accompagnateur, qui s'amusait beaucoup. J'ai dû feindre un léger malaise pour le contraindre à me reconduire à New-Bell.

Je me suis endormie un peu amère.

Muze/ Octobre 2005

ACTIVITÉS

1. *Quel est le point commun entre Charlotte Marthe et Valentine Goby ?*
   A. Elles habitent toutes les deux à Douala.
   B. Elles sont toutes les deux enseignantes.
   C. Elles sont toutes les deux écrivains.
   D. Elles sont toutes les deux originaires du Cameroun.

   ☐

2. *L'objectif de l'association de Valentine Goby est de :*
   A. soutenir financièrement des projets humanitaires.
   B. défendre la condition des jeunes Africaines.
   C. soutenir financièrement une école de jeunes filles.
   D. financer la scolarité des jeunes filles camerounaises.

   ☐

Les phrases suivantes sont soit vraies, soit fausses. Cochez [✓] la bonne réponse. Justifiez votre réponse avec les mots du texte.

	Vrai	**Faux**
3. *Le Cameroun vient juste d'obtenir son indépendance quand Charlotte Marthe arrive à Douala.*	☐	☐
4. *Jacques Fronteny pense que les projets ambitieux de la jeune femme pour ses élèves seront bien accueillis par la communauté.*	☐	☐
5. *Jacques Fronteny soutient totalement l'objectif éducatif de Charlotte.*	☐	☐

3. Justification ....
   ....

4. Justification ....
   ....

5. Justification ....
   ....

6. *A qui le pronom sujet « **je** » fait-il référence ligne 8 dans la phrase « **Je** ne suis pas douée pour le cynisme » ?*

   ....

7. *De quel ton Jacques Fronteny s'adresse-t-il à Charlotte Marthe ?*
   A. compatissant.
   B. encourageant.
   C. condescendant.
   D. agressif.

   ☐

8. *Quelle expression employée par Jacques Fronteny montre que certains Camerounais veulent faire comme les Français à tout prix ?*

....

9. *Quel mot dans la deuxième partie du texte signifie « amusé » ?*

....

Trouvez la fin des phrases de la colonne de gauche dans la colonne de droite. ***Attention :*** *il y a plus de propositions que de phrases.*

10. *Toute personne venant...*	☐	A. *à nous : se résigner ou partir.*
11. *Le déception commence.....*	☐	B. *par déborder de courage et d'enthousiasme.*
12. *Il est inévitable...*	☐	C. *de ne pas accepter la catastrophe.*
13. *Après plus d'un an passé à Douala, deux solutions s'offrent...*	☐	D. *d'arriver à Douala vit une série de cinq phases d'après M. Fonteny.*
		E. *de s'installer à Douala après un an, se sent bien intégrée.*
		F. *de ne pas se sentir découragé après un certain temps.*
		G. *à se faire sentir au bout de quelques mois.*
		H. *savoir quand la quatrième phase commencera.*

14. *Quelle expression dans la deuxième partie du texte signifie « le plus vite possible » :*

....

15. *Quand Charlotte Marthe rentre chez elle, elle se sent :*

A. désabusée.
B. intimidée.
C. malade.
D. pleine d'espoir.

☐

TOTAL : 15

POUR ALLER PLUS LOIN...

À discuter

1. Pensez-vous que l'on peut réussir dans la vie aujourd'hui sans diplôme ?
2. Est-il important d'avoir une bonne relation avec ses professeurs ?
3. Quelles qualités appréciez-vous le plus chez un professeur ?
4. Pensez-vous que les étudiants d'aujourd'hui subissent plus de stress/pression que leurs aînés ?
5. Avez-vous déjà, ou aimeriez-vous participer à des cours d'été ? Quels en sont les avantages selon vous ?
6. Existe-t-il des cahiers de vacances comme en France dans votre pays ? Pensez-vous qu'ils soient efficaces/utiles ? Expliquez pourquoi, pourquoi pas.
7. Selon-vous est-il nécessaire d'avoir des devoirs ? Expliquez-vous.
8. Quelles alternatives proposeriez-vous aux devoirs ?
9. Que faites-vous pour remédier au stress des examens ?
10. Avez-vous déjà fait l'école buissonnière ? Qu'avez-vous fait au lieu d'aller à l'école ?
11. Que pensez-vous des gens qui trichent aux contrôles/ aux examens ?
12. En France, être pris en flagrant délit de triche au bac peut aboutir à une interdiction temporaire ou définitive de se présenter à des examens, voire de poursuivre des études supérieures. Trouvez-vous cela normal ?
13. L'apprentissage professionnel a-t-il sa place dans nos sociétés modernes ?
14. Existe-t-il une alternative à l'université ?
15. Seriez-vous tenté(e) de prendre une année sabbatique après votre bac ? Que feriez-vous ?
16. L'école prépare-t-elle bien les jeunes à vivre et à travailler dans un monde qui change si rapidement ? Discutez.
17. Décrivez votre école idéale.
18. Le volume des connaissances augmente à un rythme si rapide, comment choisir ce qui doit être enseigné à l'école ?
19. Les examens sont ils nécessaires d'après vous ? Révèlent-ils vraiment les connaissances et aptitudes des élèves ?
20. Les examens servent-ils à créer une élite ?

À voir

Zéro de conduite, Jean Vigo, 1933

L'école buissonnière, Jean-Paul Le Chanois, 1948

Être et Avoir, Nicolas Philibert, 2002

Les 400 coups, François Truffaut, 1959

Le plus beau métier du monde, Gérard Lauzier, 1996

Les Choristes, Christophe Barratier, 2004

Nos 18 ans, Frédéric Berthe, 2008

L'école pour tous, Eric Rochant, 2006

Les irréductibles, Renaud Bertrand, 2006

Les Diplômés du dernier rang, Christian Gion, 1982

Entre les murs, Laurent Cantet, 2008

À écouter

C'est quand qu'on va où ? Renaud Séchan 1994 *"A la belle de mai"*

L'air de rien, Tété, 2001 *"L'air de rien"*

Excusez-moi M. le professeur, Christophe, 1966 *"Aline"*

Passe ton bac, Les Wriggles, 2007 *"Justice avec des saucisses"*

À consulter

Ministère de l'éducation nationale :
www.education.gouv.fr

Ministère des affaires étrangères et européennes :
www.diplomatie.gouv.fr

L'étudiant :
www.letudiant.fr

Jeunes plus :
www.jeunesplus.org/actualites/

Vie lycéenne :
www.vie-lyceenne.education.fr/

J'étudie.com :
www.jetudie.com/orientation_scolaire.htm

À lire

Dernières nouvelles des oiseaux, Erik Orsenna, éd. Stock, 2005

La dernière classe, Alphonse Daudet

Le petit Nicolas, René Goscinny & Jean-Jacques Sempé, éd. Denoël, 1960

Journal d'un prof de banlieue, Jean-Francois Mondot, éd, J'ai lu, 2002

Collèges de France, Mara Goyet, éd. Gallimard, 2004

Chagrin d'école, Daniel Pennac, éd. Gallimard, 2007

Chapitre 5

LES JEUNES

MISE EN ROUTE

1. Les jeunes Français ont des droits mais aussi des devoirs. Faites ce petit quiz pour tester vos connaissance, ou en savoir plus tout simplement !

1. *À quel âge les jeunes Français deviennent-ils majeurs ?*

   A. 18 ans *B. 20 ans* *C. 21 ans*

2. *Une jeune fille peut se marier à partir de quel âge ?*

   A. 15 ans *B. 16 ans* *C. 18 ans*

3. *Est-il obligatoire d'aller à l'école ?*

   A. oui *B. non*

4. *L'instruction est obligatoire de :*

   A. 3 à 18 ans *B. 6 ans à 16 ans* *C. 6 ans à 18 ans*

5. *À quel âge passe-t-on son permis de conduire en France ?*

   A. 16 ans *B. 17 ans* *C. 18 ans*

6. *À l'école, les jeunes Français peuvent-ils recevoir une punition collective ?*

   A. oui *B. non*

7. *À quel âge peut-on travailler en France ?*

   A. 14 ans *B. 16 ans* *C. 18 ans*

8. *À quel âge un jeune Français peut aller en prison ?*

   A. 13 ans *B. 16 ans* *C. 18 ans*

2. Que pensez-vous des proverbes français suivants ? Sont-ils vrais selon vous ?

Si jeunesse savait, si vieillesse pouvait.
Il faut que jeunesse se passe.
Les voyages forment la jeunesse.
Tel père, tel fils.
La vérité sort de la bouche des enfant.
D'âge en âge on ne fait que changer de folie.

Tatiana, espoir du tennis

À seulement 16 ans, Tatianan Golovin est la nouvelle étoile du tennis français ! Révélation du début d'année 2004, elle est passée en l'espace de cinq mois de la 354e place mondiale à la 64e. Malgré son éviction du tournoi de Roland Garros par la Tchèque Klara Koukalova, cette jeune fille d'origine russe, pétrie de talent, a toutes les raisons de voir l'avenir sous un ciel azur.

C'est à Moscou, le 25 janvier 1988, que Tatiana Golovin voit le jour. Elle n'a que huit mois quand sa famille prend la direction de la France, son père Gregory ayant été nommé entraîneur de l'équipe de hockey sur glace de Lyon. Celui-ci étant ensuite transféré à Belfort, c'est sur les courts de L'ASM Belfort que « Tati » touche sa toute première raquette, à seulement trois ans. Après un séjour de huit ans en Floride dans la célèbre académie de tennis de Nick Bolletieri (véritable usine à champions dont sont sortis Andre Agassi, Monica Seles ou encore Anna Kournikova), elle décide de rentrer en France. Elle s'entraîne alors à Roland Garros et y fait quelques semaines plus tard ses grands débuts dans le tournoi... elle n'a alors que 15 ans.

D'un tempérament volontaire, Tatiana confesse un côté têtu dans sa personnalité. « *C'est normal, je suis verseau* », dit-elle en passionnée d'astrologie. Cette détermination est plutôt une qualité dans le sport de haut niveau. « *Elle n'est jamais fatiguée. Elle sait souffrir à l'entraînement* », confie Nicolas Klingelshmitt, son entraîneur. En s'appuyant sur un jeu agressif, elle espère, « intégrer un jour le top 10 ».

Quand elle a un peu de temps pour elle, « Tati »en profite alors pour faire un peu de shopping à Paris avec sa mère Loudmilla et ses deux sœurs aînées (Oxana, 28 ans, et Olga, 22 ans) et cuisiner : « *J'adore ça ! Ma spécialité est le gâteau au chocolat* », s'enthousiasme-t-elle. Ses prochaines victimes n'auront certainement pas le plaisir d'y goûter et devront se contenter de l'amertume de la défaite.

Christian Lacaze, Les clés de l'actualité no 580/ du 190 au 16 juin 2004

ACTIVITÉS

1. ***Trois** des six phrases suivantes sont vraies. Indiquez les lettres correspondantes dans les cases de droite.*

   A. Tatiana Golovin est née en Russie.
   B. Son père est entraineur de tennis.
   C. Tatiana commence à jouer au tennis à l'âge de trois ans.
   D. Tatiana s'entraîne en Floride pendant huit ans.
   E. Elle s'entraîne avec Monica Seles et André Agassi.
   F. Tatiana a deux sœurs plus jeunes qu'elle.

   ☐ ☐ ☐

2. *Quel sens peut-on donner à l'expression « voir l'avenir sous un ciel d'azur » (l.5) ?*
   A. Elle va beaucoup voyager à l'avenir grâce à sa carrière.
   B. Elle va avoir beaucoup de liberté à l'avenir.
   C. Elle n'a pas d'inquiétudes à avoir en ce qui concerne son avenir professionnel.
   D. Elle reste cependant prudente quant à ses chances de succès. ☐

Reliez chacun des mots du texte figurant dans la colonne de gauche avec son équivalent (dans le sens que chaque mot a dans le texte) qui se trouve dans la colonne de droite. ***Attention :*** *il y a plus de mots dans la colonne de droite que dans celle de gauche.*

3. *malgré (l.3)*	☐	A. *déterminé*
		B. *se préoccupe*
4. *volontaire (l.16)*	☐	C. *en dépit de*
		D. *orgueilleux*
5. *confesse (l.16)*	☐	E. *quant à*
		F. *se satisfaire de*
6. *intégrer (l.20)*	☐	G. *transférer*
		H. *admet*
7. *se contenter de (l.26)*	☐	I. *faire partie de*

8. *A quel âge Tatiana a-t-elle participé au tournoi de Roland Garros ?*
   ....

9. *Donnez* ***trois*** *caractéristiques de la personnalité de Tatiana.*
   (a) ....
   (b) ....
   (c) ....

10. *Qu'est-ce que Tatiana aime faire pendant son temps libre ?*
   (a) ....
   (b) ....

TOTAL: 15

Écrire au-delà des préjugés

Le sourire facile, le verbe généreux, le regard légèrement malicieux. Kaouther Adimi, 19 ans, ne se laisse pas impressionner par les médias. Il faut dire qu'avec une maman journaliste et un père écrivain, professeur en communication et anciennement militaire, cette Algéroise a certainement été à bonne école. Étudiante en deuxième année de licence en littérature française à Alger, Kaouther fait partie des 6 lauréats du prix du Jeune Écrivain francophone, attribué chaque année à Muret (31). Sa nouvelle, Le Chuchotement des anges, évoque les blessures de son pays et les années de terrorisme tout en défendant la tolérance religieuse.

Après avoir passé quelques mois en France dans les années 1980, Kaouther et sa famille étaient retournés vivre à Alger durant la terrible décennie des attentats et des massacres perpétrés par des intégristes islamistes. Les années 1990 resteront à jamais gravées dans sa mémoire. « Je n'imagine pas ne pas écrire sur mon pays, explique-t-elle. Je veux rappeler les horreurs du terrorisme tout en soulignant que ces assassins n'avaient rien à voir avec l'islam. Je suis très croyante et j'aimerais tellement que l'on explique mieux la réalité de l'islam. Il faut dépasser les préjugés colportés par les peurs. »

Avec ses mots, Kaouther ne veut pas en rester là. Son prix la conforte dans son désir d'écrire toujours et encore. Cette passionnée d'histoire de France et de littérature arabe et française envisage déjà de se lancer dans un roman. Elle rêve aussi d'écrire un livre sur l'écrivain français Albert Camus (1913–1960), natif d'Alger. « Je pense poursuivre mes études à l'étranger, dit-elle, car il est difficile de faire une thèse en Algérie. J'aimerais bien découvrir le monde, et plus particulièrement le Canada. Mais après, je reviendrai en Algérie. J'aime tant ce pays où se mélangent les cultures.

Claude Faber, Les clés de l'actualité no 670/ du 15 au 21 juin 2006

TEXTE

ACTIVITÉS

1. *Quelle expression du début du texte indique que Kaouther parle facilement et peut-être beaucoup ?*

   ....

2. *Donnez **deux** raisons pour lesquelles Kaouther n'est pas impressionnée par les médias.*

   (a) ....

   (b) ....

3. *Dans le 1ier paragraphe, quelle expression utilisée signifie « être avec des gens capables de bien instruire » ?*

   ....

4. *Selon le texte **trois** des cinq phrases suivantes sont fausses. Indiquez les lettres correspondantes dans la case de droite.*

A. Kaouther a reçu le Premier prix du Jeune Écrivain francophone.
B. Sa nouvelle parle du terrorisme en Algérie.
C. Kaouther vit en France depuis des années.
D. Elle n'oubliera jamais les années 1990.
E. Depuis, elle refuse la foi islamique.

☐ ☐ ☐

5. *En vous basant sur le dernier paragraphe nommez **deux** projets d'avenir de Kaouther.*

(a) ....

(b) ....

6. *Pourquoi Kaouther ne pense pas vivre ailleurs qu'en Algérie à long terme ?*

....

TOTAL : 10

Les Tubes des ados

TEXTE

Pas facile de se faire une idée objective sur les produits cosmétiques... Quelques conseils pour vous y retrouver parmi les crèmes les plus prisées du marché.

Lire L'étiquette. Dans son ouvrage La Vérité sur les cosmétiques, la journaliste allemande Rita Stiens démontre, tests à l'appui, que le prix d'un produit n'est pas forcément proportionnel à son efficacité. Ce qui fait la qualité d'une crème ? L'excipient, c'est-à-dire la base, soit 80% ou 90% du produit. Les principes actifs, les nouveautés dont la pub nous rebat les oreilles à coup de « nouvelle formule révolutionnaire « , « exclusivité des laboratoires X , n'en constitue que 10 à 20 %, voire moins.

Pour vous y retrouver, lisez les étiquettes. L'excipient est le premier ingrédient mentionné, juste après « aqua ». Dites oui aux produit contenant « ricinus communis » (huile de ricin), « glycerin », « persea gratissima » (huile d'avocat) et non à ceux contenant « parrafinum liquidum », « petrolatum » (vaseline) ou « ozokérite ».

Les tests, info ou intox ? Tout dépend du type de test. Quand il s'agit de tests dits « cliniques »avec photos notamment, pas de problème. Les mesures (nombre de boutons, épaisseurs de la couche cornée, etc.) sont prises par des machines spécifiques, donc objectives. En revanche, quand il s'agit de tests subjectifs, présentés sous la forme « X% des utilisateurs satisfaits » soyez vigilants. Dans ce cas, le produit a été testé par un panel de consommateurs qui expriment leur opinion. Mais il ne s'agit que d'impressions...

Dernier conseil. Manger é-qui-li-bré ! Eh oui, les meilleurs produits de beauté, n'en déplaise aux publicitaires, sont les fruits et légumes frais. Comme le rappelle le livre de Rita Stiens, la peau ne peut être nourrie que par les substances nutritives que transporte le sang.

Histoire de marques
La mystérieuse poudre de T. Leclerc

Ce sont les « people » (à l'époque, on disait les élégantes), qui l'ont rendu célèbre…et continuent, plus d'un siècle après, à entretenir sa notoriété !
En 1881, Théophile Leclerc est pharmacien près de la place de la Madeleine, le quartier du luxe et de l'élégance à Paris. Né dans une famille de peintres, il se passionne pour les couleurs, la lumière et la beauté. Dans son officine, à la demande de ses clientes comédiennes, il fait des recherches sur le maquillage, et met au point une formule à base de poudre de riz donnant au teint éclat et velouté incomparables. La célèbre poudre, dont la couleur « banane » est aujourd'hui encore la préférée des tops models et des actrices, est née ! Les élégantes de la Belle Époque se pressent à la pharmacie Leclerc, folles de cette poudre qui embellit divinement. Et depuis plus d'un siècle, le succès, basé sur le bouche à oreilles, ne faiblit pas. Le secret a été jalousement gardé : la composition des poudres T. Leclerc n'a jamais été dévoilée ! Depuis 1995, la marque propose une gamme complète de maquillage et 22 teintes de poudres.

En bref
Les chiffres

34 milliard d'euros par an : c'est ce que les Européens dépensent par an en produits cosmétiques. Les Français sont les premiers consommateurs, avec 118 € par habitant, suivis par les Allemands (106€), les Belges (102€), les Autrichiens (101€), les Hollandais (100€), les Finnois (89€), les Irlandais (81€), les Anglais (80€), les Italiens (79€), les Espagnols (72€). Chiffres tirés de La vérité sur les cosmétiques, de Rita Stiens.

L'erreur fatale

Les dermatologues sont formels : la majeure partie des problèmes de peau est causée par une mauvaise utilisation des cosmétiques. La règle d'or : utiliser des produits adaptés à son type de peau (grasse, mixte ou sèche). Sinon, le problème (boutons, peau qui tire, etc.) sera automatiquement amplifié ! Autre mauvaise habitude : se décaper la peau. Dès qu'un problème apparaît, on oublie le savon (même si le savon est ultra doux, l'eau du robinet est souvent beaucoup trop calcaire) pour se nettoyer au lait.

Les ennemis

Pour les peaux jeunes à problèmes (sujettes à l'acné, aux boutons ou aux rougeurs) : vous éviterez bien des problèmes en adoptant des règles simples. N'utilisez jamais de produits contenant de l'alcool et ne vous exposerez jamais au soleil sans crème protectrice à indice élevé.

Sophie Camacho, Les clés de l'actualité n° 573/ du 22 au 28 avril 2004

ACTIVITÉS

Texte A. Les tubes des ados

Vous avez des débuts de phrases à gauche et des fins possibles à droite. Remettez ensemble chaque début avec la fin qui lui correspond. ***Attention :*** *il y a davantage de fins que de débuts et chaque fin ne peut servir qu'une seule fois.*

1. Le livre intitulé « La vérité sur les cosmétiques » a été écrit …	☐	*A. lire l'étiquette d'un produit.*
		B. essentielle pour avoir une belle peau.
2. Un produit cher n'est pas forcément…	☐	*C. un produit soit testé de façon scientifique.*
		D. par la journaliste Rita Stein.
3. Il est important de…	☐	*E. un produit de qualité.*
4. Rita Stiens conseille...	☐	*F. ainsi, les produits actifs ne représentent que 10% du produit.*
5. Une nourriture équilibrée est …	☐	*G. d'éviter les produits à base de vaseline.*

Texte B. Histoire de marques

Inscrivez dans la case de droite la réponse choisie par une lettre.

6. *Le mot « les élégantes » (l.30) représente :*
   - A. les riches Parisiennes.
   - B. les femmes françaises qui sont très élégantes.
   - C. les femmes qui travaillent dans le milieu de la mode.
   - D. les femmes des peintres français.

   ☐

7. *Le mot « se pressent » (l.39) suggère que...*
   - A. les élégantes se méfient de cette nouvelle poudre cosmétique.
   - B. les élégantes veulent toutes acheter la poudre de Théophile Leclerc.
   - C. les élégantes commencent à connaître les produits de Théophile Leclerc.
   - D. les élégantes parlent beaucoup des produits Théophile Leclerc.

   ☐

8. *L'expression « le bouche à oreille » (l.40–41) signifie :*
   - A. la publicité.
   - B. les messages radiophoniques.
   - C. les gens en parlent.
   - D. les panneaux publicitaires.

   ☐

Les phrases suivantes qui résument les idées du début du texte sont soit vraies, soit fausses. Cochez [✓] la réponse correcte. Justifiez votre réponse par les mots du texte.

	Vrai	Faux
9. *Théophile Leclerc avait sa pharmacie dans un quartier chic de Paris.*	☐	☐

Justification ....

....

	Vrai	Faux
10. *Sa femme lui demande de faire des recherches sur le maquillage.*	☐	☐

Justification ....

....

	Vrai	Faux
11. *Il développe une poudre de riz extraordinaire.*	☐	☐

Justification ....

....

	Vrai	Faux
12. *Les produits cosmétiques de Théophile Leclerc sont encore très populaires aujourd'hui.*	☐	☐

Justification ....

....

	Vrai	Faux
13. *Aujourd'hui Théophile Leclerc vend une gamme variée de maquillage et de poudre.*	☐	☐

Justification ....

....

Texte C. En Bref

Répondez aux questions suivantes avec des phrases complètes.

14. Quel pays européen achète le moins de produits cosmétiques ?

....

15. Selon les dermatologistes, quelles sont deux des erreurs à éviter ?

(a) ....

(b) ....

TOTAL: 16

Internet : petits partages entre amis

On vous appelle la « Net-génération » et le Web est votre terrain de jeu. Que faites-vous sur la Toile ?

« *Je ne surfe plus sur Skyblog au hasard*, explique Lilou. *Je préfère aller sur les blogs d'amis. Sinon, il y a tellement de choses que je ne sais pas où chercher !* » Les chiffres sont vertigineux : neufs millions de blogs, plus d'un milliard de commentaires publiés sur Skyblog.

Son succès, cette plate-forme vous le doit à vous, les 13–17 ans. Premiers consommateurs de blogs, vous méritez bien votre surnom de « Net-génération ». Au palmarès de vos usages favoris, la messagerie instantanée vient en premier, suivie des consultations de vidéos, qui ont explosé ces dernières années. Le site français Dailymotion a connu une augmentation de sa fréquentation de 75 % au second semestre 2007. Boris, blogueur toulousain, y poste régulièrement des films de matchs de rugby qu'il a réalisés pour alimenter son blog sur sa passion. Loana, 15 ans, préfère faire des montages pour dire à ses amies combien elle les aime et leur rappeler les bons moments passés ensemble. Cela entretient l'amitié.

Exposer son intimité

Le Web vous aurait-il rendus plus créatifs ? C'est ce qu'aime à croire Pierre Bellanger, PDG de Skyblog, qui écrivait récemment sur le site Neteco : « *L'internet crée une nouvelle ressource, l'intelligence collective des utilisateurs* ». Pierre Laurent, cofondateur du site Tuuut, qui vous est dédié, nuance : « *Sur le Net, on est comme dans le monde réel : pour 90 % des gens qui consomment le contenu, il y a 10 % de producteurs. Ce qui marche sur Youtube ou Dailymotion, ce sont des contenus non créés par les internautes* ». Il ajoute : « *Si les adolescents sont les premiers à poster des contenus, c'est parce qu'ils ont plus de temps et qu'ils sont à l'âge de la création. Mais, pour moi, leur production existait avant, sous forme de journaux intimes, par exemple* ».

La seule différence, c'est que cette intimité est exposée au 1,1 milliard d'internautes su monde. Cela ne semble pas vous gêner, à l'instar de Morgane, qui met en ligne des photos d'elle et de ses copines sur son blog. « *L'immense majorité des blogs est fréquentée par une communauté restreinte* », affirme le sociologue Jean-Louis Missika. C'est là tout le paradoxe de cette immense Toile : elle donne accès au monde entier, mais vous préférez vous y retrouver entre amis.

Amélie Castan, Les clés de l'actualité / du 3 au 9 octobre 2007

ACTIVITÉS

1. *Pourquoi Lilou préfère-t-elle ne regarder que les blogs de ses amis ?*

   ....

2. *Selon le texte* ***trois*** *des cinq phrases suivantes sont fausses. Indiquez les lettres correspondantes dans la case de droite.*

   A. Les 13–17 ans sont surnommés « Net-génération ».
   B. La consultation de vidéos est très populaire auprès des jeunes depuis de nombreuses années.
   C. Boris met sur son blog les matchs de rugby qu'il enregistre à la télé.
   D. La messagerie instantanée est très populaire auprès des jeunes
   E. Loana utilise son blog pour rappeler à ses amies combien elle les aime.

   ☐ ☐ ☐

3. *Quel mot dans le premier paragraphe signifie «impressionnant » ?*

   ....

4. *Pourquoi Pierre Laurent affirme-t-il que le Net reflète le monde réel ?*

   ....

5. *Nommez* ***deux*** *raisons pour lesquelles les adolescents sont les premiers créateurs de blogs.*

   (a) ....
   (b) ....

6. *Avant l'existence du Net comment les adolescents exprimaient-ils leur créativité ?*

   ....

7. *D'après Jean-Louis Missika même si l'intimité est exposée à 1,1 milliards d'internautes, elle est malgré tout préservée. Pourquoi ?*

   ....
   ....

TOTAL : 10

Vocation chanteur : l'effet Star Ac ?

La Star Academy 4 vient de débuter. Envie de chanter ? Sachez toutefois que devenir un artiste ne se réalise pas en trois mois...

« Je m'voyais déjà en haut de l'affiche », fredonne Charles Aznavour. Devenir connu en quelques mois, voilà le rêve de beaucoup de personnes. Même si le phénomène se calme un peu en cette rentrée 2004, avec le succès des comédies musicales et des émissions de télé-réalité de ces dernières années, les écoles de chant ont vu les demandes d'inscription augmenter. Stéphan le Sagère, directeur de la Fneij/ma (Fédération nationale des écoles d'influence jazz et des musiques actuelles) le constate : « Dans certains cours, le nombre de candidatures a doublé ! ».

Un vrai travail

Même son de cloche chez Claude Py, qui dirige l'Association pour la formation aux musiques actuelles à Clermont-Ferrand : « Nous avons créé un cours de chant en 2001 avec cinq élèves. À présent, nous enregistrons plus de trente demandes chaque année mais nous n'en retenons que les deux tiers environ car nous voulons des personnes vraiment motivées ». Si les professionnels se félicitent de la bonne santé des cours de chant, ils constatent également que la Star Academy ne montre la réalité que partiellement. Stéphan Le Sagère est formel : « Si la télé-réalité permet de comprendre que chanter est un vrai travail et qu'une école est utile, elle suggère aussi que c'est très rapide... Or, ce n'est pas le cas. Quand nos professeurs expliquent le programme à des adolescents, beaucoup font marche arrière ». Au final, si devenir Jenifer ou Élodie semble très tentant, il vaut mieux se renseigner, se former et avoir tous les atouts pour résister aux sirènes du show-business. Mais attention, cela demande aussi beaucoup d'efforts.

« Beaucoup de candidats...peu d'élus »

Entretien avec Marco Beacco, ex-enseignant à la Star Academy, professeur de chant et directeur des voix de la comédie musicale « Gladiateur ».

Que pensez-vous de l'engouement pour les cours de chant depuis quelques ans ?

C'est plutôt pas mal car cela véhicule la notion de travail. Les gens comprennent qu'on ne peut pas faire un disque sans apprendre ni passer en studio. Cela montre clairement qu'il faut bosser. Je rencontre beaucoup de personnes qui ont envier de prendre des cours, d'enseigner et de réaliser des disques. On aura, bientôt peut-être, un pays qui a envie de faire de l'art et de protéger sa spécificité française.

Êtes-vous étonné que cela donne envie à des adolescents de chanter ?

Non, pas du tout ! C'est tout à fait logique qu'un phénomène comme la Star Academy incite des jeunes qui ont envie de faire un disque et d'être reconnus à prendre des cours. C'est la même chose pour ceux qui veulent devenir pilotes de ligne ou cuisiniers. Ils suivent une formation.

Qu'apporte une école de chant ?

Chaque personne est capable de chanter. Après, tout dépend de ce que l'on a envie de faire. Souhaite-t-on faire carrière, par exemple ? Une école permet de passer du stade où on chante sous la douche à celui où on se produit sur une scène. Entre ces deux niveaux, il faut se préparer, travailler et devenir professionnel. Pour cela, il es indispensable d'être en harmonie avec soi-même, de savoir respirer et expirer d'une certaine manière pour que le son sorte. De même, la posture corporelle doit permettre à la voix de vibrer avec plus de maturité. Cela nécessite des centaines voire des milliers d'heure de travail.

Est-ce si difficile de réussir dans la chanson ?

Les métiers de l'art sont douloureux, un peu à l'image de la Star Academy, tout le monde envoie sa cassette, mais il y a très peu d'élus.

Nicolas Palita-Leroy, Les clés de l'actualité n° 587/ du 16 au 22 septembre 2004

ACTIVITÉS

1. *Quel mot du texte signifie « chanteur ou acteur » ?*

   ....

2. *Quelle expression du texte suggère qu'on ne devient pas chanteur du jour au lendemain ?*

   ....

3. *Le mot « fredonner » signifie:*

   A. chanter à voix basse.

   B. murmurer.

   C. chanter faux.

   D. chanter à tue-tête.

   ☐

Les phrases suivantes qui résument les idées du texte sont soit vraies, soient fausses. Cochez [✓] la case appropriée. Justifiez votre réponse par les mots du texte.

	Vrai	Faux
4. *En 2004, plus encore que les années précédentes, de nombreux jeunes veulent devenir célèbres.*	☐	☐

Justification ....

....

5. *De plus en plus de jeunes prennent des cours de chant.* ☐ ☐

Justification ....

....

6. *L'école de Claude Py sélectionne les étudiants.* ☐ ☐

Justification ....

....

7. *Les émissions comme Star Academy présentent de façon réaliste le métier de chanteur.* ☐ ☐

Justification ....

....

8. *Beaucoup de jeunes abandonnent l'idée de prendre des cours de chants lorsqu'ils réalisent qu'il faut beaucoup travailler.* ☐ ☐

Justification ....

....

9. *Quelles expressions à la fin du texte suggèrent que le monde du show business fascine et attire toujours beaucoup de jeunes ?*

(a) ....

(b) ....

TOTAL : 10

Tecktonik - La nouvelle fièvre du samedi soir

TEXTE

Si vous n'en avez pas encore entendu parler, il est grand temps de vous mettre à la page car, depuis peu, la tecktonik est la dernière danse dont on cause. Issue de la culture rave et de la mouvance électro, cette danse serait née au Métropolis, la plus célèbre boîte de nuit de Rungis. Son co-directeur artistique, Cyril Blanc, ne s'est d'ailleurs pas fait attendre pour dégainer la marque Tecktonik Events, **laquelle** propose tee-shirts flashy, boissons énergisantes... Depuis, les soirées essaiment un peu [-9-] en province et à l'étranger et la géographie parisienne s'émaille de « points tecktonik » à Rivoli ou au Trocadéro. Comment danse-t-on la tecktonik ? « N'importe comment », serait-on tenté de répondre, mais il faut bien reconnaître que les mouvements s'inspirent largement du hip-hop et du funk. Concrètement, enfilez votre plus beau chandail fluo et ne lésinez pas sur le gel. Une fois sur le *dance floor*, faites ce que vous pouvez de vos jambes et jetez vos bras à la ronde, en vous inspirant des incantations de superhéros manga. Lancez une main autour de votre tête, oscillez du chef en suivant les basses de la musique, ça y est, vous y êtes ! Et si ce *modus operandi* vous navre, visionnez [-10-] les chorégraphies canoniques de Jey-Jey sur youtube.com, **lequel** s'agite fiévreusement dans son garage, à l'image de milliers d'ados se filmant dans leur chambre, affublés d'une coupe de cheveux de Pokémon. Mais la nouveauté n'est pas sans agacer et sur facebook.com comme sur myspace.com pullulent [-11-] les groupes de discussions anti-tecktonic. Manque de culture, dévoiement de l'électro, voilà ce que l'on reproche à cette nouvelle fièvre du samedi soir. Reste qu'en dehors du style vestimentaire un peu rock, un peu *streetwear*, la tecktonik ne revendique aucune idéologie. *« Juste on s'amuse »*, clament les aficionados. Il faut bien que jeunesse se lasse.

Aurélie Champagne, *Le Point*, 25.10.2007 n° 1832.

ACTIVITÉS

1. *La tecktonik est :*
   A. une boîte de nuit.
   B. une marque de vêtements.
   C. une danse.
   D. une marque de boisson.

   ☐

2. *À la ligne 6, à quoi se réfère le mot « **laquelle** » ?*

   ....

3. *En vous basant sur les lignes 1 à 8, nommez **deux** zones géographiques, autre que Paris, où la tecktonik se développe ?*
   (a) ....
   (b) ....

4. *D'après les lignes 11 à 13, quelles sont les **deux** caractéristiques du « look » tecktonik ?*
   (a) ....
   (b) ....

5. *À la ligne 11, l'expression « ne lésinez pas sur le gel » signifie :*
   A. ne mettez pas trop de gel.
   B. n'hésitez pas à mettre beaucoup de gel.
   C. ne mettez pas du tout de gel.
   D. mettez un petit peu de gel.

   ☐

6. *Aux lignes 8 à 15, quel autre mot utilisé dans le texte signifie « tête » ?*

   ....

7. *À la ligne 15, que signifie l'expression latine « modus operandi » ?*

   A. manière de procéder.

   B. nouvelle mode.

   C. modèle.

   D. moyen.

☐

8. *À quoi l'auteur compare-t-elle les jeunes qui dansent la tecktonik ?*

   ....

Ajoutez les mots ou expressions qui manquent dans le texte en les choisissant dans la liste proposée ci-dessous. ***Attention*** *: il y a plus de mots que d'espaces et chaque mot ou expression ne peut être utilisé(e) qu'une seule fois.*

Toujours ***partout*** ***déjà*** ***plutôt*** ***jamais***

[-9-] ....

[-10-] ....

[-11-] ....

12. *À la ligne 16, à quoi ou à qui se réfère le mot « **lequel** » ?*

   ....

Les affirmations suivantes, basées sur le texte sont soit vraies, soit fausses. Cochez [✓] la réponse correcte. Justifiez votre réponse par les mots du texte.

	Vrai	Faux
13. *La tecktonik a fait son apparition dans une discothèque parisienne.*	☐	☐

Justification ....

....

14. *La tecktonik a influencé le mouvement hip hop.*	☐	☐

Justification ....

....

15. *Certaines personnes n'apprécient pas ce mouvement.*	☐	☐

Justification ....

....

16. Les amateurs de tecktonik ont des idéaux qu'ils expriment à travers leur danse et leur tenue vestimentaire. ☐ ☐

Justification ....

....

17. À la ligne 23, le mot « aficionados » veut dire : ☐

A. collectionneurs.

B. passionnés.

C. désintéressés.

D. curieux.

18. Selon le texte quels sont les trois mouvements musicaux dont la tecktonik s'est inspirée ?

(a) ....

(b) ....

(c) ....

En vous basant sur le texte, reliez chacun des mots du texte figurant dans la colonne de gauche à son équivalent dans la colonne de droite. ***Attention*** *: il y a plus de mots dans la colonne de droite que dans celle de gauche.*

19. se mettre à la page (l.1-2)	☐	*A. provoque*
		B. se réactualiser
20. cause (l.2)	☐	*C. énerver*
		D. se multiplier
21. chandail (l.11)	☐	*E. se multiplient*
22. agacer (l.19)	☐	*F. pull-over*
		G. parle
23. pullulent (l.19)	☐	*H. disparaissent*

TOTAL : 27

TEXTE

Journal intime extrait
Mon arrière –grand père, ce héros

Hier j'ai appris que mon arrière-grand père a été prisonnier durant la Seconde Guerre mondiale. Déjà ça donne à réfléchir… puis ensuite ma grand-mère m'apprend qu'il s'est évadé, évadé…

C'est vraiment un héros ! Elle m'a montré des photos de lui dans le camp, elles sont bizarres ces photos, on le voit dans un grand champ, un genre de fleuve derrière, puis un bateau dedans, lui est appuyé à un arbre, il fume une pipe avec un grand sourire. J'ai lu toutes les lettres qu'il a envoyées à mon arrière-grand-mère, c'est violer leur intimité ça me faisait bizarre de lire ça. Il a été mobilisé en septembre 1939 et ma grand-mère est née en mai 1940, il l'a donc connue bien après … Il y avait aussi des lettres de femmes qui lui demandaient des nouvelles de leurs maris. Dans ma famille j'ai pas mal de témoignages de guerre. Mes deux grands-pères ont fait la guerre d'Algérie, ils étaient très jeunes, environ 18 ans. Je me dis du coup que mes amis qui ont le même âge auraient été contraints de partir eux aussi, et c'est quasiment impensable…

Par Aurélie Dalverny, 18 ans

Muze /septembre 2004

ACTIVITÉS

1. *L'arrière grand-père d'Aurélie est :*
   - A. le père de sa grand-mère.
   - B. le grand-père de sa grand-mère.
   - C. le père du grand-père de sa grand-mère.
   - D. le grand-père du père de sa grand-mère.

   ☐

2. *Comment Aurélie réagit-elle en apprenant que son arrière grand-père est un prisonnier qui s'est évadé ?*
   - A. avec respect et admiration.
   - B. avec sérieux mais un peu sarcastique.
   - C. sans y croire vraiment.
   - D. avec indifférence.

   ☐

	Vrai	**Faux**
3. *Aurélie se sent indiscrète quand elle lit le courrier de son arrière grand-mère.*	☐	☐

Justification ....

....

4. *Pourquoi son arrière grand-père recevait-il des lettres d'autres femmes ?*

....

5. *Quelles sont les dernières réflexions d'Aurélie ?*

....

....

TOTAL : 5

Mini-nouvelle
Amour et crudités

TEXTE

Ça fait plusieurs semaines que je m'en doutais légèrement. Mais aujourd'hui, enfin, il s'est déclaré. Il m'aime, c'est sûr. Oui, le serveur du Lina's est raide dingue de moi… J'ai bien regardé aujourd'hui, y'a qu'à moi qu'il a donné DEUX petits pains avec le panier de crudités.

Même que, quand il m'a vue, il m'a fait signe d'avancer et j'ai grillé la politesse à cinq (oui, cinq !) personnes qui faisaient la queue devant moi…

Oui, je suis la chouchoute du Monsieur du Lina's…

Même son patron il a remarqué… il lui a dit : « Dis donc, arrête de draguer la demoiselle y'a du monde qui attend derrière… » Et là, il m'a fait un petit sourire désolé.

Quand il m'a demandé si c'était sur place ou à emporter et que j'ai répondu « À emporter », il a fait une petite moue toute triste. Je le comprends. Je suis trop belle quand je mange des carottes crues. Après, il m'a demandé, si je prenais un crumble aux fruits rouges, « comme d'habitude ». Là, je l'ai fusillé du regard, parce que même si une certaine connivence s'est installée entre nous au fil des semaines et des paniers crudités, toute la clientèle du Lina's n'est pas obligée de savoir que je bâfre comme une truie le midi.

Mais comme il a pris son air de cocker abandonné sur une aire d'autoroute au début des grandes vacances, je lui ait dit « Par contre, je veux bien un Coca light. » Il a retrouvé le sourire illico. Et pour la peine, il m'a donné des couverts en plastique et une serviette en papier.

Il est très attentionné, mon amoureux.

Par Marianne Delobelle, 19 ans

Muze /septembre 2004

ACTIVITÉS

	Vrai	Faux
1. *La jeune fille pressentait les sentiments du serveur envers elle.*	☐	☐

Justification ....

....

2. *Donnez une expression du texte signifiant que le serveur aime la jeune fille.*

....

3. *Donnez **deux** signes mentionnés dans le texte qui ont confirmé le pressentiment de la jeune fille.*

(a) ....

(b) ....

4. *Donnez une expression du texte qui signifie « la préférée ».*

....

5. *Donnez **trois** expressions qui expriment la tristesse.*

(a) ....

(b) ....

(c) ....

	Vrai	Faux
6. *La jeune fille est très sûre de son charme.*	☐	☐

Justification ....

....

TOTAL : 9

Les ados bien dans leurs baskets !

TEXTE

Non les jeunes ne vont pas si mal que ça. Ils sont même plutôt heureux. C'est ce que souligne une enquête récente menée auprès des jeunes de toute la France. Ils ont des amis, [...] ils résistent à la pression scolaire et ils envisagent sereinement leur avenir ! Tour d'horizon rassurant sur la santé mentale de nos jeunes

Qui a dit que les ados devaient être mal dans leur peau ? Selon une enquête d'Ipsos Santé pour la fondation Wyeth, les adolescents en 2006 sont plutôt en forme !

❶ Paragraphe 1

C'est la surprise du sondage. Contrairement aux idées reçues, les ados vont plutôt bien ! Vous pensiez que les jeunes étaient isolés, solitaires ? Quatre-vingt-quinze per cent déclarent avoir beaucoup d'amis. Pour vous, ils ont des problèmes de communication et de compréhension au foyer ? Quatre-vingt-quinze per cent déclarent parler "totalement et librement avec leurs parents". Et de manière générale, 71 % se déclarent satisfait de leur vie. Enfin 75 % des adolescents se sentent plutôt favorisés socialement. Pas vraiment d'exclusion donc, même si les récents phénomènes dans les banlieues peuvent laisser penser que la situation n'est pas homogène en France.

❷ Paragraphe 2

Et les ados ne se sentent pas exclus du système éducatif, au contraire. Ils sont 79 % à déclarer bien se sentir à l'école. Certes, 42 % déclarent vivre souvent sous pression, à cause des exigences de performances scolaires. Et les parents et professeurs sont directement accusés de trop pousser les jeunes, en se focalisant sur les notes et résultats scolaires. Car on leur a bien fait comprendre qu'il s'agit de réussir sa vie ! Malgré ces pressions, les enfants ont les pieds sur terre : ils mettent dans les priorités de leur vie la famille, les amis, l'amour et la santé avant les résultats scolaires.

❸ Paragraphe 3

Le fait que les ados aillent bien peut sembler paradoxale, lorsqu'on voit le regard extrêmement critique qu'ils ont sur la société et qui transparait dans certaines réponses. Ainsi, ils ne pensent pas que le monde de demain sera meilleur qu'aujourd'hui, ils sont persuadés que l'argent est le moteur de la société et ils savent que tout le monde n'a pas les mêmes chances de réussite. Mais ils gardent le sourire car 85 % pensent que le système D et le sens de la débrouille permettent de s'en sortir dans la vie. Et ils ont surtout le sentiment qu'ils vont pouvoir faire bouger les choses.

❹ Paragraphe 4

[-15-] il existe quelques points noirs qu'il faut souligner. Ainsi, [-16-] les pressions des performances scolaires qui sont pointées du doigt, un ado sur quatre a des difficultés à aller [-17-] les autres et un [-18-] six ne se sent pas bien dans sa peau. Et si l'on observe de manière transversale les adolescents qui cumulent les problèmes, on a une frange préoccupante de 5 % d'adolescents qui sont isolés, n'ont aucun projet pour l'avenir, etc. Pour **ceux**-là, il est nécessaire d'agir, de les empêcher de basculer dans des solutions qui n'**en** sont pas. [-19-] même si les ados vont bien, ils faut savoir reconnaître les signes de problèmes pour les empêcher de basculer.

Alain Sousa
www.doctissimo.fr

Source : Forum Adolescences ; Etre adolescent dans un monde incertain, organisé par la fondation Wyeth, mai 2006

ACTIVITÉS

Après avoir lu le texte, rendez à chaque paragraphe son sous-titre. ***Attention*** *: il y a plus de sous-titres dans la colonne de droite.*

1. Paragraphe 1 ☐
2. Paragraphe 2 ☐
3. Paragraphe 3 ☐
4. Paragraphe 4 ☐

A. Système D

B. Ils vont bien

C. De graves conflits avec les parents

D. Un mal-être

E. L'école sans pression

F. La pression scolaire

5. *En vous basant sur le 1ier paragraphe, citez* ***deux*** *des idées reçues sur les adolescents.*
   (a) ....
   (b) ....

Dans le 2e paragraphe, trouvez les mots qui ont la même signification que les expressions ou mots ci-dessous.

6. *«en dépit de»* ....
7. *«sont réalistes»* ....

Les affirmations suivantes, basées sur les 2e et 3e paragraphes sont soit vraies, soit fausses. Cochez [✓] la réponse correcte. Justifiez votre réponse par les mots du texte.

	Vrai	Faux
8. *La grande majorité des ados apprécient l'école.*	☐	☐
Justification		
9. *La grande majorité des ados ont la pression des résultats scolaires.*	☐	☐
Justification		

10. Les résultats scolaires sont la priorité des adolescents. ☐ ☐

Justification ....

....

11. Les ados ont confiance en l'avenir. ☐ ☐

Justification ....

....

12. Citez ***deux*** *des « points noirs » mentionnés dans le 4e paragraphe.*

(a)..

(b)..

13. Dans le 4e paragraphe, à qui ou à quoi se réfère le mot « ***ceux-là*** *»?*

....

14. À quoi se réfère le mot « ***en*** *» dans la phrase « qui n'****en*** *sont pas » ?*

....

Ajoutez les mots qui manquent dans le dernier paragraphe en les choisissant dans la liste proposée ci-dessous. ***Attention*** *: il y a plus de mots que d'espaces et chaque mot ne peut être utilisé qu'une seule fois.*

sur outre certes ainsi vers car dans

[-15-] ....

[-16-] ....

[-17-] ....

[-18-] ....

[-19-] ....

TOTAL : 21

L'adolescent et l'animal domestique

TEXTE

❶ 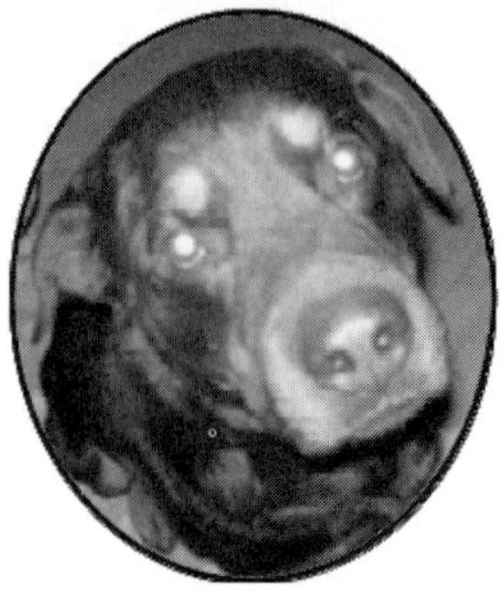

© Isabelle Bellard

L'animal est une école de vie. Sa simple présence peut favoriser la prise de conscience de la vie, de l'agressivité, de la mort et de la vie sexuelle. Pour beaucoup de psychologues, les activités que le chien suscite chez l'enfant permettent à ce dernier de nouer un dialogue parfois difficile avec les parents. L'animal sert ainsi d'intermédiaire, de médiateur entre les générations et joue un premier rôle dans la stabilité des relations familiales.

❷ Le futur adulte puise auprès de l'animal des explications sur sa propre origine et sur ses conflits. Au travers de cette relation, l'enfant vit des situations qui peuvent favoriser son développement affectif, relationnel et lui apporter un équilibre.

❸ **La fin de l'identification**

Après le début de la puberté, l'animal perd de son attrait parce que l'adolescent n'a plus besoin de s'identifier à lui. Les liens ne sont pas rompus pour autant. L'animal ne considère plus son maître comme un enfant mais comme un concurrent dans la hiérarchie et il peut montrer des signes d'agressivité à l'égard de l'adolescent. Le jeune maître doit alors s'imposer comme chef en remettant le chien à sa place de dominé par des ordres sans réplique mais sans brutalité. Les relations entre un chien mâle et une adolescente peuvent aussi se modifier. Le chien risque de devenir possessif et menacer ceux qui s'approchent de sa maîtresse. Les problèmes sont plus rares avec les chiennes.
Einis et Grinstein ont réalisé en 1994 pour le compte de l'AFIRAC* une enquête auprès de jeunes de la banlieue parisienne issus de milieux socioculturels relativement défavorisés. Les deux tiers de ces jeunes possédaient des animaux de compagnie (chien, chat, oiseau, poisson, tortue). La connotation affective dans la perception de l'adolescent sur sa relation avec l'animal est évidente dans 90 % des cas. La disponibilité complète de l'animal et sa fidélité apparaissent comme des éléments clés de cette relation. Dans le même temps, l'animal devient le support des pulsions agressives de l'adolescent.

❹ **L'animal devient facteur de stabilité**

Ceci est à rapprocher de l'importance accordée par les adolescents à la relation avec l'animal en tant que facteur de stabilité. L'animal, par la responsabilisation et l'entretien quotidien [-9-] il exige ainsi que la reconnaissance qu'il lui offre en retour, représente pour le jeune un moyen de structuration important. Objet intermédiaire susceptible de diminuer les tensions au sein de la cellule familiale, l'animal favorise la communication entre les membres de la famille à une époque [-10-] celle-ci est souvent difficile. A travers la responsabilisation pour son animal, l'adolescent trouve un réel « sens à sa vie » et acquiert le sentiment d'avoir quelqu'un [-11-] compte sur lui et [-12-] lui même peut compter. L'isolement du jeune face au monde des adultes rend sa recherche affective plus urgente et sa demande de reconnaissance plus délicate à contenter. Son idéal est la recherche d'un lien affectif durable et stable.
L'enquête a permis de préciser les rôles joués par l'animal de compagnie près des adolescents :

Type de rôle	Rôle
Substitut	Se faire aimer : 90 %
Substitut	Objet de compagnie contraphobique : 87 %
Substitut	Objet de substitution signifiante : 57 %
Substitut	Faire-valoir : 45 %
Structurant	Facteur de stabilité : 76 %
Structurant	Pivot existentiel : 67 %
Structurant	Moyen de socialisation : 39 %
Médiateur	Facteur d'apaisement et régulateur de tensions au sein de la famille : 76 %
Médiateur	Objet intermédiaire dans les relations interpersonnelles : 49 %
Médiateur	Facteur de stimulation dans la relation parent-enfant 38 %
Médiateur	Objet d'investissement esthétique : 28 %

Dr Lyonel Rossant, Dr Jacqueline Rossant-Lumbroso
http://www.doctissimo.fr/html/sante/bebe/sa_1302_animal_04bis.htm

* AFIRAC = L'Association Française d'Information et de Recherche sur l'Animal de Compagnie

ACTIVITÉS

1. *Quel mot du début du texte signifie « établir » ?*

   ....

2. *À qui se réfèrent les mots « **ce dernier** » au début du texte ?*

   ....

3. *En vous basant sur le début du texte, nommez **deux** avantages de cette relation avec l'animal domestique pour l'enfant.*

   (a) ....

   (b) ....

4. *Pourquoi l'adolescent ne s'intéresse plus autant à l'animal au moment de la puberté ?*

   ....

5. *La relation entre l'animal domestique et l'enfant change lorsque celui-ci devient adolescent ? Quel est le nouveau comportement de l'animal ?*

   (a) Quand l'adolescent est un garçon ?

   ....

   (b) Quand l'adolescent est une fille ?

   ....

6. *Quelle phrase du 3e paragraphe illustre que la relation n'est pas interrompue entre l'adolescent et son animal malgré le changement?*

   ....

Les affirmations suivantes, basées sur le texte sont soit vraies, soit fausses. Cochez [✓] la réponse correcte. Justifiez votre réponse par les mots du texte.

	Vrai	**Faux**
7. *Dans les banlieues, très peu de jeunes ont un animal de compagnie.*	☐	☐
8. *L'affection caractérise très souvent la relation de l'adolescent à l'animal domestique.*	☐	☐

7. Justification ....

   ....

8. Justification ....

   ....

Ajoutez les mots qui manquent dans le 4e paragraphe en les choisissant dans la liste proposée ci-dessous. ***Attention*** *: il y a plus de mots que d'espaces et chaque mot ne peut être utilisé qu'une seule fois.*

qui ***dont*** ***sur qui*** ***où*** ***que*** ***qu'***

[-9-] ....

[-10-] ....

[-11-] ....

[-12-] ....

13. *Le dernier paragraphe explique que l'animal de compagnie joue un rôle structurant important pour l'adolescent. Nommez* ***deux*** *facteurs grâce auxquels se produit cette structuration.*

    (a) ....

    (b) ....

14. Dans son rôle de médiateur, quelle est la fonction principale de l'animal domestique ?

....

15. À quoi aspire l'adolescent ?

....

TOTAL : 18

TEXTE

Il est toujours pendu au téléphone !

❶ **Tous les parents enragent de voir leur facture augmenter brutalement lorsqu'un des enfants atteint l'âge de l'adolescence. « Que trouvez-vous encore à vous dire ? Vous vous êtes vus toute la journée » ! C'est souvent le seul argument des parents, excédés par l'occupation permanente de leur ligne. Patience ! Cette manie peut durer quelques années. Elle atteint son apogée entre 13 et 16 ans, puis s'estompe lorsque l'adolescent commence à sortir.**

C'est grâce aux autres qu'on devient soi-même et, c'est pourquoi l'amitié a beaucoup d'importance. Avec ses amis, on parle, on se livre, on exprime des sentiments et on crée des liens. A l'adolescence, on découvre qu'il est bon de ne plus se sentir seul, c'est-à-dire le seul de son espèce dans la cellule familiale. Il est donc indispensable pour la majorité des adolescents, qui rentrent de l'école, de passer des heures à bavarder avec les copains ou les copines qu'ils viennent de quitter.

Pourquoi ne peuvent-ils pas s'en passer ?

❷ L'adolescent a besoin de garder un contact permanent avec ses copains et de se sentir lié en continu avec son confident ou sa confidente, voire avec son groupe d'amis. Le téléphone comble l'impossibilité de se déplacer et raccourcit les distances. En cas de coup dur, il lui est essentiel de pouvoir communiquer l'angoisse qu'il ne peut pas garder en lui. Il a besoin d'un conseil : il téléphone. Il a besoin tout simplement de parler : il téléphone. Il se sent seul : il téléphone. Toutes les excuses lui sont bonnes pour décrocher le combiné.

Le téléphone, gage d'intimité

❸ Le téléphone, c'est aussi un moyen très intime de communiquer. L'adolescent se sent parfaitement à l'aise pour parler de sujets qu'il n'oserait pas aborder autrement, et ce, même avec ses amis. Ce qui s'échange au téléphone est de l'ordre de l'intimité ou du ragot, en tout cas de ce qu'on doit se cacher pour dire : on ne voit pas qu'il rougit, transpire ou qu'il a peur. C'est également un moyen de s'évader de la maison tout en y étant confortablement installé, d'échapper quelques instants au contexte familial.

Que faire pour réduire sa facture ?

4 Les adolescents souvent peu bavards en famille le sont extrêmement au téléphone, ils disent à leur meilleur ami tout ce qu'on ne dit pas à ses parents. Cette attitude vous exaspère : d'une part, vous aimeriez faire partie de la confidence et d'autre part diminuer vos factures... Si l'on ne peut pas empêcher les adolescents de téléphoner à leurs copains, on peut néanmoins fixer des limites et des règles. Il faut les responsabiliser en leur donnant des limites de temps, ils doivent être capables de dire ce qu'ils ont à dire en un temps donné.

Un autre bon moyen est de compter, à l'aide d'une facturation détaillée, le montant des dépenses de votre adolescent. Constater concrètement de quelle somme ses coups de fil grèvent le budget familial, lui fera peut être prendre conscience qu'il exagère un peu.

Offrez-lui un portable !

5 S'il ne fait aucun effort et ne diminue toujours pas son temps de parole, faites-le participer aux factures et déduisez de son argent de poche le prix des communications.

Si rien ne marche, offrez-lui un téléphone portable avec un système de carte. Il devra acheter une carte pour pouvoir utiliser son téléphone (avec son argent de poche !). C'est un bon moyen de le responsabiliser : il devra gérer ses consommations car une fois la carte épuisée et l'argent de poche dépensé, il ne pourra plus téléphoner. Cela est efficace, à condition de ne pas céder sur l'utilisation de la ligne familiale !

Attention, un adolescent qui passe trop de temps au téléphone veut peut-être attirer votre attention sur le manque d'espace de communication à la maison. A vous d'essayer de renouer les liens.

Agnès Bolleau

http://www.doctissimo.fr/html/psychologie/psycho_pour_tous/adolescent/ps_3253_pendu_telephone.htm

ACTIVITÉS

1. *Quel mot du premier paragraphe signifie « sont en colère » ?*

   ....

2. *À quelle période l'enfant abuse du téléphone ?*

   ....

3. *Comment se sent l'adolescent au sein de sa famille ?*

   ....

4. *En vous basant sur le texte citez* ***deux*** *raisons pour lesquelles l'adolescent téléphone à ses amis ?*

   (a) ....

   (b) ....

5. *Parmi les affirmations suivantes,* ***trois*** *reprennent les idées des* 3e *et* 4e *paragraphes. Indiquez les réponses correctes dans les cases de droite.*

   A. Grâce au téléphone l'adolescent peut parler de sujets intimes tout en se sentant à l'aise.

   B. Même si on ne peut pas le voir, l'adolescent n'est pas à l'aise lorsqu'il s'agit d'aborder certains sujets avec ses amis.

   C. Les adolescents trouvent difficile de se confier à leur parents et préfèrent faire leurs confidences à leurs amis.

   D. Les parents peuvent contourner le problème du temps passé au téléphone par leur ado en les responsabilisant et en limitant leur temps de conversation.

   E. Il est impossible pour les parents de contrôler la consommation du téléphone de leur ado.

   F. L'interdiction d'utiliser le téléphone est la seule solution pour les parents afin de réduire les factures de téléphone.

   ☐

   ☐

   ☐

6. *À quoi se réfère le mot «* ***le*** *» dans la phrase « Les adolescents souvent peu bavards en famille* ***le*** *sont extrêmement au téléphone » ?*

   ....

7. *Quel mot du* 4e *paragraphe signifie « endettent » ?*

   ....

8. *Dans le dernier paragraphe, plusieurs solutions sont proposées afin de responsabiliser les adolescents. Nommez* ***la*** *solution la plus radicale, conseillée lorsque toutes les autres ont échoué.*

   ....

9. *De quoi l'abus du téléphone peut-il être un signe ?*

   ....

TOTAL : 12

TEXTE

Le joujou du pauvre

Je veux donner l'idée d'un divertissement innocent. Il y a si peu d'amusements qui ne soient pas coupables! [...]

Sur une route, derrière la grille d'un vaste jardin, au bout duquel apparaissait la blancheur d'un joli château frappé par le soleil, se tenait un enfant beau et frais, habillé de ces vêtements de campagne si pleins de coquetterie. Le luxe, l'insouciance et le spectacle habituel de la richesse, rendent ces enfants-là si jolis, qu'on les croirait faits d'une autre pâte que les enfants de la médiocrité ou de la pauvreté. A côté de lui, gisait sur l'herbe un joujou splendide, aussi frais que son maître, verni, doré, vêtu d'une robe pourpre, et couvert de plumets et de verroteries. Mais l'enfant ne s'occupait pas de son joujou préféré, et voici ce qu'il regardait :

De l'autre côté de la grille, sur la route, entre les chardons et les orties, il y avait un autre enfant, pâle, chétif, fuligineux, un de ces marmots-parias dont un œil impartial découvrirait la beauté, si, comme œil du connaisseur devine une peinture idéale sous un vernis de carrossier, il le nettoyait de la répugnante patine de la misère.

A travers ces barreaux symboliques séparant deux mondes, la grande route et le château, l'enfant pauvre montrait à l'enfant riche son propre joujou, que celui-ci examinait avidement comme un objet rare et inconnu. Or, ce joujou, que le petit souillon agaçait, agitait et secouait dans une boîte grillée, c'était un rat vivant! Les parents, par économie sans doute, avaient tiré le joujou de la vie elle-même.

Et les deux enfants se riaient l'un à l'autre fraternellement, avec des dents d'une égale blancheur.

Charles Baudelaire, *Le joujou du pauvre, Le Spleen de Paris,* 1869

ACTIVITÉS

Vous avez des débuts de phrases à gauche et des fins possibles à droite. En vous basant sur le texte, remettez chaque début avec la fin qui lui correspond en indiquant la lettre dans une case appropriée. ***Attention :*** *Il y a davantage de fins que de débuts.*

1. Le texte commence … ☐

2. Le premier enfant est issu … ☐

3. Dans ce texte Charles Baudelaire suggère … ☐

4. Charles admire le fait que ces deux enfants… ☐

5. Ce texte démontre que quelque soit ☐

A. d'une famille aisée.

B. soient dépourvus de préjugés sociaux.

C. de deux milieux complètement différents.

D. que l'enfant riche est plus heureux que l'enfant pauvre.

E. par la description attrayante d'une propriété à la campagne.

F. que la beauté des gens est parfois cachée.

le milieu dans …	*G. lequel les enfants grandissent, ils restent des enfants avant tout.* *H. par une critique sociale.*

6. *Quel élément dans le texte symbolise le fossé social qui sépare les deux enfants ?*

   ....

7. *Quels éléments de la nature symbolisent le milieu social dont est issu le deuxième enfant ?*

   (a) ....

   (b) ....

8. *Quelles expressions dans le texte font référence à la saleté de l'enfant pauvre ?*

   (a) ....

   (b) ....

9. *Comment Charles Baudelaire souligne-t-il le contraste entre les joujoux des deux enfants ?*

   (a) ....

   (b) ....

10. *Quelle expression Charles Baudelaire utilise-t-il pour suggérer le grand intérêt de l'enfant riche pour le rat ?*

    ....

11. *Quelle expression dans le texte montre que les deux enfants s'acceptent sans préjugés ?*

    ....

12. *Quel mot Charles Baudelaire utilise-t-il au début et à la fin du texte pour montrer que les deux enfants semblent, au premier abord, très différents mais, qu'en fait, ils sont semblables.*

    ....

TOTAL : 10

Enfants : faut-il les envoyer en colo ?

TEXTE

715 000 enfants de moins de 12 ans partent chaque année en colo. Une législation très stricte et des projets pédagogiques sérieux permettent de combler les attentes des enfants tout en calmant les inquiétudes des parents.

Annie fait partir ses deux enfants en colo deux ou trois fois par an depuis qu'ils ont 5 ans. Jordan, son aîné, a ouvert la voie par un séjour à la ferme dans l'Yonne, près de la demeure de ses grands-parents. Carole, la petite dernière, a suivi son frère dès son 5e anniversaire. « Des questions, je m'en suis posé, avant le premier départ, se souvient Annie. J'ai eu de la chance que le premier séjour soit une réussite, cela donne envie de recommencer. »

Aujourd'hui, Carole a 10 ans, elle a pris son envol et part dans d'autres colos que celles que fréquente son frère.

Dès l'âge de 4 ans, un enfant peut partir en centre de vacances. Pour une découverte en douceur de la vie en collectivité, il est plus prudent d'opter pour un accueil proche du domicile, de choisir une courte durée (une semaine) et de l'envoyer avec un petit camarade.

Pour mettre tous les atouts de son côté, il vaut mieux contacter les parents du bambin. À deux, on est plus courageux.

Les colonies pour tout-petits (4–6 ans) sont appelées centres maternels. Ces mini-infrastructures s'organisent autour d'activités liées à la découverte de la nature et des animaux. Elles sont dotées d'une réglementation particulière (arrêté du 26 mars 1993) : mobilier sans angles vifs, sanitaires adaptés, cache-prises, et surtout taux d'encadrement porté à un animateur pour cinq ou six enfants, selon l'activité.

[-2-]

Commencez par lui faire fréquenter un centre de loisirs et de vacances (CLV, c'est ainsi que l'on appelle les centres aérés en période de vacances).

Il se fera des amis et vous le retrouverez chaque soir. Durant les vacances de printemps, en juillet et en août, les CLV organisent des mini-camps de quelques jours que votre enfant sera ravi de suivre puisqu'il **y** retrouvera les copains.

Il est préférable parfois d'éviter d'avoir recours à la colonie.

C'est le cas si l'enfant a du mal à être propre la nuit, s'il refuse net et si un événement important vient de se produire dans sa vie : naissance d'un petit frère ou d'une petite sœur, divorce, décès de l'un des grands-parents. Si vous ne pouvez pas faire autrement que de le faire partir, avertissez le responsable du séjour.

[-3-]

C'est conseillé, mais parfois difficile à mettre en place si les enfants n'habitent pas la même région ou ne bénéficient pas du même comité d'entreprise.

Les tarifs dont profitent les habitants d'une ville ne sont pas applicables en dehors de la commune : différents prix coexistent pour un séjour identique.

[...]

[-4-]

Il n'y a pas si longtemps, le séjour en colonie avait pour but principal de faire prendre l'air aux enfants, tout en leur apprenant à vivre en collectivité. La tendance actuelle est d'en faire un nouvel espace d'apprentissage.

Les catalogues insistent beaucoup sur cet aspect en vantant le nombre d'activités proposées : VTT, catamaran, aéromodélisme, tennis, poney, robotique, jardinage, escalade...

Aucun créneau horaire ne semble devoir rester inoccupé. Évitez les séjours qui mettent en avant un activisme forcené.

Le rythme de l'enfant doit être respecté, car il s'agit bien de ses vacances et non d'un apprentissage supplémentaire. Déterminez avec lui ses centres d'intérêt, feuilletez les catalogues ensemble. Il est capital qu'il soit partie prenante dans la palette d'activités proposées par le séjour.

[-5-]

Voici quelques repères.

Avoir l'agrément du ministère de la Jeunesse et des Sports n'est pas un atout, c'est une obligation à laquelle doivent se soumettre tous les établissements désireux d'héberger plus de douze mineurs de plus de 4 ans, pendant plus de cinq nuits. Les autres séjours (moins de douze enfants et moins de cinq nuits) ne font pas l'objet d'une déclaration particulière, mais ils sont soumis aux mêmes exigences de qualité.

Avoir en plus l'agrément du ministère du Tourisme signifie que l'organisme propose également des séjours de vacances pour adultes et enfants (cas des VVF par exemple).

Le meilleur label est celui qui est transmis par le bouche à oreille. Pour vous forger une opinion, rencontrez un responsable pédagogique et vérifiez si le séjour correspond à vos attentes (ou plutôt à celles de votre enfant).

www.dossierfamilial.com
Actualisé le jeudi 28 septembre 2006

ACTIVITÉS

Les questions du texte ont été enlevées. Retrouvez-les dans la colonne de droite. ***Attention*** *: il y a plus de questions proposées que de réponses possibles.*

1. [-1-] ☐
2. [-2-] ☐
3. [-3-] ☐
4. [-4-] ☐
5. [-5-] ☐

A. *Que faire s'il ne veut pas partir ?*
B. *Comment choisir sa colonie ?*
C. *Le centre de loisir est-il mieux que la colonie ?*
D. *À partir de quel âge peut-on les inscrire ?*
E. *Qui décide ?*
F. *Peut-il partir avec un ami ou son cousin ?*
G. *Quelle activité choisir ?*
H. *Comment vérifier le sérieux de l'organisme ?*

6. *Quelle expression est utilisée pour illustrer le fait que Carole « est devenue indépendante » ?*

   ....

7. *Les très jeunes enfants peuvent partir en colonie de vacances mais il est préférable de prendre quelques précautions. Citez* ***deux*** *de ces précautions.*

   (a) ....

   (b) ....

8. *Citez* ***une*** *des spécificités des « centres maternels ».*

   ....

9. *À quoi se réfère le mot «* ***y*** *» dans la phrase « puisqu'il* ***y*** *retrouvera les copains » à la ligne 28 ?*

   ....

10. *Citez* ***un*** *cas dans lequel il est préférable de ne pas envoyer un enfant en colonie de vacances.*

   ....

En vous basant sur le texte, reliez chacun des mots du texte figurant dans la colonne de gauche à son équivalent dans la colonne de droite. ***Attention*** *: il y a plus de mots dans la colonne de droite que dans celle de gauche.*

11. bambin (l.17)	☐	*A. propre*
12. ravi (l.28)	☐	*B. heureux*
13. net (l.30)	☐	*C. enfant*
14. atout (l.52)	☐	*D. navré*
		E. déçu
		F. carte
		G. catégoriquement
		H. avantage

Les affirmations suivantes, basées sur le texte sont soit vraies, soit fausses. Cochez [✓] la réponse correcte. Justifiez votre réponse par les mots du texte.

	Vrai	**Faux**
15. Aujourd'hui les parents envoient leurs enfants en colonie de vacances afin que les enfants sortent de chez eux et apprennent à vivre en communauté.	☐	☐

Justification ....

....

16. Les centres proposent un grand nombre d'activités ne laissant ainsi pas de temps libre à l'enfant.	☐	☐

Justification ....

....

17. Il est important que l'enfant n'ait pas de temps libre pendant la journée afin qu'il ne s'ennuie pas.	☐	☐

Justification ....

....

18. L'enfant doit décider avec ses parents du séjour et des activités auxquels il aimerait participer.	☐	☐

Justification ....

....

19. *Dans quel cas « l'agrément du ministère de la Jeunesse et des Sports » est-il indispensable ?*

A. Quand l'établissement accueille des groupes d'enfants âgés de 4 à 12 ans pour un séjour de cinq nuits.

B. Quand l'établissement accueille des groupes de moins de douze enfants, âgés de plus de 4 ans pour un séjour de plus de cinq nuits.

C. Quand l'établissement accueille des groupes de douze enfants ou plus, âgés de plus de 4 ans pour un séjour de plus de cinq nuits.

D. Quand l'établissement accueille des groupes de douze enfants ou plus âgés de plus de 4 ans pour un séjour de moins de cinq nuits.

☐

20. *Quelle expression du dernier paragraphe désigne « par la voie orale » ?*

....

TOTAL : 21

INSOLITE

TEXTE

Plus loin dans la nuit

Très remarquée l'année dernière pour son premier roman, *L'intérieur de la nuit* (éd.Plon), la Camerounaise Léonora Miano confirme son talent en nous offrant une description apocalyptique de l'Afrique contemporaine, assortie d'un magnifique portrait d'adolescence. (éd. Plon, 280p., 18 €).

GENRE : Roman

AUTEUR : Léonora Miano est née au Cameroun, en 1973. Elle est arrivée en France, il y a quinze ans, pour suivre ses études de lettres. Elle vit aujourd'hui à Paris.

SUJET : Trois années dans la vie d'une petite fille, Musango, qui tente de se construire seule après avoir été rejetée pas sa mère, dans une Afrique affolée par la misère et les faux prophètes.

Cette nuit-là, je n'ai pas dormi. J'ai regardé les marchandes se planquer sous leurs étals, s'allonger sur des planches recouvertes d'un bout de carton et posées à même le sol boueux puis s'enrouler dans leurs pagnes sales. Elles se sont endormies peu après minuit, après le dernier arrivage de vivres. De vielles guimbardes complètement démantelées, débarrassées de leur siège arrière, transportaient les marchandises. Elles surgissaient en trombe du milieu de marché et les femmes leur couraient derrière. Celle qui mettait la main la première sur un régime de bananes ou sur un sac de manioc pourrait en discuter le prix, et peut-être l'acquérir. La bataille était rude. Ces femmes n'avaient pas les moyens de retourner à la campagne pour s'approvisionner régulièrement. Une fois qu'elles étaient à la ville, elles attendaient ces livraisons nocturnes. Le jour venu, elles revendaient les légumes achetés la veille.

Lorsqu'elles se sont couchées, je suis restée assise par terre à **les** regarder. Kwin m'avait donné un pagne pour me couvrir, en me disant de sa voix caverneuse : *Tu voudras bien excuser le confort médiocre de notre résidence. Nous n'avons guère* *l'occasion de recevoir des invités. Dors, maintenant.* Et elle était partie, ses pieds se confondant avec le sol terreux où ses pas s'imprimaient. Le feu a continué à brûler un moment, avant de s'éteindre comme on soupire de tristesse. Une nuit sans étoiles a finalement cédé la place au jour. Les femmes ont de nouveau allumé un feu, pour préparer de la bouillie de manioc accompagnée de beignets faits avec de la farine de maïs et des plantains trop mûrs qu'elles ne pourraient plus vendre. Je n'avais pas faim. Je me suis éloignée de la troupe. Bientôt, elles auraient du travail. Il ne fallait pas les déranger. Je me suis assise au coin de la rue. Il y avait un bar dont le nom était pittoresque : *On dit quoi, mon frère ?* En effet, il était temps de se demander ce que nous avions à dire au monde.

C'était au coin de cette rue qu'Ayané m'a trouvée, au bout d'une semaine. Elle travaillait bénévolement pour une association qui prenait en charge les enfants des rues. Quelqu'un lui avait signalé une gamine mutique qui passait ses journées près d'un bar de Kalati. Non loin du marché de Sombé. On lui avait dit que j'étais bizarre, sans doute un peu débile. Je n'avais adressé la parole à personne, et seule Kwin s'était approchée de moi. C'est à elle que je dois de n'être pas morte de faim. Ayané m'a prise par la main et je l'ai suivie. J'étais fatiguée. Je n'ai pas eu la force de lui répondre, lorsqu'elle m'a demandé mon nom, que je m'appelais Musango. Elle m'inspirait confiance.

Quelque chose me disait qu'elle était aussi seule, aussi perdue que moi. Nous avons marché main dans la main, jusqu'à Sanga.

Nous sommes passées devant la maison de ma grand-mère paternelle. Le portail métallique se dressait si haut qu'on ne pouvait voir la maison de la rue, et les murs d'enceinte avaient été plantés de tessons de bouteilles, pour décourager les voleurs. Nous sommes arrivées là où l'association avait ses locaux. C'était une villa à un étage, qu'entourait une simple haie de bambous. Dans le jardin qu'on traversait pour atteindre la maison, des arbres fruitiers poussaient. Le parfum des corossols se mêlait à celui des papayes. C'était comme si ce lieu n'avait pas appartenu à Sombé. Il n'avait pas été frappé de cet effroi qui avait rigidifié le monde autour de lui. Une migraine atroce a entrepris le siège de mon crâne, juste au moment où Aïda venait à notre rencontre.

Extrait Contours du jour qui vient, de Léonora Liano/ Muze p.70–71/ Octobre 2006

ACTIVITÉS

1. *Dans le 1[ier] paragraphe retrouvez les mots ou expressions qui sont équivalents à ceux proposés ci-dessous.*

   « Se cacher » ....

   « Les voitures » ....

   « À toute vitesse » ....

   « Difficile » ....

Vous avez des débuts de phrases à gauche et des fins possibles à droite. En vous basant sur les 1[ier] et 2e paragraphes, associez chaque début avec la fin qui lui correspond. ***Attention*** *: il y a plus de fins que de débuts et chaque fin ne peut être utilisée qu'une seule fois.*

2. *Les marchandes attendent la nuit …*	☐	A. *être très rapide pour pouvoir acheter les marchandises*
3. *Les marchandes doivent…*	☐	B. *pas acheter de manioc sur le marché.*
4. *Les marchandes ne peuvent …*	☐	C. *la nuit au marché.*
5. *Musango a passé…*	☐	D. *que le jour se lève pour acheter leurs plantains trop mûrs.*
		E. *l'arrivée des marchandises.*
		F. *rentrer chez elles le soir.*

6. *Ligne 11, dans la phrase « Je suis restée assise par terre à* ***les*** *regarder », le pronom «* ***les*** *» fait référence à qui ?*

   ....

7. *Dans le 2e paragraphe quels sont les* ***deux*** *éléments qui contribuent à créer une atmosphère mélancolique ?*

   (a) ....

   (b) ....

8. *Selon le texte* ***trois*** *des cinq phrases suivantes sont fausses. Indiquez les lettres correspondantes dans la case de droite.*

   A. Après avoir quitté le marché, Musango a passé une semaine près d'un bar.
   B. Les propriétaires du bar ont appelé Ayané.
   C. Musango est muette de naissance.
   D. Sans l'aide de Kwin, Musango n'aurait pas survécu.
   E. Ayané a dû convaincre Musango de venir avec elle.

   ☐ ☐ ☐

9. *Quels sont* ***deux*** *des éléments qui nous permettent de deviner le statut social de la famille paternelle de Musango ?*

   (a) ....

   (b) ....

10. *Choisissez l'adjectif qui convient le mieux pour décrire la première impression de Musango quand elle arrive à Sanga.*

    A. étrange.
    B. tourmenté.
    C. rigide.
    D. paisible.

☐

TOTAL : 17

POUR ALLER PLUS LOIN...

À discuter

1. Ca veut dire quoi « être jeune » pour vous ?
2. Est-ce facile « d'être jeune » aujourd'hui ? Discutez.
3. Quels sont les problèmes/les avantages spécifiques à votre génération ?
4. Comment comprenez-vous l'expression « savoir rester jeune » ?
5. À quel âge est-on vieux selon vous? Pourquoi ?
6. À quoi rêvent les jeunes d'aujourd'hui ?
7. Qu'est-ce qui est important pour vous ?
8. Pourriez-vous vivre sans technologie ? Expliquez.
9. Consultez-vous régulièrement des blogs ? En avez-vous un ? Expliquez.
10. Que pensez-vous de sites tels que Myspace ou Facebook ?
11. Quels en sont les avantages/ les inconvénients ?
12. Que pensent vos parents de cette abondance de technologie dans votre vie ?
13. Que faites-vous pendant vos vacances généralement ?
14. Quelles sont vos vacances idéales (en famille, entre amis) ?
15. Pourquoi certains jeunes sont-ils si attirés par la célébrité ?
16. Comment expliquez-vous le succès des émissions de télé-réalité auprès des jeunes ?
17. Les jeunes sont-ils devenus indifférents ? Pour quelle grande cause seriez-vous prêts à manifester, à vous engager ?
18. Commentez l'expression « la beauté vient de l'intérieur ». Êtes-vous d'accord avec cette affirmation ? Est-elle toujours vraie aujourd'hui ?
19. Vous considérez-vous comme une victime de la mode ?
20. Avez-vous confiance en l'avenir ?

À voir

Moolaadé, Ousmane Sembene, 2004

Les Choristes, Christophe Barratier, 2004

La Faute à Fidel, Julie Gavras, 2006

Nos jours heureux, Eric Toledono, Olivier Nakache, 2006

15 ans et demi, François Desagnat, Thomas Sorriaux, 2008

La guerre des boutons, Yves Robert, 1962

Le ballon d'or, Cheikh Doucouré, 1994

À écouter

La révolution, Tryo, 1998 *"Mamagubida"*

Les temps changent, Mc Solaar, 1997 *"Paradisiaque"*

Jeunesse affamée, Pauline Croze, 2005 *"Pauline Croze"*

J'ai dix ans, Alain Souchon, 1976 "Bidon"

Allo maman, bobo, Alain Souchon, 1977 "Jamais content"

À consulter

Le site des droits des jeunes:
www.droitsdesjeunes.gouv.fr

Ados.fr:
www.ados.fr

À lire

Le grand Meaulnes, Alain Fournier, 1913

La guerre des boutons, roman de ma douzième année, Louis Pergaud, 1913

Poil de carotte, Jules Renard, 1894

Le Petit Sauvage, Alexandre Jardin

La souris verte, Robert Sabatier, éd. Albin Michel, 1990

On n'est pas sérieux quand on a 17 ans, Arthur Rimbaud

Chapitre 6

LES LOISIRS

Étudiez le tableau suivant, puis discutez-en avec un partenaire. Et vous, en comparaison, comment dépensez-vous votre argent ?

Dépenses culturelles et de loisirs

en %

	1990	2000	2006	2007
TV, Hi-Fi, vidéo, photo	14,7	10,8	11,3	11,5
Informatique (y compris logiciels, cédéroms)	1,9	7,7	7,7	7,8
Disques, cassettes, pellicules photo	5,9	5,5	4,2	3,5
Autres biens culturels et de loisirs	3,9	3,4	3,7	3,8
Jeux, jouets, articles de sport	8,8	8,5	9,4	9,6
Jardinage, animaux de compagnie	14,2	11,9	12,1	12,3
Spectacles, cinéma, voyages	14,1	16,4	17,9	18,2
Jeux de hasard	6,7	8,6	9,5	9,5
Services culturels (y compris redevance TV)	9,6	11,6	10,5	10,4
Presse, livres et papeterie	20,2	15,8	13,6	13,4
Total	100,0	100,0	100,0	100,0

Champ : France.

Source : Insee, comptes nationaux - base 2000.

Observez le tableau suivant et répondez aux questions ci-dessous.

Taux de départ en vacances selon l'âge

en %

Âge	1969	1989	1999	2004
0 à 13 ans	51	68	70	73
14 à 19 ans	50	69	68	71
20 à 24 ans	52	58	58	59
25 à 29 ans	55	63	67	70
30 à 39 ans	50	66	63	68
40 à 49 ans	46	66	64	67
50 à 54 ans	45	61	64	66
55 à 59 ans	40	51	62	66
60 à 64 ans	33	53	58	65
65 à 69 ans	30	52	57	66
70 ans ou plus	22	33	38	42
Ensemble	45	61	62	65

Champ : France métropolitaine.

Source : Insee, enquête permanente sur les conditions de vie (EPCV).

1. Quelle est la tendance depuis 1969 ?
2. En considérant l'ensemble de la population, quelle période a connu une augmentation spectaculaire du taux de départ en vacances ?
3. Quelles sont les tranches d'âge qui partent le plus en vacances ?
4. Comment pourrait-on expliquer cela ?
5. Quelle tranche d'âge a connu la plus forte progression de départ en vacances entre 1969 et 2004 ? Comment pourrait-on expliquer cela ?
6. Le taux de départ en vacances d'une certaine tranche d'âge n'a pas beaucoup progressé depuis 1969? Laquelle ? Comment pourrait-on expliquer ce phénomène ?

Cinquième année de baisse pour le CD

© Stephanie Le Petit

Le marché du disque en France affiche des chiffres négatifs pour la cinquième année consécutive. Le téléchargement légal est en progression de 26,1 % par rapport à 2006.

Le marché du disque en France affiche des chiffres négatifs pour la cinquième année consécutive. Ceux de 2007 révèlent une baisse de 17,4 % en valeur et de 24 % en volume (nombre d'unités singles, albums et vidéo) par rapport à 2006. Ces résultats ont été communiqués, lundi 28 janvier, [-6-] le Syndicat national de l'édition phonographique (SNEP), au Midem, à Cannes.

Le chiffre d'affaires du disque est de 712,9 millions d'euros : 662 millions [-7-] les albums, singles et DVD (-19,2 %) et 50,8 millions pour le marché numérique (internet et téléphonie mobile, +16,6 %) – chiffres [-8-] TVA* à 19,6 %.

Si le téléchargement légal est en progression de 26,1 % par rapport à 2006, les ventes [-9-] magasins représentent toujours près de 98 % du chiffre d'affaires.

A contrario, le téléchargement légal serait en progression [-10-] les autres gros marchés mondiaux (Etats-Unis, Japon, Royaume uni...). Un rapport de l'International Federation of Phonographic Industry (IFPI) souligne que 10 milliards de fichiers musicaux illégaux auraient été téléchargés dans le monde en 2007, soit un ratio de 20 illégaux pour 1 titre légal.

Christine Albanel, ministre de la culture, a annoncé que la loi antipiratage des œuvres culturelles sur Internet, sera déposé au Sénat *"au tout début du printemps"*.

Sylvain Siclier, lemonde.fr, 28.01.08
* TVA = Taxe sur la valeur ajoutée.

TEXTE

ACTIVITÉS

En vous basant sur le texte, reliez chacun des mots du texte figurant dans la colonne de gauche à son équivalent dans la colonne de droite. ***Attention*** *: il y a plus de mots dans la colonne de droite que dans celle de gauche.*

1. consécutive (l.2)	☐	*A. augmentation*
		B. divulguer
2. baisse (l.7)	☐	*C. successive*
		D. annoncés
3. communiqués (l.9)	☐	*E. conséquences*
4. progression (l.15)	☐	*F. diminution*
		G. succession
5. souligne (l.19)	☐	*H. met en évidence*
		I. augmente

Ajoutez les mots qui manquent dans le texte en les choisissant dans la liste proposée ci-dessous. ***Attention*** *: il y a plus de mots que d'espaces et chaque mot ne peut être utilisé qu'une seule fois.*

dès hors en sur de pour par dans

[-6-] ....

[-7-] ....

[-8-] ....

[-9-] ....

[-10-] ....

Les affirmations suivantes, basées sur le texte sont soit vraies, soit fausses. Cochez [✓] la réponse correcte. Justifiez votre réponse par les mots du texte.

	Vrai	**Faux**
11. Depuis cinq ans, la vente de CD est en constante diminution.	☐	☐

Justification ....

....

12. *Comparé à 2006, le marché numérique est en baisse.* ☐ ☐

Justification ....

....

13. *Le téléchargement légal ne remplace pas la vente de disques.* ☐ ☐

Justification ....

....

14. *Le téléchargement légal dépasse le téléchargement illégal.* ☐ ☐

Justification ....

....

15. *Une loi antipiratage vient d'être adoptée afin de protéger les œuvres culturelles.* ☐ ☐

Justification ....

....

TOTAL :15

TEXTE

La musique de film invitée de la 27e édition de la Fête de la Musique 2008

Synonyme de partage et de découverte, la Fête de la Musique est une grande manifestation populaire qui fédère chaque année des millions de Français le jour du solstice d'été. Le samedi 21 juin 2008, les musiciens amateurs et professionnels descendront à nouveau dans la rue pour célébrer avec le public la 27ème édition de la Fête de la Musique.

Pour cette édition 2008, la Fête de la Musique sera placée sous le signe du cinéma, et plus précisément du centenaire de la musique de film. En effet, si la musique a toujours été associée au cinéma, Camille Saint-Saëns fut le premier compositeur de renom à écrire une musique spécialement pour un film en 1908. C'est pourquoi Christine Albanel, ministre de la Culture et de la Communication, a souhaité placer la Fête de la Musique 2008 sous le thème de la musique de film.

La Fête de la Musique 2008 s'inscrit également dans « l'Année européenne du dialogue interculturel » lancée par le Parlement européen et le Conseil de l'Europe.

Car la Fête de la Musique, née en France en 1982, a depuis largement dépassé les frontières de l'Hexagone. Plus de 120 pays, et 450 villes dans le monde la célèbrent chaque année. En 2008, Pasadena et Laguna Beach en Californie ainsi que Brisbane en Australie entreront dans la danse pour la première fois.

Les internautes quant à eux pourront choisir de découvrir la Fête de la Musique dans le monde entier grâce aux Échos de la Fête. En se connectant sur le site internet, ils partiront pour un tour du monde virtuel au cours **duquel** ils pourront découvrir en temps réel images, sons et vidéos des milliers de concerts donnés sur les cinq continents, de Sydney à New York en passant par Rio de Janeiro.

Le ministère de la Culture et de la Communication donne rendez-vous à tous les amoureux de la musique en France et dans le monde entier ce samedi 21 juin 2008 pour la Fête de la Musique !

Paris, le 16 avril 2008

www.fetedelamusique.culture.fr

La SACEM, Radio France, France Télévisions, TV5 Monde, A Nous et Mondomix sont cette année les partenaires officiels de la Fête de la Musique.

ACTIVITÉS

1. *En vous basant sur le début du texte, citez **un** des deux objectifs qui symbolisent la fête de la musique.*

   ....

2. *Le jour de la fête de la musique marque le début de quelle saison ?*

   ....

3. *Qui participe à la fête de la musique ?*

   ....

4. *Quel est le thème de la fête de la musique en 2008 ?*

   ....

En vous basant sur les lignes 1 à 11, trouvez les mots ou expressions qui ont la même signification que les expressions ou mots ci-dessous.

5. *« rassemble »* ....

6. *« célèbre »* ....

7. *« désiré »* ....

	Vrai	Faux
8. *la fête de la musique ne se déroule plus uniquement en France.*	☐	☐

Justification ....

....

9. *Quel mot est utilisé pour désigner « la France » ?*

....

10. *Citez* ***une*** *ville qui organisera sa première fête de la musique en 2008.*

....

11. *Parmi les phrases suivantes* ***deux*** *reprennent les idées du texte. Indiquez les réponses correctes dans les cases de droite.*

A. Le thème de la fête de la musique en 2008 a été choisi pour célébrer les cent ans de la création de la musique spécialement composée pour les films.

B. Le thème de la fête de la musique en 2008 a été choisi par la ministre de la Culture et de la Communication car elle est passionnée de cinéma.

C. La fête de la musique est maintenant célébrée presque partout dans le monde.

D. Grâce à internet, les gens pourront suivre les concerts qui se déroulent uniquement en France.

☐ ☐

12. *À quoi se réfère le mot «* ***duquel*** *» dans la phrase « au cours* ***duquel*** *ils pourront découvrir » ?*

....

13. *Selon le ministère de la Culture et de la Communication, qui est invité à participer à la fête de la musique ?*

....

TOTAL :14

Les musiques du monde : une passion française

TEXTE

❶ **Depuis vingt ans, les musiques du monde connaissent un engouement croissant en France, favorisé par le métissage culturel, la passion de nombreux professionnels et l'engagement des pouvoirs publics.**

Aujourd'hui, on peut trouver, en France, les musiques de presque tous les pays et des plus grands artistes du monde. En 2006, 34 000 références de disques de musiques du monde se sont vendues, représentant de manière équilibrée l'ensemble de la planète.

❷ Ce sont les années 80 qui ont marqué l'explosion de ces musiques, pour plusieurs raisons. D'abord, avec le lancement des radios libres en 1981, telles Radio Nova et Fréquence Paris Plurielle, qui vont proposer des sons venus d'ailleurs. Les radios communautaires, telles Beur FM et Radio Latina, voient aussi le jour, et des centaines de stations associatives de proximité, telles Radio Gazelle à Marseille et Radio Rencontre à Dunkerque, offrent des programmes – et des chansons – destinés aux populations d'origine étrangère : en portugais, en espagnol, en arabe, en wolof..., mais aussi en breton ou en catalan ! Les années 80 marquent aussi le début de l'affirmation identitaire des Français d'origine étrangère. Le grand public découvre alors le raï, venu d'Afrique du Nord. En 1992, *Didi* de Khaled devient un tube planétaire, et la star tourne de Rio à Tokyo...

❸ **Des dénicheurs de talents passionnés**

Mais le succès des musiques du monde repose avant tout sur la passion d'individus amoureux fous de ces sons et désireux de **les** partager. *« Ils ont été une vingtaine, dans les années 80, programmateurs de festivals, producteurs de disques, tourneurs, journalistes. Et deux journaux :* Actuel *et* Libération *»,* se souvient l'un d'eux, Rémy Kolpa-Kopoul, pilier de Radio Nova.

❹ Les musiques du monde sont ainsi portées par de petites maisons de disques (55 % du marché) et quelques festivals. Christian Mousset et son festival Musiques métisses à Angoulême, Gilles Frucheaux et son label Buda Musique, Michel Lévy et son label MLP, Saïd Assadi et son label Accords croisés, Gérard Violette au Théâtre de la Ville, à Paris, Marc Benaïche, créateur de mondomix.com, site Internet dédié à ces musiques le plus fréquenté dans le monde..., mais aussi des distributeurs comme Harmonia Mundi sont des dénicheurs de talents, en invitant notamment pour la première fois en Europe des artistes qui sont ensuite devenus des stars mondiales.

❺ **Une plaque tournante mondiale**

En ce sens, la France fait bien plus qu'accueillir ces artistes : en partant les chercher loin, en les produisant sur scène et en disque, elle les révèle au monde entier. Elle est devenue l'un des pays au monde qui programme le plus de concerts dans ce domaine chaque année et, surtout, la plaque tournante internationale pour ces musiques. Marseille accueille ainsi, chaque année, l'un des rendez-vous professionnels les plus importants en Europe : le Babel Méd music, où des producteurs et professionnels du monde entier viennent découvrir de nouveaux artistes.

❻ Enfin, les musiques du monde bénéficient de soutiens publics sans lesquels elles ne pourraient vivre. C'est encore dans les années 80 que l'État a commencé à **leur** donner un sérieux coup de pouce, jamais remis en cause par les gouvernements suivants. Les villes, les départements, les régions, et les ministères de la Culture et des Affaires étrangères jouent aujourd'hui un rôle actif dans la promotion de ces musiques, qui sont l'une des formes du dialogue culturel.

❼ Pour preuve que les sons d'autres pays ont désormais droit de cité en France, les artistes français eux-mêmes s'**en** inspirent, tels Titi Robin, accompagné par un *tabla* indien, ou le groupe Lo'Jo, qui chante des mélodies touarègues. Enfin, signe que l'Hexagone a su intégrer ses diversités en musique : le raï est considéré à l'étranger comme une musique " française " ! Le métissage humain de la société française se traduit, naturellement, par un métissage de sa musique. On l'oublie parfois : l'accordéon musette, symbole de la musique populaire en France, est né d'une fusion entre la musette d'Auvergne (centre de la France) et l'accordéon des immigrés italiens...

Nadia Khouri-Dagher
Journaliste
Label France n° 67 – Musiques actuelles : la nouvelle scène française (2007)

ACTIVITÉS

1. *À quelle époque les musiques du monde ont fait leur apparition sur la scène musicale française ?*

   ....

2. *En vous basant sur le 2e paragraphe, citez* ***deux*** *événements qui ont permis la découverte des musiques du monde en France.*

   (a) ....

   (b) ....

3. *Quel est le public des stations « communautaires » et « associatives de proximité » ?*

   ....

4. *Citez* ***deux*** *exemples de ces « individus amoureux fous de ces sons ».*

   (a) ....

   (b) ....

En vous basant sur le texte, reliez chacun des mots du texte figurant dans la colonne de gauche à son équivalent dans la colonne de droite. ***Attention*** *: il y a plus de mots dans la colonne de droite que dans celle de gauche.*

5. *telles (2e paragraphe)*	☐	A. *succès*
		B. *aide*
6. *voient le jour (2e paragraphe)*	☐	C. *mélange*
		D. *apparaissent*
7. *tube (2e paragraphe)*	☐	E. *tuyau*
8. *coup de pouce (6e paragraphe)*	☐	F. *comme*
		G. *blessure*
9. *métissage (7e paragraphe)*	☐	H. *mélangent*

	Vrai	Faux
10. *Le site mondomix.com connaît un grand succès.*	☐	☐

Justification ....

....

11. Quelle expression du 5e paragraphe indique que la France est un passage obligé pour tous les artistes de musique du monde permettant ainsi leur révélation au monde entier?

....

Trouvez dans le texte, les mots qui se réfèrent à chaque mot en gras dans le texte.

*12. désireux de **les** partager (3e paragraphe)*	**les**	
*13. L'État a commencé à **leur** donner (6e paragraphe)*	**leur**	
*14. Les artistes français eux-mêmes s'**en** inspirent (7e paragraphe)*	**en**	

15. Quel est le point commun entre l'État, les villes, les départements, les régions et les ministères de la Culture et des Affaires étrangères ?

....

16. Dans le dernier paragraphe, quel mot est utilisé pour désigner « la France » ?

....

TOTAL : 18

Les Français et l'amour des livres

T E X T E

Que lisent les Français en 2007 ? Quelle place tient la lecture dans leur vie quotidienne ? Quels sont les rendez-vous culturels phares autour du livre ? Enquête sur un fait de société bien français.

© Stephanie Le Petit

❶ Alors que beaucoup prédisaient, il y a quelques années, la « mort du livre », avec l'irruption d'Internet, il demeure, malgré de réelles inquiétudes, le premier bien culturel en France : il représente la moitié des achats culturels des ménages (51 %), loin devant les DVD et films vidéo (20 %), les CD de musique (15 %) et les jeux vidéo (14 %).

En 2006, les Français ont acheté 494 millions de livres, soit une moyenne de 8 ouvrages par personne. Cette même année, le secteur de l'édition a publié quelque 68 000 titres, des nouveautés pour moitié.

La rentrée littéraire [1] 2007 a battu un record : 727 romans français et étrangers – dont un quart de premiers livres – et quelque 600 essais, sortis entre août et octobre et édités par plus de 90 maisons différentes. Côté chiffre d'affaires, l'édition a enregistré, en 2006, une hausse de 1,7 % par rapport à 2005, tandis que le nombre d'exemplaires vendus a augmenté de 2,1 %.

Symbole de réussite

❷ *« Il y a une expression éditoriale très marquée en France, révélatrice d'une production culturelle forte »,* explique Stéphane Billerey, directeur commercial des éditions Plon. « *C'est dans nos gènes culturels ! Ici, on dit qu'avoir réussi, c'est avoir fait un enfant, planté un arbre et écrit un livre... Le livre reste un lieu d'échanges importants. Et le politique en France, pour exister, doit passer par le livre.* » Il est vrai qu'en cette année 2007, électorale, 150 ouvrages politiques ont paru en quelques mois, certains atteignant des records de vente, à plus de 100 000 exemplaires.

Mais, en France, c'est la littérature qui demeure la reine de l'édition : avec 20 % du marché, ce sont les romans – français et étrangers – que plébiscitent d'abord les lecteurs. Viennent ensuite les ouvrages pour la jeunesse (17 %). Si l'on ajoute la bande dessinée – qui peut être très littéraire (Proust a été adapté en BD) et représente 11 % des ventes –, l'on arrive à près de la moitié (48 %) des achats de livres consacrés au « plaisir de lire » et à la fiction.

De nouveaux modes de lecture

❸ Si les Français lisent [-5-], alors que leurs rythmes de vie se sont diversifiés, c'est que l'édition a su s'adapter aux évolutions de leurs modes de vie. [-6-], le livre au format « de poche », né dans les années 50 pour diffuser à petit prix classiques et rééditions, est devenu un secteur clé, qui représente un volume vendu sur quatre.

De nombreux éditeurs ont lancé des collections de poche, qui permettent un accès au livre pour tous, à des prix démarrant à 2 euros, soit un peu plus que le coût d'un journal.

L'édition s'est [-7-] adaptée aux habitudes de consommation des ménages : aujourd'hui, un ouvrage sur cinq est vendu en grande surface. Le livre est aussi présent dans les stations-service des autoroutes, les boutiques de jardinage ou autres, et, bien sûr, dans les gares et les aéroports. Car l'allongement du temps de transport quotidien des Français ou la fréquence des voyages contribuent à maintenir un niveau élevé de la lecture. Dans les grandes agglomérations, ou en région parisienne, dont une partie des 12 millions d'habitants consacre 1 à 3 heures par jour aux trajets, les lecteurs sont nombreux dans les transports en commun.

[...]

❹ **Sur tous les fronts**

Dans la presse généraliste, le livre fait, chaque automne, la une de l'actualité avec la « rentrée littéraire », événement médiatique intense. Les 2 000 prix littéraires distinguent tous les ans des talents nouveaux ou confirmés. Enfin, pour les passionnés, il existe de nombreuses revues spécialisées dans la littérature : *Lire, Le Magazine littéraire, La Quinzaine littéraire, Livres Hebdo* et *Transfuge*, diffusées à plus de 200 000 exemplaires chaque mois.

Les Salons du livre se comptent par centaines, sur tout le territoire et sur tous les thèmes : Salon du livre gourmand, policier, de voyage, insulaire, politique, des littératures africaines, du Maghreb... Celui de Paris a drainé, à lui seul, quelque 170 000 visiteurs en 2007.

Enfin, le réseau des bibliothèques publiques permet de toucher dans toute la France plus de 5 millions de lecteurs, dont 35 % d'enfants, à travers des structures municipales ou départementales. Elles offrent à chacun un accès – illimité et souvent gratuit – à tous les savoirs.

Nadia Khouri-Dagher
Journaliste .

[1] Le mois de septembre, qui correspond à la rentrée scolaire après les congés d'été, est le temps fort de l'année en France pour la parution des nouveautés littéraires.

Label France n° 69 (1er trimestre 2008)

ACTIVITÉS

1. *D'après le 1ier paragraphe, l'apparition de quel média a été considéré comme un danger pour le livre ?*

   ....

2. *Quel est le deuxième achat culturel des français ?*

   ....

3. *Selon les 1ier et 2e paragraphes, **deux** des phrases suivantes sont vraies. Indiquez les réponses correctes dans les cases de droite.*

   A. En 2006, la moitié des ouvrages publiés étaient des nouveaux titres.
   B. Le marché du livre est en baisse depuis 2006.
   C. Dans la culture française, pour réussir il faut avoir écrit un livre politique.
   D. Les romans sont les ouvrages préférés des Français.
   E. Les Français n'apprécient pas beaucoup les ouvrages littéraires.

   ☐
   ☐

4. *Quel mot du début du 4e paragraphe, veut dire « essentiel » ?*

   ....

*Ajoutez les mots qui manquent dans le 3e paragraphe en les choisissant dans la liste proposée ci-dessous. **Attention** : il y a plus de mots que d'espaces et chaque mot ne peut être utilisé qu'une seule fois.*

depuis autant ainsi aussi cependant autant que

[-5-] ....
[-6-] ....
[-7-] ....

8. *D'après le 3e paragraphe, quel est le but des collections de poche ?*

   ....

9. *En vous basant sur le 3e paragraphe, nommez deux endroits où l'on peut acheter des livres de nos jours.*

   (a) ....
   (b) ....

10. *D'après le 3e paragraphe, citez deux faits qui permettent de conserver un niveau élevé de la lecture.*

    (a) ....
    (b) ....

11. Parmi les expressions suivantes, laquelle est l'équivalente de « fait la une de l'actualité » au 4e paragraphe?

A. est rapidement évoqué dans l'actualité.

B. apparaît dans l'actualité. ☐

C. est le thème privilégié des médias.

D. est à peine évoqué dans les médias.

Vous avez des débuts de phrases à gauche et des fins possibles à droite. En vous basant sur le dernier paragraphe, associez chaque début avec la fin qui lui correspond.

12. Les revues spécialisées...	☐	*A. récompensent les auteurs.*
13. Les prix littéraires...	☐	*B. permettent à une grande partie de la population d'accéder aux livres sans les acheter.*
14. Les bibliothèques publiques...	☐	*C. sont destinées aux gens qui adorent la littérature.*
15. Les salons du livre...	☐	*D. permettent de promouvoir les livres et ont souvent un thème.*

TOTAL : 18

TEXTE

Quel(le) sportif(ve) êtes-vous ?

Le sport tout le monde en parle... Entre ceux qui le regardent à la télé et ceux qui s'en font une religion, difficile d'y échapper. Et vous, quel est votre rapport avec le sport ? Plaisir ou supplice ? La réponse en 7 clics...

Question [-1-]

● Pour vous distinguer.

◆ Pour vous entretenir.

■ Pour faire plaisir à votre famille.

Question [-2-]

■ Occasionnelle : vous [en faites] quand ça vous dit, autant dire pas souvent !

● Très importante : tennis le lundi, squash le mercredi, piscine le vendredi...

◆ Régulière mais trop réduite à votre goût : c'est aquagym/footing le week-end, pas le temps de faire plus.

Question [-3-]

◆ Où les entraînements sont réguliers mais pas intensifs.

■ Où vous pouvez aller quand ça vous chante.

● Qui propose des entraînements 3 fois par semaine, avec des matchs le week-end.

Question [-4-]

● J'espère que je vais battre mon record.

◆ Ça fait du bien de se dépenser un peu, même si c'est dur.

■ Avec tout ça, j'espère au moins que je serais musclé(e) pour les vacances.

Question [-5-]

■ Supporter officiel

◆ Entraîneur ou médecin

● Joueur

Question [-6-]

◆ Une randonnée en Corse.

● Un raid aventure dans le désert.

■ Des vacances à la mer, avec une télé pour suivre le tour de France.

Question [-7-]

● Toujours plus haut, toujours plus fort.

■ Il ne sert à rien de s'épuiser.

◆ Un esprit sain dans un corps sain.

Vous êtes un(e) sportif(ve) équilibré(e).

Pour vous, faire du sport est essentiel, cela vous permet de vous sentir bien dans votre corps et dans votre tête. Vous ne recherchez pas spécialement la performance, ce que vous voulez c'est vous dépensez pour éliminer les toxines. Vous entretenez un rapport plutôt sain avec votre corps. Continuez !

Vous êtes un(e) sportif(ve) qui en veut !

Vous avez le mental d'un(e) champion(ne). Ce que vous recherchez dans le sport, c'est la performance. Vous aimez dépasser vos limites et montrez que vous êtes le(la) meilleur(e). Cela dit, ne poussez pas l'esprit de compétition trop loin, la vie moderne est assez exigeante sur ce point ! Faire du sport est aussi un moment de détente, et vous risqueriez de vous mettre à dos vos partenaires à force de vouloir en faire un combat.

Vous êtes un(e) sportif(ve) du dimanche !

Avouons-le franchement, vous n'êtes pas vraiment sportif(ve) dans l'âme ! Si vous faites du sport, c'est bien parce que vous tenez à votre ligne et que vous ne voulez pas vous laisser aller, mais entre nous si vous aviez le choix... A coup sûr, vous n'avez pas trouvé LE sport qui vous convient ! Essayez de voir l'exercice physique comme un plaisir et non comme une contrainte. Qui sait, peut-être finirez-vous par y prendre goût !

www.doctissimo.fr/test-forme-SPORT_SPORTIF.htm

ACTIVITÉS

*Chaque paragraphe du texte propose une situation suivie de trois choix. Retrouvez dans la colonne de droite **la situation** correspondant à chacun des paragraphes.*

[-1-]	☐	*A. Vos vacances idéales :*
[-2-]	☐	*B. Vous gagnez un abonnement sportif. Vous vous inscrivez dans un club :*
[-3-]	☐	*C. Si on vous offrait l'opportunité de faire partie d'une grande équipe sportive, vous préféreriez être :*
[-4-]	☐	*D. Dans votre vie, le sport a une place :*
[-5-]	☐	*E. Votre devise :*
[-6-]	☐	*F. Pendant l'effort vous pensez :*
[-7-]	☐	*G. Vous faites du sport :*

Pour chaque résultat cochez [✓] le symbole que la personne doit obtenir en majorité.

	◆	■	●
8. Un(e) sportif(ve) équilibré(e) a obtenu une majorité de...			
9. Un(e) sportif(ve) qui en veut a obtenu une majorité de...			
10. Un(e) sportif(ve) du dimanche a obtenu une majorité de...			

*11. Dans le texte il y a deux expressions équivalentes à « lorsque vous avez envie », citez-en **une**.*

....

12. Qu'est-ce qui compte le plus dans le sport pour le/la « sportif(ve) qui en veut » ?

....

13. L'expression « vous mettre à dos vos partenaires » signifie :

A. transformer vos adversaires en amis.

B. vous faire des ennemis.

C. consolider votre amitié.

D. créer une amitié.

☐

14. *Quel mot du dernier paragraphe veut dire « silhouette » ?*

....

15. *À quoi se réfère le mot « **y** » dans la dernière phrase du texte « Qui sait, peut-être finirez-vous par **y** prendre goût ! » ?*

A. le choix.
B. un plaisir.
C. l'exercice physique.
D. une contrainte.

☐

TOTAL : 15

TEXTE

Notes sur le foot-ball *

Il y a dans les mœurs, comme dans l'histoire, des conquêtes imprévues. La marche triomphale du foot-ball à travers les habitudes jusqu'alors si sédentaires de notre jeunesse française **en** est un nouvel exemple. Le foot-ball avait tout contre lui. Son premier défaut était d'être anglais. On nous répète à chaque instant que nous sommes des anglomanes renforcés. Cela n'est pas ; car à part le petit groupe de gommeux parisiens qui affectent de ne porter que du linge blanchi à Londres, il suffit qu'une mode arrive d'outre-Manche, pour qu'elle éveille aussitôt des susceptibilités « patriotiques » dans la presse et dans l'opinion. De plus, le foot-ball faisait son entrée chez nous précédé d'une réputation nettement établie de brutalité : les mères françaises qui craignent les rhumes et les engelures ne pouvaient dès lors lui faire un accueil sympathique. Enfin, c'est un jeu collectif : il exige la formation de deux équipes de onze ou quinze joueurs chacune : pour se déployer à l'aise, ces équipes ont besoin d'un vaste espace de terrain plat et gazonné. Autant de motifs pour que les maitres ne fussent pas favorables à une innovation qui allait forcément compliquer la discipline et accroître le poids de leurs responsabilités.

Mais il faut signaler un dernier désavantage auquel nul de ceux qui ont popularisé le foot-ball en France n'avait songé, et [-12-], pour ma part, j'ai été long à me rendre compte. Il est impossible au spectateur qui n'est pas « au courant » de comprendre quelque chose à ce qui se passe sous ses yeux. Il voit une mêlée, des bras et des jambes enchevêtrés, des poitrines qui se heurtent, des mains qui se crispent, toute une série d'efforts [-13-] il s'intéressera s'il est peintre ou sculpteur, [-14-] lui feront horreur s'il est pédagogue ou s'il a simplement l'âme sensible. Comment, en face de ce travail intense des muscles, la pensée lui viendrait-elle que des forces intellectuelles et morales sont, au même moment, mises à contribution et que rien ne sommeille dans l'être qui se débat là devant lui ? Si Paul Bourget, pourtant si bien fait pour comprendre cela, n'a pas su l'apercevoir, qui donc le pourrait? La description [-15-] il donne, dans *Outre-Mer*, d'un match de foot-ball, est une trompeuse photographie: tout [-16-] s'y trouve reproduit est exact et réel; mais elle ne reproduit pas tout. C'est donc que la partie cérébrale du jeu — de beaucoup la plus importante — demeure invisible; c'est donc que le muscle y sert d'écran à l'intelligence.

Pierre de Coubertin, Président du Comité international des jeux olympiques
Notes sur le Foot-ball, « La Nature, revue des sciences et de leur applications aux arts et à l'industrie. » 8 mai 1897

* Foot-ball signifie rugby dans ce texte.

ACTIVITÉS

1. *À quoi se réfère le mot «**en** » à la 3e ligne ?*
   A. les mœurs.
   B. l'histoire.
   C. des conquêtes imprévues.
   D. la marche.
   ☐

2. *Quel est le premier reproche fait au football aux lignes 1 à 9?*

   ....

3. *Quel mot désigne des « admirateurs excessifs des usages anglais » ?*

   ....

4. *Quelle expression est utilisée pour désigner « la Grande-Bretagne » ?*

   ....

5. *Pourquoi les mères françaises ne pouvaient pas faire « un accueil sympathique » au football ?*

   ....

	Vrai	Faux
6. *Ce jeu collectif pose un problème car il nécessite une large surface pour pouvoir jouer.*	☐	☐

   Justification ....

   ....

7. *Citez **un** des inconvénients de ce jeu selon les professeurs.*

   ....

8. *Citez* ***deux*** *personnes qui pourraient éprouver de l'intérêt pour le spectacle de la mêlée ?*

(a) ....

(b) ....

9. *Quelle sentiment provoque le spectacle de la mêlée pour une personne sensible ?*

....

	Vrai	**Faux**
10. *La description que Paul Bourget fait d'un match de football ne restitue pas totalement la vérité du jeu.*	☐	☐

Justification ....

....

11. *Selon l'auteur que manque-t-il pour que cette « photographie » reproduise tout du jeu?*

....

Ajoutez les mots qui manquent dans le dernier paragraphe en les choisissant dans la liste proposée ci-dessous. ***Attention*** *: il y a plus de mots que d'espaces et chaque mot ne peut être utilisé qu'une seule fois.*

qui ***ce que*** ***que*** ***ce qui*** ***qu'*** ***dont*** ***auxquels***

[-12-] ....

[-13-] ....

[-14-] ....

[-15-] ....

[-16-] ....

TOTAL : 17

Voyager autrement en échangeant sa maison

TEXTE

Visiter un pays de façon économique, c'est possible en échangeant son logement. Les bourses d'échange permettent de vivre des vacances différentes.

« Passer des vacances aux îles Vierges (Antilles américaines) face à la baie de Saint-Thomas, je n'y avais pas pensé. Mais lorsque nous avons reçu cette proposition, nous avons aussitôt été séduits par le cadre et la belle maison. » Virginie et Patrick ont ainsi échangé leur logement parisien, situé dans le XIVe arrondissement, avec un couple d'Américains qui souhaitaient venir visiter la capitale française.

« Au départ nous étions un peu inquiets, car notre appartement n'était pas très confortable, pas de baignoire, une cuisine rudimentaire... », précise Virginie, qui se remémore avec délectation ses vacances sur les plages de sable blanc et sa découverte des barrières de corail.

[-1-]

Il n'est pas nécessaire en effet que le bien échangé soit équivalent. « Même si un confort minimal s'impose, la réciprocité n'est pas de mise", souligne Kristina Caillaux, responsable d'Intervac en France. "Nous avons même eu un président des États-Unis (Jimmy Carter) qui a fait un échange avec un de nos membres en Allemagne », raconte Lilli Engle, de HomeLink, l'un des organismes pionniers de l'échange d'appartements. Si vous êtes locataire, vous pouvez prêter votre logement sans être obligé d'en avertir le propriétaire (contrairement à la sous-location).

Bien qu'il existe des bourses d'échange gratuites, il est préférable de passer par l'intermédiaire d'un organisme payant, qui garantit le sérieux des annonces (moyennant de 60 à 175 € de cotisation annuelle). Vous pouvez déposer et consulter les annonces. Elles comportent toutes une description détaillée du logement, photographies à l'appui, les activités à proximité et les dates de disponibilité. « Valoriser sa maison ne signifie pas induire en erreur son partenaire d'échange », souligne Kristina Caillaux.

[-2-]

Pour éviter les mauvaises surprises, « il faut prendre le temps de préparer l'échange, de multiplier les contacts, faire connaissance, échanger des photos, engager une correspondance… Il importe d'instaurer une relation de confiance », ajoute Christelle Mistro-Dit-Pachet, l'une des responsables de Trocmaison, un autre organisme d'échange.

Avec plus de quinze échanges à leur actif, Catherine et Henri M. sont des inconditionnels. Ils n'ont été déçus qu'une seule fois : « Nous avions échangé notre appartement avec une famille italienne de Padoue. À notre arrivée, nous avons découvert que la maison était au bord d'une route nationale très passante. Heureusement, un ami de cette famille est passé nous voir et, devant notre désarroi, nous a laissé sa propre maison. »

[…]

[-3-]

Une fois que vous vous êtes mis d'accord, les modalités précises de l'échange doivent être fixées. Il est préférable de rédiger une convention écrite qui sera signée par les deux familles. Les organismes mettent à votre disposition des modèles de contrat. **Celui-ci** doit mentionner les dates de l'échange, les caractéristiques de chaque maison et, éventuellement, le prix des consommations (eau, électricité, parking…).

Toutefois, ce que vous consommez chez vos hôtes, ils le consomment chez vous : c'est pourquoi, dans la majorité des cas, aucune indemnisation n'est prévue. Cependant, mettez-vous d'accord sur l'utilisation du téléphone : vous pouvez demander à votre opérateur une facture détaillée afin que chacun paie ses communications.

[-4-]

L'accueil de vos hôtes suppose un minimum de préparation. Placard, literie, vaisselle, linge : tout doit être propre. Le réfrigérateur sera laissé vide, à l'exception de quelques provisions afin que vos hôtes ne soient pas totalement démunis lors de leur arrivée.

© Laure Gracia

Il est très utile de concevoir un guide d'accueil qui recensera toutes les informations pratiques essentielles, notamment le mode de fonctionnement des appareils électroménagers, l'endroit où se situent le tableau électrique et le robinet de fermeture d'eau, le fonctionnement de l'alarme, d'Internet et du téléphone...

Vous mettrez en évidence une liste de numéros de téléphone utiles (pompiers, police, hôpital, médecin...) et laisserez des informations sur votre ville : plan, dépliants touristiques, commerces, restaurants, cinémas et théâtres, modalités de transport. Demandez à un proche (parent, ami...) d'être présent pour accueillir vos hôtes et les aider à s'installer. Vous pouvez également ranger à l'écart vos objets précieux et documents confidentiels. Il n'est pas interdit de condamner un ou plusieurs placards, voire une pièce entière, à condition de prévenir vos invités afin de ne pas les offusquer.

[-5-]

Si votre partenaire se désiste à la dernière minute, alors que vous avez réservé vos billets d'avion et votre location de voiture, vous ne disposez d'aucun recours. Seul Homeforexchange propose une assurance annulation, mais les autres organismes, comme Intervac, HomeLink ou Trocmaison, mettent tout en œuvre pour trouver une solution, notamment en appelant à l'aide les autres familles membres.

Peu de litiges surviennent, mais quelques désagréments sont possibles : découvrir une maison où le ménage laisse à désirer, retrouver à son retour des objets abîmés ou des appareils électroménagers qui ne fonctionnent plus... « C'est effectivement un risque, mais il faut relativiser : passer trois semaines à Monterrey, sur la côte ouest des États-Unis, dans une superbe villa moderne vaut bien le désagrément d'une cafetière cassée », constate Dimitry Louvencourt, de Profvac.

Enfin, sachez que votre contrat multirisque habitation couvre en principe tous les dégâts commis par votre hôte dans votre logement ainsi que les dommages que vous pourriez provoquer dans **celui** que l'on vous a prêté. Il n'est toutefois pas inutile d'appeler votre assureur pour l'informer de l'échange, et de vérifier les conditions et les limites exactes de la couverture lorsqu'un tiers garde votre maison pendant votre absence.

[-6-]

L'échange peut aussi inclure la voiture. Dans ce cas, vous préciserez dans la convention écrite les modalités de cet échange, et notamment le nombre de kilomètres à parcourir et le paiement d'éventuelles contraventions. Vous prendrez soin d'informer le conducteur du fonctionnement de votre voiture (diesel ou essence, carte grise, assurance...) et vous attirerez son attention sur les contraventions pour excès de vitesse.

© Stephanie Le Petit

N'oubliez pas de vous renseigner sur le ou les conducteurs, leur âge et leur expérience. Vérifiez ensuite auprès de votre compagnie d'assurances si le conducteur tiers est bien couvert en cas d'accident ainsi que le montant de la franchise.

Dossier familial, 17/03/08.
www.dossierfamilial.com

ACTIVITÉS

Les sous-titres du texte ont été enlevés. Retrouvez-les dans la colonne de droite.

1.	[-1-]	☐	*A. Définir les modalités*
2.	[-2-]	☐	*B. Prêter son véhicule*
3.	[-3-]	☐	*C. Ma chaumière contre un palais*
4.	[-4-]	☐	*D. Préparer sa maison*
5.	[-5-]	☐	*E. Annulation de dernière minute*
6.	[-6-]	☐	*F. Tisser une relation de confiance*

Les affirmations suivantes expriment une idée de chaque personne mentionnées ci-dessous. Indiquez cette idée dans la case appropriée à droite du nom de la personne à laquelle elle appartient. ***Attention*** *: il y a des affirmations qui n'appartiennent à personne.*

7. *Virginie et Patrick*	☐	
8. *Kristina Caillaux*	☐	
9. *Christelle Mistro-Dit-Pachet*	☐	
10. *Catherine et Henri M.*	☐	
11. *Dimitry Louvencourt*	☐	

A. *Les logements échangés ne doivent pas nécessairement être équivalents.*

B. *Il peut y avoir quelques petits problèmes lors d'échanges de logements mais généralement cela en vaut la peine.*

C. *Même les célébrités utilisent ce mode de vacances.*

D. *Il est important qu'il y ait une communication entre les gens qui échangent leur logement afin de bien organiser cet échange.*

E. *Notre logement est très simple mais nous avons quand même pu l'échanger contre une jolie villa.*

F. *Nous avons eu plusieurs mauvaises expériences et ne souhaitons pas renouveler ce mode de vacances.*

G. *Nous sommes des adeptes de cette méthode de vacances.*

12. *Pourquoi est-il conseillé de ne pas utiliser les bourses d'échange gratuites ?*

    ....

13. *Selon le 3e paragraphe, que vaut-il mieux établir entre les deux familles ?*

    ....

14. *À quoi se réfère le mot «* ***celui-ci*** *» dans la phrase «* ***Celui-ci*** *doit mentionner les dates de l'échange... » à la ligne 42 ?*

    ....

15. *Donnez* ***trois*** *exemples de ce qui doit être fait afin de bien préparer l'arrivée des invités ?*

    (a) ....

    (b) ....

    (c) ....

16. *Citez **deux** choses que doit contenir le « guide d'accueil ».*

(a) ....

(b) ....

17. *Que signifie l'expression « laisse à désirer » (l.79) ?*

A. donne envie.

B. est tout à fait satisfaisant.

C. n'est pas entièrement satisfaisant.

D. fait rêver.

☐

18. À quoi se *réfère* le mot « **celui** » dans la phrase « dans **celui** que l'on vous a prêté » à la ligne 86 ?

....

*En vous basant sur les lignes 78 à 83, reliez chacun des mots du texte figurant dans la colonne de gauche à son équivalent dans la colonne de droite. **Attention** : il y a plus de mots dans la colonne de droite que dans celle de gauche.*

19. litiges (l.78)	☐	*A. endommagés*
		B. inconvénient
20. abîmés (l.74)	☐	*C. dégrader*
21. fonctionnent (l.80)	☐	*D. conflits*
		E. marchent
22. désagrément (l.83)	☐	*F. une partie*
23. dégâts (l.85)	☐	*G. dégradations*
		H. une fraction
24. un tiers (l.88)	☐	*I. une autre personne*

25. *Citez **deux** des modalités d'échange du véhicule.*

(a) ....

(b) ....

26. *En vous basant sur la fin du texte, nommez un des renseignements qu'il faut connaître sur la/les personne(s) qui conduira(ont) votre voiture pendant la durée de l'échange.*

....

TOTAL : 30

Les Français No 1 mondial des grandes vacances !

TEXTE

Le saviez-vous ? Ce sont les Français qui ont le plus de jours de congés dans le monde ! Résultat, ils partent en vacances plus longtemps mais pas forcément plus loin. Car par-dessus tout, ils préfèrent les vacances en famille et au bord de la mer !

Sûr, les Français aiment partir en vacances ! Fermer à clef la porte de leur résidence principale pour s'échapper vers des univers nouveaux, exotiques et verdoyants. Retrouver leur famille, leurs amis, la mer, les vagues, le soleil, tout ça... Résultat, depuis 10 ans, 60 % des Français partent en vacances chaque année. Seule différence entre hier et aujourd'hui, les séjours sont plus courts mais aussi plus nombreux. Pour preuve, le nombre de mini-voyages de quatre nuits ou plus a augmenté de 20 %. De fait, avec la mise en place des RTT*, ils fractionnent davantage leurs congés annuels. L'avion, désormais couramment utilisé pour se déplacer, permet également de gagner du temps, de raccourcir la durée des séjours pour des destinations lointaines. De la même façon, sur place, la location de voiture s'est développée. Bref, adieu le monospace familial ! Il peut bien, lui aussi, se reposer sagement au garage !

Champions du monde des vacances !

Cocorico ! D'après une récente enquête réalisée par Expedia, le premier voyagiste sur Internet, les Français, avec 39 jours en moyenne de congés (30 jours de congés payés et 9 jours de RTT) sont les champions du monde des vacances ! Ainsi, ils peuvent se vanter d'être largement en tête, loin devant les Allemands (27 jours), les Néerlandais (25 jours) et surtout les Britanniques qui ferment la marche européenne avec seulement 23 jours. Et vu les scores, on ne parle même pas des Nord-américains, tenus très à distance, avec 21 malheureux jours pour les Canadiens, et 12, oui 12 au total pour les Américains ! Avec cette longueur d'avance, près d'un actif Français sur deux (45%) prévoit de prendre au moins trois semaines de congé cet été, alors qu'un employé Américain...rêve d'une seule semaine !

Douce France

Pas chauvins les Français ? Si un peu quand même ! Car lorsqu'on se penche sur les statistiques, la majorité d'entre eux privilégient les séjours en France (8 séjours sur 10) et en famille, surtout l'été. Du coup, à elles seules, les traditionnelles vacances à la mer représentent encore 39 % des longs séjours. L'objectif c'est bien sûr de se retrouver (pour 30%) mais aussi de se reposer (pour 31 %). Cependant, les séjours à thème (découverte, circuit, initiation à une activité sportive, randonnée, etc...), ou encore à l'étranger, tendent à se développer. Mais c'est encore plus vrai l'hiver que l'été.

La grande bleue

Pour ceux qui osent quitter le cocon Hexagonal, découvrir de nouveaux horizons, parler une autre langue, goûter à des saveurs jusque-là inconnues, s'abandonner à la nuit tombée sur une plage déserte, les zones touristiques privilégiées des Français restent les mêmes depuis 10 ans : l'Espagne, l'Italie, l'Afrique du Nord, la Grèce, le Portugal et la Turquie. L'été, le pourtout méditerranéen a la cote. L'hiver en revanche, ils prendraient plutôt un billet direction des destinations de plus en plus en vogue comme les États-Unis, les Caraïbes, l'Asie et les pays du Maghreb.

...et ceux qui restent

On estime que près de quatre Français sur dix ne partent pas en vacances chaque année et un sur sept ne partirait jamais.
*RTT : réduction du temps de travail

(sources : Insee et Expedia.fr)

Laurence Ollivier, journaliste, chroniqueuse MSN Finances/ Juin 2005

ACTIVITÉS

1. *Quelle expression du début du texte souligne que la plage est la destination favorite des français ?*

   ....

2. *Pour les Français les vacances sont synonymes de :*
   Choisissez parmi la liste de mots suivants et justifiez avec un mot du 2e paragraphe.

   (a) Farniente ☐ *Justification :* ....

   (b) Chaleur ☐ *Justification :* ....

   (c) Liberté ☐ *Justification :* ....

   (d) Voyages ☐ *Justification :* ....

   (e) Solitude ☐ *Justification :* ....

3. *En quoi les vacances des Français sont-elles différentes aujourd'hui de celles d'il y a quelques années ?*

   (a) ....

   (b) ....

4. *Quelle expression à la fin du 2e paragraphe signifie « maintenant » ?*

   ....

Vrai Faux

5. *Les Français préfèrent se déplacer avec leur propre voiture lorsqu'ils sont en vacances.* ☐ ☐

   Justification ....

   ....

6. *Quelle expression du 3e paragraphe exprime un sentiment de fierté patriotique?*

   ....

7. *Donnez* ***quatre*** *expressions du troisième paragraphe que la journaliste a emprunté au langage d'un commentateur sportif.*

   (a) ....

   (b) ....

   (c) ....

   (d) ....

Complétez les débuts de phrases de la colonne de gauche avec les fins de phrases proposées dans la colonne de droite. ***Attention :*** *il y a plus de suggestions que de possibilités.*

8. *Certains Français...*	☐	A. *s'organisent des vacances sportives ou à l'étranger.*
9. *La grande majorité des Français...*	☐	B. *savent mieux profiter de leurs vacances que les autres Européens.*
10. *Les Français ...*	☐	C. *veulent surtout se détendre pendant leurs vacances.*
11. *De plus en plus de Français...*	☐	D. *restent en France pendant leurs vacances.*
		E. *sont très chauvins et refusent de visiter d'autres pays.*
		F. *sont les Européens ayant le plus de vacances.*
		G. *préfèrent prendre leurs vacances en hiver.*
		H. *aime faire de la randonnée mais surtout l'hiver.*

12. *Quelle expression dans le dernier paragraphe montre que les Français ont peut-être un peu peur de voyager à l'étranger ?*

....

13. *Donnez* ***deux*** *expressions dans le dernier paragraphe qui signifient « populaire ».*

(a) ....

(b) ....

TOTAL : 22

TEXTE

Le tour du monde en 80 jours

" Je soutiens, dit Andrew Stuart, que les chances sont en faveur du voleur, qui ne peut manquer d'être un habile homme !

- Allons donc ! Répondit Ralph, il n'y a plus un seul pays dans lequel il puisse se réfugier.

- Par exemple !

- Où voulez-vous qu'il aille ?

- Je n'en sais rien, répondit Andrew Stuart, mais, après tout, la terre est assez vaste.

- Elle l'était autrefois... " dit à mi-voix Phileas Fogg. Puis : " À vous de couper, monsieur, " ajouta-t-il en présentant les cartes à Thomas Flanagan.

La discussion fut suspendue pendant le robbre. Mais bientôt Andrew Stuart la reprenait, disant :

" Comment, autrefois ! Est-ce que la terre a diminué, par hasard ?

- Sans doute, répondit Gauthier Ralph. Je suis de l'avis de Mr Fogg. La terre a diminué, puisqu'on la parcourt maintenant dix fois plus vite qu'il y a cent ans. Et c'est ce qui, dans le cas dont nous nous occupons, rendra les recherches plus rapides.

- Et rendra plus facile aussi la fuite du voleur !

- À vous de jouer, Monsieur Stuart ! " dit Phileas Fogg.

Mais l'incrédule Stuart n'était pas convaincu, et, la partie achevée :

" Il faut avouer, Monsieur Ralph, reprit-il, que vous avez trouvé là une manière plaisante de dire que la terre a diminué ! Ainsi parce qu'on en fait maintenant le tour en trois mois...

- En quatre-vingts jours seulement, dit Phileas Fogg.

- En effet, messieurs, ajouta John Sullivan, quatre-vingts jours, depuis que la section entre Rothal et Allahabad a été ouverte sur le " great-indian peninsular railway " , et voici le calcul établi par le *morning-chronicle* :

De Londres à Suez par le Mont-Cenis et Brindisi, railways et paquebots : 7 jours.
De Suez à Bombay, paquebot : 13 jours.
De Bombay à Calcutta, railway : 3 jours.
De Calcutta à Hong-Kong (Chine), paquebot : 13 jours
de Hong-Kong à Yokohama (Japon), paquebot : 6 jours.
De Yokohama à San-Francisco, paquebot : 22 jours.
De San-Francisco à New-York, railroad : 7 jours.
De New-York à Londres, paquebot et railway : 9 jours.
Total : 80 jours.

- Oui, quatre-vingts jours ! S'écria Andrew Stuart, qui, par inattention, coupa une carte maîtresse, mais non compris le mauvais temps, les vents contraires, les naufrages, les déraillements, etc.

- Tout compris, répondit Phileas Fogg en continuant de jouer, car, cette fois, la discussion ne respectait plus le whist.

- Même si les indous ou les indiens enlèvent les rails ! S'écria Andrew Stuart, s'ils arrêtent les trains, pillent les fourgons, scalpent les voyageurs !

- Tout compris, « répondit Phileas Fogg, qui, abattant son jeu, ajouta : « deux atouts maîtres. »

Andrew Stuart, à qui c'était le tour de « faire « , ramassa les cartes en disant :

« Théoriquement, vous avez raison, Monsieur Fogg, mais dans la pratique...

- Dans la pratique aussi, Monsieur Stuart.

- Je voudrais bien vous y voir.

- Il ne tient qu'à vous. Partons ensemble.

- Le ciel m'en préserve ! S'écria Stuart, mais je parierais bien quatre mille livres (100000 fr.) qu'un tel voyage, fait dans ces conditions, est impossible.

- Très possible, au contraire, répondit Mr Fogg.

- Et bien, faites-le donc !

- Le tour du monde en quatre-vingts jours ?

- Oui.

- Je le veux bien.

- Quand ?

- Tout de suite.

Jules Vernes, *Le tour du monde en 80 jours,* 1873.

ACTIVITÉS

1. *Complétez la phrase suivante avec* ***deux*** *mots du texte.*

   Autrefois la Terre était ...., mais maintenant elle a ....

2. *Phileas Fogg et Gauthier Ralph mentionnent que « la Terre a diminué ». En vous basant sur le début du texte expliquez ce que cela veut réellement dire.*

   ....

3. Citez **une** des conséquences de cette *« diminution » de la Terre pour le voleur.*

   ....

4. *Combien de temps Andrew Stuart pense qu'il faut pour faire le tour du monde ?*

   ....

5. *Selon Phileas Fogg combien de temps faut-il pour faire le tour du monde ?*

   ....

6. *Parmi les moyens de transport ci-dessous, lequel n'est pas mentionné dans le texte ?*

   A. le train.
   B. le bateau.
   C. le chemin de fer.
   D. la voiture.

   ☐

7. *Quelle est la partie la plus longue du voyage ?*

....

8. *Quelle est la partie la plus courte du voyage ?*

....

Trouvez les mots qui se réfèrent à chaque mot en gras dans le texte.

9. *Elle **l'**était autrefois (l.9)*	**l'**	
10. *Mais bientôt Andrew Stuart **la** reprenait (l.11)*	**la**	
11. *Ainsi parce qu'on **en** fait maintenant le tour en trois mois (l.21)*	**en**	
12. *Et bien, faites-**le** donc ! (l.52)*	**le**	

13. *Nommez **quatre** des nombreux contretemps qui pourraient arriver lors de ce voyage autour du monde.*

Contretemps de nature météorologique	Contretemps de nature humaine
(a) .... (b)	(c) .... (d) ....

	Vrai	Faux
14. *Andrew Stuart ne pense pas qu'un tour du monde en quatre-vingts jours est faisable.*	☐	☐

Justification ....

....

TOTAL : 18

INSOLITE

Pour les enfants, les écoles de cirque ouvrent la voie du sport et de la créativité

TEXTE

En France, 8OO écoles ou ateliers enseignent les cinq disciplines qui composent cet art vivant en plein essor.

Cela fait cinq jours que Matéo, 7 ans et demi, bondit comme un cabri : la perspective de son spectacle de cirque, samedi 31 mai, l'enchante. Avec les 150 autres enfants du Cadets'Circus, une école de cirque amateur installée à Etréchy (Essonne), il a réglé son numéro de jonglage lors de la « générale » et assisté, ébahi, au charivari gai et coloré des musiciens, techniciens, costumières et entraîneurs, sous le chapiteau bleu. Avec ses 1 200 places assises, celui-ci sera à peine assez grand pour accueillir familles et spectateurs lors des deux représentations payantes de fin d'année... La pratique du cirque amateur suscite un engouement croissant.

Le Cadets'Circus, créé en 1927 par le Père André Régnault, qui voulait distraire « sainement » les cadets de la Juine, est reconnu par la Fédération française des écoles de cirque (FFEC) comme la première école de cirque amateur en France.

Avec sa trentaine de bénévoles, elle forme tout au long de l'année des enfants de 7 à 16 ans qui viennent apprendre dans un hangar d'entraînement de 600 mètres carrés à marcher sur une boule, à faire du monocycle ou à jouer des agrès dans les airs. Tous y consacrent entre une heure et demie et deux heures par semaine après l'école.

A l'entraînement, l'ambiance est studieuse mais conviviale. Les échauffements sont faits en commun dans la bonne humeur. Aucun enfant ne manque à l'appel. Question d'envie, même si tous ont signé, en début d'année, une charte stipulant que présence et persévérance seraient requises tout au long de l'année. Leur plaisir est tangible.

« La moitié des pratiquants ont entre 6 et 12 ans, indique Camille Poiraud, de la FFEC. A cet âge, ils commencent à bien connaître leur corps et ont envie de s'exprimer. Le cirque, qui est un croisement entre des disciplines artistiques et sportives, le leur permet. » Classé depuis trente ans seulement comme un art vivant, le cirque aide au dépassement de soi, à la concentration et à la maîtrise du risque. Les arts circassiens sont historiquement liés à l'éducation populaire. Ils se sont démocratisés dans les années 1970 grâce aux familles Gruss et Fratellini notamment.

On estime, aujourd'hui, à 800 le nombre d'écoles et d'ateliers de loisirs proposant une formation aux 5 disciplines du cirque : acrobatie, jonglerie, aérien, expression, équilibre sur objet. Et à 300 000 les pratiquants occasionnels ou réguliers.

Certaines associations comme le Centre des arts du cirque de Lomme (Nord), Acrofolies (Pyrénées-Atlantiques) ou Arc en cirque (Haute-Savoie), comptent entre 500 élèves et 900 élèves. Mais les structures plus modestes sont, aussi, prises d'assaut.

La raison ? Cette activité reste peu onéreuse – entre 50 euros et 150 euros par trimestre –, et il suffit d'une paire de chaussons de gymnastique pour s'initier.

L'encadrement est souvent de qualité et œuvre dans le respect de la transmission du savoir artistique et technique. « Chaque année, nous sommes obligés de refuser des enfants, regrette Felix Milley, le président du Cadets'Circus. Il y a une telle demande qu'on serait en surnombre, et on ne pourrait plus assurer les entraînements dans des conditions satisfaisantes. »

Des règles strictes sont à respecter en termes de santé, de sécurité et de pédagogie. Certains établissements sont agréés par la FFEC. Pour les autres (la majorité), c'est le bouche-à-oreille qui fait la réputation. L'opération portes ouvertes « Ecoles en piste », organisée par la FFEC les 13 et 14 septembre, sera l'occasion de se faire une idée.

Florence Amalou**,** *Le Monde*, 29/05/08

ACTIVITÉS

1. *Quel événement réjouit Matéo ?*

   ....

2. *Citez* ***deux*** *activités professionnelles qui sont impliquées dans la création d'un spectacle de cirque.*

   (a) ....

   (b) ....

3. *À quoi se réfère le mot «* ***y*** *» dans la phrase « Tous* ***y*** *consacrent entre une heure et demie et deux heures par semaine après l'école. » (l.18)?*

   A. l'entraînement.
   B. marcher sur une boule.
   C. faire du monocycle.
   D. jouer des agrès dans les airs.

   ☐

4. *Quelle expression signifie que « personne n'est absent » ?*

   ....

5. *À quoi se réfère le mot «* ***le*** *» dans la phrase «* ***le*** *leur permet » (l.28) ?*

   A. l'envie de s'exprimer.
   B. le cirque.
   C. les disciplines artistiques et sportives.
   D. le croisement.

   ☐

Les affirmations suivantes, basées sur le texte sont soit vraies, soit fausses. Cochez [✓] la réponse correcte. Justifiez votre réponse par les mots du texte.

	Vrai	Faux
6. *Le Cadets'Circus n'est ouvert que pendant les vacances scolaires.*	☐	☐

Justification ....

....

7. *Les entraînements se déroulent le week-end.*	☐	☐

Justification ....

....

8. *L'école du cirque attire uniquement les élèves âgés de 12 ans ou plus.*	☐	☐

Justification ....

....

En vous basant sur le texte, reliez chacun des mots du texte figurant dans la colonne de gauche à son équivalent dans la colonne de droite. ***Attention*** *: il y a plus de mots dans la colonne de droite que dans celle de gauche.*

9. *charivari (l.7)*	☐	A. *nécessaires*
10. *engouement (l.11)*	☐	B. *optionnel*
11. *conviviale (l.20)*	☐	C. *apparente*
12. *requises (l.23)*	☐	D. *enthousiasme*
13. *tangible (l.24)*	☐	E. *calme*
14. *onéreuse (l.40)*	☐	F. *désordre*
		G. *inutiles*
		H. *amicale*
		I. *coûteuse*

15. *Que signifie l'expression « Ils se sont démocratisés » (l.31) ?*

A. Ils sont accessibles à la classe populaire.
B. Ils sont accessibles à tout le monde.
C. Ils sont uniquement accessibles à une partie de la population.
D. Ils ne sont pas accessibles à tous.

☐

16. *En vous basant sur les lignes 25 à 32, nommez* ***un*** *des bénéfices du cirque.*

....

17. *Citez* ***deux*** *activités que l'on peut apprendre à l'école du cirque.*

(a) ....

(b) ....

18. *En vous basant sur la fin du texte, nommez* ***une*** *raison pour laquelle les écoles de cirque sont si populaires.*

....

19. *Quel événement permet au public de visiter les écoles de cirque ?*

....

TOTAL : 21

POUR ALLER PLUS LOIN...

À discuter

1. Que faites-vous de votre temps libre ?
2. Avez-vous des loisirs hors du commun ?
3. Les jeunes lisent de moins en moins croyez-vous que cela est vrai ? Si oui, comment peut-on expliquer ce phénomène ?
4. Préférez-vous lire un livre ou voir son adaptation au cinéma ?
5. Quel genre de livres/films aimez-vous ?
6. Que pensez-vous des Bandes Dessinées ?
7. Lisez-vous/regardez-vous souvent des livres/films étrangers ?
8. Que pensez-vous des superproductions hollywoodiennes ?
9. Pensez-vous qu'il est normal que certains films soient interdits aux mineurs ?
10. Le sport occupe-t-il une place importante dans votre vie ?
11. Vous préférez plutôt les sports individuels ou d'équipe ? Pourquoi ?
12. Que pensez-vous des sports extrêmes ?
13. À quoi servent les vacances selon vous ?
14. Qu'aimez-vous faire pendant vos vacances ?
15. Vacances en famille ou entre amis : quel est votre choix ?
16. Faire le tour du monde, cela vous tenterait ?
17. Achetez-vous encore des CDs ou préférez-vous télécharger la musique à un prix fixe ?
18. Certains artistes ne vendent pas leur musique à un prix fixe. Ils laissent leurs fans décider du prix à payer. Que pensez-vous de cette initiative ?
19. Que pensez-vous du téléchargement illégal ou des sites de partage ?
20. Pensez-vous qu'avoir des loisirs est un luxe ?

À voir

Nos jours heureux, Eric Toledano, Olivier Nakache, 2006

Camping, Fabien Onteniente, 2006

Scout toujours, Gérard Jugnot, 1985

Les randonneurs, Philippe Harel, 1996

À écouter

Evoluer en 3ème division, Christophe Miossec, 1995 *"Boire"*

Johnny Rep, Mickey 3D, 2004 "Live At Saint Etienne"

La cours des grands, Youssou N'dour & Axelle Red, 1998

Je voudrais partir en week-end, Anaïs Croze, 2008 *"The love album"*

Farniente, Anaïs Croze, 2008 *"The love album"*

La musique adoucit les moeurs, Mc Solaar, 1994 *"Qui sème le vent récolte le tempo"*

Disco grenouille, Axelle Red, 2002 *"Face A/Face B"*

À consulter

Centre National de la Cinématographie :
www.cnc.fr

Allocine :
www.allocine.fr

Fédération Française de Football :
www.fff.fr

Fédération Française de Rugby :
www.ffr.fr

Fédération Française d'Equitation :
www.ffe.com

Fédération Française d'Athlétisme :
www.athle.com

Le portail des loisirs :
www.loisirs-online.com

À lire

Le Cinéma, Michel Pascal, éd. Le Cavalier Bleu, 2003

Le Sport, Michel Caillat, éd. Le Cavalier Bleu, 2008

Comme un roman, Daniel Pennac, éd. Gallimard, 1992

Les vacances du petit Nicolas, René Goscinny & Jean-Jacques Sempé, éd. Denoël, 1962

Chapitre 7

LA SANTÉ

Observez les chiffres ci-dessous. Qu'en pensez-vous ? Discutez-en avec un partenaire.

Principales causes de décès des jeunes et des enfants

en 2005

	Moins de 1 an		de 1 à 4 ans		5 à 14 ans		15 à 24 ans		Ensemble tous âges	
	Effectif	**%**	**Effectif**	**%**	**Effectif**	**%**	**Effectif**	**%**	**Effectif**	**%**
Causes externes	71	2,6	180	29,9	263,0	33,9	2 444	64,0	37 805	7,2
dont : accidents de transport	6	0,2	46	7,6	103,0	13,3	1 416	37,1	5 377	1,0
suicides	-	-	-	-	29,0	3,7	567	14,8	10 707	2,0
Certaines infections de la période périnatale	1 355	48,9	5	0,8	2,0	0,3	2	0,1	1 364	0,3
Malformations congén. et anom. chromosomiques	579	20,9	59	9,8	36,0	4,6	72	1,9	1 480	0,3
dont : mal. cong. du système nerveux	65	2,3	8	1,3	6,0	0,8	7	0,2	117	0,0
mal. cong. de l'appareil circulatoire	244	8,8	28	4,7	15,0	1,9	26	0,7	556	0,1
Tumeurs	20	0,7	92	15,3	208,0	26,8	365	9,6	155 407	29,5
Maladies du syst. nerveux et des org. des sens	118	4,3	43	7,1	57,0	7,3	170	4,5	26 371	5,0
Maladie de l'appareil circulatoire	51	1,8	25	4,2	36,0	4,6	136	3,6	149 839	28,4
Maladies infectieuses et parasitaires	60	2,2	32	5,3	24,0	3,1	37	1,0	9 903	1,9
Autres causes	515	18,6	166	27,6	150,0	19,3	593	15,5	145 347	27,6
Toutes causes	2 769	100,0	602	100,0	776,0	100,0	3 819	100,0	527 516	100,0

Champ : France métropolitaine.

Source : Inserm, CépiDc - Centre d'épidémiologie sur les causes médicales de décès.
www.insee.fr

Ados : Faites la paix avec votre corps

TEXTE

Miroir, miroir, pourquoi suis-je la plus laide ? C'est la question que vous vous posez, comme un grand nombre de jeunes filles à l'adolescence. Pourtant, vous devez accepter les changements pour renouer avec votre nouveau corps.

❶ A la puberté, en quelques mois le corps se transforme. Cette étape entre l'enfance et l'âge adulte est souvent vécue avec d'autant plus de difficulté que la métamorphose est irréversible et non maîtrisée. Et puis, le résultat n'est pas nécessairement celui espéré : alors que le corps n'a pas atteint ses proportions adultes, la puberté s'accompagne fréquemment d'une prise de poids, d'une croissance rapide des jambes par rapport au buste, ou de l'apparition de problèmes de peau comme l'acné juvénile. Du coup, se regarder dans un miroir devient parfois un supplice !
Vérité ou illusion ? Si c'était seulement le miroir qui vous renvoyait cette affreuse image ! Mais non ! Les magazines et la télévision semblent confirmer ce que vous pensez : vous n'êtes qu'un vilain petit canard au pays des cygnes !

Le poids, nouvel ennemi ?

❷ Les quelques kilos superflus pris à la puberté doivent vous inciter à ne plus manger n'importe quoi, à ne pas grignoter entre les repas, bref à adopter un nouveau comportement alimentaire.
Certaines jeunes filles, se croyant condamnées à être grosses, se mettent à manger de façon compulsive, sans réussir à se contrôler : satisfaire sa boulimie n'est pas un remède aux difficultés de l'adolescence ; mieux vaut, pour reprendre confiance en soi, exprimer par des mots le malaise provoqué par ce corps en mutation.
D'autres jeunes filles – ou les mêmes, alternant les deux comportements – ne supportent pas l'idée d'avoir un corps sexué, comme leur mère, et refusent leur féminité. Sous prétexte de régime, elles se nourrissent de moins en moins jusqu'à l'anorexie : ainsi croient-elles reprendre la maîtrise d'elles-mêmes, en empêchant leur corps d'exister. Très mal vécue par l'entourage qui se sent coupable, cette attitude oblige la jeune fille à ruser sans arrêt avec sa famille et ses amis. Et le bien-être qu'elle ressent momentanément en n'ayant plus besoin de manger, a des conséquences physiques parfois irréversibles qui nécessitent une hospitalisation et un travail de psychothérapie.

S'aimer tout simplement

❸ En réalité la situation n'est pas si dramatique qu'on le croit : la difficulté, c'est de s'adapter à son nouveau corps, de savoir le porter, comme l'on porte un vêtement, avec élégance : votre centre de gravité a changé de place, et, avec les seins en plus, vous vous sentez plus lourde. Tel l'acteur comique qui se donne des airs d'obèse en se promenant fesses en arrière, ventre en avant, vous exhibez votre nouvelle silhouette, comme si elle était difforme. C'est parce que vous ne vous plaisez pas, que les autres ne vous trouvent pas attirante.

Prendre possession de son corps

❹

La puberté, c'est une deuxième naissance. Lorsque vous aurez admis que vous n'êtes pas en visite dans votre nouveau corps, vous prendrez goût à le soigner et à le mettre en valeur. Vos anciens vêtements vous boudinent ? A vous de trouver maintenant les modèles et les couleurs qui conviennent à vos nouvelles formes ! Réapprenez à marcher ! Ne vous avachissez pas dans un fauteuil ! Et bientôt, vous verrez : ce corps, qui vous semblait monstrueux, deviendra un objet de plaisir et de séduction !

Marianne Chouchan
www.doctissimo.fr

ACTIVITÉS

1. *Cet article s'adresse :*
   - A. aux adolescents en général.
   - B. aux parents d'adolescents.
   - C. aux garçons.
   - D. aux filles.

   ☐

2. *Comment s'appelle la période transitoire qui permet de passer de l'enfance à l'âge adulte ?*

   ....

3. *En vous basant sur le 1^{ier} paragraphe, donnez* **deux** *exemples de la « transformation » qui s'opère pendant cette période ?*

   (a) ....

   (b) ....

4. *Quel mot du 1^{ier} paragraphe signifie «une douleur morale » ?*

   ....

5. *Dans le 1^{ier} paragraphe, à quoi est comparée la jeune fille ?*
   - A. une illusion.
   - B. un vilain petit canard.
   - C. une affreuse image.
   - D. un cygne.

   ☐

6. *D'après le 2e paragraphe, quels sont les* **deux** *troubles du comportement alimentaire qui peuvent apparaître à l'adolescence?*

   (a) ....

   (b) ....

7. *En vous basant sur le 2e paragraphe, citez* ***deux*** *formes de traitement dont la personne souffrant d'anorexie a très souvent besoin.*

   (a) ....

   (b) ....

8. *Selon le 2e paragraphe,* ***deux*** *des phrases suivantes sont vraies. Indiquez les réponses correctes dans les cases de droite.*

   A. Certaines jeunes filles peuvent être à la fois boulimique et anorexique.
   B. En refusant de manger, la personne anorexique perd le contrôle de son corps.
   C. L'entourage de la personne anorexique accepte son choix de ne pas manger et ne ressent aucune culpabilité.
   D. Les jeunes filles anorexiques refusent que leur corps se transforme.
   E. À la puberté il est assez rare de prendre du poids.

   ☐ ☐

9. *Dans le 3e paragraphe, à quoi est comparé le « nouveau corps » ?*

   ....

10. *Dans le 4e paragraphe, à quoi est comparée la puberté ?*

    ....

11. *D'après le 3e paragraphe quelle est la condition pour pouvoir plaire aux autres ?*

    A. être attirante.
    B. exhiber sa silhouette.
    C. s'apprécier soi-même.
    D. plaire.

    ☐

12. *Dans le 4e paragraphe, à quoi se réfère «* ***le*** *» dans la phrase « à* ***le*** *soigner et à le mettre en valeur » ?*

    ....

13. *En vous basant sur le dernier paragraphe, quel mot signifie « serrent de manière à montrer les formes du corps » ?*

    ....

14. *Citez un des conseils donnés pour mettre en valeur son nouveau corps.*

    ....

TOTAL : 18

Le pavillon des enfants fous

Mes yeux se sont détournés des vitres teintées, mon dos se redresse légèrement et mes larmes redoublent. Le bruit de la clef qui tourne dans la serrure... La porte jaune qui s'ouvre sur cette silhouette blanche, comme j'aimerais qu'elle ne soit qu'une silhouette, un fantôme qui passe et ne s'arrête pas... Recroquevillée près de l'oreiller, agrippée à la barre du lit, coincée entre la table de nuit de fer peinte en blanc et mon malheur, je l'observe derrière le brouillard de mes larmes; mon regard se fixe sur le plateau qu'elle porte, cet indéniable défi... Energique, elle le pose sur la table et me regarde en me montrant la chaise, puis m'invite, phrase banale qui, ici, devient tellement cruelle... Lentement, pour reculer la menace, je me lève et traverse le dérisoire mètre de carrelage moucheté qui me sépare de l'autre extrémité de ma prison: Je fais semblant de ne rien voir sur ce plateau, raison ridicule de tous ces murs. Je baisse mes yeux sur mes cuisses maigres et décharnées. – En réalité, mon regard a tout remarqué : les compartiments inégaux, modelés dans la forme, les morceaux de viande noircis, les haricots verts luisants et énormes, la platée de riz, l'œuf dur couvert de ce qu'ils doivent appeler de la « mayonnaise », le pain rassis et le dessert écœurant.

Elle croit vraiment que je vais manger ça ? J'enlève les impuretés amassées sous l'ongle de mon index droit, j'attends, pleurante et butée. Non, ils ne m'auront pas! Je veux qu'ils m'oublient, qu'ils me laissent mourir dans ce carcan, qu'ils m'ignorent et ne me torturent plus avec ces plateaux et ces menaces, je ne demande rien ! Elle n'obtiendra rien, elle peut parler, essayer n'importe quelle ruse stupide : comme chercher à m'attendrir sur mon terrible sort, prendre tour à tour un air apitoyé, coléreux, indifférent ou dominateur. « Tu n'aimerais pas mieux être chez toi ? Ce serait bien quand même, tu ne crois pas? » Puisque c'est vous qui le dites, pourquoi vous ne m'aidez pas à m'échapper? Dire qu'il leur faut un diplôme pour poser des questions pareilles !...

Je regarde mes jambes en baissant la tête. Elle a rapproché ma chaise afin que mon front soit au-dessus du riz collé qui me donne envie de vomir et elle a commencé un sermon méchant et stupide à propos du soleil qui brille sur les petites feuilles rousses de l'automne et de ce garçon qui est resté quatre ans dans une chambre en baissant la tête sur les plateaux.

« Il fait très beau dehors, tu sais, le soleil est chaud. »

Moi je m'en moque du soleil, elle veut me faire très mal, ce n'est pas la peine il n'y a plus que cela en moi : du mal. Elle s'est creusé la tête une heure pour inventer des histoires, elle a même essayé de me montrer comment prendre une fourchette et mastiquer, des fois que j'aurais oublié !

Qu'est-ce que je fais? Je la prends cette fourchette pour faire semblant de me forcer, pour qu'elle dise que j'ai fait un « effort » ? Non, après elle voudra que je m'en serve, elle pourra prendre ma main, s'approcher davantage de moi... Et puis, je veux qu'ils sachent que, de toute façon, ils peuvent faire n'importe quoi, je refuse leurs sales plateaux. Je n'en veux pas ni de leur pitié ni de leurs paroles. Ils ne m'auront pas. Pourquoi ont-ils le droit de m'enfermer ? Personne ne dit rien. Personne ne proteste. Ils s'en moquent, mais bientôt ce sera peut-être leur tour s'ils pleurent trop souvent, s'ils sont toujours tristes... s'ils n'ont pas assez faim au goût des autres; ces autres qui peuvent vous enfermer et faire de vous ce que bon leur semble.

Elle m'a laissée seule devant mon plateau, elle croit peut-être que c'est sa présence qui me gêne pour l'engloutir... les larmes me réchauffent de leur amertume et de leur impuissance. Je voudrais lui marcher dessus, écraser cet œuf qui sent mauvais et me donne la nausée, rendre à jamais inacceptable ce qu'ils me proposent sur ces plateaux de prisonnier... Mais quel crime ai-je donc commis? Ai-je tué quelqu'un et perdu ensuite la mémoire? Ai-je tué, volé? Non, j'ai fait un choix. Il ne les concerne pas, ce n'est pas eux qui **en** souffrent, je suis « inoffensive ». Je les déteste ceux qui disent que je leur fais du mal en me laissant mourir. Ils ne peuvent pas savoir, je ne leur dirai pas, d'ailleurs ils ne m'aiment pas, ce n'est pas ainsi qu'on aime. « Il est interdit de disposer de votre personne à votre gré, mademoiselle, vous ne vous appartenez pas, votre corps est à nous. »

Je me vengerai, je leur ferai du mal, pire que ce qu'ils pourront jamais me faire. Me venger? Moi, misérablement enfermée, impuissante. Ce sont eux les plus forts, ils ont les clefs. Même si je franchis un jour cette porte de quoi pourrai-je les accuser? Ils diront : « La pauvre, on l'a sauvée d'une mort certaine, elle est encore bouleversée, mais bientôt elle nous remerciera... »

Ma colère s'en va et fait place à un terrible découragement qui me laisse inutile, oubliée. Les murs vacillent autour de moi, comme ces manèges sur lesquels je ne pourrai plus jamais monter. Quelle importance d'ailleurs, je les déteste. Elle va revenir chercher le plateau, encore plus lourd, chargé de mon refus et de mon désespoir. J'espère qu'il la fera tomber dans ce couloir sombre, l'œuf pourri devenu une tare irrémédiable restera collé sur son visage, les grains de riz entreront dans ses yeux, ils la rendront aveugle et lorsque ce soir j'aurai la permission d'aller aux lavabos, je pourrai passer devant elle en la méprisant, elle couverte de cette nourriture, répugnante...

Le terrible bruit de la clef qui tourne dans la serrure, elle entre, les mains dans les poches de son affreuse blouse de geôlière, la démarche coléreuse, l'œil impitoyable :

« Tu ne veux pas manger? Moi, ça m'est égal, tu resteras ici, tu t'y plais bien ? »

[-22-] son absence, j'ai retrouvé le contact du drap rêche, elle me regarde [-23-] si j'avais commis un crime, je ne demande rien à personne, moi, je n'ai rien fait et vous le savez.

« Tu n'as pas [-24-] fait l'effort de rester à table. Tant pis pour toi, je te laisse, tu auras tout le temps pour réfléchir. »

Non, elle ne tombera pas dans le couloir, [-25-] ça m'est égal, je ne suis même plus sûre de lui en vouloir, je la méprise seulement...

Personne n'entrera maintenant. Personne ne viendra avec un plateau avant un temps indéfinissable. Je suis seule dans le silence d'une prison injuste, seule avec mes pensées écorchées autant que mon corps. Je regarde ma main posée sur le tissu-éponge du pyjama, je déteste les pyjamas, ils ont un air malsain.

Non, je ne céderai pas à leur chantage humiliant, d'ailleurs, je n'y ai même pas pensé. Ils ne m'auront pas, je ne sais plus dire que cela. Ils m'ont conduite dans cette forteresse en me traînant par les cheveux : « Tu es malade, ici on va te soigner, tu verras, ça ira mieux. » Non! je ne suis pas malade, je me sens très bien. Je n'en veux pas de vos soins, je veux rester seule avec moi, je ne viendrai pas avec vous ! Leur regard était vide, leurs mains prêtes à me saisir : « On ne te fera pas de mal, on ne te forcera pas à manger, on trouvera ce qui ne va pas dans ta petite tête, et ça ira tout seul. Tu verras des gens qui t'aideront, tu continueras tes cours. » Menteurs ! Et puis, de quoi parlent-ils ? Je n'ai besoin de personne, je m'en moque de tous ces gens, je les refuse! quelle importance après tout?

Valérie Valère, *Le pavillon des enfants fous*, © Éditions Stock, 1978.

ACTIVITÉS

1. *En vous basant sur le début du texte, relevez l'expression montrant que pleurs de la narratrice augmentent en intensité.*

   ....

2. *Que désigne l'expression « silhouette blanche » ?*

   A. une infirmière.

   B. un visiteur.

   C. un fantôme.

   D. un gardien de prison.

   ☐

3. *À quoi ou à qui se réfère « **l'** » dans la phrase « je **l'**observe » (l.6) ?*

   ....

4. *À quoi se réfère « **le** » dans la phrase « elle **le** pose sur la table » (l.7) ?*

   ....

5. *En vous basant sur les lignes 4 à 10, citez les **deux** mots que la narratrice utilise en parlant du plateau de nourriture, indiquant que c'est la cause de sa peur.*

   (a) ....

   (b) ....

6. *À quoi compare-t-elle sa chambre d'hôpital ?*

   ....

7. *Relevez **une** caractéristique physique illustrant que la narratrice souffre d'anorexie.*

   ....

8. *Aux lignes 11 à 15, relevez **le** mot que la narratrice utilise pour exprimer son dégoût de la nourriture.*

   ....

9. *Aux lignes 16 à 25 la jeune fille exprime ses désirs. Nommez **deux** de ses désirs.*

   (a) ....

   (b) ....

Vous avez des débuts de phrases à gauche et des fins possibles à droite. En vous basant sur les lignes 26 à 45, associez chaque début avec la fin qui lui correspond. ***Attention*** *: il y a plus de fins que de débuts et chaque fin ne peut être utilisée qu'une seule fois.*

10. La jeune fille a envie de vomir... ☐

11. L'infirmière lui montre comment utiliser une fourchette... ☐

12. La jeune fille hésite à prendre la fourchette car... ☐

13. La jeune fille refuse le plateau de nourriture... ☐

A. parce que le riz collé.

B. parce que la jeune fille ne sait plus se servir d'une fourchette.

C. bien que l'infirmière la force à manger.

D. à cause de la nourriture.

E. car elle ne sait plus quoi faire pour inciter la jeune fille à manger.

F. elle a peur que l'infirmière la force à manger.

G. pour prouver qu'il est inutile d'essayer de la forcer à manger et qu'elle ne cédera pas.

14. Quel mot aux lignes 46 et 47, veut dire « manger avec avidité » ?

....

15. Qu'est-ce qu'elle ne veut pas accepter ?

....

16. À la ligne 52, à quoi se réfère le mot « ***en*** *» dans la phrase « ce n'est pas eux qui* ***en*** *souffrent » ?*

A. la perte de mémoire.
B. son choix.
C. des plateaux.
D. du crime.

☐

17. Comment est perçu son choix par les autres ?

....

18. Aux lignes 54 et 55 la phrase « Il est interdit de disposer de votre personne à votre gré, mademoiselle, vous ne vous appartenez pas, votre corps est à nous » veut dire :

A. que la jeune fille n'a pas le droit de se laisser mourir.
B. que la jeune fille a le droit de se laisser mourir.
C. que la jeune fille fait du mal aux autres en se laissant mourir.
D. que personne ne peut empêcher la jeune fille de se laisser mourir.

☐

19. *Aux yeux de la jeune fille, qu'est-ce qui symbolise la force à l'hôpital (l.57-61)?*

....

20. *Aux ligne 62 à 64, à quoi compare-t-elle les murs de sa chambre ?*

....

21. *Aux lignes 71 à 73, à quoi compare-t-elle l'infirmière ?*

....

Ajoutez les mots qui manquent aux lignes 75 à 81 en les choisissant dans la liste proposée ci-dessous. ***Attention*** *: il y a plus de mots que d'espaces et chaque mot ne peut être utilisé qu'une seule fois.*

soudain ***même*** ***comme*** ***un peu*** ***mais*** ***autant*** ***pendant***

[-22-] ....

[-23-] ....

[-24-] ....

[-25-] ....

26. *Dans le dernier paragraphe, quelle expression la jeune fille utilise-t-elle pour dire qu'elle a été amenée de force à l'hôpital ?*

....

27. *En vous basant sur le dernier paragraphe, nommez* ***une*** *des promesses que les médecins lui ont faites ?*

....

28. *Quel mot la narratrice utilise pour indiquer que les médecins n'ont pas tenu leurs promesses ?*

....

TOTAL : 30

Des associations formulent sept propositions pour une loi de lutte contre l'obésité

TEXTE

❶ Le marketing alimentaire est dans le collimateur. L'UFC-*Que choisir*, accompagnée de cinq autres associations dont **celles** de parents d'élèves PEEP et FCPE, a dévoilé sept propositions de lutte contre l'obésité mardi 4 décembre. Ce collectif, appelé "Obésité : protégeons nos enfants", demande *" l'encadrement des publicités télévisées pour les produits déséquilibrés et le retrait des confiseries au niveau des caisses dans les grandes surfaces".*

❷ Les associations ont envoyé une lettre ouverte à Roselyne Bachelot, ministre de la santé, de la jeunesse et des sports pour demander *« l'adoption prochaine* (...) *d'une loi de prévention de l'obésité infantile ».* Selon le collectif, 1,5 million d'enfants sont touchés par le phénomène d'obésité en France, un chiffre en croissance de 5,7 % par an. Pour étayer leur demande, les associations expliquent avoir mené un certain nombre d'audits et *« que les résultats sont sans appel ».*

❸ Dans 87 % des cas, les publicités pour les produits alimentaires diffusées lors des émissions pour enfants font la promotion de produits gras ou sucrés, estime UFC-*Que choisir* qui cite un taux relevé lors d'une étude menée en 2007 (89 % en 2006).

❹ L'association affirme aussi que, dans 120 magasins de grande distribution visités par ses enquêteurs, 82 % des produits placés en tête de gondole ou dans les brochures sont trop gras ou trop sucrés, et que les confiseries sont [-12-] très souvent présentes près des caisses. [-13-], en ce qui concerne la restauration scolaire, « 45 % des établissements du secondaire ne respectent pas les recommandations nutritionnelles ».

❺ Le collectif souhaite l'application des recommandations nutritionnelles dans la restauration scolaire et l'intervention d'un diététicien. Il suggère que soit doublée l'aide de la recherche publique pour les PME de l'agroalimentaire afin d'améliorer la qualité nutritionnelle des produits. Ce dispositif s'étendrait à la filière fruits et légumes qui bénéficierait [-14-] d'une réduction de 50 % des coûts d'achat d'espace publicitaire.

Laurence Girard, *Le Monde*, 05/12/07.

ACTIVITÉS

1. *Quelles sont les* ***deux*** *revendications du collectif « Obésité : protégeons nos enfants » ?*

   (a) ....

   (b) ....

2. *À quoi se réfère le mot «* ***celles*** *» dans la phrase « dont* ***celles*** *des parents d'élèves » ?*

   ....

Dans le texte, trouvez les mots qui ont la même signification que les expressions ou mots ci-dessous.

3. *«suggestions» (1er paragraphe)* ....
4. *« d'après » (2e paragraphe)* ....
5. *« enquête » (3e paragraphe)* ....
6. *« multipliée par deux » (5e paragraphe)* ....

7. *Selon le 3e paragraphe, quel est le problème des produits alimentaires dont la publicité est destinée aux enfants ?*

....

Les affirmations suivantes, basées sur le texte sont soit vraies, soit fausses. Cochez [✓] la réponse correcte. Justifiez votre réponse par les mots du texte.

	Vrai	**Faux**
8. *Une loi de prévention de l'obésité infantile vient d'être adoptée.*	☐	☐

Justification ....

....

9. *Le nombre d'enfants obèses se stabilise.*	☐	☐

Justification ....

....

10. *La restauration scolaire des établissements du secondaire applique les recommandations nutritionnelles.*	☐	☐

Justification ....

....

11. *La publicité pour les fruits et les légumes serait moitié moins chère que pour les autres produits.*	☐	☐

Justification ....

....

Ajoutez les mots qui manquent dans les 4e et 5e paragraphes en les choisissant dans la liste proposée ci-dessous. ***Attention*** *: il y a plus de mots que d'espaces et chaque mot ne peut être utilisé qu'une seule fois.*

encore ***en outre*** ***enfin*** ***outre que*** ***afin que***

[-12-] ....

[-13-] ....

[-14-] ....

TOTAL : 15

Obésité enfantine : la télé au banc des accusés

TEXTE

❶ Selon les dernières statistiques, 3,5 % de nos chers bambins sont obèses (14 % en surpoids), et figurez-vous que le coupable est tout désigné : ce petit écran devant lequel les 4–14 ans passent 2 h 15 par jour. Dans le rôle du Grand Satan, la publicité pour les aliments « gras, salés, sucrés » qui pousseraient au vice les chérubins.

❷ C'est en tout cas la certitude acquise par Roselyne Bachelot, ministre de la Santé, confortée dans cette conviction par une cohorte d'associations de parents d'élèves (PCPE, PEEP, Unaape) et de consommateurs (UFC-Que choisir). Depuis des mois, Bachelot et son groupe d'experts poussent à éliminer cette pub tentatrice sur trois plages horaires : de 7 h à 8 h 30, de 12 à 14 heures et de 17 à 19 heures. Une liste de « produits acceptables » a été dressée : l'eau, les soupes sans sel, les yaourts sans sucre... Cette mesure ne prend pas en compte un aspect de la réalité publicitaire : les annonceurs les plus riches, comme Coca-Cola ou Mars, ont déjà retiré leur pub des écrans pour enfants. Non par « civisme alimentaire » mais pour mieux concentrer leurs moyens sur les plages horaires (les plus chères) qui réunissent... toute la famille ! L'effet d'éviction préconisé par Roselyne Bachelot s'abattrait donc sur les « petits » du secteur alimentaire et conduirait, à terme, à renforcer les géants de l'alimentaire. Est-ce vraiment l'effet désiré ?

❸ En outre, Bachelot se heurte à un mur qui n'est pas fait de sucre : Christine Albanel, la timide, sort ses griffes pour défendre les producteurs de dessins animés, une industrie où la France s'est brillamment illustrée : 300 heures d'œuvres produites pour la télé par an, une filière de 2.500 personnes (sans compter les talents français partis à l'étranger).

Une charte de 10 engagements

❹ [-18-], sans la pub alimentaire (300 millions d'euros), le dessin animé français boirait le bouillon d'onze heures. Et l'addition sera salée pour TF1 et M6, lesquelles se retourneront immédiatement vers le CSA* pour réclamer la levée de leurs obligations de production... Bref, ce n'est pas l'Américain Mickey qu'on assassine, mais le Français Kirikou ! [-19-], TF1 et M6 ne diffuseraient plus que du dessin animé acheté à l'étranger. « Entre Bob l'éponge qui gobe des hamburgers et les "Tortues Ninja" qui se gavent de pizzas, est-ce qu'on y gagnerait au change ? », s'interroge-t-on au ministère de la Culture.

❺ Albanel a donc préparé sa riposte en examinant les précédents étrangers. Au Québec, la pub TV en direction des enfants est supprimée depuis 1980. Mais entre 1981 et 1991, l'obésité a bondi de 11,5 à 29,4 % ! En Suède, où la pub en direction des moins de 12 ans n'a jamais été autorisée, le taux de surpoids chez les enfants s'élève à 18 %. Aux États-Unis, la pub alimentaire sur les chaînes nationales a baissé de 34 % entre 1977 et 2004. Ce qui n'a pas empêché le quadruplement de l'obésité enfantine au cours de la même période... Idem au Royaume-Uni : entre 1995 et 2004, la pub alimentaire chutait, en nombre de contacts, de 40 % [-20-] l'obésité grimpait de 60 % chez les enfants de 2 à 10 ans...

❻ Albanel a [-21-] fait plancher les annonceurs, les chaînes et les producteurs... Ils ont abouti à une charte de 10 engagements consistant à baisser les tarifs pub pour les « bons produits », ou à faire de la « bonne publicité » sous forme de sketchs de 10 à 15 secondes pour une meilleure hygiène alimentaire, etc. Ces spots seraient financés par les grands annonceurs du secteur alimentaire. En somme, le vice financerait la vertu. Tout sauf la prohibition des sucreries... qui coûterait bonbon au dessin animé français !

Emmanuel Berretta**,** Le Point.fr, 03.07.2008

* CSA = Conseil supérieur de l'audiovisuel.

ACTIVITÉS

1. *Dans le 1ier paragraphe deux autres mots sont utilisés pour désigner les « enfants ». Citez **un** de ces mots.*

   ....

2. *Dans le 1ier paragraphe, quelle expression est utilisée pour désigner « la télévision » ?*

   ....

3. *Selon le 1ier paragraphe, qui est tenu pour responsable de l'obésité infantile ?*

   ....

4. *Dans le 2e paragraphe, quel effet est mentionné ?*

   A. l'affaiblissement des petites entreprises et le renforcement des géants du secteur alimentaire.

   B. Le renforcement des petites entreprises tout en affaiblissant les géants du secteur alimentaire.

   C. L'affaiblissement des petits et des géants du secteur alimentaire.

   D. Le renforcement aussi bien des petits que des géants du secteur alimentaire.

   ☐

En vous basant sur le texte, reliez chacun des mots du texte figurant dans la colonne de gauche à son équivalent dans la colonne de droite. ***Attention*** *: il y a plus de mots dans la colonne de droite que dans celle de gauche.*

5. fait de sucre (3e paragraphe)	☐	*A. mourait*
6. sort ses griffes (3e paragraphe)	☐	*B. devient agressive*
7. boirait le bouillon d'onze heures (4e paragraphe)	☐	*C. mangerait de la soupe*
8. salée (4e paragraphe)	☐	*D. fragile*
9. bonbon (6e paragraphe)	☐	*E. excessive*
		F. sucrerie
		G. bon marché
		H. chère
		I. solide

Vous avez des débuts de phrases à gauche et des fins possibles à droite. En vous basant sur le 2e paragraphe, associez chaque début avec la fin qui lui correspond. ***Attention*** *: il y a plus de fins que de débuts et chaque fin ne peut être utilisée qu'une seule fois.*

10. La ministre de la santé...	☐	*A. risque de mettre en danger les petites entreprises alimentaires.*
11. L'interdiction de publicité à certaines heures...	☐	*B. pensent seulement à faire du profit.*
12. Les riches annonceurs...	☐	*C. se préoccupent de la santé des gens.*
		D. est convaincue que la publicité est responsable de l'obésité infantile croissante.
		E. ne pense pas que la publicité a une influence sur le poids des enfants.
		F. pourrait mettre en danger les annonceurs les plus riches.

13. Dans le 4e paragraphe, les mots « se gavent » et « gobe » veulent dire

A. manger.
B. acheter.
C. faire.
D. cuisiner.

☐

14. *Selon les 4e et 5e paragraphes, **deux** des phrases suivantes sont fausses. Indiquez les lettres correspondantes dans les cases de droite.*

A. Le dessin animé français a besoin de la publicité alimentaire pour survivre.

B. Les dessins animés étrangers ne montrent pas le bon exemple de l'importance d'une alimentation équilibrée.

C. À l'étranger, il a été constaté que l'obésité a diminué grâce à la réduction de la publicité en direction des enfants.

D. À l'étranger, il a été observé que la réduction ou l'interdiction de la publicité ciblant les enfants n'a eu aucune influence sur le taux d'obésité des enfants.

E. Kirikou est le nom d'un personnage d'un dessin animé créé aux Etats-Unis.

☐ ☐

15. *Dans le dernier paragraphe, quel mot veut dire « travailler » ?*

....

16. *Donnez **un** exemple des engagements de la charte.*

....

17. *En vous basant sur le texte, donnez **deux** exemples des « bons produits ».*

(a) ....

(b) ....

*Ajoutez les mots qui manquent dans les 4e, 5e et 6e paragraphes en les choisissant dans la liste proposée ci-dessous. **Attention** : il y a plus de mots que d'espaces et chaque mot ne peut être utilisé qu'une seule fois.*

ailleurs ***tandis que*** ***outre*** ***donc*** ***d'ailleurs*** ***or***

[-18-] ....

[-19-] ....

[-20-] ....

[-21-] ....

TOTAL : 23

Une loi pour apprendre à manger

T E X T E

Les distributeurs alimentaires dans les écoles, les publicités alléchantes pour les en-cas sucrés et salés, les stratégies des fabricants pour vous séduire par la présentation ou la composition de leurs produits... la loi française a voulu réglementer ces pratiques pour lutter contre l'augmentation de l'obésité, principalement chez les jeunes. Une nouvelle loi relative à la santé publique comprend ainsi des mesures censées vous préserver de la malbouffe.

Distributeurs et publicité. La mesure la plus spectaculaire est celle qui interdit la présence de distributeurs automatiques proposant la vente de boissons ou se produits alimentaires dans les établissements scolaires. Cette décision reste cependant insuffisante aux yeux de certains qui espéraient jusqu'à l'interdiction des publicités pour les produits sucrés et salés à destinations des enfants. Finalement, les publicitaires ont désormais l'obligation d'accompagner leurs messages d'un avertissement sanitaire. Mais ils peuvent aussi passer outre et préférer payer une taxe supplémentaire qui servira à financer des actions d'information nutritionnelle.

Premix et alcopops. Un autre volet de la loi vise à lutter contre la consommation d'alcool chez les jeunes. Il impose pour cela une taxe supplémentaire sur les boissons alcoolisées sucrées titrant entre 1,2% vol. et 12% vol. Sont ainsi visés les premix et alcopops. Ces mélanges d'alcool et de jus de fruit ou de soda (whisky-cola, gin & tonic), bières aromatisées ou alcools conditionnés en canettes et bouteilles colorées se multiplient sur les rayons. Le but de ces présentations en faible quantité, en cannettes avec des saveurs très sucrées, est non seulement de rajeunir l'image de ces produits mais aussi de faire oublier leur caractère alcoolisé afin de séduire les jeunes clients. Là encore, le simple fait de taxer ces produits est parfois jugé insuffisant. Il permettrait en effet aux fabricants de poursuivre leur stratégie commerciale pour un prix finalement modique.

Caroline Carissoni, Les clés de l'actualité n° 585/ du 2 au 8 septembre 2004

ACTIVITÉS

1. *Quel est l'objectif principal de cette nouvelle loi ?*

   ....

2. *Que signifie le mot « alléchant » (l.1) ?*

   A. allégé.

   B. attrayant.

   C. repoussant.

   D. amusant.

   ☐

3. *Dans le premier paragraphe quelle expression signifie une mauvaise alimentation ?*

   ....

Les affirmations suivantes, basées sur le texte sont soit vraies, soit fausses. Cochez [✓] la réponse correcte. Justifiez votre réponse par les mots du texte.

	Vrai	Faux
4. *Cette mesure fait l'unanimité.*	☐	☐

Justification ....

....

5. *Cette nouvelle loi espère limiter la consommation d'alcool chez les jeunes.*	☐	☐

Justification ....

....

6. *Quelle stratégie de vente les fabricants de prémix et alcopops utilisent-ils pour attirer les jeunes ?*

....

Reliez chacun des mots du texte figurant dans la colonne de gauche avec son équivalent dans la colonne de droite. Référez-vous au texte pour le sens. ***Attention*** *: il y a plus de mots dans la colonne de droite que dans celle de gauche.*

7. *principalement (l.5)*	☐	A. *à partir de maintenant*
		B. *attirées*
8. *censées (l.6)*	☐	C. *extraordinaire*
9. *spectaculaire (l.7)*	☐	D. *au sujet de*
		E. *une attitude*
10. *désormais (l.12)*	☐	F. *un aspect*
11. *un volet (l.16)*	☐	G. *un impôt*
		H. *surtout*
12. *une taxe (l.14)*	☐	I. *continuer*
		J. *supposées*
13. *poursuivre (l.25)*	☐	

TOTAL : 13

L'initiation à l'alcool commence dès 11 ans

TEXTE

❶ 

Une enquête sur les 11–15 ans révèle qu'à 13 ans, 16 % des jeunes ont déjà été ivres.

À 11 ans, six élèves sur dix ont déjà bu un verre d'alcool. Ils sont plus de huit sur dix à l'âge de 15 ans, selon les premiers résultats d'une étude publiée mardi par l'Observatoire français des drogues et des toxicomanies (1). L'enquête, coordonnée par le service médical du rectorat de Toulouse et qui porte sur 7000 élèves scolarisés, montre la précocité de l'initiation à l'alcool en France.

❷ Elle éclaire aussi sur les comportements des jeunes et leur rapport aux drogues à un moment clé, l'entrée dans l'adolescence. L'alcool est ainsi le produit le plus expérimenté par les jeunes de moins de 15 ans, loin devant le tabac, le cannabis ou les autres drogues. « Ce résultat n'est pas surprenant dans une culture où cette boisson demeure omniprésente, constate le Dr Emmanuelle Godeau, médecin de santé publique au rectorat de Toulouse et responsable de l'étude. C'est en famille que les jeunes sont invités à boire pour la première fois. »

À partir de 15 ans, une consommation entre amis, loin du regard des adultes, va au contraire se développer. C'est à cet âge que les premières ivresses font leur apparition : 16 % des jeunes de 13 ans déclarent avoir déjà été saouls. Ils sont 41 % dans ce cas à 15 ans. Or, selon le Dr Godeau, « ce pourcentage a significativement augmenté depuis 2002 ». À 15 ans, 20 % des garçons et 12 % des filles indiquent avoir été ivres au cours du mois écoulé.

L'étude confirme ainsi l'émergence en France des « alcoolisations aiguës », ou binge drinking. Connu depuis longtemps dans les pays du nord de l'Europe, ce phénomène est désormais jugé préoccupant par Roselyne Bachelot. Fin février, la ministre de la Santé a annoncé une prochaine campagne de sensibilisation sur le sujet.

❸ « On sait que l'adolescence est une période d'essais, de recherches de ses limites, indique Emmanuelle Godeau. Ce qu'il faut surveiller, c'est une éventuelle installation dans un usage régulier ou à risque. »

Les élèves, filles comme garçons, ont une nette préférence pour les boissons sucrées et peu alcoolisées : le cidre est le produit le plus cité à tous les âges. À partir de 15 ans cependant, plus d'un adolescent sur deux se met également à mentionner le vin, le champagne, la bière ou les prémix des mélanges de boissons gazeuses et d'alcool conçus pour séduire les jeunes.

Un adolescent sur cinq fume tous les jours

❹ [-15-], les auteurs de l'étude s'interrogent sur l'efficacité des mesures de prévention en matière de tabagisme. [-16-] l'interdiction de vente des cigarettes aux moins de 16 ans, l'expérimentation du tabac apparaît [-17-] banale chez les primo-adolescents. [-18-] un élève sur dix seulement a testé cette substance à l'âge de 11 ans, ils sont un sur trois à 13 ans et plus d'un sur deux à 15 ans. « Des chiffres en baisse par rapport à l'enquête précédente, il y a quatre ans », souligne toutefois Emmanuelle Godeau.

Le noyau dur des fumeurs réguliers, **lui**, ne diminue pas : près d'un adolescent de 15 ans sur cinq fume tous les jours. Les filles, qui commencent plus tardivement que les garçons, deviennent plus nombreuses parmi les usagers réguliers à l'adolescence.

Bonne nouvelle, l'expérimentation du cannabis semble avoir atteint un seuil, après avoir fortement augmenté ces dernières années et ce jusqu'en 2002. Selon l'enquête, 28 % des adolescents de 15 ans ont essayé ce produit. Son usage régulier reste marginal.

Les garçons sont davantage concernés que les filles. La France reste cependant parmi les dix pays (sur les 41 qui réalisent l'enquête selon une méthodologie standardisée) où les jeunes s'essaient le plus à cette substance illicite.

Delphine Chayet, *Le Figaro*, 08.04.2008

(1) L'étude « Tabac, alcool et cannabis durant la primo-adolescence », réalisée en 2006, concerne des élèves de 11, 13 et 15 ans. Le rapport complet sera publié en septembre.

ACTIVITÉS

1. *Dans le 1^{ier} paragraphe, quel mot veut dire « saouls » ?*

   ....

2. *Selon le 1^{ier} paragraphe, qu'a démontré l'étude de l'Observatoire français des drogues et des toxicomanies ?*

   ....

Les affirmations suivantes, basées sur le 2e paragraphe sont soit vraies, soit fausses. Cochez [✓] la réponse correcte. Justifiez votre réponse par les mots du texte.

	Vrai	Faux
3. *Les jeunes consomment moins d'alcool que de drogues.*	☐	☐

Justification ....

....

4. *Les jeunes commencent à boire de l'alcool avec leurs amis.* ☐ ☐

Justification ....

....

5. *Les jeunes commencent à se soûler uniquement vers 15 ans.* ☐ ☐

Justification ....

....

6. *Davantage de garçons que de filles s'enivrent.* ☐ ☐

Justification ....

....

7. *Selon le 2e paragraphe, quel fait inquiète la ministre de la santé ?*

....

8. *Dans le 3e paragraphe, que représente l'adolescence ?*

....

9. *Quel est le risque pour les adolescents selon le Dr Godeau dans le 3e paragraphe ?*

....

10. *Selon le 3e paragraphe, quel est l'alcool favori des adolescents et pourquoi ?*
    (a) Alcool favori ?..
    (b) Pourquoi ?...

11. *Quel est l'âge légal pour pouvoir acheter des cigarettes en France ?*

....

12. *Dans le 4e paragraphe, à quoi se réfère « **lui** » ?*

....

13. *Dans le 4e paragraphe, quelle expression veut dire « quotidiennement » ?*

....

14. *Selon le 4e paragraphe, **trois** des six phrases suivantes sont fausses. Indiquez les lettres correspondantes dans la case de droite.*

    A. Plus de la moitié des adolescents de 13 ont déjà essayé la cigarette. ☐
    B. Presque un cinquième des adolescents de 15 ans fument régulièrement.
    C. Les filles sont plus âgées que les garçons quand elles commencent à fumer. ☐
    D. À l'adolescence, les fumeurs réguliers comptent plus de filles que de garçons.
    E. De plus en plus d'adolescents testent le cannabis. ☐
    F. La France est le pays où l'expérimentation du cannabis touche plus les jeunes.

Ajoutez les mots qui manquent dans le 4e paragraphe en les choisissant dans la liste proposée ci-dessous. ***Attention*** *: il y a plus de mots que d'espaces et chaque mot ne peut être utilisé qu'une seule fois.*

en effet **par ailleurs** **si** **de même** **malgré** **malgré que**

[-15-] ....

[-16-] ....

[-17-] ....

[-18-] ....

En vous basant sur le 4e paragraphe, reliez chacun des mots du texte figurant dans la colonne de gauche à son équivalent dans la colonne de droite. ***Attention*** *: il y a plus de mots dans la colonne de droite que dans celle de gauche.*

19. seuil	☐	*A. plus*
20. usage	☐	*B. limite*
21. marginal	☐	*C. dans*
22. davantage	☐	*D. exclu*
23. parmi	☐	*E. consommation*
		F. entrée
		G. secondaire
		H. milieu
		I. utiliser

TOTAL : 26

sam CELUI QUI CONDUIT, C'EST CELUI QUI NE BOIT PAS.

TEXTE

c ki Sam ?

❶ **Paragraphe 1**

Pour lutter efficacement contre les dangers de l'alcool au volant et responsabiliser notamment les jeunes, les pouvoirs publics, les associations spécialisées et les professionnels de la nuit (responsables de discothèques, de bars...) ont mis en place la solution du « conducteur désigné ». Son principe est simple et efficace : « celui qui conduit, c'est celui qui ne boit pas ». Depuis plusieurs années, la Sécurité routière et ses différents partenaires s'unissent pour diffuser ce concept, le faire vivre, soutenir ses messages et **en** faire un réflexe pour tous.

Des campagnes successives produites par la Sécurité routière ont fortement marqué les esprits et la signature « celui qui conduit, c'est celui qui ne boit pas » connaît aujourd'hui une forte notoriété. Cependant, l'alcool tue toujours et on estime que 28 % des morts de la route en 2004 auraient pu être évités si tous les conducteurs avaient respecté la limite légale d'alcoolémie.

❷ **Paragraphe 2**

En 2004, la Sécurité routière lance une première campagne de sensibilisation fédératrice basée sur un visuel fort et souriant. En cette fin d'année 2005, pour renforcer l'impact du principe du conducteur désigné et faciliter son appropriation par les jeunes, la Sécurité routière a décidé de baptiser le conducteur désigné. Après un travail collectif avec les associations et des tests, le nom de Sam a été retenu. Pour 44 % des 15/24 ans interrogés*, Sam évoque le prénom d'une personne. Sam est unisexe renvoyant à la fois au diminutif de Samuel ou Samantha... D'autres évocations sont également liées à ce nom : le « Sam'di » pour les uns ou encore « Sam'va » pour les autres. Dans l'ensemble, 58 % des personnes interrogées trouvent que c'est une bonne idée de donner un prénom au conducteur désigné et 47 % des 15/24 ans estiment qu'**il** rend le dispositif plus concret.

* Source : Etude Ifop / Sécurité routière mai 2005.

❸ **Paragraphe 3**

Une campagne média pour interpeller et responsabiliser les jeunes sur les lieux de consommation et en situation de conduite débutera dès le 10 décembre 2005 avec:

- des bannières Internet du 22 au 31 décembre,
- des spots radio sur les ondes du 23 au 31 décembre, venant rappeler au conducteur les risques de l'alcool au volant et le principe du « conducteur désigné »,
- le site internet www.ckisam.fr dès le 22 décembre,
- un affichage tactique : sur les tables de bars (du 12 décembre au 8 janvier), dans les toilettes de discothèques et restaurants et la mise à disposition de cartes postales dans les lieux de vie de jeunes (du 19 décembre au 1er janvier).

Les éléments de la campagne mettent en scène le concept du « conducteur désigné » avec la mise en situation de Sam, sobre et responsable, raccompagnant ses amis et reprenant la représentation utilisée pendant la campagne d'été (tête aux dimensions atypiques et aux yeux grands ouverts).

❹ Paragraphe 4

[-13-] quelques années, les efforts entrepris en France dans le domaine de la sécurité routière ont permis de sauver des milliers de vie. Depuis 2002, le nombre des personnes tuées a baissé de près de 40 %. Au total, ce sont près de 6500 vies qui ont été sauvées.

[-14-], il reste du chemin à parcourir, en particulier chez les jeunes qui demeurent un sujet de préoccupation majeur pour la Sécurité routière. Les accidents de la route représentent encore la première cause de mortalité chez les 18/24 ans. [-15-] qu'en 2004, les 18/24 ans accusent une hausse de + 0.7 % du nombre de personnes tuées sur les routes. Les accidents mortels des jeunes ont plus [-16-] lieu la nuit et le week-end que pour l'ensemble de la population : 56 % la nuit (contre 40 % pour l'ensemble de la population) et 41 % le week-end (contre 33 %). L'alcool constitue une cause majeure d'insécurité routière pour l'ensemble de la population en France avec près d'un accident mortel sur trois.

www.ckisam.fr

Retrouver toutes les informations de sécurité routière sur le site www.securiteroutiere.gouv.fr

Après avoir lu le texte, rendez à chaque paragraphe son sous-titre.

1.	Paragraphe 1	☐	*A. Qui est Sam ?*
2.	Paragraphe 2	☐	*B. Les accidents de la route, première cause de mortalité chez les 18/24 ans*
3.	Paragraphe 3	☐	*C. Le principe du conducteur désigné : celui qui conduit, c'est celui qui ne boit pas*
4.	Paragraphe 4	☐	*D. Une campagne média de sensibilisation à la veille des fêtes de fin d'année*

5. *D'après le 1er paragraphe, quels sont les* **deux** *objectifs de la création du « conducteur désigné » ?*

   (a) ....

   (b) ....

6. *Quel mot du 1er paragraphe veut dire « particulièrement » ?*

   ....

7. *Dans le 1er paragraphe, à quoi se réfère le mot «* **en** *» dans la phrase « soutenir ses messages et* **en** *faire un réflexe pour tous » ?*

   ....

8. *Dans le 1er paragraphe, quelle est la condition mentionnée pour la personne qui conduit ?*

   ....

9. *En vous basant sur le 2e paragraphe, citez* **une** *raison pour laquelle on a donné un nom au « conducteur désigné » ?*

   ....

10. *Dans le 2e paragraphe, à quoi ou à qui se réfère «* **il** *» dans la phrase « 47 % des 15/24 ans estiment qu'***il** *rend le dispositif plus concret » ?*

    ....

11. *Selon le 2e paragraphe à quoi est associé le nom Sam pour une grande partie des 15/24 ans ?*

    ....

12. *Selon le 3e paragraphe,* ***deux*** *des phrases suivantes sont vraies. Indiquez les réponses correctes dans les cases de droite.*

A. La campagne de sensibilisation est principalement diffusée à la télévision.

B. La campagne de sensibilisation la plus longue consiste d'un affichage sur les tables de bars. ☐

C. Sam est représenté comme la personne responsable qui ne boit pas et conduit ses amis. ☐

D. Sam est représenté avec les yeux fermés.

E. La campagne de sensibilisation se déroule juste après les fêtes de fin d'année.

Ajoutez les mots qui manquent dans le 4e paragraphe en les choisissant dans la liste proposée ci-dessous. ***Attention*** *: il y a plus de mots que d'espaces et chaque mot ne peut être utilisé qu'une seule fois.*

depuis jamais c'est ainsi souvent cependant toujours ensuite

[-13-] ....

[-14-] ....

[-15-] ....

[-16-] ....

Vous avez des débuts de phrases à gauche et des fins possibles à droite. En vous basant sur le 4e paragraphe, associez chaque début avec la fin qui lui correspond. ***Attention*** *: il y a plus de fins que de débuts et chaque fin ne peut être utilisée qu'une seule fois.*

17. *La première cause de mortalité chez les jeunes...* ☐
18. *Le nombre d'accidents de la route mortels est...* ☐
19. *Les accidents de la routes impliquant des jeunes...* ☐
20. *Un tiers des accidents de la route sont causés...* ☐

A. *en diminution depuis 2002.*

B. *par la consommation d'alcool.*

C. *est due aux accidents de la route.*

D. *se produisent principalement la nuit.*

E. *est due à l'alcool.*

F. *a baissé depuis quelques années.*

G. *le week-end.*

TOTAL : 22

TEXTE

Les cigarettes bonbons attirent les adolescents

Les médecins dénoncent les effets pervers de ce tabac aromatisé.

1 Elles sont roses ou noires, ont un goût de chocolat, de vanille ou de fraise, et s'allument à la sortie du collège. Les « cigarettes bonbons » sont entrées dans les habitudes des adolescents, à en croire les résultats d'une enquête de l'association Paris sans Tabac, rendue publique hier. « Ce tabac au goût sucré a atteint sa cible : c'est un produit d'initiation, qui séduit les plus jeunes élèves, filles comme garçons », interprète Bertrand Dautzenberg, président de l'Alliance contre le tabac en Ile-de-France.

2 Selon l'enquête réalisée auprès des collèges et lycées de l'académie de Paris, 30 % des fumeurs âgés de 13 ans consomment régulièrement des Pink Elephant ou des Black Devil. Leur intérêt diminue toutefois avec l'âge : ils ne sont plus que 5 % à en fumer à 15 ans.

Intervenant après plusieurs années de recul du tabagisme chez les plus jeunes, le récent intérêt des adolescents pour ces cigarettes inquiète les médecins. « Trompés par la douceur de la fumée, ils inhalent profondément et augmentent ainsi leur risque de dépendance ultérieure, s'alarme le Pr Gilbert Lagrue, médecin à l'hôpital Albert Chenevier de Créteil *. D'autant que, plus l'expérimentation est précoce, plus ce risque est grand. »

Effet rassurant

3 « Il est troublant de constater que l'arrivée de ces nouvelles cigarettes sur le marché coïncide avec une reprise de la consommation », renchérit Bertrand Dautzenberg. Le nombre d'élèves âgés de 13 à 18 ans qui fument tous les jours a en effet augmenté depuis 2007, indique l'enquête. Malgré l'interdiction de vendre du tabac aux moins de seize ans, votée en 2004 et encore peu appliquée. Selon un test du Comité national contre le tabagisme, les buralistes enfreignent la loi dans 74 % des cas.

4 Entre 12 et 15 ans, les adolescents sont donc 18 % à avoir déjà fumé du narguilé, 14 % connaissent le goût des blondes et 13 % celui des brunes. Ils sont aussi 14 % à avoir testé les cigarettes aromatisées. « Après une forte augmentation dans un premier temps, nos ventes ont atteint un seuil en France et ont même accusé une légère baisse l'an dernier, relativise Jaap van de Wal, le directeur exécutif de Heupink & Bloemen, la marque hollandaise qui a lancé ce produit décrié. Notre but est de fidéliser des fumeurs qui s'offrent pour changer, le week-end, une cigarette parfumée. » La marque écoule un million de paquets par an en France et évalue à « quelques milliers » le nombre de ses clients.

❺ Or la douceur du goût et le style des paquets ont un effet rassurant sur les collégiens et les lycéens. Selon l'enquête de Paris sans Tabac, plus de la moitié des sondés croient que les cigarettes parfumées sont « moins dangereuses que les autres ». « Après les light, les super-light, les industriels ont inventé la cigarette bonbon pour contrer le travail de prévention et d'information des médecins », déplore Gilbert Lagrue.

* Auteur de « Parents : alerte au tabac et au cannabis », Ed. Odile Jacob.

Delphine Chayet, *Le Figaro*, 22.05.2008

ACTIVITÉS

1. *Dans le 1ier paragraphe, l'expression « elles s'allument à la sortie du collège » veut dire :*
   A. que les jeunes qui sont a l'université fument ces cigarettes.
   B. que les collégiens fument ces cigarettes. ☐
   C. que tous les jeunes fument ces cigarettes.
   D. que les lycéens fument ces cigarettes.

2. *Pourquoi les appelle-t-on « cigarettes bonbons » ?*

   ....

3. *D'après le 1ier paragraphe, qui est la cible des « cigarettes bonbons » ?*

   ....

Les affirmations suivantes, basées sur le 2e paragraphe sont soit vraies, soit fausses. Cochez [✓] la réponse correcte. Justifiez votre réponse par les mots du texte.

	Vrai	Faux
4. *En grandissant, les adolescents consomment moins de « cigarettes bonbons ».*	☐	☐
5. *Les adolescents peuvent devenir dépendants au tabac même si celui-ci est plus doux.*	☐	☐

4. Justification ....

   ....

5. Justification ....

   ....

6. *Les jeunes qui commencent à fumer tôt ont plus de risque de devenir dépendant.* ☐ ☐

Justification ....

....

7. *Dans le 2e paragraphe, à qui ou à quoi se réfère « **leur** » dans la phrase « augmentent ainsi **leur** risque de dépendance ultérieure » ?*

....

En vous basant sur le 2e paragraphe, reliez chacun des mots du texte figurant dans la colonne de gauche à son équivalent dans la colonne de droite. ***Attention*** *: il y a plus de mots dans la colonne de droite que dans celle de gauche.*

8. *recul*	☐	A. *préoccupe*
		B. *distance*
9. *inquiète*	☐	C. *diminution*
		D. *avant*
10. *trompés*	☐	E. *induits en erreurs*
		F. *rassure*
11. *ultérieure*	☐	G. *future*

Vous avez des débuts de phrases à gauche et des fins possibles à droite. En vous basant sur les 4e et 5e paragraphes, associez chaque début avec la fin qui lui correspond. ***Attention*** *: il y a plus de fins que de débuts et chaque fin ne peut être utilisée qu'une seule fois.*

12. *La recrudescence du tabagisme...*	☐	A. *chez les 13–18 ans est en progression.*
13. *Le pourcentage des fumeurs réguliers...*	☐	B. *a atteint son maximum après avoir considérablement augmenté.*
14. *Légalement, les jeunes de moins de 16 ans...*	☐	C. *peuvent acheter du tabac chez un buraliste.*
15. *La vente des cigarettes bonbons...*	☐	D. *pourrait être liée à l'apparition des cigarettes aromatisées.*
		E. *que les jeunes fument de plus en plus.*
		F. *n'ont pas le droit d'acheter des cigarettes.*

16. *Selon le 4e paragraphe, quel est l'objectif de Jaap van de Wal ?*

....

17. *D'après le dernier paragraphe quelle idée fausse ont les adolescents sur les cigarettes aromatisées ?*

....

TOTAL : 17

TEXTE

Quinze ans et déjà accro aux stéroïdes : l'inquiétante montée du dopage chez les ados

❶ SUR LA PISTE du stade Robert-Brettes à Mérignac, dans la banlieue de Bordeaux, les adolescents reprennent tout juste leur souffle. La dernière épreuve des championnats du monde scolaire d'athlétisme vient de s'achever ce lundi, et les 600 jeunes de 15 à 17 ans venus de 26 pays ont déjà la tête à la fête qui sera organisée le soir même. Prestement, chacun ramasse son sac de sport avant de se diriger vers les vestiaires, sans un regard pour le local réservé aux contrôles antidopage. Mis à la disposition des autorités sanitaires, **il** est resté vide pendant les deux jours de la compétition sportive.

❷ À l'instar des jeunes athlètes, médecins, kinés et encadrement sportif n'aiment pas parler de dopage. Encore moins lorsqu'il concerne les mineurs. Devant l'entrée des tribunes, les quelques panneaux d'information réalisés par des collégiens d'Agen sous le contrôle de leur professeur d'éducation physique, Christine Pezet-Gonnet, une ancienne sportive, n'attirent pas les foules.

❸ Il faut dire qu'ici personne n'a pris connaissance de l'enquête choc publiée la semaine dernière par le docteur Patrick Laure, un spécialiste des conduites dopantes chez les adolescents, professeur à l'université Paris-Orsay. Son étude, réalisée pendant quatre ans auprès de 3560 collégiens vosgiens de 11 ans, révèle que 1,2 % de ces enfants ont utilisé des substances ou médicaments interdits par l'Agence mondiale antidopage lors de compétitions sportives. Un chiffre qui grimpe à 3 % à la fin de la période d'observation, alors que les enfants sont devenus des adolescents de 15 ans. Cela fait d'autant plus froid dans le dos qu'on croyait ces pratiques réservées aux seuls sportifs de haut niveau.

❹ Qui sont ces enfants ? Quels produits prennent-ils et pourquoi ? Comment se **les** procurent-ils et quels sont les dangers **auxquels** ils s'exposent ? Les réponses existent mais elles sont multiples. « *C'est un phénomène complexe et multifactoriel* », confirme Fabrice Lorente, vice-président de l'université de Perpignan, qui a lancé une vaste étude sur le sujet en Région Paca*. Selon ses résultats, 6 % des garçons de 14 à 18 ans disent avoir déjà pris de la créatine, un produit censé favoriser la musculature et que l'on trouve en pharmacie. « *La performance en tant que telle a une importance, mais on s'aperçoit que les ados cherchent aussi à changer leur apparence, notamment avec les stéroïdes anabolisants qui augmentent justement la masse musculaire.* »

❺ **« Gamins en mal-être »**

Des enfants ou des adolescents mal dans leur peau, c'est également le constat de Patrick Laure, auteur de nombreuses études sur le sujet pour la direction régionale de la jeunesse et des sports de Lorraine. « *Ce sont souvent des gamins en mal-être qui vont adopter un certain nombre de conduites à risque, simplement pour exister. Ils vont prendre un produit dopant, mais ils vont aussi ne pas mettre de casque sur leur scooter. Ils vont jouer avec leur santé en consommant ainsi tout un tas de produits.* » Adolescents en rupture, ces jeunes, du coup, sont aussi ceux qui ont déjà essayé le tabac, l'alcool ou le cannabis. « *Ils sont polyconsommateurs. Leur consommation de produits dopants commence d'ailleurs par d'autres substances, comme l'alcool, largement répandu durant les troisièmes mi-temps* », explique Marie Choquet, directrice de recherche à l'Inserm. Mais, pour cette spécialiste de la santé des jeunes, ces ados sont aussi plus violents que les autres. « *Les deux phénomènes sont liés. Ils sont en même temps dans la consommation de produits illicites et adoptent des comportements illicites.* »

❻ Stéroïdes, EPO ou hormones de croissance sont quasiment en vente libre sur Internet. « *Ils proviennent surtout des pays de l'Est. Mais comme les jeunes ne sont pas sûrs de leur composition, ils achètent surtout auprès de leur entourage* », explique le docteur Jean Bilard qui dirige le numéro vert Écoute Dopage. Cercle familial, mais aussi coéquipiers, entraîneur ou médecin du sport sont ainsi les principaux fournisseurs de ces produits. Pas étonnant, dans ces conditions, que l'omerta soit si dure à briser dans le milieu.

Jean-Marc Philibert, *Le Figaro*, 14.10.2007

* Provence, Alpes, Côte d'Azur.

ACTIVITÉS

1. *Quel événement sportif est mentionné dans le 1^ier^ paragraphe ?*

   ....

2. *Dans le 1^ier^ paragraphe, l'expression « ont déjà la tête à la fête» veut dire :*

   A. pensent à la fête.

   B. organisent la fête.

   C. rêvent d'avoir une fête.

   D. préparent une fête.

   ☐

3. *En vous basant sur le 1^ier^ paragraphe, à quoi se réfère le mot « **il** » ?*

   ....

4. *D'après le 1^ier^ paragraphe quelle expression suggère qu'il n'y a eu aucun contrôle antidopage pendant la compétition ?*

   ....

5. *Quelle expression du 2e paragraphe signifie « à l'exemple » ?*

   ....

6. *En vous basant sur le 2e paragraphe, complétez la phrase suivante.*

Les professionnels du sport n'aiment pas aborder le sujet du dopage surtout chez les

....

7. *Dans le 3e paragraphe, quel autre mot est utilisé pour dire « enquête » ?*

....

8. *Quelle phrase résume les résultats de l'enquête du docteur Patrick Laure ?*

A. La majorité des jeunes commencent à utiliser des substances ou médicaments dopants dès l'âge de 11 ans et continuent jusqu'à 15 ans.

B. Certains jeunes commencent à utiliser des substances ou médicaments dopants dès l'âge de 11 ans et leur nombre a plus que doublé quatre ans après.

C. Les jeunes commencent à utiliser des substances ou médicaments dopants dès l'âge de 15 ans.

D. Certains jeunes commencent à utiliser des substances ou médicaments dopants dès l'âge de 11 ans mais arrêtent tous quatre ans plus tard, vers l'âge de 15 ans.

☐

9. *Dans le 3e paragraphe, que signifie l'expression « cela fait d'autant plus froid dans le dos » ?*

A. cela est encore plus rassurant.

B. cela fait encore moins peur.

C. cela nous laisse indifférent.

D. cela fait encore plus peur.

☐

10. *Selon le 3e paragraphe, à qui est associé au dopage généralement ?*

....

En vous basant sur le 4e paragraphe, dites à qui ou à quoi se réfèrent les mots suivants :

11. *Comment se **les** procurent-ils et quels sont*	**les**	
12. *les dangers **auxquels** ils s'exposent ?*	**auxquels**	

13. *Quel est l'effet de la créatine ?*

....

14. *D'après le témoignage de Fabrice Lorente, quelles sont les **deux** raisons qui motivent les adolescents à prendre des produits dopants ?*

(a) ....

(b) ....

15. *D'après le 5e paragraphe, qui sont ces enfants qui prennent des substances ou médicaments dopants ?*

....

16. *En vous basant sur le 5e paragraphe, citez un autre exemple du comportement à risque de ces enfants.*

....

17. *Trouvez les **trois** phrases qui résument les idées du 5e paragraphe.*

A. Les jeunes consommateurs de produits dopants, consomment également d'autres produits comme l'alcool, le tabac ou le cannabis.
B. La consommation de produits dopants n'influencent pas les jeunes a consommer d'autres substances illicites.
C. La consommation d'alcool est souvent une première étape avant la consommation de produits dopants pour ces jeunes.
D. Bien qu'ils consomment des produits dopants, ces jeunes ont le même comportement que les autres adolescents.
E. Les jeunes consommateurs de produits dopants ont des attitudes plus violentes que les autres adolescents.

☐ ☐ ☐

18. *Selon le docteur Jean Bilard, quelle est la raison pour laquelle les jeunes n'achètent pas leurs produits dopants sur internet ?*

....

19. *En vous basant sur le dernier paragraphe, donnez **deux** exemples de personnes qui fournissent des produits dopants aux adolescents?*

(a) ....

(b) ....

Dans le dernier paragraphe, trouvez les mots qui ont la même signification que les mots ou expressions ci-dessous.

20. *« pratiquement »* ....

21. *« principalement »* ....

22. *« la loi du silence »* ....

TOTAL : 26

Le Horla

TEXTE

25 mai. – Aucun changement ! Mon état, vraiment, est bizarre. À mesure qu'approche le soir, une inquiétude incompréhensible m'envahit, comme si la nuit cachait pour moi une menace terrible. Je dîne vite, puis j'essaie de lire ; mais je ne comprends pas les mots ; je distingue à peine les lettres. Je marche alors dans mon salon de long en large, sous l'oppression d'une crainte confuse et irrésistible, la crainte du sommeil et la crainte du lit.

Vers dix heures, je monte dans ma chambre. À peine entré, je donne deux tours de clef, et je pousse les verrous ; j'ai peur... de quoi ?... Je ne redoutais rien jusqu'ici... j'ouvre mes armoires, je regarde sous mon lit ; j'écoute... j'écoute... quoi ?... Est-ce étrange qu'un simple malaise, un trouble de la circulation peut-être, l'irritation d'un filet nerveux, un peu de congestion, une toute petite perturbation dans le fonctionnement si imparfait et si délicat de notre machine vivante, puisse faire un mélancolique du plus joyeux des hommes, et un poltron du plus brave ? Puis, je me couche, et j'attends le sommeil comme on attendrait le bourreau. Je l'attends avec l'épouvante de sa venue, et mon cœur bat, et mes jambes frémissent ; et tout mon corps tressaille dans la chaleur des draps, jusqu'au moment où je tombe tout à coup dans le repos, comme on tomberait pour s'y noyer, dans un gouffre d'eau stagnante. Je ne le sens pas venir, comme autrefois, ce sommeil perfide, caché près de moi, qui me guette, qui va me saisir par la tête, me fermer les yeux, m'anéantir.

Je dors – longtemps – deux ou trois heures – puis un rêve – non – un cauchemar m'étreint. Je sens bien que je suis couché et que je dors... je le sens et je le sais... et je sens aussi que quelqu'un s'approche de moi, me regarde, me palpe, monte sur mon lit, s'agenouille sur ma poitrine, me prend le cou entre ses mains et serre... serre... de toute sa force pour m'étrangler.

Moi, je me débats, lié par cette impuissance atroce, qui nous paralyse dans les songes ; je veux crier, – je ne peux pas ; – je veux remuer, – je ne peux pas ; – j'essaie, avec des efforts affreux, en haletant, de me tourner, de rejeter cet être qui m'écrase et qui m'étouffe, – je ne peux pas !

Et soudain, je m'éveille, affolé, couvert de sueur. J'allume une bougie. Je suis seul.

Après cette crise, qui se renouvelle toutes les nuits, je dors enfin, avec calme, jusqu'à l'aurore.

Guy de Maupassant, *Le Horla*, 1887

ACTIVITÉS

1. *Aux lignes 1 à 6 de quoi le narrateur a-t-il peur ?*

....

2. *Pourquoi le narrateur n'arrive pas à lire ? Citez* ***une*** *raison en vous basant sur le début du texte.*

....

3. *En vous basant sur les lignes 7 et 8, nommez* ***une*** *des expressions qui montrent que le narrateur s'enferme dans sa chambre.*

....

Dans les lignes 9 à 13, trouvez les mots qui ont la même signification que les expressions ou mots ci-dessous.

4. *«déprimé»* ....
5. *«heureux»* ....
6. *« peureux »* ....
7. *« courageux »* ....

8. *À quoi le narrateur compare-t-il le sommeil ?*

....

9. *Relevez* ***deux*** *conséquences physiques qui suggèrent que le narrateur a peur aux lignes 14 à 17.*

(a) ....

(b) ....

10. *À la ligne 17, à quoi se réfère le mot «* ***y*** *» ?*

A. la chaleur des draps.

B. un gouffre d'eau stagnante.

C. le repos.

D. le lit.

☐

11. *Quel autre mot utilisé aux lignes 14 à 17 veut dire « sommeil » ?*

....

12. *Trouvez les* ***trois*** *phrases qui résument les idées du texte.*

A. Le narrateur redoute l'arrivée de la nuit.

B. Le narrateur ne dort pas de la nuit.

C. Le narrateur rêve que quelqu'un essaie de l'étouffer et se réveille.

D. Le narrateur comprend ce qui lui arrive et trouve son état normal.

E. En se réveillant, le narrateur s'aperçoit qu'il y a quelqu'un à côté de lui.

F. Le narrateur fait le même cauchemar toutes les nuits.

☐ ☐ ☐

En vous basant sur les lignes 21 à 30, reliez chacun des mots du texte figurant dans la colonne de gauche à son équivalent dans la colonne de droite. ***Attention*** *: il y a plus de mots dans la colonne de droite que dans celle de gauche.*

13. palpe (l.22)	☐	*A. créature*
		B. reproduit
14. songes (l.26)	☐	*C. rêves*
15. être (l.27)	☐	*D. réveille*
16. éveille (l.29)	☐	*E. finalement*
		F. touche
17. renouvelle (l.30)	☐	*G. exister*
18. enfin (l.30)	☐	*H. remplace*
		I. bref

TOTAL : 21

POUR ALLER PLUS LOIN...

À discuter

1. Pour vous que signifie être en bonne santé ?
2. Que faites-vous pour rester en bonne santé ?
3. Pensez-vous que la puissance d'un pays se voit à son système de santé ?
4. Que pensez-vous des associations comme « Médecins sans frontières » par exemple ?
5. Le tabagisme pose-t-il également un problème dans votre pays ?
6. Que pensez-vous de la loi anti-tabac qui est peu à peu appliquée dans plusieurs pays d'Europe et d'ailleurs ?
7. Le « binge drinking » est-il un phénomène qui se produit dans votre pays ?
8. Selon vous, pourquoi de plus en plus de jeunes boivent trop quand ils sortent ?
9. En France il est toléré de conduire avec au maximum 0,5 gramme d'alcool par litre de sang. Considérez-vous que ceci soit raisonnable ?
10. Seriez-vous d'accord avec la tolérance zéro en ce qui concerne l'alcool au volant ? Justifiez votre réponse.
11. Pourquoi pensez-vous que certains jeunes commencent à fumer ?
12. Selon vous qu'est-ce qui pourrait pousser un jeune à consommer de la drogue ?
13. Pensez-vous que le dopage est un problème qui touche uniquement les sportifs professionnels ?

14. L'obésité chez les jeunes est un problème grandissant dans les pays occidentaux, expliquez ce phénomène.
15. D'après vous, être mince, est-ce un signe de bonne santé ?
16. Que pensez-vous de ces émissions de télé-réalité où des gens obèses doivent perdre le plus de poids possible pour gagner ?
17. Certaines personnes atteintes de maladies incurables désirent mourir. Quelle est votre opinion sur l'euthanasie ?
18. Que pensez-vous des greffes ?
19. Le clonage vous fait-il peur ?
20. Pensez-vous que la médecine a des limites ?

À voir

Le scaphandre et le papillon, Julian Schnabel, 2007

Le pari, Didier Bourdon, Bernard Campan, 1997

Nos enfants nous accuseront, Jean-Paul Jaud, 2008

À écouter

Arrêter la clope !, Renaud, 2006 *"Rouge Sang"*

La cigarette, Sanseverino, 2004 *"Les Sénégalaises"*

Je suis une cigarette, M, 1998 *"Le Baptême"*

Plaire, Gérald Genty, 2006 *"Le plus grand chanteur de tout l'étang"*

Maigrir, Sanseverino, 2002 *"Le tango des gens"*

Aux enfants de la chance, Serge Gainsbourg, 1961 *"La chanson de Prévert"*

La tête haute, Les Cowboys Fringants, 2008 *"L'expédition"*

Entre deux verres, Anais Croze, 2008 *"The love album"*

Je bois, Charles Aznavour, 1994 *"Palais des Congrès 1994"*

J'ai bu, Charles Aznavour, 1995 *"Entre deux rêves"*

Victime de le mode, Mc Solaar, 1994 *"Qui sème le vent récolte le tempo"*

Hypocondriaque, Calogero, 2007 *"Pomme C"*

Dodo Rémi, Zazie, Alain Chamfort, 1995 *"Sol en Si"*

À consulter

Ministère de la santé et des sports:
www.sante-jeunesse-sports.gouv.fr

Sol En Si (Solidarité Enfants Sida) :
www.solensi.org

Maison de Solenn (Maison des Adolescents) :
www.mda.aphp.fr

Médecins sans frontières :
www.msf.fr

Doctissimo:
www.doctissimo.fr

Site de référence de l'obésité :
www.obesite.com

À lire

Anorexie-Boulimie, Jacques Maillet, éd. Le Cavalier Bleu, 2004

L'Obésité, Jean-Michel Borys , éd. Le Cavalier Bleu, 2007

L'Anorexie, ma sœur et moi, Salomé & Olivia, éd. Danger Public, 2008

Le pavillon des enfants fous, Valérie Valère, éd. Stock, 1978

Chapitre 8

L'ENVIRONNEMENT

Quel est votre rapport à l'environnement ? Faites ce petit test pour le savoir. Discutez de vos résultats avec un partenaire.

L'environnement et vous

Au supermarché, quand vous faites les courses :

● Vous choisissez des produits issus du commerce équitable et/ou qui n'ont pas été testés sur les animaux.

◆ Vous choisissez les produits les moins chers.

■ Vous essayez de faire attention à l'origine de vos produits, mais les prix des produit équitables sont parfois trop élevés donc vous en achetez rarement.

Pour transporter vos provisions :

● Vous amenez vos sacs ou paniers en matières biodégradables.

■ Vous amenez vos sacs ou votre panier quand vous y pensez, mais cela n'arrive pas régulièrement.

◆ Vous utilisez toujours les sacs en plastique. En plus, vous pouvez vous en servir comme sac poubelle.

Dans la salle de bains, pour vous brosser les dents :

● Vous utiliser un verre d'eau.

◆ Vous laissez couler le robinet toute la durée de votre brossage de dents.

■ Vous fermez le robinet.

Pour vous laver :

◆ Vous prenez un bain plusieurs fois par semaine. Apres tout ça vous détend bien plus qu'une douche.

■ Vous prenez toujours une douche.

● Vous prenez une douche et fermez toujours le robinet lorsque vous vous savonnez.

À la maison :

● Vous avez plusieurs poubelles afin de trier systématiquement vos déchets (papier, plastic, métal...) et vous faites du compost avec vos déchets organiques.

◆ Vous jetez tous vos déchets dans la même poubelle, sans distinction.

■ Vous séparez vos déchets quand vous y pensez et les mettez dans les conteneurs adéquats.

Pour vous déplacer :

● C'est à vélo ou à pied pour tous les trajets relativement courts et les transports en commun pour les longs trajets.

◆ Vous prenez la voiture, même pour aller chercher le pain à 500 m de chez vous.

■ Généralement, vous privilégiez les transports publics, mais pour les trajets plus longs vous préférez la voiture.

Vérifiez vos résultats à la fin du chapitre.

Il faut sauver les écosystèmes

TEXTE

Victime de la pollution et de la surexploitation, l'écosystème mondial s'épuise. Des experts de l'Onu sonnent l'alarme.

❶ **Notre planète va mal**. À force de dégrader ou de surexploiter les écosystèmes qui permettent la vie sur Terre, l'homme menace son propre bien-être d'ici à 40 ans. Ce constat est le résultat d'un travail réalisé durant quatre ans sous l'égide de L'Onu (Organisations des Nations Unies) par 1 360 experts de 95 pays, rendu public fin mars 2005.

❷ **Étude.** Deux conclusions résument le rapport de l'Évaluation des écosystèmes pour le millénaire : au cours des cinquante dernières années, les humains ont modifié et parfois détruit des écosystèmes plus qu'à tout autre moment de leur histoire, et cette course au développement a entraîné une perte substantielle et largement irréversible de la diversité de la vie sur Terre.

❸ **Pauvreté.** Les populations les plus démunies sont dépendantes de leur milieu et donc sensibles à toute variation de leur environnement. Des millions de personnes vivent dans la pauvreté, voire la misère, des seules ressources côtières, d'une petite agriculture, de l'élevage ou des produits de la forêt tropicale. La dégradation des écosystèmes aggrave encore leur sort.

❹ **Faim et soif.** Malgré la croissance de la production alimentaire par habitant durant les quarante dernières années, on estime que 856 millions de personnes souffraient de malnutrition en 2000–02, soit 32 millions de plus qu'en 1995–97. Par ailleurs, 1,1 milliard de personnes n'ont toujours pas accès à un approvisionnement convenable en eau, et plus de 2,6 milliards sont privées de services d'assainissement améliorés.

❺ **Surexploitation**. La déforestation à grande échelle en Indonésie et en Amazonie a eu des conséquences néfastes pour les peuples autochtones, qui ne trouvent plus leur subsistance dans la forêt. De même, la surexploitation des ressources marines par la pêche industrielle lèse gravement les petits pécheurs locaux, **qui** ne disposent pas des mêmes moyens et entraîne une diminution de la ressource en protéines la plus accessible et la moins coûteuse pour eux.

Chantal Cabé, Les clés de l'actualité n° 623/ du 2 au 8 juin 2005.

ACTIVITÉS

1. *Dans l'introduction le verbe « s'épuise » signifie :*
   A. s'assouvit.
   B. s'accroit.
   C. diminue.
   D. augmente.

☐

2. *Quelle est l'**une** des conséquences pour l'homme de la surexploitation de notre planète ?*

....

3. *L'expression « sous l'égide de » dans le premier paragraphe signifie :*

   A. sous la responsabilité de.

   B. sous la direction de. ☐

   C. sous la protection de.

   D. sous l'influence de.

4. *L'Évaluation des écosystèmes pour le millénaire montre que :*

   A. Malgré une destruction écologique sans précédent, la situation est réparable.

   B. Ce n'est pas la première fois que l'homme détruit son environnement mais cette fois-ci la situation est trop grave pour être réparée. ☐

   C. Jamais dans toute notre histoire, la Terre a été victime de telles destructions et il est presque impossible de réparer les dégâts.

   D. Ce n'est pas la première fois que l'homme détruit son environnement mais comme toujours, la situation est réparable.

Justifiez votre choix avec les mots du texte :

....

....

5. *Qui souffre le plus de la détérioration de l'environnement d'après le deuxième paragraphe ?*

....

6. *Nommez **deux** ressources naturelles dont dépendent certaines populations pour survivre.*

   (a) ....

   (b) ....

7. *Dans le 3e paragraphe l'adverbe « voire » signifie :*

   A. plus.

   B. même. ☐

   C. visiblement.

   D. moins.

	Vrai	**Faux**
8. *Heureusement, grâce à l'augmentation de la production alimentaire, le nombre de personnes qui souffre de faim diminue chaque année.*	☐	☐

Justification ....

....

9. *Dans le 4e paragraphe l'adjectif « convenable » signifie :*

A. conscient

B. décent

C. conventionnel

D. inacceptable

☐

10. *Dans le 5e paragraphe, l'adjectif « néfastes » signifie :*

A. désastreuses

B. décourageantes

C. négligeables

D. positives

☐

11. *Dans le 5e paragraphe, le pronom relatif « **qui** » remplace quelle expression ?*

*« **qui** ne trouvent plus leur subsistance dans la forêt. »*

....

12. *Quelle est la conséquence majeure de la pêche industrielle pour les petits pêcheurs locaux ?*

....

TOTAL : 15

Voir l'avenir en vert

TEXTE

LE PROJET

❶ Ne cherchez pas ce vaisseau dans l'espace vous le trouverez plutôt entre deux eaux… le **Sea Orbiter,** que vient de révéler le célèbre architecte de la mer Jacques Rougerie, se veut avant tout un poste d'observation idéal des océans du globe. À mi-chemin entre le bateau et le sous-marin, il devrait permettre d'explorer les grands courants océaniques essentiels à l'équilibre écologique et climatique de la planète. Dix-huit personnes pourront vivre à bord, pour mener des expériences de confinement en milieu hostile. Jules Verne pourrait applaudir.

L'INITIATIVE

❷ Tomate ou maïs ? C'est peut-être ce que vous demandera la caissière du supermarché du coin dans quelques années. Pour l'instant, la plupart des **sacs biodégradables** (assimilables par les insectes et les bactéries du sol) sont en amidon de maïs. Mais l'Italie veut aussi fabriquer des sacs « plastiques » à partir des restes de tomates (qu'elle produit en grande quantité). Attention aux contrefaçons ! Certains sacs en polyéthylène, présentés comme biodégradables, ont simplement subi un traitement pour se fragmenter en de minuscules morceaux… qui continuent à polluer le sol.

L'OBJET

❸ Née des recherches de la Nasa pour recréer la vie sur Mars, **l'écosphère** est un mini-écosystème. De l'eau, des crevettes et des algues, dans une boule de verre fermée : une terre en miniature, en quelque sorte, qui n'a besoin que d'un peu de lumière pour se développer… Mais remonter aux origines de la vie a un prix : de

85 à 1 900 € (liste des revendeurs sur www.ecospheres.fr). Si ce rêve est hors de portée de votre bourse, le site de la BBC vous explique, en anglais, comment créer votre écosphère à peu de frais (www.open2.net/diyscience/ecosphere/)

L'INSOLITE

❹ Des avions volant grâce à l'énergie solaire ? L'idée est dans l'air depuis les années 1980. En 2001, la Nasa est parvenue à envoyer à près de 30 000 m d'altitude son avion *Helios*, qui s'est hélas crashé deux ans plus tard. Mais la Nasa travaille sur de nouveaux prototypes, qu'elle espère faire voler en 2009. La course est ouverte avec le Suisse Bertrand Picard, qui peaufine son projet Solar Impulse, un avion de 80 m d'envergure qu'il espère tester en 2007.

D'clics !

❺ Rouler à l'huile de friture, ce n'est pas une blague : le Marseillais Christophe Oudelin fait réellement la tournée des snacks pour récupérer l'huile usagée. Filtrée, elle est versée dans le réservoir modifié de sa 405. Révolutionnaire ? Eh non! En 1910, à l'Expo universelle de Paris, était déjà présenté un moteur alimenté à l'huile de lin ou d'arachide. L'inventeur ? Un certain Rudolf Diesel. Le père du moteur du même nom n'utilisait pas de carburant « diesel » tel que nous le connaissons aujourd'hui, puisque celui-ci a été conçu plus tard pour s'adapter à son moteur à l'huile. Une société d'Agen, Valénergol, a tenté à partir de 1996 de commercialiser de l'huile végétale comme carburant automobile. L'idée : utiliser les plantes oléagineuses (colza, tournesol, lin, etc.), pour concevoir un carburant « propre ». Malheureusement, la société a été condamnée pour fraude fiscale. Elle ne payait pas la taxe intérieure sur les produits pétroliers (TIPP)… qui s'applique à tout produit mis en vente ou utilisé comme carburant.

Jean-Luc Ferré et Ferdinand Kerssenbrock, Les Clés de l'actualité n° 623 du 2 au 8 juin 2005.

ACTIVITÉS

	Vrai	Faux
1. *Le Sea Orbiter a été conçu pour la recherche océanique.*	☐	☐

2. *Nommez **trois** des éléments constituant l'écosphère.*

   (a) ....

   (b) ....

   (c) ....

3. *Dans le paragraphe intitulé « L'OBJET » quelle expression signifie « n'est pas dans vos moyens» ?*

   ....

4. *Dans le paragraphe intitulé « L'OBJET » quelle expression signifie « à moindre coût » ?*

   ....

	Vrai	Faux
5. *D'après le paragraphe « L'INITIATIVE » seuls les sacs en amidon peuvent porter la mention biodégradable.*	☐	☐

6. *Pourquoi les italiens ont-ils décidé d'utiliser des tomates pour la fabrication de sacs biodégradables ?*

   ....

7. *Qu'ont en commun Hélios et Solar Impulse ?*

   ....

8. *Où Christophe Oudelin trouve-t-il son carburant ?*

   ....

9. *Qui a eu la même idée que Christophe Oudelin ?*

   (a) ....

   (b) ....

En vous basant sur le texte, reliez chacun des mots du texte figurant dans la colonne de gauche à son équivalent dans la colonne de droite. ***Attention*** *: il y a plus de mots dans la colonne de droite que dans celle de gauche.*

10. *révéler (1ier paragraphe)*	☐	A. *faire connaitre*
		B. *approvisionner*
11. *avant tout (1ier paragraphe)*	☐	C. *malgré*
12. *en quelque sorte (3e paragraphe)*	☐	D. *si on veut*
13. *parvenue (4e paragraphe)*	☐	E. *désormais*
14. *hélas (4e paragraphe)*	☐	F. *réussi*
15. *peaufiner (4e paragraphe)*	☐	G. *perfectionner*
		H. *à moitié*
		I. *tout d'abord*
		J. *malheureusement*

TOTAL : 18

Mesures pour un avenir vert ?
Après le Grenelle de l'environnement le Président annonce une « révolution écologique ».

Certaines propositions sont passées à la trappe, comme le projet de réduire de dix kilomètres à l'heure la vitesse sur route. Le dossier « déchets »a été reporté à une date ultérieure. La « taxe carbone », qui vise à taxer toutes les activités productrices de CO_2, a été approuvée dans son principe, mais les industries ne sont guère favorables à un tel impôt. Quant au nucléaire, le président a réaffirmé ne pas vouloir renoncer à cette énergie.

Une « révolution »ou un « rattrapage » ? La grande concertation du Grenelle de l'environnement a fait l'unanimité sur l'analyse de la situation environnementale et les mesures d'urgence à prendre. Le gouvernement doit maintenant les mettre en œuvre. Elles seront débattues au Parlement au cours du premier semestre 2008.

OGM. La « culture commerciale »des OGM est suspendue en attendant une expertise d'ici fin 2007. Une loi sur la coexistence entre cultures devrait être présentée au Parlement au printemps 2008, avant la reprise des semis.

Transports. Construction de 2 000 kilomètres de ligne TGV d'ici 2020, création d'une éco-pastille (réduction sur l'achat des voitures les plus propres et taxe pour les voitures les plus polluantes) et d'une « éco-taxe » pour les poids lourds.
Logement. Nouvelle réglementation limitant dès 2012 la consommation d'énergie dans les habitations neuves (pas plus de 50 kilowatt-heures d'énergie par mètre carré).

Agriculture. Réduction de moitié de l'usage des pesticides « si possible d'ici dix ans », mais sans date butoir définie. Six pour cent des cultures devront être bio d'ici 2012, 20 % d'ici 2020, et un repas bio sera servi une fois par semaine dans les cantines.

Anne Lesterlin, Les clés de l'actualité/ du 31 octobre au 6 novembre 2007

ACTIVITÉS

1. *Tout le monde s'accorde sur quoi ?*

   ....

Les affirmations suivantes, basées sur le texte sont soit vraies, soit fausses. Cochez [✓] la réponse correcte. Justifiez votre réponse par les mots du texte.

	Vrai	**Faux**
2. *La culture des OGM sera interdite fin 2007.*	☐	☐

Justification ....

....

3. *Les cultures d' OGM et les cultures classiques peuvent être plantées côte à côte.* ☐ ☐

   Justification ....

   ....

4. *Dans 10 ans l' utilisation devra être réduit de moitié.* ☐ ☐

   Justification ....

   ....

Reliez chacun des mots du texte figurant dans la colonne de gauche à son équivalent dans la colonne de droite. ***Attention*** *: il y a plus de mots dans la colonne de droite que dans celle de gauche.*

5. *débattues*	☐	A. *les camions*
6. *mettre en œuvre*	☐	B. *continuée*
7. *suspendue*	☐	C. *appliquer*
8. *les poids lourds*	☐	E. *l'utilisation*
9. *l'usage*	☐	G. *reprendre*
		H. *arrêtée*
		I. *mettre en contact*
		J. *discutées*

TOTAL : 9

Peut-on se passer de l'énergie nucléaire ?

Francis Sorin, directeur de l'information à la Sfen, société française d'énergie nucléaire.

« **La France** ne peut pas se passer de l'énergie nucléaire. Le nucléaire produit aujourd'hui plus des trois quarts de notre électricité. Les énergies renouvelables ne peuvent pas couvrir tous nos besoins. Quant aux énergies fossiles, elles reviennent plus cher, nous rendent dépendants des pays où elles sont produites, et en plus elles polluent notre environnement et renforcent l'effet de serre !

Bien sûr, il faut économiser de l'énergie. Mais cette économie ne peut se faire que dans les pays industrialisés. Les autres, pour se développer, ont besoin d'augmenter leur consommation. En France, ne soyons pas naïfs, on va continuer à consommer de grandes quantités d'énergie à l'avenir. De même, il ne faut pas se faire d'illusions sur les énergies renouvelables, comme l' éolien ou le solaire : leur contribution restera limitée. »

Stéphane Lhomme, porte-parole de la fédération d' associations Sortir du nucléaire

« Non seulement on peut, mais on doit s'en passer ! Cette énergie est inacceptable, car elle nous fait courir des risques et produit des déchets que l'on lègue aux générations futures pour des centaines de milliers d'années. On peut faire autrement. Il n'est pas question de bâtir des centrales à gaz ou au charbon, qui accentue le réchauffement climatique. La première chose à faire, c'est de diminuer la consommation d'énergie dans les pays riches. Aujourd'hui, on entretient délibérément une surconsommation, en créant du besoin électrique. Or des études officielles montrent qu'on peut réduire de 30 à 40% la consommation des ménages dans nos pays, notamment en construisant avec des matériaux nouveaux. Il faut supprimer les tours en verre, trop chaudes l'été et froides l'hiver, qui consomment énormément en climatisation et en chauffage.

À Bedzed, un quartier de Beddington en Grande-Bretagne, des bâtiments ont été construits avec des matériaux modernes, équipés de lampes à basse consommation et de panneaux solaires. Au final, la consommation d'énergie a diminué de près de 70% ! Les milliards engloutis dans les futures centrales nucléaires pourraient être investis dans la rénovation de l'habitat. Bien entendu, nous prônons aussi l'utilisation des énergies renouvelables : l'éolien, la géothermie, le solaire ou l'énergie des marées ont un potentiel important qui n'est pas exploité.

Anne Debroise, Les clés de l'actualité n° 580 du 10 au 16 juin 2004.

TEXTE

1. *Le titre de ce texte signifie :*
   A. Est-il possible de vivre sans énergie nucléaire ?
   B. Est-il possible de vendre de l'énergie nucléaire ?
   C. Est-il possible d'acheter de l'énergie nucléaire ?
   D. Est-il possible de produire plus d'énergie nucléaire ?

☐

Chacune des personnes citées dans ce texte exprime deux des idées suivantes. Indiquez ces deux idées dans la case appropriée à droite du nom de la personne à laquelle elles appartiennent. ***Attention*** *: il y a des affirmations qui n'appartiennent à personne.*

2. *Francis Sorin* ☐ ☐
3. *Stéphane Lhomme* ☐ ☐

A. il est impossible d'éliminer la production d'énergie nucléaire en France.

B. Les énergies fossiles sont la seules alternatives à l'énergie nucléaire.

C. On doit absolument remplacer l'énergie nucléaire.

D. Les énergies renouvelables ne pourront jamais produire l'électricité dont la France a besoin.

E. Il faut construire des habitations qui permettent de réduire la consommation d'énergie des Français.

F. Le financement des recherches pour développer les énergies renouvelables coûte trop cher.

4. *Donnez* ***deux*** *types d'énergie renouvelable cités dans le texte.*
   (a) ....
   (b) ....
5. *Quels sont* ***deux*** *inconvénients des énergies fossiles d'après François Sorin ?*
   (a) ....
   (b) ....
6. *Quelle phrase du texte signifie que l'on encourage les Français à utiliser toujours plus d'électricité ?*

   ....

7. *Stéphane Lhomme affirme qu'on peut réduire la consommation d'énergie. Quel exemple illustre cette affirmation ?*

....

....

8. *Quelle expression du texte signifie « des familles » ?*

....

Reliez chacun des mots du texte figurant dans la colonne de gauche avec son équivalent dans la colonne de droite. Référez-vous au texte pour le sens. ***Attention*** *: il y a plus de mots dans la colonne de droite que dans celle de gauche.*

9. *renforcent (l.7)*	☐	A. *sont dépensés*
10. *restera (l.14)*	☐	B. *influencent*
11. *lègue (l.19)*	☐	C. *donne*
12. *autrement (l.20)*	☐	D. *demeurera*
13. *en construisant (l.25)*	☐	E. *différemment*
14. *sont engloutis (l.32)*	☐	F. *en bâtissant*
		G. *augmentent*
		H. *habitera*

TOTAL : 18

TEXTE

Des lycéens équitables

À Toulouse, des élèves de terminale du lycée Sainte-Marie montent un magasin de commerce équitable ouvert au public.

Un magasin de commerce équitable en plein cœur du lycée ! Trois classes de terminale, chacune spécialisée dans la vente, la comptabilité et le secrétariat, au lycée professionnel Sainte-Marie de Saint Sernin, à Toulouse (31), se sont mobilisées autour de cette initiative menée dans le cadre du projet pluridisciplinaire à caractère professionnel (PPCP).

Depuis la rentrée, les lycéens, encadrés par six professeurs, ont travaillé dur. Il a fallu imaginer le logo de leur association, Egalter, organiser la gestion des stocks de riz, café, petit artisanat, etc., fournis par l'association Artisans du monde- leur partenaire-, créer un diaporama pour présenter leur projet, rechercher des fonds, dialoguer avec des associations de commerce équitable implantés dans les pays d'où sont issus les produits qu'ils proposent (Sénégal, Bénin, Maroc).

Ils ont même commencé à préparer un voyage au Maroc pour visiter des coopératives et rencontrer la population. « On se rend compte qu'on a de la chance d'être à l'école. Dans le monde, beaucoup de jeunes doivent travailler », explique Michelle, consciente qu'en payant mieux les petits producteurs, le commerce équitable permet aussi de réduire le travail des enfants. Les lycéens attendent désormais l'ouverture du magasin au public, le 23 novembre 2007, en pleine Semaine de la solidarité internationale.

Nancy Ladde, Les clés de l'actualité du 14 au 20 novembre 2007.

ACTIVITÉS

1. *Dans le premier paragraphe quelle expression signifie « au milieu de » ?*

   ....

2. *Quel projet a réuni trois classes de terminales au Lycée Sainte-Marie ?*

   ....

3. *Qu'ont dû faire les lycéens dans le cadre de ce projet ? Nommez **quatre** activités.*

   (a) ....

   (b) ....

   (c) ....

   (d) ....

4. *Selon le texte **trois** des six phrases suivantes sont **fausses**. Indiquez les lettres correspondantes dans la case de droite.*

   A. Les produits vendus viennent principalement d'Amérique du Sud.

   B. Egalter est le nom choisi pour le projet.

   C. Le petit artisanat est fourni par l'association Artisans du monde.

   D. Des représentants de coopératives marocaines viendront à la fin de l'année pour visiter le magasin.

   E. Quelques lycéens encadrés des six professeurs se rendront au Maroc.

   F. Grâce à ce projet, Michelle apprécie encore plus sa chance de pouvoir faire des études.

   ☐ ☐ ☐

5. *Nommez **un** des avantages du commerce équitable pour les populations locales.*

   ....

TOTAL :10

En bref : Des oiseaux à la place d'anciennes usines/ Le vent du large...

T E X T E

❶ [-1-]

Que faire des sites industriels désaffectés ? À Thumeries, près de Lille (Nord), un ancien bassin de décantation de la sucrerie Béghin Say a été acheté, en 2001, par le département, pour être reconverti en réserve naturelle. Aujourd'hui, le site ornithologique départemental des Cinq Tailles de Thumeries-La Neuville, qui comprend une forêt de 70 hectares, voit passer 220 espèces d'oiseaux, soit près de la moitié de celles observables en France. Plusieurs îlots, mares, prairies et clairières ont été aménagés pour que canards, vaches, chevaux, libellules et autres trouvent leur bonheur. Quelques espèces florales menacées, comme le muguet de mai, sont aussi préservées sur le site... loin de la vue des vaches !

❷ [-2-]

Pour réduire sa dépendance vis-à-vis du pétrole, la France poursuit son programme de développement des énergies renouvelables. La décision de construire le premier parc d'éoliennes en mer a été prise en septembre 2005 : elles seront 21 éoliennes, situées dans la Manche, à être opérationnelles en 2007. Elles produiront 105 mégawatts d'électricité par an (la consommation annuelle moyenne en France est de 53 000 mégawatts).

❸ [-3-]

Épurer les eaux usées avec des vers... Une idée saugrenue ? C'est pourtant l'expérience pilote qui est actuellement menée à Combailleux, un village proche de Montpellier (dans le Sud-Ouest). Le projet est mis en œuvre par l'Institut national de la recherche agronomique (Inra) sous la direction de Marcel Bouché, un spécialiste des lombrics (vers de terre). Le système, baptisé « lombrifiltre », consiste à installer 2 à 3 millions de lombrics dans la station d'épuration parce que ce ver ingurgite l'équivalent de son poids d'impuretés chaque jour. L'État a imposé la présence d'une station d'épuration classique, en attendant la validation des tests. Ce concept original, mais très écologique, vient de Jose Toha, un médecin chilien spécialisé dans la biophysique, qui a proposé à l'Inra une collaboration scientifique.

❹ [-4-]

Chaque Français produit 360 kilos d'ordures ménagères par an, dont 290 kilos partent en incinération ou dans une décharge – la France se situant en ce domaine dans la même moyenne que ses voisins européens. L'objectif du ministère de l'Écologie et du Développement durable est de réduire cette quantité à 250 kilos par habitant pour 2010 et à 200 kilos pour 2015. Plusieurs mesures devraient aller dans ce sens, notamment l'accroissement des capacités de recyclage, de nouveaux efforts pour sensibiliser le grand public à des gestes écologiques (amélioration du tri des déchets, utilisation de sacs biodégradables, compostage [1] individuel, réparation des appareils encore utilisables, etc.) et des incitations tarifaires favorisant la production d'électricité à partir du biogaz [2] des décharges.

Nadia Khouri-Dagher
Journaliste
Label France n° 62 – Étudier à la française (2006)

[1] Qui consiste à laisser fermenter les ordures ménagères avant leur incorporation au sol.
[2] Gaz produit par la fermentation des déchets organiques en l'absence d'oxygène.

ACTIVITÉS

Les sous-titres du texte ont été enlevés. Retrouvez-les dans la colonne de droite. ***Attention*** *: il y a plus de sous-titres proposés que de réponses possibles.*

1. [-1-] ☐
2. [-2-] ☐
3. [-3-] ☐
4. [-4-] ☐

A. Le vent du large
B. Lombrics écologiques
C. Le recyclage
D. Réduire et valoriser les déchets ménagers
E. La fin du pétrole
F. Des oiseaux à la place d'anciennes usines

5. Qu'est devenu l'ancien bassin de décantation de la sucrerie Béghin Say ?

....

6. Citez ***deux*** *exemples d'animaux que l'on peut désormais rencontrer sur ce site.*

(a) ....

(b) ....

7. Qu'est-ce qui doit être protégé des vaches ?

....

8. Selon le 2e paragraphe, pour quelle raison le parc d'éoliennes a-t-il été créé ?

A. Pour produire l'électricité nécessaire à la consommation de la France.
B. Pour commencer à utiliser des énergies renouvelables en France.
C. Pour devenir moins dépendant du pétrole.
D. Pour créer le premier parc d'éoliennes dans la Manche.

☐

9. *En vous basant sur le 2ᵉ paragraphe, complétez la phrase suivante.*
La particularité de ce parc d'éoliennes est qu'il est construit ....

10. *D'après le 3ᵉ paragraphe, quel est le projet insolite mené à Combailleux ?*
....

11. *Pour quelle raison le lombric a-t-il été choisi ?*
....

12. *Qui a inspiré ce projet ?*
   A. Marcel Bouché.
   B. L'Institut national de la recherche agronomique.
   C. L'État.
   D. Jose Toha.
   ☐

Trouvez les mots ou expressions qui ont la même signification que les mots ci-dessous dans le 3ᵉ paragraphe.

13. *«étrange»* ....
14. *«près»* ....
15. *«réalisé»* ....
16. *«nommé»* ....

17. ***Deux** des phrases suivantes reprennent les idées du dernier paragraphe. Indiquez les réponses correctes dans les cases de droite.*
   A. La France produit beaucoup plus d'ordures ménagères que le reste de l'Europe.
   B. En France, la plus grande partie des ordures ménagères sont recyclées.
   C. En France, une grande partie des ordures ménagères ne sont pas recyclées.
   D. Afin de réduire la quantité de déchets, le ministère de l'Écologie et du Développement souhaite encourager le recyclage et une attitude plus écologique de la part des citoyens.
   E. La réduction de la quantité de déchets n'est pas une priorité pour le ministère de l'Écologie et du Développement.
   ☐ ☐

18. *Citez **deux** exemples de gestes écologiques en vous basant sur le dernier paragraphe.*
   (a) ....
   (b) ....

TOTAL : 21

Réduire son empreinte écologique

❶ **L'empreinte écologique permet aujourd'hui de calculer soi-même la trace que nous laissons sur la planète. Notre alimentation, notre consommation d'énergie, nos moyens de transport : une toute petite influence sur l'environnement prend des proportions énormes lorsque nous sommes des millions à faire de même. Par des gestes simples, on peut réduire sensiblement sa part dans ce qui peut, déjà, changer l'avenir de la planète.**

Au début des années 1990, Mathis Wackernagel et William Rees, deux spécialistes en planification, inventent l'empreinte écologique. Un moyen efficace de mesurer la consommation humaine de ressources naturelles. En calculant virtuellement le nombre d'hectares nécessaires à la vie d'une personne, ils réussissent à mesurer combien d'individus la planète peut supporter. Et les résultats étonnent. Les deux inventeurs du concept pensent qu'il y a aujourd'hui 1,8 hectares disponibles par personne. Nous consommons actuellement 2,2 hectares en moyenne, une empreinte écologique en constante augmentation depuis quarante ans. Non seulement les activités humaines dépassent la capacité de régénération de la planète, mais en plus, les disparités sont énormes. Un Américain a besoin de 9,5 hectares, un Indien 0,8. Un Français en utilise 5,8 en moyenne et un Chinois 1,5.

Vivre ainsi en sur-régime s'explique par des facteurs simples. L'approvisionnement en ressources énergétiques, la consommation de nourriture (spécifiquement de viande) et la multiplication des déchets coûte beaucoup trop cher à la Terre. Il existe pourtant des moyens simples, même à niveau individuel, pour ne pas surexploiter la planète. A la maison ou en voiture, ils permettent d'économiser de l'énergie, donc de l'argent, d'avoir une alimentation saine et de respecter la nature. Quelques exemples pour un comportement digne de la planète.

❷ **Vivre dans une maison écologique**

Une télévision en veille pendant une journée consomme plus que pendant la durée de deux films. Il suffit pourtant d'un geste, éteindre ses appareils en veille, pour économiser 10% sur sa facture d'électricité.

Mieux vaut éviter la climatisation, qui augmente la consommation électrique de 30 %. Le chauffage électrique, lui, représente les deux tiers de la consommation globale. La température idéale reste 20° dans le salon, 18° dans les chambres (16° la nuit). Un degré en plus, c'est 6 à 7 % de consommation supplémentaire. Un réfrigérateur peut rester à 5° de température pour conserver les aliments (-18° pour un congélateur). Eviter de le surcharger, dégivrer tous les trois mois permet également d'économiser.

Pour la cuisine, le four à gaz et les plaques à induction sont les plus économes. Les ampoules fluocompactes sont plus chères, mais elles consomment cinq fois moins qu'une ampoule classique et durent douze fois plus longtemps. Oubliez la lampe halogène, très vorace en terme de consommation.

Si la maison est en construction, il est important de s'informer sur l'isolation, qui permet de moins gaspiller la chaleur de la maison. Le double vitrage, les volets et rideaux y contribuent aussi. Le recours à des énergies renouvelables est un excellent investissement sur le long terme, et permet de bénéficier de crédits d'impôt.

Pour les meubles, le bois reste le meilleur matériau : abondant, renouvelable et écologique (vérifier cependant auprès du fabricant le renouvellement du bois utilisé).

❸ Consommer tout en protégeant l'environnement

Trente-cinq per cent de nos achats en magasins sont constitués de déchets. Il faut préférer les produits avec le moins d'emballage possible ou **ceux** qui sont recyclables.

La consommation de viande a considérablement augmenté ces dernières décennies. Elle est pourtant plus dangereuse pour la santé (risque d'infarctus, obésité, rhumatismes) mais surtout, elle nécessite beaucoup de ressources naturelles. Consommer de la viande une fois par semaine, tout au plus. Certaines espèces de poissons sont déconseillées, car en voie d'extinction. Le thon, la sole et le cabillaud sont les plus en danger, parmi les 75 % d'espèces menacées.

Consommer bio permet de se prévenir des pesticides, et le commerce équitable garantit la juste rétribution des fournisseurs.

Jeter de l'huile alimentaire dans l'évier provoque une pellicule sur l'eau des tuyaux, pellicule qui asphyxie les bactéries chargées d'épurer l'eau dans les stations. Les piles rechargeables sont beaucoup plus économes que les piles traditionnelles. Il est impératif de ne pas les jeter, mais de les ramener à un point de collecte.

Ne pas utiliser de lingettes : elles multiplient par douze les dépenses liées aux produits d'entretien et génère 23 fois plus de déchets. Les aérosols, même sans CFC, sont toxiques, inflammables, et sont des déchets dangereux.

Les vêtements en matière naturelle sont les plus respectueux de l'environnement. La laine, la soie, le coton, le lin et le chanvre sont anallergiques et meilleurs pour protéger de l'humidité. Eviter, par contre, cuirs, peaux et fourrures.

❹ Rouler propre

Il y a toujours des alternatives. Les transports en commun consomment cinq fois moins d'énergie par passager qu'une voiture. Un quart des déplacements en voiture est inférieur à 1 km. Pourtant, le premier kilomètre pollue deux fois plus en moyenne. Privilégier la marche, le vélo ou les transports en commun coûte beaucoup moins cher. Pour une longue distance, le train coûte moins cher qu'une voiture, et pollue 300 fois moins qu'un avion. Des solutions comme le covoiturage ou le carsharing (partager une voiture à plusieurs) sont beaucoup plus rentables pour ceux qui font moins de 10 000 km/an. Si vous achetez une voiture, préférez une LPG*, hybride à une essence ou diesel. **Les premières** coûtent plus cher mais s'avèrent plus économes sur le long terme et consomment moins.

Roulez tranquillement, les fenêtres ouvertes si possible, sans charge inutile. Faites vérifier régulièrement l'état de la voiture et la pression des pneus. Evitez les accessoires électriques, ne lavez pas votre voiture au jet d'eau. De tous petits gestes qui permettent de réduire la consommation d'essence, la pollution, et de protéger l'environnement en même temps.

http ://environnement.doctissimo.fr/rechauffement-climatique/Reduire-son-empreinte-ecologique.html
* LPG = gaz pour la voiture

ACTIVITÉS

1. *L'empreinte écologique correspond :*
   A. à 1,8 hectares nécessaires pour chaque personne.
   B. aux gestes qui réduisent la trace que nous laissons sur la planète. ☐
   C. à la surface totale nécessaire à la vie d'une personne suivant son mode de vie.
   D. à l'exploitation de la planète.

Vous avez des débuts de phrases à gauche et des fins possibles à droite. En vous basant sur le 1ier paragraphe, associez chaque début avec la fin qui lui correspond. ***Attention*** *: il y a plus de fins que de débuts et chaque fin ne peut être utilisée qu'une seule fois.*

2. *L'empreinte écologique...*	☐	A. *plus d'hectares qu'un Chinois mais moins qu'un Américain.*
3. *Un Français consomme, en moyenne,...*	☐	B. *de la planète n'est pas suffisante par rapport aux activités des êtres humains.*
4. *La capacité de renouvellement ...*	☐	C. *peuvent adopter des gestes écologiques pour protéger l'environnement.*
5. *Chacun, peut...*	☐	D. *consomment plus d'hectares qu'un Américain mais moins qu'un Chinois.*
		E. *permet de mesurer la consommation humaine de ressources naturelles.*
		F. *éviter la surexploitation des ressources de la Terre en adoptant des gestes simples.*

6. *En vous basant sur le 2e paragraphe, choisissez les* ***trois*** *recommandations qui permettent d'économiser de l'électricité parmi les phrases suivantes. Indiquez les réponses correctes dans les cases de droite.*
   A. Il faut remplir le réfrigérateur au maximum pour ne pas gaspiller d'énergie. ☐
   B. Il ne faut pas remplir le réfrigérateur au maximum pour ne pas gaspiller d'énergie.
   C. Il faut éteindre tous les appareils électriques quand on ne s'en sert pas. ☐
   D. Il faut mettre ses appareils électriques en veille quand on ne s'en sert pas.
   E. Il ne faut pas mettre le chauffage électrique au maximum. ☐
   F. Il faut utiliser des ampoules classiques plutôt que des ampoules fluocompactes.

7. *D'après le 2e paragraphe, citez **deux** éléments d'isolation qui empêchent la perte de chaleur dans une maison.*

(a) ....

(b) ....

8. *Dans le 2e paragraphe, à quoi se réfère le mot « **y** » ?*

A. l'isolation
B. le double vitrage
C. les volets
D. les rideaux

☐

9. *Dans le 3e paragraphe, à quoi se réfère le mot « **ceux** » dans la phrase « **ceux** qui sont recyclables » ?*

A. achats
B. déchets
C. produits
D. emballages

☐

10. *Complétez la phrase suivante en choisissant les mots appropriés dans le 3e paragraphe.*
« Il est conseillé de ne pas trop manger de viande car pour la produire on utilise
.. »

11. *Que peut-on éviter en consommant des produits bio ?*
..

*En vous basant sur le 3e paragraphe, reliez chacun des mots du texte figurant dans la colonne de gauche à son équivalent dans la colonne de droite. **Attention** : il y a plus de mots dans la colonne de droite que dans celle de gauche.*

12. épurer	☐	*A. éliminer*
13. impératif	☐	*B. qui ne provoquent pas d'allergies*
14. génère	☐	*C. engendré*
15. anallergiques	☐	*D. purifier*
		E. nécessaire
		F. qui provoquent des allergies
		G. diminuent
		H. engendre

16. *En vous basant sur le 3e paragraphe, nommez* ***deux*** *produits qui ne sont pas respectueux de l'environnement.*

(a) ....

(b) ....

17. *D'après le 4e paragraphe quel moyen de transport pollue le plus ?*

A. le vélo
B. l'avion
C. la voiture
D. le train

18. *En vous basant sur le 4e paragraphe, pour quelle raison, les transports en commun sont plus respectueux de l'environnement ?*

....

19. *Selon le 4e paragraphe,* ***deux*** *des phrases suivantes sont vraies. Indiquez les réponses correctes dans les cases de droite.*

A. Il est important de tenir sa voiture en bon état.
B. Les voitures diesel sont meilleures pour l'environnement.
C. Il est préférable d'ouvrir les fenêtres plutôt que d'utiliser la climatisation.
D. Utiliser la voiture est plus économique.

20. *À la fin du 4e paragraphe, à quoi se réfère « les premières » ?*

A. les voitures hybrides
B. les voitures LPG
C. les voitures essence
D. les voitures diesel

TOTAL : 25

Une urbanisation galopante menace l'équilibre de l'ensemble du littoral européen

TEXTE

Les côtes européennes sont gravement menacées par une urbanisation que les politiques de protection du littoral ne parviennent pas à freiner. Tel est le constat établie par l'Agence européenne de l'environnement (AEE), qui a publié, lundi 3 juillet, un rapport consacré, pour la première fois, à l'ensemble du littoral européen. Principal enseignement de l'étude : entre 1990 et 2000, les surfaces artificielles ont continué à gagner du terrain sur les côtes. Même dans les zones très urbanisées.

Le sud de l'Europe est particulièrement concerné : les surfaces artificielles ont augmenté de 34 % au Portugal, de 18 % en Espagne, de 6 % en France et en

Italie. L'Irlande est aussi très touchée, avec une hausse de 27 %. Entre 1990 et 2004, l'urbanisation s'opère sur les côtes à un rythme supérieur de 30 % à celui constaté à l'intérieur des terres. L'étude relève un « découplage »entre l'évolution de la population – qui augmente à un rythme inférieur- et celle de l'urbanisation.

Le développement touristique et l'afflux vers les côtes des retraités sont responsables de cette évolution. « Les niveaux de vie supérieurs dans l'UE, la libéralisation des voies aériennes, le développement des compagnies à bas prix et l'essor des transports routiers et ferroviaires ont considérablement accru la mobilité des Européens, et plus particulièrement leur accès aux régions côtières », relève le rapport.

VACANCIERS ET RETRAITÉS

Partout, le même phénomène a lieu : la bande côtière, très chère, est de plus en plus réservée aux vacanciers et retraités, tandis que les populations qui travaillent sur place sont repoussées vers l'intérieur des terres. L'afflux saisonnier demande des infrastructures importantes (transports, fourniture d'eau, d'énergie, gestion des déchets), et le développement de zones de services et de loisirs. Cette situation s'aggrave dans les régions d'jà concernées (Méditerranée, façade atlantique) et gagne de nouvelles zones comme le sud de la mer baltique et la mer Noire.

Pâturages, prairies inondées, zones humides, végétation naturelle disparaissent. Les côtes recèlent pourtant les écosystèmes les plus riches d'Europe. Elles assurent une protection contre l'érosion, absorbent les pollutions, régulent les inondations. Le texte pointe le phénomène de « constriction côtière : infrastructures et constructions se rapprochant du littoral, les zones intermédiaires entre mer et terre disparaissent. « Ce phénomène augment la vulnérabilité face aux changements climatiques et à l'élévation du niveau des mers, en particulier lors d'événements extrêmes », note Ronan Uhel, chef du département analyse spatiale à l'AEE.

L'Agence plaide pour une « gestion intégrée des zones côtières »qui prendrait en compte la nécessité de préserver les écosystèmes. L'Union Européenne doit réviser en 2006 sa stratégie sur ce thème. Mais il ne s'agit que de recommandations. Les outils d'aménagement sont entre les mains des États, et surtout des élus locaux. En France, par exemple, la loi littoral- qui ne protège que la bandes des 100 mètres- fait régulièrement l'objet d'attaque de leur part.

Gaëlle Dupont, Le monde.fr, 5 juillet 2006

En vous basant sur les 1ier et 2e paragraphes, reliez chacun des mots du texte figurant dans la colonne de gauche à son équivalent dans la colonne de droite. ***Attention :*** *il y a plus de mots dans la colonne de droite que dans celle de gauche.*

1. *freiner*	☐	A.	*ralentir*
		B.	*une augmentation*
2. *consacré*	☐	C.	*affectée*
3. *gagner du terrain*	☐	D.	*une diminution*
		E.	*nette*
4. *touchée*	☐	F.	*dédié*
5. *une hausse*	☐	G.	*s'amenuise*
		H.	*note*
6. *relève*	☐	I.	*augmenter*

Les affirmations suivantes, basées sur le texte sont soit vraies, soit fausses. Cochez [✓] la réponse correcte. Justifiez votre réponse par les mots du texte.

		Vrai	**Faux**
7.	*Le développement urbain des côtes est beaucoup plus rapide que celui à la campagne.*	☐	☐
8.	*Cette urbanisation s'explique par une demande grandissante de salariés dans le secteur du tourisme.*	☐	☐
9.	*L'accès aux côtes est réservé aux plus riches.*	☐	☐

7. Justification ....

....

8. Justification ....

....

9. Justification ....

....

10. *Nommez **trois** éléments qui permettent aux vacanciers d'accéder au littoral européen plus facilement :*

(a) ....

(b) ....

(c) ....

11. *Nommez **deux** conséquences de la destruction des espaces naturels côtiers.*

(a) ....

(b) ....

12. *Expliquez pourquoi la journaliste n'est pas très optimiste sur l'impact du rapport de l'AAE sur la politique des zones côtières Européennes.*

....

....

....

Total : 15

Dix ans après Kyoto

TEXTE

Négocié fin 1997, le protocole de Kyoto devait permettre de réduire les émissions de gaz à effet de serre. Les objectifs futurs se discutent à Bali (Indonésie) jusqu'au 14 décembre.

Il y a dix ans, le 11 décembre 1997, 180 pays s'engageaient à lutter contre le changement climatique. C'était à Kyoto, au Japon. Cet engagement était motivé par le constat que, depuis la révolution industrielle, l'augmentation des émissions de gaz à effet de serre, et essentiellement de gaz carbonique, était en train de modifier le climat et de provoquer une hausse des catastrophes naturelle, des épisodes de sécheresse, de forte chaleur ou d'inondation. Pour limiter les dégâts, 38 pays développés, principaux émetteurs de ces gaz, ont promis que leurs émissions annuelles entre 2008 et 2012 seraient inférieures de 5,2 % à celles de 1990. Une promesse pas si facile à tenir : ces gaz sont émis par les transports, le bâtiment, l'industrie, l'agriculture, etc. Il fallait donc modifier les pratiques dans tous ces secteurs. Chaque pays s'était vu assigner un objectif, dépendant de ses émissions et de ses besoins en termes de développement.

Dix ans après, alors que l'on rentre dans la période de référence, c'est l'heure du bilan. Peu de pays vont atteindre leurs objectifs. Mais les négociateurs de l'après Kyoto n'en sont plus là. Car tous reconnaissent que, même si elle est atteinte, la diminution des émissions fixée restera trop faible et trop ponctuelle pour avoir une effet significatif sur l'évolution du climat. Le véritable objectif du protocole de Kyoto était de mettre la lutte contre le changement climatique sur les rails, pour pouvoir fixer des objectifs nettement plus ambitieux par la suite. Les négociations pour l'après-Kyoto commencent à Bali, en Indonésie, en ce début décembre 2007.

Anne Debroise, Les clés de l'actualité/ du 5 au 11 décembre 2007

1. *Nommez **trois** conséquences climatiques causées par l'augmentation des émissions de gaz à effet de serre.*

   (a) ....

   (b) ....

   (c)

2. *Selon le 1ier paragraphe, **deux** des phrases suivantes sont vraies. Indiquez les réponses correctes dans les cases de droite.*

   A. 180 pays se sont engagés à réduire leurs émissions de gaz à effet de serre.

   B. Le taux de réduction des gaz à effet de serre à atteindre est différent pour chaque pays.

   C. L'agriculture est le secteur le plus polluant et devant modifier ses pratiques le plus tôt possible.

   D. Les secteurs industriels les plus polluants ont dû entreprendre un grand changement dans leurs pratiques.

   ☐ ☐

Trouvez dans le 1ier paragraphe, les synonymes de chaque mot de la colonne de gauche dans le texte.

3. *« déterminé »* ....
4. *« particulièrement »* ....
5. *« transformer »* ....
6. *« donner »* ....

Les affirmations suivantes, basées sur le texte sont soit vraies, soit fausses. Cochez [✓] la réponse correcte. Justifiez votre réponse par les mots du texte.

	Vrai	**Faux**
7. *La plupart des pays ont réussi à réduire leurs émissions de gaz comme prévu.*	☐	☐
8. *Les objectifs fixés il y a dix ans sont loin d'être suffisants.*	☐	☐

7. Justification ....
   ....

8. Justification ....
   ....

9. *L'objectif premier de Kyoto était de commencer le combat contre le changement climatique.* ☐ ☐

Justification ....

....

10. *Bali se veut encore plus ambitieux que Kyoto.* ☐ ☐

Justification ....

....

TOTAL : 10

La France écolo, c'est pour demain ?

TEXTE

Le Grenelle de l'environnement prend fin cette semaine après trois mois et demi de discussions intenses.

Les médias y font sans cesse référence depuis cet été. Mais le Grenelle de l'environnement à proprement parler se déroule les 24 et 25 octobre 2007, avec la négociation d'une série de mesures qui détermineront la politique environnementale de la France dans les prochaines années.

Un document transmis la semaine dernière par le ministère de l'Écologie servira de base de discussion. Il s'inspire des conclusions des six groupes de travail du Grenelle (climat et énergie, biodiversité et ressources naturelles, environnement et santé, production et consommation durables, démocratie écologique, écologie et emploi), qui ont planché tout l'été. Principales pistes :

Énergie. Comme pour la majorité des thèmes débattus, les mesures les moins contestées sont retenues. Objectif : réduire de 20 % d'ici 2020 les émissions de gaz à effet de serre dans le secteur des transports, conformément à un accord européen sur les énergies datant du 9 mars 2007. Pour y arriver, priorité au rail. L'idée d'un bonus-malus récompensant les voitures propres et pénalisant les plus polluantes est aussi retenue. En revanche, la réduction de dix kilomètres à l'heure de la vitesse maximale su les routes et autoroutes est loin de faire l'unanimité.

Bâtiment. Une rupture technologique est encouragée : changer les matériaux et les habitudes de construction pour réduire les besoins en énergie des habitations.

Agriculture. Le texte propose de diviser par deux l'utilisation des pesticides. Sur le dossier sensible des organismes génétiquement modifiés (OGM), la possibilité de recherches en plein champ est envisagée.

Nucléaire. Le document révèle les divergences des acteurs du Grenelle sur ce sujet. Certains, dont le président de la République, pensent que cette filière doit rester majoritaire dans la production électrique du pays ; d'autres veulent la réduire. Les négociations s'annoncent houleuses. Quoi qu'il en soit, le gouvernement aura le dernier mot. Les conclusions du Grenelle lui serviront à mettre sur pied 15 à 20 grands programmes. Rendez-vous le 15 décembre pour découvrir le visage de la France (verte ?) de demain.

En clair Grenelle : grand débat associant des représentants du gouvernement, des associations professionnelles et/ou des ONG, en référence aux accords de Grenelle ayant débouché sur des mesures sociales en mai 1968.

Anne Lesterlin, Les clés de l'actualité/ du 24 au 30 octobre 2007

ACTIVITÉS

1. *Quel sera l'aboutissement du Grenelle de l'environnement ?*

   ....

Vous avez des débuts de phrases à gauche et des fins possibles à droite. En vous basant sur les 2e, 3e et 4e paragraphes, associez chaque début avec la fin qui lui correspond. ***Attention*** *: il y a plus de fins que de débuts et chaque fin ne peut être utilisée qu'une seule fois.*

2. *Le gouvernement s'engage à développer le rail afin…*	☐	A. *sera pas retenue.*
		B. *à l'utilisation de matériaux différents.*
3. *Les propriétaires de voitures peu polluantes…*	☐	C. *de réduire les gaz à effet de serre.*
		D. *devront payés plus d'impôts.*
4. *la proposition suggérant de réduire la vitesse de 10 km/h ne …*	☐	E. *seront récompensés.*
		F. *incitant les architectes à utiliser d'autres technologies.*
5. *Les besoins d'énergie devront être réduits grâce…*	☐	G. *de pesticides.*
6. *Les agriculteurs devront utiliser deux fois moins…*	☐	

7. *Quel mot dans le 5e paragraphe signifie « différence d'opinion » ?*

   ....

8. *Quelle est la position du président de la République ?*

   ....

9. *Dans les propositions ci-dessous, donnez le synonyme de l'adjectif « houleuses » dans le sens du texte.*

   A. difficiles.
   B. civiles.
   C. faciles.
   D. impossibles.

   ☐

10. *Quelle expression dans le 5e paragraphe signifie « prendre une décision » ?*

....

TOTAL : 10

INSOLITE

L'homme qui plantait des arbres

TEXTE

[...]

Le pays n'avait pas changé. [-4-], au-delà du village mort, j'aperçus dans le lointain une sorte de brouillard gris qui recouvrait les hauteurs comme un tapis. [-5-] la veille, je m'étais remis à penser à ce berger planteur d'arbres. « Dix mille chênes, me disais-je, occupent vraiment un très large espace ».

J'avais vu mourir trop de monde pendant cinq ans pour ne pas imaginer facilement la mort d'Elzéar Bouffier, [-6-], lorsqu'on en a vingt, on considère les hommes de cinquante comme des vieillards à qui il ne reste plus qu'à mourir. Il n'était pas mort. Il était même fort vert. Il avait changé de métier. Il ne possédait plus que quatre brebis mais, [-7-], une centaine de ruches. Il s'était débarrassé des moutons qui mettaient en péril ses plantations d'arbres. Car, me dit-il (et je le constatais), il ne s'était pas du tout soucié de la guerre. Il avait imperturbablement continué à planter.

Les chênes de 1910 avaient alors dix ans et étaient plus hauts que moi et que lui. Le spectacle était impressionnant. J'étais littéralement privé de parole et, comme lui ne parlait pas, nous passâmes tout le jour en silence à nous promener dans sa forêt. Elle avait, en trois tronçons, onze kilomètres dans sa plus grande largeur. Quand on se souvenait que tout était sorti des mains et de l'âme de cet homme, sans moyens techniques, on comprenait que les hommes pourraient être aussi efficaces que Dieu dans d'autres domaines que la destruction. Il avait suivi son idée, et les hêtres qui m'arrivaient aux épaules, répandus à perte de vue, en témoignaient. Les chênes étaient drus et avaient dépassé l'âge où ils étaient à la merci des rongeurs; quant aux desseins de la Providence elle-même pour détruire l'œuvre créée, il **lui** faudrait avoir désormais recours aux cyclones. Il me montra d'admirables bosquets de bouleaux qui dataient de cinq ans, c'est-à-dire de 1915, de l'époque où je combattais à Verdun. Il **leur** avait fait occuper tous les fonds où il soupçonnait, avec juste raison, qu'il y avait de l'humidité presque à fleur de terre. Ils étaient tendres comme des adolescents et très décidés.

La création avait l'air, d'ailleurs, de s'opérer en chaînes. Il ne s'en souciait pas; il poursuivait obstinément sa tâche, très simple. Mais en redescendant par le village, je vis couler de l'eau dans des ruisseaux qui, de mémoire d'homme, avaient toujours été à sec. C'était la plus formidable opération de réaction qu'il m'ait été donné de voir. Ces ruisseaux secs avaient jadis porté de l'eau, dans des temps très anciens.

Certains de ces villages tristes dont j'ai parlé au début de mon récit s'étaient construits sur les emplacements d'anciens villages gallo-romains dont il restait encore des traces, dans lesquelles les archéologues avaient fouillé et ils avaient trouvé des hameçons à des endroits où au vingtième siècle, on était obligé d'avoir recours à des citernes pour avoir un peu d'eau. Le vent aussi dispersa certaines graines. En même temps que l'eau réapparut réapparaissaient les saules, les osiers, les prés, les jardins, les fleurs et une certaine raison de vivre. Mais la transformation s'opérait si lentement qu'elle entrait dans l'habitude sans provoquer d'étonnement. Les chasseurs qui montaient dans les solitudes à la poursuite des lièvres ou des sangliers avaient bien constaté le foisonnement des petits arbres mais ils l'avaient mis sur le compte des malices naturelles de la terre. C'est pourquoi personne ne touchait à l'œuvre de cet homme. Si on l'avait soupçonné, on l'aurait contrarié. Il était insoupçonnable. Qui aurait pu imaginer, dans les villages et dans les administrations, une telle obstination dans la générosité la plus magnifique ?

[...]

Jean Giono, *L'homme qui plantait des arbres*, 1953.

ACTIVITÉS

1. *En vous basant sur le début du texte, quel était le métier d'Elzéar Bouffier avant ?*

   ....

2. *En plus de son nouveau métier, quelle est l'autre activité principale d' Elzéar Bouffier ?*

   ....

3. *À la ligne 8, l'expression «fort vert » veut dire :*

   A. plein de vigueur.

   B. très malade.

   C. écologiste.

   D. sans maturité.

   ☐

Ajoutez les mots qui manquent aux lignes 1 à 9 en les choisissant dans la liste proposée ci-dessous. ***Attention*** *: il y a plus de mots que d'espaces et chaque mot ne peut être utilisé qu'une seule fois.*

d'autant que ***par contre*** ***autant*** ***toutefois*** ***depuis*** ***contre***

[-4-] ....

[-5-] ....

[-6-] ....

[-7-] ....

8. *Aux lignes 10 et 11, quel mot signifie « sans être troublé » ?*

   ....

9. *À quoi est comparé l'homme aux lignes 15 à 18 ?*

   ....

10. *Quelle est la seule catastrophe naturelle qui pourrait détruire les chênes (l.20–23) ?*

    ....

11. *Citez **deux** essences d'arbres que plante Elzéar Bouffier.*

(a) ....

(b) ....

12. *À la ligne 21, à quoi se réfère « **lui** » dans la phrase « il **lui** faudrait avoir désormais recours aux cyclones. »*

....

13. *Quelle expression du milieu du texte suggère que le narrateur était soldat pendant la première guerre mondiale ?*

....

14. *À la ligne 23, à quoi se réfère « **leur** » dans la phrase « Il **leur** avait fait occuper tous les fonds » ?*

....

15. *Aux lignes 22 à 25, à quoi sont comparés les bouleaux ?*

....

16. *Quel changement, qui est une conséquence directe de la reforestation, le narrateur remarque-t-il (lignes 26 à 30) ?*

....

17. *Quel mot utilisé aux lignes 29 et 30 signifie « autrefois » ?*

....

18. *Complétez la phrase suivante en vous basant sur les lignes 31 à 35.*
La découverte d'hameçons par les archéologues prouve qu'au temps des gallo-romains il y avait .... dans ces villages.

19. *Quel autre élément de la nature aide à développer l'œuvre d' Elzéar Bouffier ?*

....

20. *Pourquoi les gens ne sont-ils pas surpris par tous ces changements ?*

....

21. *À la ligne 40, le mot « foisonnement » veut dire*

A. manque.
B. abondance.
C. disparition.
D. abondamment.

☐

22. *À la ligne 43, à quoi ou à qui se réfère « **l'** » dans la phrase «Si on l'avait soupçonné, on **l'**aurait contrarié. » ?*

A. le foisonnement.

B. l'œuvre.

C. cet homme.

D. des malices.

☐

23. *Aux lignes 16 et 42, de quel homme parle le narrateur quand il dit « cet homme » ?*

....

Les affirmations suivantes, basées sur le texte sont soit vraies, soit fausses. Cochez [✓] la réponse correcte. Justifiez votre réponse par les mots du texte.

	Vrai	**Faux**
24. *Elzéar Bouffier a changé de métier car les moutons représentaient un danger pour ses arbres.*	☐	☐

Justification ....

....

25. *Le narrateur est tellement impressionné par la forêt de chênes qu'il ne savait pas quoi dire.*	☐	☐

Justification ....

....

26. *Elzéar Bouffier a utilisé des machines pour planter ses arbres.*	☐	☐

Justification ....

....

27. *Malgré leur âge les chênes étaient encore très fragiles et pouvaient être facilement détruits par des rongeurs.*	☐	☐

Justification ....

....

28. *Elzéar Bouffier est très orgueilleux et ressent une grande fierté quand il voit les résultats positifs de ses plantations.*	☐	☐

Justification ....

....

TOTAL : 29

À discuter

1. Quelle importance l'environnement a pour vous?
2. Quels gestes faites-vous quotidiennement afin de protéger l'environnement ?
3. Pensez-vous que votre pays adopte une bonne attitude envers l'environnement ?
4. Quelles mesures sont en place dans votre pays afin de respecter l'environnement ?
5. Que pensez-vous des gens qui prennent leur voiture pour effectuer de très courtes distances ?
6. Comment pourrait-on encourager les gens à plus utiliser les transports en commun ou le vélo ?
7. Que pensez-vous de l'énergie nucléaire ?
8. Consommez-vous régulièrement des produits bio ? Pourquoi ? Pourquoi pas ?
9. Selon vous, les prix plus élevés des produits équitables sont-ils justifiés ?
10. Quand vous achetez un produit, vérifiez-vous sa composition, son mode de fabrication ?
11. Existe-t-il des espèces en voie de disparition dans votre pays ?
12. Trouvez-vous une utilité aux zoos ou parcs zoologiques ?
13. La question de l'environnement est-elle seulement une préoccupation des pays dit « développés » ?
14. Êtes-vous conscient de votre empreinte écologique ? Faites-vous des efforts afin de la réduire ?
15. Pensez-vous que l'environnement est votre problème, ou vous ne vous en préoccupez pas car ce sont les générations futures qui en souffriront ?
16. La déforestation vous préoccupe-t-elle ?
17. Quel problème environnemental vous préoccupe le plus ?
18. Quel confort seriez-vous prêt à sacrifier au nom de l'environnement ?
19. Croyez-vous qu'un jour nous manquerons de ressources naturelles ?
20. Vous est-il déjà arrivé de vous sentir coupable de votre style de vie ? Donnez un exemple.

À voir

L'ours, Jean-Jacques Annaud, 1988

Deux frères, Jean-Jacques Annaud, 2004

La marche de l'empereur, Luc Jacquet, 2005

L'homme qui plantait des arbres, Frederic Back, 1987

À écouter

Respire, Mickey 3D, 2003 *"Tu vas pas mourir de rire... "*

L'Hymne de nos campagnes, Tryo, 1998 *"Mamagubida"*

Plus rien, Les Cowboys Fringants, 2007 *" Les Cowboys Fringants au grand théâtre de Québec"*

La Terre meurt, Charles Aznavour, 2007

8 secondes, Les Cowboys Fringants, 2004 *" La grand-messe"*

L'arbre va tomber, Francis Cabrel, 1994 *"Samedi soir sur la Terre"*

L'homme qui marche, Francis Cabrel, 1985 *"Photos de voyages"*

Signaux de fumée, Zazie, 1995

À consulter

Ministère de l'Écologie, de l'Énergie, du Développement durable et de l'Aménagement du territoire :
www.developpement-durable.gouv.fr

Agence de l'Environnement et de la Maîtrise de l'Energie :
www2.ademe.fr

La Cité des Sciences et de l'Industrie :
www.cite-sciences.fr

Fondation Nicolas Hulot :
www.fondation-nicolas-hulot.org

Electricité de France (EDF) :
www.edf.com/accueil-com-fr-20402.html

France Nature Environnement :
www.fne.asso.fr

Société nationale de protection de la nature :
www.snpn.com

À lire

L'homme qui plantait des arbres, Jean Giono, 1953

Le Développement durable, Assen Slim, ed. Le Cavalier Bleu 2007

L'Eau, Jean Margat et Vazken Andréassian, ed. Le Cavalier Bleu, 2008

Résultats du quiz de la mise en route :

Maximum de ● : Vous êtes un/e vrai/e écolo ! Vous vous préoccupez réellement de l'environnement et vous êtes convaincu/e que chaque individu peut contribuer à sa manière à la protection de l'environnement. Continuez ainsi !

Maximum de ■ : L'avenir de l'environnement vous préoccupe mais ce n'est pas votre priorité. Vous essayez de réduire votre impact sur la planète dans la mesure du possible. Faites un petit effort, vous verrez ce n'est pas si difficile !

Maximum de ◆ : Avec cette attitude, notre planète ne résistera pas longtemps ! Vous ne faites aucun effort pour protéger l'environnement et encore moins pour réduire votre empreinte écologique ! Vous devriez prendre conscience de votre comportement destructeur et changiez d'attitude au plus vite !

Chapitre 9

LA SOCIÉTÉ

1. Reliez les mots suivants à leur définition (du dictionnaire Larousse).

1. Le chômage ☐	A. Personnes qui n'ont pas de logement.
2. L'exclusion ☐	B. Ensemble des actes caractérisés par des abus de la force physique, des utilisations d'armes, des relations d'une extrême agressivité.
3. La discrimination ☐	C. État, caractère de ce qui n'offre nulle garantie de durée, de stabilité, qui peut toujours être remis en cause.
4. Le racisme ☐	D. Situation d'un salarié qui, bien que apte au travail, se trouve privé d'emploi.
5. La violence ☐	E. Égalité des rémunérations entre des grades comparables dans des professions différentes. OU Égalité de représentation des hommes et des femmes en politique.
6. La délinquance ☐	F. Ensemble des infractions commises en un temps et en un lieu donnés.
7. La pauvreté ☐	G. Déficience ou incapacité mentale, physique ou sensorielle, partielle ou totale, temporaire ou définitive, causée par une altération des structures ou des fonctions psychologiques, physiologiques ou anatomiques et constituant un désavantage social.
8. La précarité ☐	H. État de quelqu'un qui est pauvre.
9. Les sans-abri ☐	I. Fait de distinguer et de traiter différemment (le plus souvent plus mal) quelqu'un ou un groupe par rapport au reste de la collectivité ou par rapport à une autre personne.
10. L'insertion ☐	J. Fait, manière de s'insérer dans un groupe, de s'y intégrer.
11. La criminalité ☐	K. Ensemble des actes criminels commis dans un groupe social donné au cours d'une certaine période.
12. La parité ☐	L. Idéologie fondée sur la croyance qu'il existe une hiérarchie entre les groupes humains, les « races ».
13. Le handicap ☐	M. Action d'exclure du monde du travail, donc de la société.
	www.larousse.fr/encyclopedie/

2. Classez ces points selon leur ordre de priorité pour la société. Arrangez-les du plus au moins important selon vous. Justifiez votre classement.

Femmes et mixité

Après les luttes importantes des femmes, cinq éléments ont contribué à la transformation de l'activité féminine : la tertiairisation, la salarisation, la continuité des trajectoires professionnelles, la progression des emplois féminins qualifiés, leurs réussites scolaires et universitaires. Quantité de rapports, d'études, de statistiques, pointent fortement les discriminations dont sont victimes les femmes salariées dans les secteurs public et privé. Beaucoup conviennent que la situation des femmes sur le marché du travail est injuste et injustifiable ! C'est vrai en ce qui concerne leur salaire (moins 25 %), l'accès à la formation professionnelle qualifiante, leur déroulement de carrière (la maternité est sanctionnée, la disponibilité plutôt que l'efficacité reste le critère déterminant). Alors qu'elles sont plus diplômées que les hommes, elles subissent plus le chômage, la précarité, le temps partiel (17 % des salariés sont à temps partiel dont 82 % sont des femmes). Elles ont de plus en plus nombreuses à travailler de nuit surtout pour les plus jeunes et c'est parfois leur seul moyen d'accéder à l'emploi. Elles sont aujourd'hui concentrées dans les Pme/Pmi*, où la représentation syndicale est faible, voire inexistante. Les premiers bilans de la mise en place des 35 heures font apparaître que le temps libéré est pour les femmes essentiellement consacré à la récupération ou aux travaux ménagers. Malgré ces discriminations et les difficultés rencontrées pour concilier, vie professionnelle, vie familiale et sociale, les femmes exigent leur place au travail (80 % des femmes travaillent ou souhaitent travailler) y compris lorsqu'elles ont des enfants. Des outils existent pour gagner une véritable égalité professionnelle entre les femmes et les hommes dans les entreprises et dans les branches. À nous de les saisir !

- La loi du 13 juillet 1983 dite « loi Roudy » relative à l'égalité de traitement entre les femmes et les hommes

- La loi du 9 mai 2001 relative à l'égalité professionnelle entre les femmes et les hommes

- La loi du 17 novembre 2001 relative à la lutte contre les discriminations

- L'Accord National Interprofessionnel du 1er mars 2004 relatif à la mixité et à l'égalité professionnelle entre les femmes et les hommes

COLLECTIF FEMMES MIXITE Mathilde SALLY BOUNDE, publié le lundi 5 mai 2008
www.cgt.fr

*Pme = Petites et moyennes entreprises
Pmi = Petites et moyennes industries

ACTIVITÉS

1. *Dans quel domaine les femmes sont-elles traitées de manière injuste ?*

   ....

2. *Nommez un facteur qui a permis la transformation de l'activité féminine ?*

   ....

3. *Complétez la phrase avec un mot du texte.*

   Bien que l'activité féminine se soit transformée, les femmes restent toujours victimes de .... sur le marché du travail.

4. *Citez* **deux** *domaines dans lesquels les femmes sont discriminées dans le monde du travail ?*

   (a) ....

   (b) ....

5. *Quel paradoxe est exposé dans ce texte ?*

   ....

6. *Selon le texte, qu'est-ce qui gêne le déroulement de la carrière d'une femme ?*

   ....

7. *Que doivent accepter certaines jeunes femmes afin d'avoir accès au travail ?*

   ....

8. *Quel est le problème des Pme/Pmi ?*

   ....

9. *Qu'est-ce que les femmes trouvent difficile de faire ?*

   ....

10. *Qu'est-ce que les femmes revendiquent ?*

    ....

Les affirmations suivantes, basées sur le texte sont soit vraies, soit fausses. Cochez [✓] la réponse correcte. Justifiez votre réponse par les mots du texte.

	Vrai	**Faux**
11. *Les femmes gagnent moins d'argent que les hommes.*	☐	☐

Justification ....

....

12. *Les entreprises préfèrent une personne efficace plutôt qu'une personne disponible.* ☐ ☐

Justification ....

....

13. *Les emplois à temps partiel sont majoritairement occupés par des femmes.* ☐ ☐

Justification ....

....

14. *Grâce à la réduction du temps de travail les femmes ont plus de temps à consacrer à leur loisirs.* ☐ ☐

Justification ....

....

15. *À la ligne 23, à quoi se réfère le mot « **les** » dans la phrase « A nous de **les** saisir ! » ?*

....

TOTAL : 16

Violences : les filles se mettent à imiter les garçons

TEXTE

Elles commettent vingt agressions par jour et copient le comportement des adolescents, allant même jusqu'à utiliser des armes.

❶ Plus de sept mille agressions en un an, soit vingt par jour en moyenne ! Le Figaro a eu accès aux derniers chiffres de l'Observatoire national de la délinquance (OND) sur la violence des adolescentes. Selon cet organisme, le nombre de femmes de moins de 18 ans mises en cause pour des violences non crapuleuses, principalement des coups et blessures volontaires, a augmenté de près de 140 % depuis 2002. La situation s'est même dégradée trois fois plus vite chez les filles que chez les garçons qui restent toujours largement majoritaires, avec 44 500 hommes mineurs mis en cause pour agression et menace l'an dernier contre 7470 filles.

❷ Les deux tiers de ces atteintes aux personnes n'ont donc pas été motivées par un vol, mais représentent la « violence de la vie quotidienne », explique Christophe Soullez, chef de département à l'OND. Selon ce criminologue, ces actes témoignent « des tensions qui montent dans la sphère familiale », mais aussi de la dégradation du climat dans et aux abords des établissements scolaires.

❸ Dernier exemple en date : à Chelles, en Seine-et-Marne, lundi dernier, pas moins de vingt collégiennes de quinze ans, entourées d'une quarantaine de camarades venues pour le spectacle, avaient décidé d'en découdre devant la gare routière, armées de barres de fer, de tournevis et même d'un couteau à viande ! Ce West Side Story tricolore opposait des adolescentes des cités de Meaux à celles de Noisel, sur fond de différend sentimental. La police a pu intervenir à temps, interpellant les plus virulentes.

«Bad girls» à l'américaine

❹ Mais, en dépit d'une dizaine de gardes à vue ordonnées pour marquer les esprits, les autorités locales redoutent une «réplique». Les enquêteurs ont été stupéfaits du degré d'inconscience de certaines ados auditionnées et de leur détermination à employer à nouveau la force.

❺ « Jusqu'alors, commente un directeur de police, les filles n'apparaissaient que de manière marginale dans les procédures, même si elles pouvaient tenir un rôle stimulant au sein des groupes de garçons. » Aujourd'hui, dit-il, « elles s'autonomisent, les bandes de filles se créant selon les opportunités ».

❻ Le passage à l'acte se fait de plus en plus jeune. « Nos petites terreurs ont parfois 10 à 12 ans », s'inquiète un officier de police marseillais qui voit émerger ce phénomène des « bad girls » à l'américaine, souvent « déscolarisées ».

Pour le sociologue Sebastian Roché, ce phénomène répond [-16-] à une « masculinisation » des comportements féminins. Il serait dû, selon lui, à « une moindre différenciation entre les sexes dans l'éducation des enfants» et à une «influence des cités, où de nombreuses adolescentes adoptent le modèle dominant du garçon qui sait se faire craindre ». Au besoin, avec une arme. Pour les chercheurs de l'OND, Chelles n'est pas Chicago. Une étude récente transmise par leurs collègues canadiens alerte [-17-] sur le fait que « lorsque des femmes infligent des blessures, elles sont tout aussi susceptibles que les hommes d'utiliser une arme ». Et qu'elles provoquent des dégâts [-18-] graves.

Jean-Marc Leclerc, *Le Figaro*, 07/02/2008.

ACTIVITÉS

1. *En vous basant sur le début de l'article, quel mot signifie « attaque » ?*

....

Les affirmations suivantes, basées sur les 1ier et 2e paragraphes sont soit vraies, soit fausses. Cochez [✓] la réponse correcte. Justifiez votre réponse par les mots du texte.

	Vrai	Faux
2. *Les filles sont plus impliquées que les garçons dans les agressions.*	☐	☐
Justification		
3. *Ces dernières années, il y a eu une forte progression de l'implication des filles dans les agressions.*	☐	☐
Justification		

4. *Les agressions sont majoritairement des accidents, c'est-à-dire qu'elles n'ont pas été voulues.* ☐ ☐

Justification ....

....

5. *D'après le 2e paragraphe, parmi les raisons suivantes, laquelle* ***n'****est* ***pas*** *à l'origine de la majorité des agressions commises par les filles ?*
   A. le vol.
   B. la violence de la vie quotidienne.
   C. les tensions dans la famille.
   D. la détérioration de l'ambiance dans les écoles.

☐

En vous basant sur le 3e paragraphe, reliez chacun des mots du texte figurant dans la colonne de gauche à son équivalent dans la colonne de droite. ***Attention*** *: il y a plus de mots dans la colonne de droite que dans celle de gauche.*

6. *en date*	☐	A. *se battre*
		B. *désaccord*
7. *découdre*	☐	C. *à ce jour*
		D. *arrêtant*
8. *différend*	☐	E. *violentes*
		F. *autre*
9. *interpellant*	☐	G. *appelant*
10. *virulentes*	☐	H. *moment*
		I. *discuter*

11. *D'après le 3e paragraphe, combien de filles étaient impliquées dans la bagarre ?*

....

12. *En vous basant sur le 3e paragraphe, citez* ***deux*** *exemples d'armes utilisées par les adolescentes dans l'incident de Chelles.*
    (a) ....
    (b) ....

13. *Quelle est l'origine de cet incident ?*

....

Vous avez des débuts de phrases à gauche et des fins possibles à droite. En vous basant sur le 4e paragraphe, associez chaque début avec la fin qui lui correspond. ***Attention*** *: il y a plus de fins que de débuts et chaque fin ne peut être utilisée qu'une seule fois.*

14. La police a...	☐	*A. peur que ces jeunes filles recommencent à se battre.*
15. Certaines jeunes filles...	☐	*B. regrettent leur action et ne désirent plus avoir recours à la violence.*
		C. ne se rendent pas compte de la gravité de leur action.
		D. auditionne une dizaine d'adolescentes.

Ajoutez les mots qui manquent dans le dernier paragraphe en les choisissant dans la liste proposée ci-dessous. ***Attention*** *: il y a plus de mots que d'espaces et chaque mot ne peut être utilisé qu'une seule fois.*

en suivant ***contrairement*** ***surtout*** ***aussi*** ***cependant***

[-16-] ....

[-17-] ....

[-18-] ....

19. Quel mot du 5e paragraphe signifie « secondaire » ?

....

20. Selon le 5e paragraphe, qu'est-ce qui alarme le policier de Marseille ?

....

21. Dans le 5e paragraphe, le mot « déscolarisées » veut dire :

A. qu'elles n'aiment pas l'école.
B. qu'elles vont à l'école.
C. qu'elles ne vont plus à l'école.
D. qu'elles suivent des cours par correspondance.

☐

22. Selon le sociologue Sébastian Roché, citez ***une*** *des causes de cette « masculinisation » des comportements féminins.*

....

23. Dans le dernier paragraphe, à quoi se réfère le mot « ***les*** *» ?*

....

TOTAL : 24

Ces minicaïds qui sèment la terreur dès la maternelle

Âgés de 3 à 10 ans, ils frappent, volent ou brûlent des voitures. Le rajeunissement de la délinquance est un vrai phénomène dans les cités.

❶ Les yeux révulsés, la respiration « rauque, caverneuse, animale », qui lui valent le surnom de l'« Exorciste », Aziz (1) a la rage. Comportement hyperactif, insultes, coups… la dernière fois qu'il a frappé, c'était son enseignante. Qui a porté plainte contre lui. Aziz n'a rien d'un de ces ados durs qui sévissent en bande, il a cinq ans et vit dans une cité de Saint-Denis, dans le 93.

❷ Aziz n'est pas un cas isolé. Le rajeunissement de la délinquance dans les quartiers difficiles est un vrai phénomène. Âgés de 3 à 10 ans, ces minicaïds que l'administration appelle « enfants hautement perturbateurs » ne se contentent pas de voler des bonbons mais cognent, fument, traînent dans les rues, brûlent les voitures, etc.

❸ Comme Bemba, 7 ans, qui arrive à l'école en empestant l'essence, après avoir incendié avec ses frères des voitures du parking voisin. Ou encore ce gamin de 3 ans surnommé « Hannibal Lecter », en référence au héros cannibale du Silence des agneaux, pour avoir mordu le nez d'une fillette jusqu'à le lui arracher.

❹ [-11-] parler de Kader, 6 ans, qui, [-12-] l'influence de son beau-père, fume du cannabis chaque soir « pour mieux dormir ». Hakim, 9 ans, a, [-13-] lui, donné des coups de couteau à sa propre mère... C'était il y a six ans. Après maints autres délits graves, et un passage à Fleury-Mérogis, il est aujourd'hui emprisonné à Fresnes. Tous ces « enfants bandits », [-14-] y fait référence le titre d'un livre (2) à paraître sur le sujet, viennent de Seine-Saint-Denis.

❺ Si d'autres cités de France ne sont pas épargnées, ce phénomène « reste malgré tout marginal, nuance Sonia Imloul, présidente de Respect 93, une association qui milite pour la prévention de la délinquance des mineurs. Mais il suffit de deux ou trois élèves intenables dans une classe pour la paralyser totalement. »

❻ Côté chiffres, sachant qu'un mineur au-dessous de 13 ans ne peut faire l'objet d'une condamnation pénale et que la plupart des statistiques concernent les 13–18 ans, il est difficile d'être précis. On sait simplement qu'en 2005, sur les 82 556 actes dont les juges des enfants ont été saisis, 3474 concernaient des moins de 13 ans. Et que la part des mineurs dans la délinquance est passée de 10% dans les années 1970 à 25 % aujourd'hui. « Magistrats, policiers, enseignants, tous observent ce rajeunissement avec de plus en plus de passages à l'acte », confie Claude Beau, vice-présidente du TGI de Paris et présidente de Mission Possible, une association de prévention.

[...]

❼ **«Dehors jusqu'à 11 heures»**

Pour Patricia, mère de trois enfants vivant dans la cité de Floréal à Saint-Denis, le rajeunissement de la délinquance s'observe « depuis une dizaine d'années, avec un durcissement et un sentiment d'impunité depuis les émeutes de novembre 2005 ». Elle s'inquiète pour sa fille, Chloé, 10 ans, plusieurs fois agressée à l'école : « Ça n'est plus possible pour nos enfants. Ils n'ont aucune chance ici », dit-elle, évoquant ses projets d'installation dans le Nord « Est-il normal de laisser des enfants de trois ou quatre ans dehors jusqu'à 11 heures du soir ? », s'indigne-t-elle encore. C'est la voie la plus sûre « pour **les** mettre sur les chemins de la délinquance », poursuit Isabelle, animatrice d'un centre de loisirs depuis 8 ans. Il y a quelques mois, alors enceinte, Maxime, 7 ans, lui a donné des coups dans le ventre. Elle aussi envisage de partir.

Delphine de Mallevoüe, *Le Figaro*, 10/01/2008.

ACTIVITÉS

1. *Le thème de cet article est :*

   A. le phénomène de la délinquance en général.

   B. la délinquance parmi les très jeunes enfants.

   C. les cités dans lesquelles la délinquance se déroule.

   D. les mesures mises en places pour empêcher la délinquance.

   ☐

2. *Trouvez dans le 1ier paragraphe, les mots qui se réfèrent à chaque mot en gras dans le texte.*

Qui a porté plainte contre **lui**.	**Qui**	
	lui	

3. *Quel est l'objet de la plainte ?*

   ....

4. *En vous basant sur le 2e paragraphe, citez **deux** exemples de délits commis par les très jeunes délinquants.*

   (a) ....

   (b) ....

5. *Trouvez dans le 4e paragraphe, les mots qui se réfèrent à chaque mot en gras dans le texte.*

jusqu'à **le lui** arracher.	**le**	
	lui	

6. *Quel mot du 4e paragraphe signifie « plusieurs » ?*

   ....

*Chacune des personnes citées dans ce texte a commis un des délits suivants. Indiquez **le** délit* *dans la case appropriée à droite du nom de la personne à laquelle il se rapporte.* ***Attention*** *: il y a des affirmations qui n'appartiennent à personne.*

7. Aziz	☐	*A. Il consomme de la drogue régulièrement.*
		B. Il a brûlé des véhicules.
8. Bemba	☐	*C. Il a agressé un membre du corps enseignant.*
9. Kader	☐	*D. Il a violemment agressé une camarade.*
		E. Il a violemment agressé un membre de sa famille.
10. Hakim	☐	*F. Il a volé des bonbons.*

Ajoutez les mots qui manquent dans le 4ᵉ paragraphe en les choisissant dans la liste proposée ci-dessous. ***Attention*** *: il y a plus de mots que d'espaces et chaque mot ne peut être utilisé qu'une seule fois.*

en suivant ***sous*** ***sans*** ***mais*** ***quant à*** ***comme***

[-11-] ....

[-12-] ....

[-13-] ....

[-14-] ....

15. *Selon les 5ᵉ et 6ᵉ paragraphes,* ***trois*** *des phrases suivantes sont vraies. Indiquez les réponses correctes dans les cases de droite.*

A. Le rajeunissement de la délinquance ne se produit pas uniquement dans une cité.
B. Tous les mineurs peuvent être jugés et envoyés en prison.
C. Seulement les mineurs âgés de 13 ans ou plus peuvent aller en prison.
D. Depuis les années 70 il y a eu une augmentation de la délinquance des mineurs.
E. Depuis les années 70 il y a eu une diminution de la délinquance des mineurs.

☐ ☐ ☐

16. *Dans le dernier paragraphe, à quoi ou à qui se réfère le mot «* ***les*** *» dans la phrase « pour* ***les*** *mettre sur les chemins de la délinquance » ?*

....

Dans le dernier paragraphe, trouvez les mots qui ont la même signification que les expressions ou mots ci-dessous.

17. *«moyen»* ....

18. *«pense à»* ....

Vous avez des débuts de phrases à gauche et des fins possibles à droite. En vous basant sur le dernier paragraphe, associez chaque début avec la fin qui lui correspond. ***Attention*** *: il y a plus de fins que de débuts et chaque fin ne peut être utilisée qu'une seule fois.*

19. Patricia ne trouve pas cela normal...	☐	*A. lorsqu'elle était enceinte.*
20. Patricia aimerait déménager pour...	☐	*B. car sa fille a été agressée.*
21. Maxime a donné des coups dans le ventre d'Isabelle.	☐	*C. que de très jeunes enfants aient le droit de sortir tard le soir.*
		D. protéger ses enfants.
		E. alors enceinte.

TOTAL : 26

TEXTE

Sans papiers
A Paris, plus de 200 travailleurs en grève pour les régularisations

Le 13 février 2008, les cuisiniers "sans-papiers" du restaurant « La Grande Armée » se mettaient en grève pour exiger leur régularisation. Six jours après, en référence à la circulaire gouvernementale du 7 janvier 2008, sept, d'entre **eux** étaient régularisés. Deux mois plus tard, le 15 avril 2008, plus de 200 travailleurs sans-papiers entament une nouvelle grève sur leurs lieux de travail, en ayant en tête la régularisation des dizaines de milliers d'autres "sans-papiers" vivant et travaillant en France.

Depuis des décennies, les travailleurs "sans-papiers" occupent les emplois dans les 150 métiers dits « en tension » (restauration, BTP, nettoyage, jardinage, aide à la personne...), là, où, en comptant avec **eux**, le gouvernement reconnaît qu'il y a officiellement un manque de main-d'œuvre. Dans le même temps, ce même gouvernement veut les empêcher de travailler en leur interdisant les emplois inclus dans la liste des 150 métiers.... La grande majorité d'entre eux a des feuilles de paye, déclare ses impôts et verse aux caisses d'assurance maladie, retraite, ASSEDIC..., des cotisations, sans pouvoir prétendre en retour **en** avoir le bénéfice. Travaillant ici aux conditions des pays où la main d'œuvre est sous-payée, ce sont les délocalisés des branches non-délocalisables. Pour que les groupes dégagent de plus en plus de profits, ils sous-traitent en cascade. Du coup, pour que les troisièmes, voire septièmes sous-traitants récupèrent un bout de profit (qu'aura bien voulu lâcher le premier sous-traitant), on trouve en bout de chaîne des travailleurs sans droits et des travailleurs sans papiers. L'union régionale CGT* d'Ile-de-France appelle à cesser *"l'hypocrisie et mettre un terme à cet esclavage moderne qu'imposent les patrons à ces travailleurs. Le gouvernement et le patronat doivent prendre leurs responsabilités. Les travailleurs "sans papiers" doivent être régularisés ! Travailler dur pour nourrir sa famille, y compris quand elle est restée au pays, n'est pas un délit. Expulser le travailleur "sans papier" et priver ainsi sa famille des quelques dizaines d'€uros qu'il lui adresse chaque mois* ***en*** *est un, au moment où les révoltes de la faim gagnent les pays du sud. Les "sans papiers" ne peuvent continuer à être, au quotidien, les victimes des rafles et des discriminations, à être entassés par milliers dans les indignes centres de rétention,* *et subir la violence et l'humiliation des expulsions. Les travailleurs "sans papiers" de ces restaurants, de ces entreprises de nettoyage, du bâtiment… ont décidé à leur tour de dire stop ! D'exiger leur régularisation. Dans cette lutte, pour l'égalité des droits, ils ont besoin de la solidarité et du soutien des citoyens et des salariés de ce pays. "*

Publié le mercredi 16 avril 2008
www.cgt.fr

*CGT = Confédération Générale du Travail

ACTIVITÉS

1. *Que voulaient les cuisiniers de « La Grande Armée » ?*

   ....

2. *Quel a été le résultat de cette grève ?*

   ....

3. *Quel était le but de la seconde grève ?*

   ....

Trouvez dans le texte, les mots qui se réfèrent à chaque mot en gras dans le texte.

4. *sept, d'entre **eux** étaient régularisés*	**eux**	
5. *en comptant avec **eux***	**eux**	

6. *À quel problème doivent faire face les métiers dits « en tension » ?*

   ....

7. *À quoi se réfère le mot « **en** » à la ligne 27 ?*

   A. des feuilles de paye.
   B. des impôts.
   C. des cotisations.
   D. le bénéfice.

   ☐

8. *Nommez **deux** faits qui montrent qu'un grand nombre de travailleurs "sans-papiers" sont honnêtes et respectent le système.*

   (a) ....
   (b) ....

9. *Citez **un** des secteurs d'activité dans lesquels les "sans-papiers" travaillent majoritairement?*

   ....

10. *À quoi est comparée la situation des travailleur "sans-papiers" ?*

....

11. *Qui sont les* **deux** *responsables de la situation des travailleurs "sans-papiers" selon le texte?*

(a) ....

(b) ....

12. *Qu'est-ce qui ne constitue pas un délit d'après le texte ?*

....

13. *En vous basant sur la fin du texte, citez* **deux** *exemples des mauvais traitements que subissent les "sans-papiers" ?*

(a) ....

(b) ....

14. *Comment s'appelle le processus permettant aux travailleurs "sans-papiers" d'obtenir le droit de rester et travailler légalement en France ?*

....

15. *Selon le texte,* **deux** *des phrases suivantes sont vraies. Indiquez les réponses correctes dans les cases de droite.*

A. Les travailleurs "sans-papiers" sont traités de la même manière que les travailleurs français.

B. Une grande majorité des travailleurs "sans-papiers" envoie de l'argent à leur famille qui est restée dans leur pays d'origine.

C. Les "sans-papiers" réclament l'égalité des droits.

D. Même s'ils n'ont pas de papiers, ces travailleurs ont le droit d'exercer dans les métiers dits « en tension ».

E. Les travailleurs "sans-papiers" ne sont jamais expulsés car le gouvernement reconnaît l'importance de l'argent qu'ils peuvent ainsi envoyer à leur famille.

☐ ☐

16. *À quoi se réfère le mot «* **en** *» dans la phrase «* **en** *est un » ?*

....

17. *Selon le texte que peuvent apporter les Français aux travailleurs "sans-papiers" pour les soutenir dans leur démarche?*

....

TOTAL : 21

Lutter contre les discriminations

TEXTE

Afin de lutter contre toutes les discriminations une nouvelle autorité devrait être créée d'ici la fin de l'année 2004.

En clair : Médiateur de la République : autorité instituée en 1973, qui traite des différends entre administrations de l'État et citoyens.

En juin 2003, le médiateur de la République Bernard Stasi a été chargé par le gouvernement de réfléchir à la mise en œuvre d'une Haute Autorité de lutte contre les discriminations. La création de cette instance indépendante était réclamée par de nombreuses associations et promise par le président de la République. Elle est en outre exigée par les lois européennes. L'objectif est de créer une autorité « conjuguant indépendance et efficacité »pour lutter contre « toutes les discriminations, notamment celle fondées sur des critères ethniques, religieux, de sexe, de conviction, de handicap, d'âge, de santé ou d'orientation sexuelle ».

Outre une médiation entre les victimes de discriminations et leurs auteurs, Bernard Stasi préconise de donner à cette autorité le pouvoir, de saisir la justice, ou encore de demander des sanctions à l'encontre de fonctionnaires auteurs de discriminations. Il précise que cette instance devrait disposer de moyens à la hauteur de ses ambitions. L'enjeu est important, car le constat de la mission Stasi plaide pour une remise à plat des dispositifs existants, jugés inefficaces, en particulier du fait de leur « manque de moyens humains ».

En cause également, le peu de suites données par la justice aux plaintes pour discriminations. Le nombre de condamnations pénales pour discrimination raciale est ainsi passé de 3 en 1997 à 29 en 2002. Le rapport évoque en outre le traitement réservé aux dossiers concernant des administrations telles que l'Éducation nationale, la police ou la justice, pour lesquelles « les enquêtes internes sont privilégiées » et dont les mesures peuvent aller « jusqu'à se retourner contre le plaignant ».

Projet de loi. Le gouvernement a annoncé la préparation d'un projet de loi sur la base des ces propositions qui donnerait vie à la Haute Autorité d'ici la fin de l'année. Mais, déjà, des associations d'inquiètent. Ces dernières craignent que la nouvelle autorité, trop généraliste, ne soit pas capable de défendre efficacement toutes les victimes. Elles redoutent, enfin, que son action ne se limite à la prévention et la médiation.

Caroline Carissoni, Les clés de l'actualité n° 565/ du 26 février au 3 mars 2004

1. *Dans le texte* ***En Clair*** *le mot « différend » signifie :*
   A. une variation
   B. une dispute ☐
   C. un compromis
   D. un contre temps

2. *Bernard Stasi est le médiateur de la République, son rôle est :*
   A. de trouver une solution quand les citoyens sont en désaccord avec l'État.
   B. d'aider l'État à mieux comprendre les citoyens. ☐
   C. de représenter l'État auprès des citoyens.
   D. de représenter l'État auprès des fonctionnaires.

3. *Pourquoi l'État a-t-il demandé à Bernard Stasi de former une Haute Autorité de lutte contre les discriminations ? Donner* ***deux*** *raisons.*
   (a) ....
   (b) ....

5. *Nommez* ***trois*** *des pouvoirs qui seront donnés à cette Haute Autorité de lutte contre les discriminations.*
   (a) ....
   (b) ....
   (c) ....

6. *Bernard Statsi insiste que les dispositifs existants sont inefficaces. Pourquoi ? Citez* ***une*** *phrase du texte.*

   ....

   ....

Les phrases suivantes sont soit vraies soit fausses. Cochez [✓] la case appropriée et justifiez avec les mots du texte.

	Vrai	Faux
7. *Entre 1997 et 2002 le nombre de personnes ayant été condamnées pour discrimination est en hausse.*	☐	☐

Justification ....

....

8. *Les plaintes pour discriminations sont rarement suivies par des condamnations judiciaires.* ☐ ☐

Justification ....

....

9. *Quelquefois les enquêtes défavorisent les victimes* de discriminations. ☐ ☐

Justification ....

....

10. *Dans le texte le mot « redoutent » (l.31) signifie :*

A. ont peur

B. espèrent

C. pensent

D. refusent

☐

11. *Les associations sont-elles satisfaites de cette Haute Autorité de lutte contre les discriminations ?* ***OUI*** ☐ ***NON*** ☐

Justification ....

....

TOTAL: 14

Banlieues : retours de flamme

TEXTE

La récente flambée de violence remet les quartiers dans l'actualité. Les raisons de la crise.

Novembre 2005, novembre 2007… les explosions de violences dans les banlieues ont fait la une de l'actualité. Mêmes causes, mêmes effets. À Villiers-le-Bel (95), où deux ados ont trouvé la mort le 25 novembre dans la collision de leur mini-moto et d'une voiture de police, les émeutes ont duré deux nuits. Une centaine de policiers ont été blessés dans les affrontements, **dont** plusieurs par balle.

Sous développement

Depuis, un calme précaire règne à Villiers-le-Bel, où un fort dispositif policier (un millier d'hommes, hélicoptère à l'appui) a été maintenu. Reste que l'incendie couve. Il pourrait reprendre au moindre incident. C'est du moins le sentiment de bon nombre d'habitants des quartiers sensibles, et notamment des jeunes, pour qui rien n'est réglé.

« Ces événements les mettent en colère, constate Zohra, rédactrice en chef du Webmagazine ma6tvchanger.fr. Pour eux, l'horizon est noir, ils ont le sentiment d'abandon. Comment un enfant qui grandit dans un environnement dégradé, peuplé de gens dans la misère, peut-il avoir une vision du monde qui soit belle ? On a l'impression qu'il y a une volonté délibérée des autorités de maintenir ces populations dans un état de sous-développement ».

« Pendant 30 ans, les pouvoirs publics ont investi beaucoup d'argent dans les quartiers, essentiellement pour des opérations de rénovation urbaine, rappelle Hassan Ben M'Barek, porte-parole du collectif Banlieues respects (165 associations), créé au lendemain des émeutes de 2005. Les promesses n'ont pas été tenues ».

Alors, que faire ? Pour Hassan M'Barek, la politique sécuritaire n'est sûrement pas la bonne réponse. « *Il faut mettre l'accent sur l'éducation, et surtout s'attaquer aux graves problèmes sociaux que connaissent ces quartiers* ». Le gouvernement dit vouloir agir. Fadela Amara, secrétaire d'État à la politique de la ville lancera son plan pour les banlieues le 22 janvier 2008. Le dispositif, qualifié par l'intéressée de « plan antiglandouille , mettra notamment l'accent sur l'accès à l'emploi des jeunes des quartiers.

Michel Heurteaux, Les clés de l'actualité/ du 5 au 11 décembre 2007

ACTIVITÉS

1. *Qu'est-ce que les mois de novembre en 2005 et 2007 ont de commun ?*

   ....

2. *Dans le 1ier paragraphe quel mot est synonyme de « protestations violentes » ?*

   ....

3. *Ligne 7, à quoi se réfère le pronom « **dont** » ?*

   ....

4. *Dans le deuxième paragraphe donnez **deux** expressions qui montrent que la violence peut recommencer à tout moment.*

   (a) ....

   (b) ....

La liste de gauche vous donne les noms des personnes qui s'expriment dans cet article, tandis que la liste de droite vous donne une série d'opinions. Faites coïncider la personne qui parle avec une ou plusieurs des opinions proposées. **Attention :** *il y a plus d'opinions que de réponses.*

5. *Zohra* ☐ ☐
6. *Hassan Ben'Marek* ☐ ☐ ☐
7. *Fadela Amara* ☐

A. *Les jeunes des banlieues ne sont pas motivés dans leurs études.*

B. *L'État a surtout investi de l'argent dans les banlieues pour rénover les bâtiments.*

C. *Les jeunes des banlieues ont une vision pessimiste de l'avenir.*

D. *Il est important de permettre aux jeunes de trouver du travail.*

E. *Il semblerait que le gouvernement veut empêcher ces jeunes de s'en sortir.*

F. *Les émeutes de novembre 2005 n'ont rien fait changer.*

G. *Depuis novembre 2005 le gouvernement a pris conscience des problèmes sociaux dans les banlieues.*

H. *Envoyer la police dans les banlieues n'est certainement pas la solution au problème.*

TOTAL : 11

Fins de mois difficiles à la cité U Jean-Mermoz, à Lyon

❶ *« Ici, c'est l'ambiance camping. »* Guillaume Caillon, 20 ans, étudiant en deuxième année de licence d'histoire à l'université de Lyon-II, occupe la chambre 503 à la cité universitaire Jean-Mermoz. Neuf mètres carrés qui font son bonheur. Située dans un quartier excentré de Lyon, entre barres HLM* et périphérique, la cité Mermoz est typique du logement étudiant construit dans les années 1970.

Réhabilités il y a quelques années, les locaux sont propres, mais les équipements communs spartiates. L'unique plaque de cuisson mise à disposition dans la cuisine de l'étage est d'ailleurs, de l'avis des étudiants, *« le gros point noir »*. *« Il faut une heure de queue avant de faire cuire des pâtes, qui elle-même cuisent en une heure »*, résume Sylvain Bersinger, 19 ans, étudiant en licence d'économie à Lyon-II, et résidant lui aussi à Mermoz.

Sylvain comme Guillaume sont tous les deux boursiers, une condition indispensable mais souvent insuffisante pour être logé en cité universitaire. Le Crous de Lyon gère 24 résidences, qui accueillent environ 7000 étudiants, répartis sur les agglomérations de Lyon et de Saint-Etienne. Mais sur les 13 000 étudiants lyonnais, 30 000 sont boursiers. Chaque année, le nombre de demandes est quatre fois supérieur à l'offre.

❷ **COMPLÉTER SA BOURSE**

Originaire de Villefranche-sur-Saône, Guillaume Caillon, fils d'un employé et d'une mère au foyer, est le quatrième étudiant de la famille. Pour lui, pas question de demander de l'aide à ses parents. Alors, pour compléter sa bourse de 290 euros par mois, il se transforme vingt heures par semaine en *"Caddie man"* chez Ikea : *« Je range des chariots. C'est physique, mais ça me fait du bien mentalement, j'ai l'impression de faire du sport. »*

Les petits boulots sont le lot de la plupart de ces étudiants issus de la classe moyenne, pas assez riches pour pouvoir se consacrer entièrement à **leurs** études, et recevant pas ou peu d'aides sociales.

❸ A 20 ans, Pascaline Angram a une calculette dans la tête. Etudiante en première année de licence de sciences politiques et d'anglais, elle partage avec deux autres jeunes femmes un appartement dans le centre de Lyon.

Sans bourse et soucieuse de limiter l'appel au coup de pouce parental, elle travaille dans une société de télémarketing. Ses revenus mensuels tournent autour de 400 euros : *« Une fois le loyer déduit, les transports, le forfait pour le portable, l'électricité et le gaz, il ne reste plus grand-chose. »*

Pas question pour [-17-] de prendre les choses au tragique : *«* [-18-] *on est étudiant, les petits tracas financiers font partie de la vie. On s'adapte,* [-19-] *on sait que c'est temporaire. »*

❹ A quoi reconnaît-on un quartier étudiant ? *« Au nombre de restos de kebabs »*, répond Line Hurtado, 21 ans, en chasse d'une colocation dans le quartier de la Guillotière.

Pour envisager la colocation, l'étudiante en première année de licence d'arts du spectacle a dû prendre un travail à mi-temps. *« Le système est mal fait. On a besoin de travailler, car la bourse ne permet pas de couvrir toutes les dépenses mais si on travaille trop, on ne peut plus aller à la fac et on perd sa bourse »*, résume-t-elle.

Aux fins de mois difficiles s'ajoutent les aléas des paiements. *« Il faut au moins compter trois mois de retard avant de recevoir la première mensualité. L'année dernière, pour pouvoir joindre les deux bouts, j'ai demandé un don au Crous. Après de multiples démarches, j'ai reçu 100 euros. »*

Bien sûr, il y aurait la solution d'un prêt étudiant mais l'idée d'avoir à rembourser une grosse somme lui fait peur. Elle préfère rogner sur les dépenses : *« J'évite d'aller chez le médecin pour des petits bobos, je fais attention aux dépassements d'honoraires, je ne consulte jamais de spécialiste. Pour les sorties, je suis à l'affût des événements gratuits. »*

Devenue *« maître ès jonglage de budget »*, elle s'est équipée en conséquence. *« Chaque semaine, je reçois un SMS de ma banque qui me renseigne sur l'état de mon compte »*, explique-t-elle. Son moyen de gérer budget et stress.

Catherine Rollot (Lyon, envoyée spéciale), Le Monde, 19.09.07.

HLM = habitation à loyer modéré

ACTIVITÉS

1. *À quoi Guillaume compare-t-il la vie dans la cité universitaire ?*

   ....

2. *D'après le 1er paragraphe, laquelle de ces phrases* ***ne*** *caractérise* ***pas*** *les cités universitaires construites dans les années 70.*

   A. Les chambres des cités universitaires sont petites.

   B. Les chambres des cités universitaires sont spacieuses.

   C. Les cités universitaires sont situées loin du centre ville.

   D. Les cités universitaires sont situées près des HLM et du périphérique .

   ☐

3. *Quel mot du 1er paragraphe veut dire «austères » ?*

   ....

4. *Selon les étudiants, quel est le plus grand problème de la cuisine ?*

   ....

5. *Quelle est la condition pour pourvoir habiter dans une cité universitaire ?*

....

6. *Dans le 2e paragraphe, à quoi ou à qui se réfère le mot « **leurs** » dans la phrase « pour pouvoir se consacrer entièrement à **leurs** études » ?*

....

*Parmi les idées suivantes, une idée correspond à chaque personne. Indiquez **l'idée** dans la case appropriée à droite du nom de la personne à laquelle elle se rapporte. **Attention** : il y a des affirmations qui n'appartiennent à personne.*

7. *Guillaume Caillon* ☐
8. *Sylvain Bersinger* ☐
9. *Pascaline Angram* ☐
10. *Line Hurtado* ☐

A. *Faire la cuisine prend trop de temps car la cuisine est mal équipée.*

B. *Je voudrais partager un appartement mais pour cela je suis obligé(e) de travailler.*

C. *Je suis boursier(ère) mais ce n'est pas suffisant et comme mes parents ne peuvent pas m'aider j'ai décidé de travailler.*

D. *Je suis boursier(ère) et cela est suffisant pour couvrir mes dépenses mais j'ai décidé de travailler pour avoir plus d'argent de poche.*

E. *C'est une catastrophe car je suis obligé(e) de travailler pour pouvoir vivre.*

F. *Je ne suis pas boursier(ère) et je ne veux pas trop demander d'aide à mes parents donc je travaille.*

En vous basant sur les 3e et 4e paragraphes, reliez chacun des mots du texte figurant dans la colonne de gauche à son équivalent dans la colonne de droite. ***Attention*** *: il y a plus de mots dans la colonne de droite que dans celle de gauche.*

11. *coup de pouce (3e paragraphe)*	☐	*A. maux*
		B. imprévisibilité
12. *en chasse (4e paragraphe)*	☐	*C. rechercher*
		D. aide
13. *aléas (4e paragraphe)*	☐	*E. diminuer*
14. *rogner (4e paragraphe)*	☐	*F. râleur*
		G. diminution
15. *bobos (4e paragraphe)*	☐	*I. à la recherche*

16. *Donnez* ***deux*** *exemples des dépenses de Pascaline.*

(a) ....

(b) ....

Ajoutez les mots qui manquent dans le 3e paragraphe en les choisissant dans la liste proposée ci-dessous. ***Attention*** *: il y a plus de mots que d'espaces et chaque mot ne peut être utilisé qu'une seule fois.*

d'autant qu' ***aussi*** ***autant*** ***alors*** ***quand***

[-17-] ....

[-18-] ....

[-19-] ....

20. *Qu'a dû faire Line pour survivre financièrement avant de recevoir la première mensualité de sa bourse ?*

....

21. *Quelle serait l'alternative pour éviter les problèmes financiers pendant ses études ?*

....

22. *Pourquoi ne choisit-elle pas cette option ?*

....

TOTAL : 23

100 000 SDF vivent en France

TEXTE

❶ SANS-ABRI, SDF, vagabonds, errants, indigents ou « clodos »... Les mots ne manquent pas pour nommer ceux qui n'ont pas de « chez eux ». Mais les chiffres pour décrire qui ils sont font, **eux**, défaut. La dernière étude de référence, réalisée par l'Insee, date de 2001. Elle avait dénombré 86 500 personnes sans domicile (70 000 adultes et 16 000 enfants). En 2006, la Fondation Abbé-Pierre évaluait ce chiffre à 100 000.

❷ L'écrasante majorité sont des hommes célibataires. Les 18–29 ans représentent un tiers des SDF (contre un quart dans l'ensemble de la population). Parmi les 18–24 ans, il y a autant d'hommes que de femmes, la proportion des femmes diminue ensuite fortement. Cependant, selon une enquête présentée en décembre 2007 par l'Observatoire du SAMU social de Paris, de plus en plus de femmes se retrouvent elles aussi à la rue. Selon l'Insee, un quart des SDF sont accompagnés d'au moins un enfant. La part des étrangers y est quatre fois plus élevée que dans la population. Une partie n'a pas de papiers.

❸ Cette population est avant tout marquée par une infinie diversité de situations et de parcours. Quoi de semblable, en effet – hormis l'absence d'un toit à soi –, entre le travailleur pauvre, le jeune en rupture familiale, une personne souffrant de maladies psychiques ou d'addictions, un clandestin, un ancien détenu, une famille expulsée de son logement ? Il existe toutefois des points communs entre les sans-abri : par exemple, leur origine sociale populaire (près des trois quarts) et l'absence de diplôme ou de qualification pour la moitié d'entre eux. Un constat qui nuance la crainte souvent exprimée par les Français de devenir SDF un jour. Les conditions de vie extrêmes dans la rue altèrent la santé des sans-abri et abaisse leur espérance de vie (51 ans, contre 81 en général).

❹ Pour autant, les sans-abri ne forment pas un monde coupé du reste de la société. Un tiers a par exemple un travail (souvent d'ouvriers ou d'employé sans qualification). La proportion est encore plus élevée en région parisienne. La plupart déclarent avoir de la famille et des amis. Et près de 75 % disent avoir des contacts fréquents avec **eux**. Même si nombre d'entre **eux** disent souffrir d'une grande solitude. L'Insee a prévu de réaliser sa prochaine étude d'envergure sur le sujet en 2012.

Emmanuelle Chevallereau (avec Arthur Frayer), *Le Monde*, 30/01/08.

1. *Quel est le point commun entre les sans-abri, SDF, vagabonds, errants, indigents et « clodos » ?*

   ....

2. *À quoi ou à qui se réfère le mot « **eux** » dans la phrase « Mais les chiffres pour décrire qui ils sont font, **eux**, défaut. » dans le 1ier paragraphe ?*

   ....

3. *Selon les 2e et 3e paragraphes **trois** des six phrases suivantes sont fausses. Indiquez les lettres correspondantes dans la case de droite.*

   A. Les sans-abri sont généralement des hommes qui n'ont pas de compagne.
   B. Parmi les SDF on retrouve autant d'hommes que de femmes surtout après 24 ans.
   C. La moitié des sans-abri ont leurs enfants avec eux.
   D. Les étrangers sont beaucoup plus touché que le reste de la population.
   E. Tous les étrangers qui n'on pas de domicile fixe n'ont pas de papiers d'identité non plus.
   F. Généralement les femmes se retrouvent moins à la rue que les hommes.

   ☐ ☐ ☐

4. *En vous basant sur le 3e paragraphe, citez **deux** genres de personnes qui constituent la population des sans-abri.*

   (a) ....
   (b) ....

5. *Quels sont les deux points communs pour une grande majorité des SDF ?*

   (a) ....
   (b) ....

6. *Complétez la phrase en vous basant sur le 3e paragraphe.*

   Vivre dans la rue a des conséquences terribles sur .... des SDF.

Trouvez dans le 4e paragraphe, les mots qui se réfèrent à chaque mot en gras dans le texte.

7. *Des contacts fréquents avec **eux.***	**eux**	
8. *Même si nombre d'entre **eux** disent souffrir d'une grande solitude.*	**eux**	

Vous avez des débuts de phrases à gauche et des fins possibles à droite. En vous basant sur le dernier paragraphe, associez chaque début avec la fin qui lui correspond. ***Attention*** *:il y a plus de fins que de débuts et chaque fin ne peut être utilisée qu'une seule fois.*

9. Les sans-abri en région parisienne sont plus nombreux ...	☐	*A. entièrement exclu de la société.*
10. Une grande partie des SDF...	☐	*B. ont des relations avec leur famille et leurs amis.*
11. La solitude touche...	☐	*C. se retrouve seul, coupés de leur famille et amis.*
		D. une grande partie des sans-abri.
		E. à avoir une activité professionnelle.
		F. les SDF, surtout ceux qui vivent en région parisienne.

TOTAL : 15

T E X T E

« Restos du cœur » : le provisoire s'est installé

Imaginé par Coluche en 1985, et reconnu d'utilité publique en 1992, le réseau a distribué plus de 80 millions de repas l'an dernier

❶ Mardi 20 novembre, 11 heures. Sous la pluie, Farid fait la queue à l'antenne des Restaurants du cœur de Montreuil, en banlieue parisienne. Quelques minutes plus tard, il **en** sort visiblement réconforté. Il vient d'avoir sa carte des « Restos ». Un sésame qui lui permettra d'aller chercher chaque jour, à partir du 3 décembre, un colis repas pour tenir cet hiver. Pour « résister à la vie », explique ce RMIste* d'une quarantaine d'années, père de six enfants.

C'est la deuxième fois que Farid fait appel aux Restos du cœur. « J'ai des diplômes, j'ai fait des stages pour être agent de sécurité, explique-t-il, mais je ne trouve pas de travail. »

Farid fait partie des démunis, comme les quelque 3,7 millions de personnes en France recensées par l'Observatoire national de la pauvreté et de l'exclusion sociale, qui vivent sous le seuil de pauvreté (avec moins de 645 euros par mois), et que les Restos du cœur soutiennent depuis vingt-trois ans.

❷ Créée le 14 octobre 1985 sous l'impulsion de l'humoriste Coluche, décédé brutalement un an plus tard, l'association a survécu à son fondateur sans démériter. « Il y en aura pour tout le monde », promettait Coluche sur l'antenne d'Europe 1, en septembre 1985.

Pour y parvenir, l'association a multiplié par dix le nombre de repas distribués : de 8,5 millions au cours de l'hiver 1985-1986 à 81,5 millions l'année dernière. Son budget a grossi. Il a atteint 122 millions d'euros en 2006.

❸ La distribution de repas s'est s'étendue aux enfants en bas âge, les « Restos du cœur bébés ». Certaines actions durent toute l'année, comme les « camions du cœur », qui visitent les sans-domicile-fixe (SDF). L'association propose aussi une aide à la réinsertion, les « ateliers » et les « jardins du cœur », un service d'hébergement d'urgence et des centres de vacances.

« Ne plus être pauvre, c'est aussi se sentir comme les autres », explique Olivier Berthe, président bénévole [-10-] vingt et un ans des « Restos ». [-11-] deux décennies, la mobilisation de l'organisation n'a pas faibli. « [-12-] le début, nous avons tout fait pour que les Restos durent », se souvient M. Berthe.

LA PRÉCARITÉ PROGRESSE

❹ L'association a obtenu des soutiens de la part des pouvoirs publics. Elle a été reconnue d'utilité publique en 1992. Depuis 1986, elle hérite de stocks de lait, de céréales, de fruits et de légumes provenant des surplus de la production agricole européenne. Les « frigos européens » fournissent chaque année la moitié des denrées redistribuées. Par ailleurs, les Restos ont profité du fameux « amendement Coluche » adopté en 1988, qui crée une déduction fiscale supplémentaire pour les dons faits à des associations caritatives et humanitaires.

❺ Mais, pour M. Berthe, c'est aussi, et surtout, l'esprit que Coluche a transmis aux Restos du cœur **qui** a assuré sa longévité. « On donne sans juger, sans rien demander en échange, dans une neutralité politique et religieuse », explique-t-il. Un positionnement atypique qui a suscité l'adhésion massive du milieu artistique, fédéré par les « Enfoirés ». Le CD et les concerts organisés [-13-] année depuis 1992 avec des chanteurs, comédiens, sportifs et top models rapportent à l'organisation le quart de ses ressources annuelles.

❻ La pérennité des Restos traduit aussi un bilan moins réjouissant. Depuis 1985, la pauvreté n'a pas disparu en France. Loin de là. « Le nombre de pauvres augmente à cause de l'accroissement de la population, mais, depuis deux ans, c'est plus grave. Le taux de pauvreté augmente », se désole M. Berthe. La précarité progresse, touchant des populations jusqu'ici épargnées. « On voit des jeunes de 18 ans dans la rue, des femmes seules et des gens qui ont un travail. Avoir un emploi ne suffit plus pour échapper à la pauvreté. » Le président des Restos du cœur s'inquiète aussi des conséquences du faible renouvellement des contrats aidés. « [-14-] deux semaines, il y aura une vague de gens en très grosse difficulté », alerte-t-il.

Claire Gatinois, Le Monde, 29.11.07.

* RMIste= personne qui reçoit le RMI (revenu minimum d'insertion)

ACTIVITÉS

1. *À quoi se réfère le mot « **en** » dans la phrase « il **en** sort visiblement réconforté » dans le 1ier paragraphe ?*

   ....

Dans le 1ier paragraphe, trouvez les mots qui ont la même signification que les mots ou expressions ci-dessous.

2. *«soulagé»* ....
3. *«laissez-passer magique»* ....
4. *« défavorisés »* ....

5. *Que peut obtenir Farid grâce à la carte des « Restos » ?*

   ....

Les affirmations suivantes, basées sur le 1ier paragraphe sont soit vraies, soit fausses. Cochez [✓] la réponse correcte. Justifiez votre réponse par les mots du texte.

	Vrai	Faux
6. *Farid recevra de l'aide des Restos du cœur pour la première fois.*	☐	☐

Justification ....

....

7. *Farid est au chômage.*	☐	☐

Justification ....

....

8. *Farid a du mal à trouver du travail car il n'est pas diplômé.*	☐	☐

Justification ....

....

9. *Une personne est considérée pauvre lorsqu'elle ne touche pas plus de 645 euros par mois.*	☐	☐

Justification ....

....

*Ajoutez les mots qui manquent dans les 3e, 5e et 6e paragraphes en les choisissant dans la liste proposée ci-dessous. **Attention** : il y a plus de mots que d'espaces et chaque mot ne peut être utilisé qu'une seule fois.*

chaque ***depuis*** ***par*** ***dès*** ***tout*** ***dans*** ***en***

[-10-] ....

[-11-] ....

[-12-] ....

[-13-] ....

[-14-] ....

15. *D'où proviennent une grande partie des provisions distribuées par les Restos du cœur ?*

....

16. *À qui ou à quoi se réfère le mot « **qui** » dans la phrase « **qui** a assuré sa longévité » ?*

....

17. *La phrase l' « amendement Coluche » crée une déduction fiscale supplémentaire pour les dons faits à des associations caritatives et humanitaires », signifie :*

A. que les associations caritatives et humanitaires peuvent payer moins d'impôts.
B. que les associations caritatives et humanitaires ne paient pas d'impôts.
C. que les gens qui font des dons peuvent payer moins d'impôts.
D. que les gens qui font des dons ne paient pas d'impôts.

☐

18. *Quel est ce « positionnement atypique » qui a attiré le milieu artistique ?*

....

	Vrai	**Faux**
19. *La collaboration du monde artistique est très bénéfique à l'association des Restos du cœur.*	☐	☐

Justification ....

....

20. *D'après le dernier paragraphe, citez **deux** tendances qui préoccupent Olivier Berthe.*

(a) ....

(b) ....

21. *Quel était le point commun entre « les jeunes de 18 ans », « les femmes seules » et « les gens qui ont un travail » jusqu'à maintenant ?*

A. Il étaient pauvres et vivaient dans la rue.
B. Ils n'étaient pas touchés par la précarité.
C. Ils avaient une situation précaire.
D. Ils vivaient dans la précarité.

☐

22. *Selon Olivier Berthe, qu'est-ce qui ne représente plus une garantie contre la pauvreté ?*

....

TOTAL : 23

Jeux d'étranglement : un danger de mort

TEXTE

❶ **Vous avez certainement entendu parler du jeu du foulard, que les jeunes pratiquent à l'école, et qui peut tourner au drame. Mais ces pratiques sont-elles répandues ? Comment savoir si son enfant essaie ces jeux d'étranglement ? Quels sont les véritables dangers ? Pour tout savoir sur un phénomène inquiétant.**

Cela fait plus de 50 ans que les jeux d'étranglements tel que celui du foulard sont pratiqués. Souvent, les jeunes à la recherche de sensations ne se rendent pas compte du danger qu'ils courent.

❷ **Des jeux qui se développent**

On dénombre plus de 90 appellations pour ces jeux d'étranglement : Le rodéo, le jeu du foulard, les solvants, le jeu de l'autoroute, le taureau, le métro, le train, le jeu de la tomate, l'AVC (action vérité chiche…). Les principales victimes sont les collégiens (de 11 à 15 ans). Mais la pratique semble être de plus en plus précoce. Selon les études, environ 10 % des enfants pratiquent des jeux dangereux. Mais ce pourcentage dépasserait les 50 % dans certains établissements ! Et si l'expérience reste généralement isolée, certains jeunes pratiquent 2 à 3 fois par jour le jeu du foulard !

❸ **Quelles conséquences ?**

Dans les jeux d'étranglement, le principe est généralement de couper l'arrivée de sang au cerveau, par la pression sur les deux carotides. Cela provoque d'abord un malaise, avec éventuellement des hallucinations, puis une perte de connaissance. Il peut alors se produire des convulsions. C'est en général le moment choisi par les camarades pour arrêter l'étranglement et réveiller le cobaye. Le problème survient si l'étranglement est poursuivi, ou que l'enfant a voulu faire cela tout seul, avec un lien accroché à quelque chose et qu'il se retrouve pendu (même en gardant les pieds au sol : son poids suffit à l'étrangler). Alors le manque d'oxygène peut provoquer des séquelles nombreuses et graves : paralysie d'un ou plusieurs membres, voire de la moitié du corps, surdité, cécité, épilepsie sévère, troubles cognitifs… ou la mort en 3 à 4 minutes.

❹ **Quels signes d'alerte ?**

[-14-] savoir si son enfant pratique des jeux dangereux ? Difficile souvent de le faire parler de ses activités. [-15-] certains signes et symptômes doivent attirer votre attention :

- Joues rouges, manque de concentration ;
- Violents maux de tête, marques sur le cou ;
- Attachement à une corde ou un lien ;
- Repli sur soi ;
- Phobie scolaire.

[-16-] votre enfant présente plusieurs de ces signes, il faut essayer de vous

renseigner sur les pratiques auprès de ses amis et de l'école. N'hésitez pas à demander l'aide d'un spécialiste.

Alain Sousa

Source : Présentation de Magali Duwelz, présidente de l'association SOS benjamin, Medec 2006.

Présentation du Dr Jean Lavaud, urgences pédiatriques de l'Hôpital Necker Enfants-malades, Medec 2006

www.doctissimo.fr

URL : http://www.doctissimo.fr/html/psychologie/dossiers/jeux/9514-jeux-dangereux-etranglement.htm

ACTIVITÉS

1. *Cet article s'adresse :*
   A. aux adolescents.
   B. aux parents.
   C. aux adolescent qui pratiquent les jeux d'étranglement.
   D. aux professeurs.

   ☐

2. *Selon le premier paragraphe qu'est-ce qui pousse les jeunes à pratiquer les jeux d'étranglement ?*

   ....

3. *Donnez **deux** noms de jeux d'étranglement.*
   (a) ....
   (b) ....

Les affirmations suivantes, basées sur le texte sont soit vraies, soit fausses. Cochez [✓] la réponse correcte. Justifiez votre réponse par les mots du texte.

	Vrai	Faux
4. *Les jeux d'étranglement sont un phénomène très récent.*	☐	☐

Justification ....

....

	Vrai	Faux
5. *L'usage des jeux d'étranglement ne se limite pas aux collégiens.*	☐	☐

Justification ....

....

	Vrai	Faux
6. *La moitié des enfants participent à des jeux dangereux.*	☐	☐

Justification ....

....

7. *D'après le 3e paragraphe, citez **trois** réactions causées par le manque de sang arrivant au cerveau.*

(a) ....

(b) ....

(c) ....

8. *Nommez **deux** conséquences possibles provoquées par le manque d'oxygène, si le jeu n'est pas arrêté à temps.*

(a) ....

(b) ....

*En vous basant sur le 3e paragraphe, reliez chacun des mots du texte figurant dans la colonne de gauche à son équivalent dans la colonne de droite. **Attention** : il y a plus de mots dans la colonne de droite que dans celle de gauche.*

9. *survient*	☐	A. *regarder*
		B. *peut*
10. *au sol*	☐	C. *terre*
		D. *même*
11. *suffit à*	☐	E. *par terre*
		F. *se produit*
12. *voire*	☐	G. *assez*
		H. *arriver*

13. *À qui faut-il parler au cas où l'on soupçonne son enfant de pratiquer des jeux dangereux ?*

....

*Ajoutez les mots qui manquent dans le dernier paragraphe en les choisissant dans la liste proposée ci-dessous. **Attention** : il y a plus de mots que d'espaces et chaque mot ne peut être utilisé qu'une seule fois.*

pourquoi ***comme*** ***si*** ***comment*** ***mais***

[-14-] ....

[-15-] ....

[-16-] ....

TOTAL : 20

Plaidoyer contre la peine de mort devant la Cour d'assises de la Seine, 11 juin 1851

TEXTE

Messieurs les jurés, en Espagne, l'inquisition a été la loi. Eh bien ! il faut bien le dire, on a manqué de respect à l'inquisition. En France, la torture a été la loi. Eh bien ! il faut bien vous le dire encore, on a manqué de respect à la torture. Le poing coupé a été la loi. On a manqué ... — j'ai manqué de respect au couperet ! Le fer rouge a été la loi. On a manqué de respect au fer rouge ! La guillotine est la loi. Eh bien ! c'est vrai, j'en conviens, on manque de respect à la guillotine ! (Mouvement.)

Savez-vous pourquoi, monsieur l'avocat général ? Je vais vous le dire. C'est parce qu'on veut jeter la guillotine dans ce gouffre d'exécration où sont déjà tombés, aux applaudissements du genre humain, le fer rouge, le poing coupé, la torture et l'inquisition ! C'est parce qu'on veut faire disparaître de l'auguste et lumineux sanctuaire de la justice cette figure sinistre qui suffit pour le remplir d'horreur et d'ombre, le bourreau ! (Profonde sensation.)

Ah ! et parce que nous voulons cela, nous ébranlons la société ! Ah ! oui, c'est vrai ! nous sommes des hommes très dangereux, nous voulons supprimer la guillotine ! C'est monstrueux !

Messieurs les jurés, vous êtes les citoyens souverains d'une nation libre, et, sans dénaturer ce débat, on peut, on doit vous parler comme à des hommes politiques. Eh bien ! songez-y, et, puisque nous traversons un temps de révolutions, tirez les conséquences de ce que je vais vous dire. Si Louis XVI eût aboli la peine de mort, comme il avait aboli la torture, sa tête ne serait pas tombée. 93 eût été désarmé du couperet. Il y aurait une page sanglante de moins dans l'histoire, la date funèbre du 21 janvier n'existerait pas. Qui donc, en présence de la conscience publique, à la face de la France, à la face du monde civilisé, qui donc eût osé relever l'échafaud pour le roi, pour l'homme dont on aurait pu dire : C'est **lui** qui **l'**a renversé ! (Mouvement prolongé.)

Victor Hugo, I. Pour Charles Hugo. La peine de mort, Cour d'Assises – 1851, Actes et paroles – Avant l'exil, 1875.

ACTIVITÉS

1. *Ce texte est :*
   A. un poème.
   B. un article.
   C. un discours.
   D. une entrevue.
   ☐

2. *Victor Hugo s'adresse à un auditoire. En vous basant sur le texte, citez* **deux** *exemples des personnes qui forment cet auditoire.*
   (a) ....
   (b) ....

3. *Nommez* **deux** *« lois » françaises qui n'ont pas été respectées.*
   (a) ....
   (b) ....

4. *Quelle expression du début du texte signifie « je le reconnais » ?*
   ....

5. *Qui est « cette figure sinistre » dont il est question dans le texte ?*
   A. le fer rouge.
   B. le poing coupé.
   C. la torture.
   D. le bourreau.
   ☐

6. *Quel sentiment inspire « le bourreau » ?*
   ....

7. *Quel instrument est associé à la peine de mort ?*
   ....

8. *En vous basant sur le texte que désire abolir Victor Hugo ?*
   ....

9. *Qu'exprime l'expression « C'est monstrueux ! » ?*
   A. de la peur.
   B. de l'horreur.
   C. de l'ironie.
   D. du regret.
   ☐

10. *Qui a été exécuté le 21 janvier 1793 ?*
   ....

11. *Que reproche Victor Hugo au roi ?*

A. d'avoir aboli la torture.

B. d'avoir aboli la peine de mort.

C. de ne pas avoir aboli la torture.

D. de ne pas avoir aboli la peine de mort.

☐

Trouvez à quoi ou à qui se réfèrent les mots en gras dans la dernière phrase.

12. *C'est **lui***	**lui**	
13. *qui **l'**a renversé !*	**l'**	

TOTAL : 15

En 2008, 20 milliards d'euros ont été dépensés sur Internet

TEXTE

C'est désormais une certitude. Au fil des années, le consommateur s'est transformé en "cyber-acheteur". Acheter sur Internet est bien ancré dans les habitudes de consommation des ménages. Et la crise n'y change rien.

Selon les chiffres communiqués, mercredi 28 janvier, par la Fédération de l'e-commerce et de la vente à distance (Fevad), le commerce en ligne a connu, en 2008, une croissance spectaculaire de 29 %. Au total, 20 milliards d'euros ont été dépensés. Et plus de 22 millions de Français ont acheté sur la Toile, soit quatre Français sur dix, 2,5 millions de plus qu'un an plus tôt. En dépit de l'essoufflement brutal et général de la consommation en fin d'année, les ventes sur Internet, elles, ont continué de progresser avec 33 % de hausse au quatrième trimestre par rapport à la même période un an plus tôt.

L'engouement des internautes a été particulièrement visible pour les achats de voyages, dont les ventes ont augmenté de 20 %, et de textile (+15 %). En revanche, les supermarchés en ligne des grandes enseignes comme Ooshop (Carrefour), Houra (Cora), Auchandirect ou encore Telemarket, restent peu plébiscités. *"En France, il y a toujours le "rite" d'aller faire ses courses au supermarché, de voir et de toucher les produits"*, explique Marc Lolivier, délégué général de la Fevad.

L'étonnante santé de l'e-commerce s'explique, selon la Fevad, par l'augmentation qualitative et quantitative de l'offre ainsi que par la progression continue de la demande. En 2008, il s'est créé 11 600 nouveaux sites, soit un par heure ! Et si les consommateurs redoutent toujours les fraudes et "cyber-attaques", 62 % des internautes sont confiants dans l'achat en ligne et 97 % se disent satisfaits de leurs achats. Du côté de la demande, *"Internet s'est démocratisé*, constate M. Lolivier, *la fracture numérique s'estompe et, lorsqu'un foyer possède Internet, il ne s'écoule que quelques semaines avant de faire des achats en ligne*." A fin 2008, près de 70 % des internautes ont ainsi déjà effectué un achat sur Internet.

PRIORITÉ NUMÉRO UN : LE PRIX

Toutefois, *"des signes manifestes de la crise sont visibles sur la Toile"*, signale M. Lolivier. Si les volumes progressent, le montant moyen des transactions, lui, recule. Un consommateur achète aujourd'hui sur le Net pour 91 euros en moyenne contre 93 euros il y a six mois. Le budget a reculé à Noël, avec 216 euros consacrés aux cadeaux de fin d'année contre 226 en 2007.

Cette tendance risque de s'accentuer. *"Le prix est redevenu la priorité numéro un des acheteurs sur le Net, devant l'aspect pratique de pouvoir acheter sans se déplacer, 24 heures sur 24*", constate Bertrand Krug, directeur des études chez Mediamétrie Netratings.

De fait, le portait-robot du cyber-acheteur a évolué. Il ne s'agit plus de trentenaires actifs, aisés, urbains et férus de nouvelles technologies mais de plus en plus de femmes (42 %) et de retraités (9,4 %). Cette catégorie baptisée les "silver-surfers", a progressé de 58 % en un an. Ces nouveaux venus, à l'instar de la majorité des consommateurs, recherchent, eux aussi, les bonnes affaires.

Si Internet les attire, c'est que la comparaison des prix y est plus aisée et la concurrence féroce. De plus en plus, les sites cassent les prix avec des promotions importantes. Dès les premiers jours des soldes, début janvier, certains sites ont proposé des rabais compris entre 50 % à 70 %.

Cependant, hormis dans le secteur des hautes technologies où, selon une étude de GfK, les dix produits les plus grands publics (appareils photos, télévision...) sont 15 % moins chers sur la Toile qu'ailleurs, rien ne prouve qu'Internet est meilleur marché. Aussi, pour éviter les "fausses promotions", un décret est paru le 13 janvier, qui oblige les sites à donner le prix de référence des produits soldés.

Claire Gatinois
Article paru dans l'édition du 29/01/09. *Le Monde*

1. *Dans les propositions ci-dessous, donnez le synonyme de l'expression « est bien ancré» dans le sens du texte.*
   A. est bien installé.
   B. est bien réussi.
   C. est bien facile.
   D. est bien réfléchi.

   ☐

2. *À quel phénomène a-t-on assisté en 2008 d'après les chiffres publiés par le Fevad?*

   ....

   ....

3. *Dans les propositions ci-dessous, donnez le synonyme de l'expression « essoufflement» dans le sens du texte.*
   A. ralentissement.
   B. augmentation.
   C. stagnation.
   D. changement.

   ☐

En vous basant sur les 3e et 4e paragraphes, reliez chacun des mots du texte figurant dans la colonne de gauche à son équivalent dans la colonne de droite. ***Attention :*** *il y a plus de mots dans la colonne de droite que dans celle de gauche.*

4. *engouement (l.12)*	☐	A. *ménage*
		B. *ainsi*
5. *en revanche (l.14)*	☐	C. *diminue*
		D. *refusent*
6. *redoutent (l.22)*	☐	E. *augmente*
7. *s'estompe (l.25)*	☐	F. *enthousiasme*
		G. *fait*
8. *foyer (l.25)*	☐	H. *assimilé*
		I. *ont peur*
9. *effectué (l.27)*	☐	K. *au contraire*

Les affirmations suivantes, basées sur le texte sont soit vraies, soit fausses. Cochez [✓] la réponse correcte. Justifiez votre réponse par les mots du texte.

	Vrai	Faux
10. *Les gens dépensent moins sur internet.*	☐	☐

Justification ....

....

	Vrai	Faux
11. *Le journaliste assure que cette tendance n'est que passagère.*	☐	☐

Justification ....

....

	Vrai	Faux
12. *Ne pas à avoir à se déplacer justifie un coût d'achat plus élevé.*	☐	☐

Justification ....

....

	Vrai	Faux
13. *Le cyber acheteur typique a la trentaine.*	☐	☐

Justification ....

....

14. Dans les propositions ci-dessous, donnez le synonyme de l'expression *« à l'instar de» dans le sens du texte.*
    A. désormais.
    B. aussi.
    C. comme.
    D. de plus.

☐

15. *Ligne 42, à qui fait référence le pronom « **les** »?*

....

16. *Quel est le but du décret du 13 janvier ?*

....

TOTAL : 16

POUR ALLER PLUS LOIN...

À discuter

1. Pensez-vous que le chômage touche seulement les gens sans diplômes ?
2. Votre pays souffre-t-il beaucoup du chômage ?
3. Croyez-vous que le racisme puisse être éradiqué ?
4. Avez-vous déjà été victime de racisme ?
5. La prison pour les mineurs, c'est une bonne idée selon vous ?
6. Que faudrait-il faire des jeunes délinquants ?
7. Quelles sont les mesures misent en place dans votre pays en ce qui concerne la délinquance juvénile ?
8. Faites-vous, ou votre famille, des dons réguliers à une association caritative ou humanitaire ? Pourquoi ? Pourquoi pas ?
9. Considéreriez-vous travailler pour une association caritative ou humanitaire ? Pourquoi ? Pourquoi pas ?
10. Une société multiculturelle est-elle une source de richesse ou de problèmes ?
11. Comment peut-on créer une société plus tolérante ?
12. Notre monde est-il un monde où la solidarité existe toujours ? Discutez.
13. Quelle est votre opinion sur la peine de mort ?
14. Que pensez-vous de la discrimination positive qui existe dans certains pays comme les États-Unis par exemple ?
15. La parité entre hommes et femmes existe-t-elle dans votre pays ? Justifiez.
16. Pensez-vous qu'il soit possible d'avoir une société sans pauvreté ? Comment ?
17. Êtes-vous d'accord avec le proverbe suivant « L'argent ne fait pas le bonheur » ?
18. Quelles sont les mesures mises en place dans votre pays pour aider les sans-abri ?
19. Quel est votre idéal de société ? Une société capitaliste, socialiste ou autre ?
20. Avez-vous confiance en l'avenir ?

À voir

Ça commence aujourd'hui, Bertrand Tavernier, 1999.

Une époque formidable, Gérard Jugnot, 1991.

Sans toit ni loi, Agnès Varda, 1985.

La vie rêvée des anges, Erick Zonca, 1998.

Le plafond de verre, Yamina Benguigui, 2006.

La haine, Mathieu Kassovitz, 1995.

Banlieues : sous le feu des médias, Christophe-Emmanuel Del Debbio, 2006.

Regarde-moi, Audrey Estrougo, 2007.

Des poupées et des anges, Nora Hamdi, 2008.

Dans la vie, Philippe Faucon, 2008.

Mauvaise foi, Roschdy Zem, 2006.

Le huitième jour, Jaco van Dormael, 1996.

À écouter

Dans mon HLM, Renaud Séchan, 1980 *"Marche à l'ombre"*

P'tit voleur, Renaud Séchan, 1991 *"Marchand de Cailloux"*

Un Cri Court Dans La Nuit, IAM, 1997 *"L'école du micro d'argent"*

Ça ne tient pas debout, Michel Berger, 1990 *"Ça ne tient pas debout"*

Ma France à moi, Diam's, 2007, *"Dans Ma Bulle"*

La chanson des Restos, Jean-Jacques Goldman, 1986

Ma souffrance, Diam's, 2003 *"Brut de Femme"*

Je crois que ça va pas être possible, Zebda,1998 *"Essence ordinaire"*

Les sans-papiers, Nicolas Bacchus, 2002 *"Balades pour enfants louches"*

Saïd et Mohamed, Francis Cabrel, 1983 *"Quelqu'un de l'intérieur"*

Suis-je assez clair ?, Calogero, 2007 *"Pomme C"*

Armand est mort, Mc Solaar, 1994 *"Qui sème le vent récolte le tempo"*

Le déserteur, Boris Vian, 1954

Je sais, Calogero, 2007 *"Pomme C"*

Aux armes citoyennes, Zazie, 2001 *"La Zizanie"*

Femme fossile, Pauline Croze, 2005 *"Pauline Croze"*

À consulter

Les Restaurants du Cœur :
www.restosducoeur.org

La Fondation Abbé Pierre :
www.fondation-abbe-pierre.fr

L'Association Emmaüs :
www.emmaus.asso.fr

L'Association d'Entr'Aide « VIVRE »
www.vivre-asso.com/

L'Armée du Salut :
www.armeedusalut.fr/home.html

Le secours catholique :
www.secours-catholique.asso.fr

Le secours populaire :
www.secourspopulaire.fr

L'Association SOS Racisme :
www.sos-racisme.org

Institut National des Hautes Etudes de Sécurité :
www.inhes.interieur.gouv.fr

À lire

Francoscopie, Gérard Mermet, éd. Larousse, 2007

Kiffe kiffe demain, Faiza Guène, éd. Hachette Littératures, 2004

Le racisme expliqué à ma fille, Tahar Ben Jelloun, éd. Seuil, 1998

Discriminez-moi !, Karim Amellal, éd. Flammarion, 2005

Les discriminations, Eric Pélisson, ed. Ellipses Marketing, 2007

La discrimination positive, Gwénaële Calvès, ed. PUF, 2008

L'immigration expliquée à ma fille, Sami Naïr, éd. Seuil, 1999

L'Immigration, Smaïn Laacher , éd. Le Cavalier Bleu, 2006

Filles et garçons : La parité à petits pas, Carina Louart, ed. Actes Sud Junior, 2008

Les Banlieues, Véronique Le Goaziou et Charles Rojzman, éd. Le Cavalier Bleu, 2006

La Grève des bàttu, Aminate Sow Fall, éd. Les Nouvelles Éditions Africaines, 1979

Chapitre 10

LES MÉDIAS

1. *Complétez le tableau suivant en reliant les différentes formes de médias avec la définition qui lui correspond dans la colonne de droite.*

1. *Un hebdomadaire*	4	A.	*Il paraît tous les mois.*
2. *Un magazine people*	3	B.	*Il paraît tous les jours.*
3. *Un quotidien*	5	C.	*Une page d'opinion sur internet.*
4. *Un mensuel*	2	D.	*Il s'intéresse surtout aux gens célèbres et aux scandales.*
5. *Un blog*	6	E.	*Ses opinions plaisent rarement à tout le monde.*
6. *Un journal satirique*	8	F.	*On l'appelle aussi le petit écran.*
7. *La radio*	7	G.	*On peut l'écouter en ondes FM ou AM.*
8. *La télévision*	1	H.	*Il paraît toutes les semaines.*

Answers

1. → B ✓ ~~un hebdomadaire est les jours~~
2. → D ✓
3. → H ✓ ~~quotidien pour les semaines~~
4. → A ✓
5. → C ✓
6. → E ✓
7. → G ✓
8. → F ✓

The answer key was wrong

Un hebdomadaire est les semaines et un quotidien est les jours

2. *Connaissez-vous bien les médias français ?*

Voici une liste de médias bien connus en France, reliez chaque titre avec la catégorie qui lui correspond dans la colonne droite.

1. *Gala*	3	A.	*un blog*
2. *Le Monde*	6	B.	*un mensuel*
3. *Géo*	5	C.	*un journal satirique*
4. *TF1*	4	D.	*une chaîne de télévision*
5. *Le Canard Enchainé*	7	E.	*un hebdomadaire*
6. *France Inter*	1	F.	*un magazine people*
7. *L'Express*	2	G.	*un quotidien*
8. *Bonne nouvelle !*	8	H.	*une radio*

Le saviez-vous ? « Une feuille de chou » est une expression de registre familier pour parler d'un journal.

Answers

1. → F ✓
2. → G ✓
-3. → B est un ~~mes~~ mensuel
4. → D ✓
5. → C ✓
-6. → H est une radio
7. → E ✓
-8. → A est un blog

Entretien avec Dao Nguyen directrice générale du Monde Interactif

TEXTE

" L'imprimé a encore un bel avenir "

Premier site d'information français, lemonde.fr attirait quelque 9 millions de visiteurs en mai 2007 et 90 000 abonnés. Une rédaction autonome de 35 personnes **y** travaille.

Quelle est la valeur ajoutée du monde.fr par rapport à l'édition papier ?

Dao Nguyen : D'offrir l'actualité en continu tout au long de la journée et de s'appuyer sur un langage multimédia : l'information est traitée à travers des articles écrits, des photos, mais aussi des vidéos, des enregistrements ou des infographies animées. Internet favorise également le développement de l'interactivité et donne accès à vingt ans d'archives du journal, soit plus d'un million d'articles à consulter en ligne. Le site permet au journal de toucher une audience plus large : 30 % des internautes qui **le** consultent habitent hors de France, et 60 % de ceux qui le consultent depuis la France ont moins de trente-cinq ans. Le site sert à maintenir le lien avec la " marque " *Le Monde*, mais aussi à **le** créer.

Pensez-vous que les journaux sont, à terme, amenés à passer au " tout-numérique " ?

Les journaux imprimés ont encore un bel avenir devant eux ! Internet est le média de la réactivité mais l'imprimé garde sa place de média d'analyse, en s'appuyant sur de nombreux avantages : lisibilité, facilité à **le** partager, grand format, habitudes de lecture bien ancrées...

Propos recueillis par Olivia Marsaud
Presse écrite, le défi du numérique (n° 68 – 2007)
www.diplomatie.gouv.fr

ACTIVITÉS

1. *Quel mot du début du texte signifie « environ » ?* "about"

 quelque ....

Trouvez dans le texte, les mots qui se réfèrent à chaque mot en gras dans le texte.

2. *Une rédaction autonome de 35 personnes **y** travaille.*	**y**	
3. *30 % des internautes qui **le** consultent*	**le**	
4. *mais aussi à **le** créer*	**le**	
5. *facilité à **le** partager*	**le**	

Les affirmations suivantes, basées sur le texte sont soit vraies, soit fausses. Cochez [✓] la réponse correcte. Justifiez votre réponse par les mots du texte.

	Vrai	Faux
6. *La version internet du journal permet de diversifier les supports de l'information.*	☐	☐

Justification ....

....

	Vrai	Faux
7. *Le site internet permet de consulter tous les articles publiés par le journal depuis deux décennies.*	☐	☐

Justification ....

....

	Vrai	Faux
8. *Le site internet est uniquement utilisé par les gens qui ne vivent pas en France.*	☐	☐

Justification ....

....

	Vrai	Faux
9. *L'apparition du site interne marque la fin prochaine de la version imprimée du journal.*	☐	☐

Justification ....

....

10. *Quelle phrase du texte suggère que « les informations sont transmises en temps réel 24 heures sur 24 » ?*

....

11. *Nommez* ***deux*** *atouts du journal imprimé d'après les propos de Mme Dao Nguyen.*

(a) Internet ....

(b) l'imprimé ....

TOTAL : 12

La presse écrite à la conquête des jeunes

TEXTE

❶ **Quelques initiatives tentent de donner le goût de la lecture des journaux aux écoliers et aux collégiens**

La 19e semaine de la presse à l'école a débuté lundi 17 mars. A l'heure d'Internet, des blogs et du journalisme « citoyen », la question du lien entre la presse écrite et les jeunes est plus que jamais d'actualité. Depuis des années, les éditeurs constatent une désaffection des jeunes pour le média papier, surtout les quotidiens.

❷ Selon la dernière enquête Audipresse, le nombre de lecteurs de journaux chez les 15–24 ans a chuté de près de 20 % depuis 1994 pour atteindre 1,272 million en 2007, soit 17 % de cette tranche d'âge. Les jeunes s'informent d'abord par la télévision (citée par 68 % d'entre eux), puis par Internet (17 %), la radio (13 %) et la presse écrite (1 %), d'après une enquête BVA réalisée en 2005. « Deux phénomènes, le développement d'Internet et l'apparition des gratuits, ont particulièrement nui à la lecture de la presse quotidienne chez les jeunes », constate Alicia Gaydier dans son mémoire « La presse quotidienne nationale à la conquête du lectorat jeune », réalisé en 2007 dans le cadre du master de journalisme au Celsa.

LETTRE MORTE

❸ « Il faut casser ce cercle vicieux », insiste Bernard Spitz, président de BS Conseil et auteur d'un rapport, en 2004, proposant des mesures pour favoriser la lecture de la presse par les jeunes. Réalisé à la demande du gouvernement, il est, pour l'heure, resté lettre morte. Point positif, la presse écrite bénéficie d' « une très bonne image » auprès des jeunes, selon l'enquête de BVA, mais nécessite un apprentissage, d'où l'intérêt des initiatives visant à faire découvrir la presse dans les établissements scolaires.

❹ La réalisation d'un journal est souvent très appréciée. Plusieurs classes y travaillent, dont certaines aidées par le Syndicat de la presse des jeunes (SPJ), qui propose un logiciel (www.pressedesjeunes.com). Ce syndicat, qui regroupe douze éditeurs (Bayard, Milan, Fleurus...) et soixante-dix titres, représente environ 150 millions d'exemplaires diffusés chaque année auprès des enfants âgés de 9 mois à 18 ans. « Ces magazines sont en première ligne du combat pour la lecture et offrent une alternative au temps passé sur les jeux vidéo et devant la télévision », écrit le SPJ. L'éditeur Play Bac Presse, qui édite les seuls quotidiens d'actualité pour enfants et adolescents (Le Petit Quotidien, Mon quotidien, L'Actu), revendique 200 000 abonnés et 2,4 millions de lecteurs et organise, parallèlement, des stages de journalisme. L'éveil des enfants aux médias est également développé dans certaines classes maternelles. « Nous réalisons un journal, à partir du vécu des enfants, de ce qu'ils font à l'école, des gens qu'ils côtoient », explique Eva Oudjedi, enseignante en grande section de maternelle à l'école Emilie et Germaine Tillion de Saint-Mandé (Val-de-Marne). « Cela crée un événement dans la classe qui permet aux plus petits une ouverture sur le monde des adultes, le travail de leurs parents par exemple », poursuit Mme Oudjedi.

❺ Dernière initiative, les Nouvelles Messageries de la presse parisienne (NMPP) distribuent 500 000 exemplaires d'un mini-journal dans les classes participant à la Semaine de la presse à l'école, qui permet aux jeunes d'acheter des quotidiens avec une réduction. « On touche un public dont on craint qu'il ne vienne plus chez les marchands de journaux », souligne-t-on aux NMPP.

Pascale Santi, *Le Monde*, 19.03.08.

ACTIVITÉS

1. *Cet article traite :*

   A. du manque d'intérêt des jeunes pour la lecture.

   B. des moyens mis en place pour redonner le goût de la lecture aux jeunes.

   C. de la préférence des jeunes pour les médias comme la télévision et l'Internet.

   D. de redonner une bonne image de la presse aux jeunes.

   ☐

2. *Dans le 1^{ier} paragraphe, quel mot signifie « désintéressement » ?*

   ....

3. *En vous basant sur le 2e paragraphe, complétez la phrase suivante avec des mots et des chiffres tirés du paragraphe.*

   En 2007, seulement .... des jeunes âgés de .... à .... lisent des ...., ce qui représente une baisse de .... par rapport à ....

4. *Selon le 2e paragraphe, quels sont les **trois** médias préférés des jeunes ?*

   (a) ....

   (b) ....

   (c) ....

5. *En vous basant sur le 2e paragraphe, quelles sont les **deu**x raisons avancées pour expliquer ce désintéressement des jeunes pour la lecture des journaux ?*

   (a)..

   (b)..

6. *Quelle expression du 3e paragraphe signifie « sans suite » ?*

   ....

7. *Dans le 4e paragraphe à quoi se réfère le mot « **y** » dans la phrase « plusieurs classes **y** travaillent »?*

....

8. *En vous basant sur le 4e paragraphe, citez les **deux** passe-temps auxquels la presse écrite doit faire concurrence ?*

(a) ....

(b) ....

9. *D'après le 4e paragraphe, « Le Petit Quotidien » et « L'Actu » sont deux titres de quoi ?*

....

10. *Dans la phrase de la fin du texte « **qui** permet aux jeunes d'acheter des quotidiens avec une réduction », à quoi ou à qui se réfère le mot « **qui** » ?*

A. exemplaires.
B. mini-journal.
C. classes.
D. semaine.

☐

11. *En vous basant sur le 4e et 5e paragraphes, donnez **deux** exemples d'initiatives entreprises pour reconquérir le public jeune ?*

(a) ....

(b) ....

TOTAL : 21

Les ventes de la presse people en forte hausse cet été

T E X T E

Les éditeurs des magazines consacrés aux stars affichent des chiffres de diffusion très élevés durant les vacances, grâce notamment aux images des politiques

❶ Les journaux people ont enregistré, cet été, des ventes qui devraient être « exceptionnelles » selon l'Association de promotion de la presse magazine (APPM). « Elles sont, à ce jour, en progression de 14,5 % par rapport au précédent record de l'été 2006 », précise l'association. Closer (Mondadori), Public (Lagardère Active) et Voici (Prisma Presse) ont vendu, à eux trois, 2 millions d'exemplaires la semaine du 30 juillet, ajoute l'APPM. Et les Français ont aussi beaucoup acheté Gala, VSD (Prisma Presse), Paris Match, Ici Paris, France Dimanche (Lagardère Active), et Point de Vue (Roularta).

❷ Chaque éditeur y va de son communiqué pour annoncer des « chiffres records ». 805 000 numéros de Closer ont été vendus la semaine du 28 juillet, avec une couverture promettant des photos de « 100 stars à la plage » (+ 55 % par rapport à la semaine de l'année précédente). Lagardère Active se réjouit des progressions de la diffusion de Public (+ 14,1 %) au premier semestre, et de Paris Match (+ 9,5 %), chiffres qui ont augmenté cet été. Prisma Presse a annoncé que le numéro du 6 août de Voici s'est vendu à plus de 800 000 exemplaires, VSD a battu un record le 1er août, de même que le numéro de Gala, le 18 juillet, titrant sur le mariage du basketteur Tony Parker et de l'actrice Eva Longoria. « Les huit parutions estivales des trois hebdomadaires représentent plus de 10 millions d'exemplaires vendus et confirment l'engouement estival du public », souligne un communiqué de Prisma Presse.

« COMME UNE GLACE »

❸ « Les journaux people deviennent une sorte de produit qu'on achète pendant les vacances, comme une glace », explique Xavier Dordor, directeur général de l'APPM. Les lancements de Public, il y a quatre ans, et de Closer, à l'été 2005, sont des succès grâce à de grosses opérations de promotion. « C'est une presse qui est de plus en plus basée sur le marketing », souligne Sophie Renaud, directrice du pôle expertise presse chez Carat. Public est un exemple. « C'est un people générationnel qui s'adresse aux 15–35 ans, surtout des femmes, lu dans tous les milieux socioprofessionnels », explique Bruno Lesouef, directeur général des publications des magazines en France chez Lagardère. « La société est plus décomplexée », explique Mme Renaud.

❹ Autre phénomène nouveau, le traitement « people » des personnalités politiques se développe. Désormais ce ne sont plus seulement les stars de cinéma et du petit écran qui sont montrées, mais les stars de la vie politique. Ces sujets se vendent bien. Ségolène Royal en maillot de bain à l'été 2006, les vacances du couple Sarkozy en août, jusqu'à Closer qui a avancé son jour de parution au vendredi 25 août pour publier des photos de François Hollande et de sa nouvelle compagne. « Nous avons publié ces photos, qui ne sont pas une révélation, car le couple Royal-Hollande est sur la scène politique depuis vingt-huit ans, et Ségolène Royal nous intéresse dans son parcours de femme. Mais nous n'avons pas le sentiment d'avoir franchi un tabou », explique Laurence Pieau, rédactrice en chef de Closer. Photos qui ont valu un procès à l'hebdomadaire.

❺ Si certains politiques se mettent en scène et sont tentés de montrer leur vie privée, ce qui n'est pas nouveau, de plus en plus de photos volées sont publiées par ces magazines. « La «pipolisation» de la vie politique ne date pas d'hier, on se souvient de VGE* et son épouse allant dîner chez les Français dans les années 1970, de Mitterrand à Solutré », souligne Philippe Labi, éditeur de Voici, Gala et VSD. Il y eut aussi la révélation de l'existence de Mazarine Pingeot, la fille de François Mitterrand, en 1994, dans Paris Match, alors qu'elle avait 19 ans...

UN PHÉNOMÈNE AMPLIFIÉ

6 Les choses se disent et s'écrivent sur la vie privée des hommes politiques, dans la presse en général, dans les livres, sur Internet. Ce phénomène s'est amplifié avec le duel Royal-Sarkozy pendant la campagne électorale, deux personnalités qui jouent beaucoup sur leur image. Parallèlement, la presse généraliste, les féminins et les news magazines ne rechignent plus à traiter les sujets people.

7 Pour Rémy Rieffel, sociologue des médias, professeur à Paris-II, « il existe une réponse classique à l'engouement pour la presse people : le public a besoin de s'identifier à des personnalités qui vivent dans un monde différent d'eux, qui sont sur l'Olympe, à la fois des hommes et des surhommes. Ils ont une vie parfois faite de luxe, de paillettes, de faste, **qui** fascine. D'un autre côté, ces personnalités sont des hommes ordinaires, à qui il arrive des drames sentimentaux, des maladies... ce qui facilite l'identification et le voyeurisme ». Il poursuit : « Nous sommes dans une société fondée sur l'illusion de la transparence, où les gens ont besoin de se mettre en scène eux-mêmes, de composer un personnage qu'on montre aux autres. Cette tendance rejaillit sur la presse people. » Autre raison, selon M. Rieffel, les plus mauvaises conditions économiques de la presse écrite, avec des journaux qui ont besoin de se vendre.

Ce phénomène n'est pas sans poser des questions. « Cette évolution de la pipolisation des hommes politiques est inquiétante, analyse M. Rieffel, car elle se fait au détriment du contenu, du discours politique, cela va vers une déperdition de sens et un appauvrissement du débat. »

Pascale Santi**,** Le Monde, 04.09.07.
* VGE = Valéry Giscard d'Estaing

ACTIVITÉS

1. *En vous basant sur le début du texte nommez **deux** noms de journaux people.*
   (a) ....
   (b) ....

2. *De quoi les éditeurs des journaux people peuvent-ils être très satisfaits ?*
   ....

3. *À quoi se réfère le mot « **elles** » dans la phrase « **Elles** sont, à ce jour, en progression de 14,5 % » ?*
   ....

4. *Qu'a utilisé le magazine « Closer » pour vendre un si grand nombre d'exemplaires ?*

....

5. *Quel événement le magazine « Gala » a-t-il couvert afin de vendre autant d'exemplaires ?*

....

6. *Quel mot du 2e paragraphe veut dire « de l'été » ?*

....

7. *Dans le 3e paragraphe, à quoi sont comparés les journaux people ?*

....

8. *En vous basant sur le 3e paragraphe, donnez* ***deux*** *caractéristiques des lecteurs du journal people « Public ».*

   (a) ....

   (b) ....

9. *Selon le 4e paragraphe, quelles sont les nouvelles stars des journaux people ?*

....

10. *Quel a été le résultat de la publication des photos de l'homme politique François Hollande et de sa nouvelle compagne ?*

....

11. *En vous basant sur le 4e paragraphe, quel mot signifie « magazine publié toute les semaines » ?*

....

12. *Selon le 5e paragraphe, quelle est l'origine de la plupart des photos de personnages politiques ?*

....

13. *D'après le 6e paragraphe, quel événement a accéléré la « pipolisation » des personnages politiques ?*

....

14. *Quel mot du 6e paragraphe signifie « refusent » ?*

....

15. *Au 7e paragraphe, à quoi se réfère le mot «* ***qui*** *» dans la phrase «* ***qui*** *fascine. » ?*

   A. vie.

   B. luxe. ☐

   C. paillettes.

   D. faste.

16. *En vous basant sur le 7e paragraphe expliquez pourquoi les Français peuvent s'identifier aux hommes politiques ?*

....

17. *D'après M. Rieffel quelle sont les* **deux** *raisons expliquant le succès de la presse people ?*

(a) ....

(b) ....

18. *Selon M. Rieffel, quelle est l'***une** *des conséquences de la « pipolisation » des personnalités politiques ?*

....

19. *Quel mot du dernier paragraphe veut dire « perte » ?*

....

TOTAL : 22

TEXTE

Le site Facebook en français est lancé

Depuis son lancement en espagnol, le nombre d'hispanophones qui s'inscrivent a triplé.

Tout utilisateur de Facebook sait que « poker » veut dire signaler sa présence à une personne sur le site. Mais à l'heure où Facebook a décidé de s'adapter aux différents pays, il doit trouver des expressions équivalentes dans les langues nationales. Lancé le 11 février, le site espagnol a adopté « dar un toque » quand l'allemand utilise «anstupsen» depuis le 3 mars. Mais sur le site français lancé lundi, Facebook verse dans le franglais avec son «envoyer un poke».

Avec l'ouverture de la version française, Facebook achève la première phase de son internationalisation, annoncée en décembre dernier. Ces trois adaptations européennes lui permettront d'affiner sa méthode de traduction en vue d'un déploiement mondial.

Pour basculer en français, le réseau social a invité plusieurs milliers de ses membres francophones les plus actifs à ajouter un petit logiciel de traduction (« application ») à **leur** profil. Environ 4 000 sur 1,5 million d'utilisateurs pratiquant la langue de Molière ont accepté de traduire les quelque 40 000 phrases employées par Facebook. Ils pouvaient **le** faire au gré de leur navigation sur le site ou en cherchant l'équivalent français de listes de mots. La communauté a ensuite discuté des propositions puis déterminé, par vote, quels termes seraient gardés, en fonction de « ce que Facebook devrait être en français ». L'hybride « envoyer un poke » l'a ainsi emporté sur les « faire un signe », « faire un clin d'œil » et « toucher du doigt ». Linguistiquement plus correctes, ces locutions ne répondent pas, selon les utilisateurs, à l'esprit du site et à l'action qu'il s'agit d'exprimer. L'engouement des internautes français a permis de convertir les formules de Facebook en une journée.

60 % hors des États-Unis

« Notre ambition est de briser le plus de barrières possibles et une des plus importantes est celle de la langue », explique Javier Olivan, directeur du développement international de Facebook, dont 60 % de l'audience se situe désormais en dehors des États-Unis. Une fois ce frein levé, l'audience décolle. Ainsi, depuis le lancement de la version espagnole, le nombre d'inscriptions quotidiennes a triplé dans les pays hispaniques. Facebook en attend autant pour la France. Ce déploiement international est vital pour Facebook alors que certains indicateurs ont perçu un ralentissement de son trafic au Royaume-Uni en décembre. Facebook assure que le nombre de membres actifs croît toujours outre-Manche.

« Nous voulons être disponibles dans le plus grand nombre de langues possibles. Mais nous devons encore peaufiner notre logiciel de traduction afin de pouvoir transcrire des idiomes qui relèvent d'une structure grammaticale complexe et expriment un sens de lecture différent », précise Javier Olivan. Ceci explique pourquoi le quatrième pays les plus « facebookophile », la Turquie, qui rassemble 3 millions d'inscrits, ne figure pas en tête de liste des versions locales.

Si, au niveau mondial, l'architecture du site est en anglais, le contenu des échanges, des applications et même des publicités peut être proposé dans la langue de l'émetteur. « Notre plate-forme publicitaire est basée sur le self-service et permet à quiconque de créer une campagne personnalisée qui correspond à ses besoins dans la langue qu'il souhaite, souligne Javier Olivan. De même, nous avons vu de nombreux développeurs français ou autres créer des applications et **les** proposer sur Facebook. » Une fois le logiciel de traduction perfectionné, il sera aussi facile de traduire Facebook dans toutes les langues que d'internationaliser une application locale. La boucle sera alors bouclée.

Marie-Catherine Beuth, *Le Figaro*, 10.03.2008

ACTIVITÉS

1. *Le thème principal de cet article est :*

   A. la traduction du site en plusieurs langues.

   B. les problèmes de traduction du site.

   C. l'augmentation du nombre d'utilisateurs du site.

   D. la traduction du site en français.

   ☐

2. *Dans le 1^{ier} paragraphe, comment s'appelle le mélange entre le français et l'anglais ?*

   ....

3. *En quelles langues le site a-t-il été traduit jusqu'à présent ?*

....

4. *Dans le 3e paragraphe, quelle expression est utilisée pour désigner le français?*

....

5. *Dans la phrase suivante « le réseau social a invité plusieurs milliers de ses membres francophones les plus actifs à ajouter un petit logiciel de traduction («application») à **leur** profil. », à quoi ou à qui se réfère « **leur** » ?*

....

6. *Dans la phrase suivante « Ils pouvaient **le** faire au gré de leur navigation sur le site… », à quoi se réfère « **le** » ?*

....

7. *Quel facteur a fait que la traduction du site en français s'est effectuée en une seule journée?*

....

8. *Selon les lignes 23 à 35, **deux** des phrases suivantes sont vraies. Indiquez les réponses correctes dans les cases de droite.*

   A. La majorité des utilisateurs du site habitent aux Etats-Unis.
   B. La traduction du site dans d'autres langues permet l'accès à plus d'utilisateurs. ☐
   C. La traduction du site en français a permis de tripler le nombre d'inscrits.
   D. Il n'est pas encore possible de traduire Facebook dans toutes les langues. ☐
   E. La traduction du site en turc a contribué à l'augmentation des inscriptions en Turquie.

9. *Quelle autre expression est utilisée pour désigner le Royaume-Uni (l.25–35) ?*

....

10. *Lignes 36 à 41, quel mot utilisé signifie « qui aime Facebook » ?*

....

Dans les deux derniers paragraphes, trouvez les mots qui ont la même signification que les expressions ou mots ci-dessous.

11. *«améliorer» (5e paragraphe)* ....

12. *«n'importe qui» (6e paragraphe)* ....

13. *Selon les lignes 36 à 41, une des raisons suivantes **n'**explique **pas** pourquoi Facebook n'a pas encore été traduit en turc ?*

A. Le logiciel de traduction n'est pas assez perfectionné.
B. Les Turcs ne s'intéressent pas à Facebook.
C. La grammaire turque est complexe.
D. Il exprime un sens de lecture différent.

☐

14. *À quoi se réfère le mot « **les** » dans la phrase « **les** proposer sur Facebook. » ?*

....

15. *Que faut-il faire au logiciel de traduction afin de pouvoir traduire Facebook dans toutes les langues ?*

....

16. *Que permettra également le logiciel de traduction ?*

....

TOTAL : 17

Le virtuel pour soigner les enfants en difficulté

TEXTE

Le psychanalyste Michael Stora va ouvrir une clinique où la thérapie passe par le jeu vidéo

❶ Jouer pour mieux parler à son psy, c'est le pari de la Clinique du virtuel qui devrait ouvrir à Paris en avril. Encadrés par trois personnes à temps plein, dont une pédopsychiatre, quinze psychologues, formés au jeu vidéo, recevront enfants et adolescents en difficulté psychologique, familiale, ou en situation d'échec scolaire. Les jeunes patients seront reçus dans des cabinets d'un genre nouveau, pourvus d'un écran géant, d'un accès Internet et de toutes les consoles de jeux disponibles sur le marché.

❷ « L'inconscient dans notre société est devenu très visuel. On est proche des univers oniriques. Pour les enfants en difficulté qui n'ont pas la capacité d'élaboration des adultes, cela permet de projeter à l'extérieur des choses qui sont difficiles ou impossibles à dire », explique Michael Stora, directeur de la clinique. Cofondateur de l'Observatoire des mondes numériques, ce psychanalyste utilise depuis plusieurs années les jeux vidéo comme outil thérapeutique.

❸ Autre population visée, les jeunes accros aux jeux en ligne, au point de se nommer eux-mêmes des « no life ». Le titre plus prisé, World of Warcraft, compte 10 millions d'abonnés dans le monde. Jusqu'à présent, ces jeunes étaient pris en charge dans certains services de toxicologie où leur est proposé un accompagnement psychothérapique classique. La clinique du virtuel offrira des méthodes innovantes, comme les séances de laser flash, un jeu de guerre grandeur nature, pour reprendre conscience de son corps et sortir du virtuel.

❹ Les patients auront aussi accès à des ordinateurs en réseau, afin qu'ils jouent sous l'œil des psychologues. Enfin, ils participeront, en partenariat avec des étudiants de l'Ecole nationale du jeu et des médias interactifs numériques (Enjmin), à des ateliers de création de jeux vidéo. « Il faut mettre en œuvre **leur** imaginaire, la créativité est un très bon moyen de sortir de la boucle de la dépendance », affirme Michael Stora.

LA PLACE DE L'AUTORITÉ

❺ Pour Marc Valleur, chef du service toxicologie à l'hôpital Marmottan, qui traite les cyber-dépendants, l'idée d'utiliser le jeu comme thérapie n'est pas mauvaise. Mais il reste dubitatif. « On obtient de très bons résultats au bout de quelques séances d'accompagnement familial et psychologique, il n'y a pas besoin d'une structure si lourde », souligne-t-il.

❻ Michael Stora souhaite faire de sa clinique un laboratoire de recherche. Parmi les idées à l'étude, l'application du jeu vidéo aux troubles du langage, à la psychomotricité et à l'échec scolaire. Une première étape vers le développement de programmes adaptés à l'autisme ou aux troubles du comportement alimentaire, par exemple.

❼ « Autour de la question du virtuel se nouent beaucoup d'enjeux. Les parents ont souvent peur du jeu vidéo, car leurs ados sont souvent meilleurs qu'eux. C'est un moyen détourné de travailler sur la place de l'autorité. De même, le sentiment de victoire après avoir abattu un monstre peut permettre aux jeunes d'améliorer leur image d'eux-mêmes », estime-t-il.

Séverine Fiévet, *Le Monde*, 05.03.08.

ACTIVITÉS

1. *D'après le début du texte, quelle est la particularité de la clinique dirigée par le psychanalyste Michael Stora ?*

   ....

2. *En vous basant sur le 1ier paragraphe, citez* **deux** *types de patients que la clinique accueille.*

   (a) ....

   (b) ....

3. *Quel mot du 1ier paragraphe veut dire « équipés » ?*

   ....

4. *Citez **un** exemple des équipements que l'on peut trouver dans cette clinique du virtuel ?*

....

5. *Selon Michael Stora, comment est-ce que l'utilisation des jeux vidéos peut aider les jeunes au 2e paragraphe ?*

....

6. *Qui sont les « no-life » ?*

....

7. *Quel mot du 3e paragraphe signifie « apprécié » ?*

....

8. *Citez les **deux** objectifs des séances de laser flash ?*

(a) ....

(b) ....

9. *À quoi ou à qui se réfère le mot « **leur** » dans la phrase « Il faut mettre en œuvre **leur** imaginaire » ?*

A. les patients.

B. les psychologues. ☐

C. les étudiants.

D. les ateliers.

10. *Quelle expression utilisée dans le 4e paragraphe suggère que les patients sont surveillés par les médecins?*

....

11. *Parmi les phrases suivantes, **deux** reprennent les idées des trois derniers paragraphes. Indiquez les réponses correctes dans les cases de droite.*

A. Marc Valleur pense que l'on peut guérir les cyber-dépendants sans utiliser la thérapie du jeu vidéo.

B. Cette clinique traite déjà des patients atteints de troubles du comportement alimentaire. ☐ ☐

C. Les parents redoutent les jeux vidéo car ils ne sont pas aussi bons que leur enfants.

D. Les parents ont peur de leurs ados quand ils jouent aux jeux vidéo.

E. Les jeunes se sentent mieux dans leur peau car ils sont meilleurs que leurs parents aux jeux vidéo.

12. *En vous basant sur le dernier paragraphe, quel peut-être l'avantage du jeu vidéo ?*

....

TOTAL : 15

Médias pour filles : interdit aux garçons ?

TEXTE

Avec le lancement d'une nouvelle chaîne de télévision destinée aux adolescentes, tous les médias se conjuguent désormais au féminin.

Depuis le 1er septembre 2004, les filles ont leur propre chaîne de télé : φTV. Cette nouvelle chaîne câblée espère attirer les 3 millions d'adolescentes âgées de 11 à 17 ans, en leur proposant une programmation centrée sur la mode et la beauté, une émission quotidienne de libre expression animée en direct par des filles et un très grand nombre de fictions. L'univers des filles et leurs centres d'intérêt, définis comme tels, peuvent apparaître quelque peu réducteurs. « Les pratiques médiatiques des jeunes ont toujours été très sexuées, commente Monique Dagnaud, directrice de recherche au CNRS. Les séries, la mode et la beauté pour les filles, la vidéo, le sport et les films d'action pour les garçons. En affinant leur offre, les différents médias viennent renforcer des aptitudes et des prédispositions. »

Planète filles

Si la télévision n'avait pas encore sa chaîne pour adolescentes, ce n'est pas le cas des autres médias. À la radio, les Filles du mouv, sur le Mouv', leur proposent tous les soirs, un espace de libre antenne. Dans l'édition, un rayon entier de librairie, avec des collections de romans, des séries et/ou des guides pratiques, leur est destiné. Un créneau très porteur car les filles sont de grandes lectrices. Ce rapide inventaire ne peut oublier la presse magazine pour adolescentes, dont l'offre des revues s'étoffe d'année en année (Jeune et Jolie, Lolie, Muteen, Girl, pour n'en citer que quelques-unes ...). Les ficelles ne sont pas très novatrices : les relations avec les garçons et l'apparence physique détiennent toujours la préférence.

Paroles d'ados

Perrine, 17 ans (58)
« Toutes les émissions, les magazines et les livres destinés aux filles ne m'intéressent absolument pas. Ils parlent le plus souvent d'amour, de mode et réduisent les filles à des lolitas *fashion victims* sans cervelles qui attendent désespérément leur prince charmant. On a l'impression qu'il existe une planète de filles et une de garçons. Alors, une chaîne de télé pour les filles risquerait de renforcer cela. Mais j'attends de voir le programme d'une telle chaîne... »

Adrien, 17 ans (31)
« Je suis plutôt contre les magazines « pour filles »et « pour garçons ». Cela fait des catégories et, dès qu'on est un mec et qu'on cherche autre chose que du sport ou des jeux vidéo, on passe pour un « anormal ». Mais quand il s'agit de sexualité, les filles et les garçons n'ont pas tout à fait les mêmes attentes. Il est donc judicieux d'avoir des médias « sexués » pour les choses qui touchent à l'intime, mais il ne faut pas empêcher la découverte de l'autre sexe. »

Clémence, 17 ans (33)
« Les revues pour les filles peuvent permettre à certaines ados, d'avoir une sorte de guide, de pouvoir trouver des réponses à leurs questions. Mais certaines peuvent mettre mal dans leur peau des ados, en donnant une certaine image de l'ado « idéale » ! Pour la chaîne télé, il faut voir ce qu'elle vaut. Autrefois, on séparait bien l'école pour les filles et les garçons !

« Des publications de plus en plus ciblées »
Entretien avec Corinne Destal, **maître de conférence à l'université de Bordeaux 3 (33), DESS communication et jeunesse.**

Les médias destinés aux adolescentes constituent-ils un phénomène nouveau ?
Les filles ont toujours eu une presse fille, dite sentimentale. Dans les années 1960, elles lisaient Mademoiselle âge tendre, Stéphanie, Fleur bleue, Quinze ans. Elles se sont aussi approprié la presse des idoles (Salut les copains, Podium), qui était au départ une presse mixte, mais dont elles constituaient l'essentiel du lectorat. Une meilleure connaissance des adolescents, de leurs attentes, a amené à proposer des publications de plus en plus ciblées (tranche d'âge, sexe, etc.). La diversification des loisirs a aussi contribué à l'apparition d'une nouvelle presse de loisir (vidéo, sport, musique), plus lue par les garçons.

Les thèmes traités par ces médias ne sont-ils pas un peu réducteurs ?
Il ne faut pas nier que les filles adorent parler des garçons, raconter les potins de stars, commenter la mode, cela fait partie de la vie des adolescentes. En traitant en majorité des thèmes qui sont censés intéresser les filles, les médias répondent à certaines attentes. Mais en même temps qu'ils y répondent, ils modélisent et dessinent les contours d'un univers défini comme féminin. C'est un cercle.

Pensez-vous que ces médias très sexués puissent devenir un danger ?
Les médias pour adolescentes véhiculent les mêmes clichés et les mêmes paradoxes que la presse féminine. Mais je ne suis pas alarmiste. Je ne pense pas que la lecture d'un journal puisse transformer un individu en crétin, quelques soient les stéréotypes véhiculés. Et puis, généralement, les filles ne lisent pas qu'un seul titre. Elles cumulent plusieurs magazines, ceux de la presse pour adolescentes, mais aussi ceux de la presse mixte où elles puisent des informations complémentaires.

Marie Révillon, Les clés de l'actualité n° 586/ du 9 au 15 septembre 2004

ACTIVITÉS

1. *Parmi les phrases suivantes, **deux** reprennent des idées du premier paragraphe. Indiquez les lettres qui leur correspondent dans les cases de droite.*

   A. φTV est une des nombreuses chaînes de télévision qui ne proposent que des émissions pour les adolescentes. ☐

   B. Certains pensent que φTV diffuse à travers ces programmes une image très stéréotypée des adolescentes d'aujourd'hui. ☐

   C. D'après Monique Dagnaud les médias ont toujours été très sensibles aux différences d'intérêts inévitables entre les hommes et les femmes.

   D. Grâce à φTV, les jeunes-filles se sentent plus libres.

   E. Les médias ont beaucoup changé de nos jours et ils prennent en considération les intérêts spécifiques aux deux sexes.

Les informations suivantes, basées sur le texte, sont soit vraies, soit fausses. Cochez [✓] la réponse correcte. Justifiez votre réponse par les mots du texte.

	Vrai	Faux
2. *La télévision est le premier média à proposer des programmes pour les jeunes filles.*	☐	☐

Justification ....

....

	Vrai	Faux
3. *Les Filles du mouv' est une émission radiophonique où les adolescentes peuvent s'exprimer librement.*	☐	☐

Justification ....

....

	Vrai	Faux
4. *Seuls les libraires ne semblent pas suivre cette tendance.*	☐	☐

Justification ....

....

	Vrai	Faux
5. *Chaque année de nouveaux magazines pour adolescentes sont crées.*	☐	☐

Justification ....

....

	Vrai	Faux
6. *Les sujets traités dans ces magazines spécialisés varient en fonction du style du magazine.*	☐	☐

Justification ....

....

7. *Dans le deuxième paragraphe, quel mot « **leur** » remplace-t-il dans la phrase ci-dessous ?*
*A la radio, les Filles du mouv, sur le Mouv, **leur** proposent tous les soirs un espace de libre antenne.*

....

Paroles d'ados

La liste de gauche vous donne les noms des personnes qui s'expriment dans cet article, tandis que la liste de droite vous donne une série d'opinions. Faites coïncider la personne qui parle avec une ou plus des opinions proposées. ***Attention:*** *il y a plus d'opinions que de personnes.*

8. Perrine ☐ ☐ ☐

9. Adrien ☐

10. Clémence ☐ ☐

A. Ces magazines permettent de mieux comprendre les différences entre les filles et les garçons avec certains sujets.

B. Selon ces magazines les filles et les garçons semblent vivre dans deux mondes différents.

C. La création d'une chaîne télé pour les filles est une excellente idée.

D. Ces magazines pour filles peuvent aider certaines adolescentes.

E. Ces magazines favorisent les stéréotypes entre garçons et filles.

F. Il est temps que la presse reconnaisse les différences entre les filles et les garçons.

G. Tous ces magazines traitent tous des mêmes sujets.

H. Certaines filles peuvent avoir des complexes à cause de ces magazines.

Trouvez dans le texte le mot ou l'expression qui correspond à chacune des définitions suivantes.

11. pas du tout (Perrine) :

....

12. approprié (Adrien) :

....

13. ne pas se sentir bien avec soi-même (Clémence) :

....

14. *jadis (Clémence):*

....

Entretien avec Corinne Destal

Mettez la bonne réponse dans la case de droite.

15. *Les magazines pour jeunes filles des années 1960 parlaient surtout:*

   A. de politique.
   B. d'histoires d'amour.
   C. de fleurs.
   D. de littérature.

☐

16. *Nommez le magazine qui était destiné aux garçons comme aux filles.*

   A. Salut les copains.
   B. Quinze ans.
   C. Muze.
   D. Podium.

☐

Vous avez des débuts de phrases à gauche et des fins possibles à droite. Remettez chaque début avec la fin qui lui correspond. ***Attention*** *: il y a plus de fins que de débuts et chaque fin ne peut être utilisée qu'une seule fois.*

18. *Les thèmes traités par les magazines intéressent en général la majorité des adolescentes, cependant ...* ☐
19. *Les clichés présents dans les magazines pour jeunes filles se...* ☐
20. *Il est improbable qu'un journal...* ☐
21. *Les filles s'intéressent aussi...* ☐

A. *ait le pouvoir de rendre quelqu'un idiot.*
B. *puissent alarmer les individus.*
C. *ils présentent une réalité réductrice de leurs intérêts.*
D. *à un seul magazine.*
E. *retrouvent dans la presse féminine.*
F. *véhicule les mêmes clichés.*
G. *aux magazines dédiés à un public plus large.*
H. *ils répondent à une certaine attente.*

22. *Dans le deuxième paragraphe, dans la phrase « Mais en même temps ils* ***y*** *répondent... » à quoi se réfère le pronom* ***y*** *?*

....

TOTAL : 26

Acide sulfurique

Les journaux ne parlèrent plus que de cela. Les éditoriaux flambèrent, les grandes consciences tempêtèrent.

Le public, lui, en redemanda, dès la première diffusion. L'émission, qui s'appelait sobrement « Concentration », obtint une audience record. Jamais on n'avait eu prise si directe sur l'horreur.

« Il se passe quelque chose », disaient les gens.

La caméra avait de quoi filmer. Elle promenait ses yeux multiples sur les baraquements où les prisonniers étaient parqués : des latrines, meublées de paillasses superposées. Le commentateur évoquait l'odeur d'urine et le froid humide que la télévision, hélas, ne pouvait transmettre.

Chaque kapo eut droit à plusieurs minutes de présentation.

Zdena n'en revenait pas. La caméra n'aurait d'yeux que pour elle pendant plus de cinq cents secondes. Et cet œil synthétique présageait des millions d'yeux de chair.

- Ne perdez pas cette occasion de vous rendre sympathiques, dit un organisateur aux kapos. Le public voit en vous des brutes épaisses : montrez que vous êtes humains.

- N'oubliez pas non plus que la télévision peut être une tribune pour ceux d'entre vous qui ont des idées, des idéaux, souffla un autre avec un sourire pervers qui en disait long sur les atrocités qu'il espérait **les** entendre proférer.

Zdena se demanda si elle avait des idées. Le brouhaha qu'elle avait dans la tête et qu'elle nommait pompeusement sa pensée ne l'étourdit pas au point de conclure par l'affirmative. Mais elle songea qu'elle n'aurait aucun mal à inspirer la sympathie.

C'est une naïveté courante : les gens ne savent pas combien la télévision les enlaidit. Zdena prépara son laïus devant le miroir sans se rendre compte que la caméra n'aurait pas pour elle les indulgences de son reflet.

Les prisonniers étaient les seuls êtres humains à ne jamais avoir vu ne fût-ce qu'une seconde de « Concentration ». C'était leur unique privilège.

- Je me demande quelles séquences intéressent le plus le public, dit MDA 802 pendant le dîner.

- Je suis sûr que ce sont les passages de mise à mort, dit un homme.

- C'est à craindre, enchaîna Pannonique.

- Les violences aussi, dit une femme. La schlague, les hurlements, ça doit **les** défouler.

- Certainement, dit MDA 802. Et les séquences « émotion » : là, ils doivent se pourlécher.

- Selon vous, demanda EPJ 327, qui sont les plus coupables ?

- Les kapos, répondit l'homme.

- Non : les organisateurs, intervint quelqu'un qui ne parlait jamais.

- Les hommes politiques qui n'interdisent pas une telle monstruosité, dit MDA 802.

- Et vous, Pannonique, qu'en pensez-vous ? interrogea EPJ 327.

Il y eut un silence, comme chaque fois que l'attention se dirigeait vers la jeune fille.

- Je pense que les plus coupables sont les spectateurs, répondit-elle.

- N'êtes-vous pas un peu injuste ? demanda l'homme. Les gens rentrent de leur journée de travail, ils sont épuisés, mornes, vides.

- Il y a d'autres chaînes, dit Pannonique.

- Vous savez bien que le programme télévisé est souvent l'unique conversation des gens. C'est pour ça que tout le monde regarde les mêmes choses : pour ne pas être largué et avoir quelque chose à partager.

- Eh bien, qu'ils regardent tous autre chose, dit la jeune fille.

- C'est ce qu'il faudrait, bien sûr.

- Vous en parlez comme d'un idéal utopique, reprit Pannonique. Il ne s'agit que de changer de chaîne de télévision, ce n'est quand même pas très difficile.

- Je ne suis pas d'accord, déclara MDA 802. Le public a tort, c'est sûr. De là à dire que c'est lui le plus coupable ! Sa nullité est passive. Les organisateurs et les politiques sont mille fois plus criminels.

- Leur scélératesse est autorisée et donc créée par les spectateurs, dit Pannonique. Les politiques sont l'émanation du public. Quant aux organisateurs, ce sont des requins qui se contentent de se glisser là ou il y a des failles, c'est-à-dire là où il existe un marché qui **leur** rapporte. Les spectateurs sont coupables de former un marché qui leur rapporte.

- Ne pensez-vous pas que ce sont les organisateurs qui créent le marché, comme un publicitaire crée un besoin ?

- Non. L'ultime responsabilité revient à celui qui accepte de voir un spectacle aussi facile à refuser.

- Et les enfants ? dit la femme. Ils rentrent de l'école avant les parents, qui n'ont pas forcément les moyens de leur payer une garde. On ne peut pas contrôler ce qu'ils regardent à la télévision.

- Voyez comment vous êtes, déclara Pannonique, à trouver mille dérogations, mille indulgences, mille excuses et mille circonstances atténuantes là où il faut être simple et ferme. Pendant la dernière guerre, ceux qui avaient choisi la résistance savaient que ce serait difficile, voire impossible. Et pourtant ils n'ont pas hésité, ils ne se sont pas perdus en tergiversations : ils ont résisté pour cette unique raison qu'il n'y avait pas moyen de faire autrement. Soit dit en passant, leurs enfants les ont imités. Il ne faut pas prendre les enfants pour des idiots. Un gosse éduqué fermement n'est pas le crétin qu'on tente de nous imposer.

- Vous avez un projet de société, Pannonique ? ironisa l'homme.

- Même pas. Je suis du côté de l'orgueil et de l'estime, là où eux n'en ont que pour le mépris. C'est tout.

- Et vous, EPJ 327, qui ne dites rien, qu'en pensez-vous ?

- Je constate avec effroi qu'il y a ici une seule personne dont on peut être sûr qu'elle n'aurait jamais regardé « Concentration », et c'est Pannonique. J'en conclus que c'est forcément elle qui a raison, répondit-il.

Il y eut une gêne.

Amélie Nothomb, *Acide sulfurique*, © Albin Michel, 2005

ACTIVITÉS

1. *Quelle phrase du début du texte indique que la première diffusion de l'émission « Concentration » fut un succès auprès des téléspectateurs?*

   ....

2. *Citez **un** des éléments que la télévision ne pouvait pas retransmettre.*

   ....

3. *Quel est le rôle de Zedna ?*

   A. prisonnière.

   B. commentatrice.

   C. kapo.

   D. spectatrice.

   ☐

4. *À quoi sont associés les Kapos ?*

   ....

5. *Que conseille l'organisateur donne aux Kapos ?*

   ....

6. *À la ligne 18, à qui se réfère le mot « **les** » dans la phrase « qu'il espérait **les** entendre proférer. » ?*

   ....

7. *En vous basant sur les lignes 19 à 21, complétez la phrase suivante avec les mots du texte.*

   Zedna pense qu'il sera facile pour elle d' ....

8. *Nommez **deux** séquences qui selon les prisonniers plaisent le plus aux spectateurs ?*

   (a) ....

   (b) ....

9. *À qui se réfère le mot « **les** » à la ligne 31 ?*

   A. les kapos.

   B. les prisonniers.

   C. les spectateurs.

   D. les organisateurs.

   ☐

10. *Citez **trois** personnes tenues pour responsables selon les prisonniers.*

    (a) ....

    (b) ....

    (c) ....

11. Selon Pannonique qui sont les plus coupables ?

....

12. Selon Pannonique quelle alternative ont les gens qui regarde le programme télévisé « Concentration » ?

....

13. Pour quelle raison MDA 802 ne pense pas que le public est le plus coupable ?

....

*14. À la ligne 57, à qui se réfère le mot « **leur** » dans la phrase « un marché qui **leur** rapporte » ?*

....

Vous avez des reproches faits à plusieurs personnes dans le texte. En vous basant sur les lignes 34 à 62, associez un reproche à la personne appropriée. ***Attention*** *: il y a plus de reproches que nécessaire, et caque reproche ne peut être utilisé qu'une seule fois.*

15. Les spectateurs... ☐

16. Les organisateurs... ☐

17. Les hommes politiques... ☐

A. Ils profitent financièrement du succès du programme télévisé.

B. Ils acceptent de regarder un programme télévisé monstrueux alors qu'ils pourraient facilement changer de chaîne.

C. Ils regardent le programme télévisé pour pouvoir en discuter avec d'autres personnes.

D. Ils autorisent la diffusion d'un programme télévisé aussi monstrueux.

E. Ils sont fatigués en rentrant du travail.

En vous basant sur le texte, reliez chacun des mots du texte figurant dans la colonne de gauche à son équivalent dans la colonne de droite. ***Attention*** *: il y a plus de mots dans la colonne de droite que dans celle de gauche.*

18. brouhaha (l.19)	☐	*A. discours*
19. laïus (l.23)	☐	*B. perdre*
20. pourlécher (l.33)	☐	*C. imbécile*
21. largué (l.46)	☐	*D. bruit de voix confus*
22. tergiversations (l.70)	☐	*E. hésitations*
23. crétin (l.72)	☐	*F. jeté*
		G. perdu
		H. se régaler
		I. entretien

24. D'après les indices du texte, à quelle guerre Pannonique fait-elle référence quand elle dit « la dernière guerre » dans le passage (ligne 66 à 73)?

A. La première guerre mondiale.
B. La deuxième guerre mondiale.
C. La guerre d'Algérie.
D. La guerre en Irak.

☐

25. Pourquoi EPJ 327 pense que Pannonique a raison ?

....

TOTAL : 28

INSOLITE

Le chasseur d'images

Il saute du lit de bon matin, et ne part que si son esprit est net, son cœur pur, son corps léger comme un vêtement d'été. Il n'emporte point de provisions. Il boira l'air frais en route et reniflera les odeurs salubres.

Il laisse ses armes à la maison et se contente d'ouvrir les yeux. Les yeux servent de filets où les images s'emprisonnent d'elles-mêmes.

La **première** qu'il fait captive est celle du chemin qui montre ses os, cailloux polis, et ses ornières, veines crevées, entre deux haies riches de prunelles et de mûres.

Il prend [-5-] l'image de la rivière. Elle blanchit aux coudes et dort sous la caresse des saules. Elle miroite quand un poisson tourne le ventre, comme si on jetait une pièce d'argent, et, dès que tombe une pluie fine, la rivière a la chair de poule.

Il lève l'image des blés mobiles, des luzernes appétissantes et des prairies ourlées de ruisseaux. Il saisit au passage le vol d'une alouette ou d'un chardonneret.

[-6-] il entre au bois. Il ne se savait pas doué de sens si délicats. Vite imprégné de parfums, il ne perd aucune sourde rumeur, et, pour qu'il communique avec les arbres, ses nerfs se lient aux nervures des feuilles.

Bientôt, vibrant jusqu'au malaise, il perçoit trop, il fermente, il a peur, quitte le bois et suit de loin les paysans mouleurs regagnant le village.

Dehors, il fixe un moment, au point que son œil éclate, le soleil qui se couche et dévêt sur l'horizon ses lumineux habits, ses nuages répandus pêle-mêle.

[-7-], rentré chez lui, la tête pleine, il éteint sa lampe et longuement, avant de s'endormir, il se plaît à compter ses images.

Dociles, elles renaissent au gré du souvenir. Chacune d'elles en éveille une autre, et sans cesse leur troupe phosphorescente s'accroît de nouvelles venues, comme des perdrix poursuivies et divisées tout le jour chantent le soir, à l'abri du danger, et se rappellent aux creux des sillons.

Jules Renard, *Histoires naturelles*, 1896.

ACTIVITÉS

1. *En vous basant sur le début du texte, citez **une** condition pour que le chasseur d'images puisse sortir de chez lui ?*

   ....

2. *De quoi le chasseur d'images a-t-il besoin pour capturer les images ?*

   ....

3. *À la ligne 6, à quoi se réfère le mot «première » ?*

   ....

4. *Quelle est la deuxième image que le chasseur d'images prend ?*

   ....

Ajoutez les mots qui manquent dans le 1ier paragraphe en les choisissant dans la liste proposée ci-dessous. ***Attention*** *: il y a plus de mots que d'espaces et chaque mot ne peut être utilisé qu'une seule fois.*

puis ***avant*** ***loin*** ***enfin*** ***ensuite***

[-5-] ....

[-6-] ....

[-7-] ....

En vous basant sur le texte, citez ***deux*** *exemples d'images qu'il prend pour chaque catégorie.*

8. ***plantes***	*9.* ***animaux***
(a)	(c) ....
(b)	(d) ....

10. Donnez ***une*** *raison pour laquelle le chasseur d'images doit quitter le bois ?*

....

11. Pour quelle raison le chasseur d'images ne dort-il pas tout de suite ?

....

En vous basant sur le texte, reliez chacun des mots du texte figurant dans la colonne de gauche à son équivalent dans la colonne de droite. ***Attention*** *: il y a plus de mots dans la colonne de droite que dans celle de gauche.*

12. de bon matin (l.1)	☐	*A. prisonnière*
13. salubres (l.3)	☐	*B. en désordre*
14. captive (l.6)	☐	*C. tôt*
15. dehors (l.18)	☐	*D. malsain*
16. pêle-mêle (l.19)	☐	*E. saines*
17. au gré (l.22)	☐	*F. selon*
		G. libre
		H. tard
		I. à l'extérieur

18. À la fin du texte à quoi compare-t-il les images ?

....

TOTAL : 20

Le Goncourt attribué à Atiq Rahimi

T E X T E

Le jury Goncourt, réuni lundi 10 novembre chez Drouant, a attribué son prix à Atiq Rahimi pour *Syngué sabour. Pierre de patience* (POL). Au deuxième tour de scrutin, le romancier l'a emporté par sept voix contre trois à Michel Le Bris.

Après Gilles Leroy en 2007 avec *Alabama Song* (Mercure de France), c'est à nouveau l'une des filiales de Gallimard qui est couronnée, POL, qui n'avait jusqu'alors jamais décroché ce prix.

Ecrivain et cinéaste, Atiq Rahimi est né en Afghanistan en 1962. Elevé dans une famille *"libérale et occidentalisée"*, il fait ses études au lycée franco-afghan de Kaboul. En 1973, à la suite d'un coup d'Etat son père, juge d'instruction monarchiste, est emprisonné ainsi que son oncle. A la suite de cet événement, le jeune garçon, passionné de littérature et de cinéma français, commence à écrire.

Après trois années de prison, ses parents quittent l'Afghanistan pour l'Inde où, Atiq Rahimi les rejoindra après le coup d'Etat communiste. Il y restera six mois. Faute de visa, il est contraint de regagner l'Afghanistan où, à l'hiver 1980–81, il travaille dans des mines qui lui inspireront *Terre et Cendres*, son premier roman.

En 1984, la situation dans son pays devenant intenable, il décide de partir pour le Pakistan, puis pour la France où il s'inscrit à l'université et obtient un doctorat de communication audiovisuelle.

La mort de son frère, tué pendant la guerre en Afghanistan, est un choc qui le pousse à écrire. Après *Terre et Cendres*, écrit en persan, qu'il adapte au cinéma en 2004 (il obtient au Festival de Cannes le prix "Regard d'Avenir"), il composera *Les Mille Maisons du rêve et de la terreur* (POL, 2002) et *Le Retour imaginaire* (POL, 2005).

Avec *Syngué sabour*, Atiq Rahimi offre son premier livre en français. Bien que jamais nommé, son pays natal sert de décor à ce huis clos entre un homme, *"héros de la guerre"* agonisant, et son épouse, qui le soigne. Passé le temps des prières pour ce mari, qu'en dix ans de vie commune elle n'aura fait que croiser, vient celui de la colère, de la révolte et aussi de l'éveil d'un corps bafoué, humilié, blessé. Immobile comme cet homme, comme aussi cette pierre de patience sur laquelle, selon la légende, on déverse ses heurs et malheurs, le lecteur recueille ce monologue empli de gémissements, de souffrances, de crudité, de silence et de folie.

Christine Rousseau, le monde.fr, 10.11.08

ACTIVITÉS

Les affirmations suivantes, basées sur le texte sont soit vraies, soit fausses. Cochez [✓] la réponse correcte. Justifiez votre réponse par les mots du texte.

	Vrai	Faux
1. *Atiq Rahimi a emporté le prix Goncourt avec une grande majorité des voix.*	☐	☐
Justification		
2. *C'est la deuxième année consécutive que la maison d'édition POL remporte le prix Goncourt.*	☐	☐
Justification		

3. *Quel évènement incitera Atiq Rahimi à écrire ?*

....

....

4. *D'où tirera t-il l'inspiration d'écrire son premier roman, Terre et Cendres ?*

....

....

Vous avez des débuts de phrases à gauche et des fins possibles à droite. En vous basant sur les 4e, 5e et 6e paragraphes, associez chaque début avec la fin qui lui correspond. ***Attention*** *:il y a plus de fins que de débuts et chaque fin ne peut être utilisée qu'une seule fois.*

5. *En 1984, il décide de partir pour le Pakistan puis la France, la situation au Pakistan n'étant…* ☐
6. *Il reçoit le prix « Regard d'avenir » pour …* ☐
7. *Jusqu`à présent Atiq Rahimi écrivait ses livres…* ☐
8. *L'histoire de Syngué sabour se passe en …* ☐

A. *devenu très difficile.*

B. *en persan.*

C. *l'adaptation cinématographique de son premier roman.*

D. *Afghanistan*

E. *après la mort de son frère.*

F. *plus vivable*

G. *en français*

9. Syngué sabour raconte l'histoire d'un couple qui …	☐	*H.*	*forme de monologue*
		I.	*réconcilie après une longue absence*
10. Le livre est écrit sous …	☐		
		J.	*se déchire dix ans après la guerre.*

TOTAL : 10

La bibliothèque numérique européenne victime de son succès

TEXTE

La France est le premier contributeur (52 %) du projet de bibliothèque numérique européenne, Europeana, lancé jeudi 20 novembre à Bruxelles par José Manuel Barroso, président de la Commission européenne et Viviane Reding, commissaire en charge de la société de l'information, avec les ministres de la culture de l'Union européenne. Le projet constitue le point d'orgue culturel de la présidence française de l'Union européenne. Mais, victime de son succès, <u>le site</u> a dû fermer juste après son ouverture. Une version plus robuste est désormais annoncée pour mi-décembre.

Europeana a pour ambition de devenir un portail en ligne multilingue qui permettra de rassembler sur un seul site tous les trésors culturels numérisés des bibliothèques, musées et centres d'archives des vingt-sept pays membres. D'où la comparaison avec la mythique bibliothèque d'Alexandrie, qui avait réuni tous les savoirs de l'Antiquité, avant de brûler.

La bibliothèque Europeana, dont le prototype avait été lancé en mars 2007 par les Français, en association avec les Portugais et les Hongrois, avant d'être adopté par les Vingt-Sept, est conçue comme une réponse au projet de numérisation pharaonique lancé par le moteur de recherche américain Google. Le géant américain annonce avoir déjà numérisé 7 millions de livres à travers son programme Google Book Search.

Deux millions d'objets culturels numérisés (des livres, mais aussi des peintures, des photos, des films, de la musique....) seront consultables gratuitement sur Internet.

DES PARTENARIATS PRIVÉS OU PUBLICS

En France, la Bibliothèque nationale de France (BNF), présidée par Bruno Racine, s'est associée à l'Institut national des archives (INA), à la Cité de la musique, à l'Institut de recherche et coordination acoustique-musique (Ircam) et au portail culture.fr. L'équipe d'Europeana s'est installée dans les locaux de la bibliothèque royale des Pays-Bas.

Les données numérisées seront accessibles dans les 21 langues de l'UE. Pour le moment, ce contenu ne représente que 1 % du fonds de toutes les bibliothèques européennes. *"L'objectif est d'atteindre, voire de dépasser 10 millions d'objets culturels d'ici à 2010"*, a annoncé la commissaire européenne, lundi 17 novembre, lors du Forum d'Avignon (*Le Monde* du 20 novembre).

La Commission ne finance pas la numérisation des données, mais elle a revanche prévu une enveloppe de 120 millions d'euros sur 2009 et 2010 pour en améliorer les techniques et de 40 millions pour aider au multilinguisme et investir dans les programmes de traduction automatique.

C'est aux Etats de nouer des partenariats privés ou publics pour mettre en œuvre la numérisation. Avec les 8 millions d'euros attribués par le Centre national du livre, la France a montré l'exemple. L'avenir dira si la crise économique ne va pas réduire les ambitions du projet européen.

Alain Beuve-Méry
Article paru dans l'édition du 21.11.08/ lemonde.fr

ACTIVITÉS

1. *Quelle expression dans le titre présage qu'il y a un problème avec la nouvelle bibliothèque ?*

   ....

2. *Que signifie l'expression « le point d'orgue » ?*
   - A. le projet culturel le moins bien réussi.
   - B. le projet musical et culturel le plus réussi.
   - C. le projet culturel dont la France est le plus fier.
   - D. le projet le mieux organisé.

3. *Pourquoi Europeana est-elle comparée à la bibliothèque d'Alexandrie ?*

   ....

4. *Dans le 3e paragraphe quel adjectif signifie « de grande taille » ?*

   ....

Les affirmations suivantes, basées sur le texte sont soit vraies, soit fausses. Cochez [✓] la réponse correcte. Justifiez votre réponse par les mots du texte.

	Vrai	Faux
5. *Seules les personnes abonnées à la bibliothèque Europeana pourront consulter les deux millions d'objets numérisés.*	☐	☐

Justification ....

....

6. *Étant un projet français, Europeana est basée à la Bibliothèque de France, dont le directeur est Bruno Racine.*	☐	☐

Justification ....

....

7. *Seule une infime partie des ressources des bibliothèques européennes est disponible en ligne pour l'instant.*	☐	☐

Justification ....

....

8. *La Commission ne finance que la numérisation des données et les programmes de traduction automatiques.*	☐	☐

Justification ....

....

9. *La France est un des pays ayant investit le plus dans ce projet de numérisation.*	☐	☐

Justification ....

....

10. *le journaliste est convaincu que le financement du projet Europeana sera affecté par la crise économique.*	☐	☐

Justification ....

....

TOTAL : 10

À discuter

1. Comment vous informez-vous de ce qui se passe dans le monde ?
2. Lisez-vous des journaux régulièrement ?
3. Pensez-vous que l'on peut croire tout ce que raconte les médias ?
4. Comment savoir qui dit la vérité ?
5. Les médias manipulent-ils l'opinion public ?
6. En quel média avez-vous le plus confiance ? Expliquez pourquoi.
7. Selon vous, les journalistes peuvent-ils tout dire ?
8. La presse à scandale a doublé de volume durant ces dix dernières années, comment expliquez-vous ce phénomène ?
9. La liberté de la presse est une des valeurs fondamentales de toute démocratie, cette liberté devrait-elle avoir des limites ?
10. Que pensez-vous de la télé-réalité ?
11. Aimeriez-vous participer à une émission de télé-réalité ?
12. La censure a-t-elle sa place dans une société démocratique ?
13. Les médias appartiennent à quelques magnats tels que l'Australien Rupert Murdoch ou l'Italien Silvio Berlusconi, est-ce un danger pour la liberté de la presse ? Discutez.
14. Beaucoup blâme la presse féminine de l'augmentation du nombre de jeunes anorexiques dans les sociétés occidentales. Qu'en pensez-vous ?
15. L'Internet a vu l'expansion de mondes virtuels où les gens se rencontrent, se réinventent et prétendent être quelqu'un d'autre. Est-ce une façon de ne pas faire face à ses problèmes. Discutez.
16. L'Internet a-t-il vraiment réduit le monde à un village global ?
17. D'après vous quels dangers représente l'Internet ?
18. Pourriez-vous vivre sans Internet ?
19. Certains pays prennent la décision de bloquer l'accès à certains sites pour protéger ses citoyens. Pensez-vous que cela soit une bonne idée ?
20. Les hommes politiques sont de plus en plus traités telles des célébrités par les médias. Cette tendance est-elle appropriée selon vous?

À voir

Mon idole, Guillaume Canet, 2002

Paparazzi, Alain Berbérian, 1998

À écouter

Télévision, Sinsémilia, 2000 *"Tout C'Qu'On A"*

Pomme C, Calogero, 2007 *"Pomme C"*

Cyber, Zazie, 1998 *"Made In Love"*

À consulter

France TNS Sofres:
www.tns-sofres.com

Le Centre de Liaison de l'Enseignement des Médias d'Information :
www.clemi.org

Courrier International :
www.courrierinternational.com

Le Monde:
www.lemonde.fr

L'Humanité:
www.humanite.fr

L'Express:
www.lexpress.fr

Le Point :
www.lepoint.fr

Ouest France :
www.ouest-france.fr

TF1 :
www.tf1.fr

France 2 :
www.france2.fr

France 3
www.france3.fr

Arte:
www.arte.tv

TV5 :
www.tv5.org

France 24
www.france24.com

Radio France Internationale :
www.fri.fr

Europe 1 :
www.europe1.fr

Skyrock :
www.skyrock.fm

France Inter :
www.radiofrance.fr/franceinter/acc
ueil

À lire

La presse française – Nouvelle édition, Pierre Albert, La Documentation française, 2008

Médias et violence – L'Etat du débat, Monique Dagnaud, La Documentation française, 2003

Acide sulfurique, Amélie Nothomb, éd. Albin Michel, 2005

Chapitre 11

LA LANGUE FRANÇAISE

MISE EN ROUTE

Vous avez des mots et phrases qui appartiennent aux trois registres de la langue française. Classez-les suivant le registre auquel ils/elles appartiennent.

siffler / une bagnole / rater / un chien / ne pas réussir / un ami / tuer / buter / une baraque / vachement / gerber / D'où viens-tu ? / manger / s'entretenir / très échouer / s'alimenter / Je n'aime pas cette histoire. / penser / régurgiter / un canidé / Il n'est pas d'accord ! / fatigué / une tenue / Je n'apprécie pas cette plaisanterie. / un vêtement / cogiter / un livre / un copain / J'aime pas c'te blague. / une fringue / Je ne partage pas votre opinion ! / bouffer / une maison / se casser / parler / crevé / crécher / D'où est-ce que tu viens ? / boire / partir / une voiture / étudier / songer / un clébard / vomir / un camarade / occire / habiter / une automobile / causer / bûcher / se désaltérer / extenué / Nous, on est pas d'accord ! / résider / un bouquin / un ouvrage / apprendre / une demeure / extrêmement / se retirer / Tu viens d'où?

Registre soutenu	Registre courant	Registre familier

Quand le langage SMS envahit les copies du bac

À force de communiquer par ces messages en abrégé, des élèves commettent d'énormes fautes d'orthographe.

❶ À moins d'un mois des épreuves du baccalauréat, les élèves se plongent plutôt dans leurs cours de philosophie que dans un manuel d'orthographe. Pourtant, tous ne seraient pas au point en la matière à en croire certains devoirs de terminale. Ainsi, pour la plus grande surprise d'un correcteur, la Symphonie inachevée de Schubert s'est transformée en symphonie « inHeV » dans une copie du baccalauréat. Une orthographe revisitée sous l'influence du langage texto. Cette manière d'écrire les mots en phonétique permet d'économiser de la place pour envoyer un « SMS » ou message écrit sur téléphone portable.

❷ Depuis le début des années 2000, les textos sont devenus un des moyens de communication privilégiés des jeunes. Malheureusement, leur orthographe simplifiée a non seulement envahi les forums de discussion sur Internet mais commence à apparaître sur les feuilles d'examen. Et les bacheliers de qualifier les habitants de la Martinique de « Martinikés »…

« L'héritage de l'abandon progressif de la dictée »

❸ « Certains élèves perçoivent désormais les mots de manière phonétique et les retranscrivent ensuite comme ils le peuvent », explique Philippe Mignaval, auteur du Sottisier du bac. Jusqu'à commettre de grossières erreurs comme ce candidat pour qui « l'euthanasie » devient « le tas nazi ». « Les élèves ont tendance à couper les mots au petit bonheur, confirme Jean-Paul Brighelli, normalien, agrégé de lettres. C'est aussi l'héritage de l'abandon progressif de la dictée au collège depuis une quinzaine d'années. »

❹ En février dernier, le chef de l'État en personne a déploré l'usage de cette langue simplifiée et a demandé aux professeurs d'en expliquer les conséquences aux élèves. Mais tous n'adhèrent pas à sa théorie. « Je relève une abréviation de temps en temps mais je n'ai jamais vu tout un devoir rédigé en texto, nuance un professeur de français du Val-d'Oise. Ces erreurs apparaissent généralement en fin de copie, quand les candidats sont pressés par le temps. »

❺ Danièle Manesse, professeur de sciences du langage à la Sorbonne nouvelle et coauteur d'*Orthographe, à qui la faute ?*, est [-11-] plus catégorique. « Le langage SMS n'influence pas l'orthographe, affirme cette spécialiste. Les élèves savent qu'ils utilisent un code, un langage secondaire. La baisse du niveau en orthographe serait [-12-] le résultat du peu de temps consacré à l'étude de la langue à l'école. » [-13-] aux étudiants, ils ont une vision plus pragmatique de la question. Charles, 21 ans, inscrit en fac de droit à Paris, explique que, pour sa génération, le langage texto est un moyen pratique de prendre des notes en cours. « À force, on prend des réflexes d'écriture que l'on peut reproduire inconsciemment dans les copies », concède-t-il. Un manque d'attention auquel Charles s'empresse de remédier quand il a le temps de se relire. Car les sanctions, [-14-] légères, sont réelles. À l'école, aucune instruction spécifique n'a été transmise selon l'enseignante du Val-d'Oise. Cependant, « le barème de la maîtrise de la langue est appliqué. Le correcteur peut enlever un ou deux points à la copie », raconte-t-elle.

Agnès Leclair (avec Alexandre Claude), *Le Figaro*, 19.05.2008.

ACTIVITÉS

1. *Quelle matière les élèves révisent à l'approche du baccalauréat ?*

   ....

2. *Quel est le point faible des élèves ?*

   ....

3. *Quelle est la caractéristique du langage texto ?*

   ....

4. *Quel est le but du langage texto ?*

   ....

5. *L'utilisation du langage texto devient un problème lorsqu'il est utilisé*

   A. sur un forum de discussion sur internet.
   B. dans une feuille d'examen.
   C. dans un message écrit sur téléphone portable.
   D. dans un SMS.

   ☐

6. *Dans le 3e paragraphe, l'expression « au petit bonheur » veut dire*

   A. de manière précise.
   B. à tout hasard.
   C. de façon logique.
   D. méthodiquement.

   ☐

7. *Quelle est la cause de cette dégradation de l'orthographe chez les jeunes?*

   ....

8. *Dans le 4e paragraphe, à quoi se réfère « **en** » dans la phrase « d'**en** expliquer les conséquences aux élèves »?*

   ....

9. *Dans le 4e paragraphe, selon le professeur de français, à quel moment les élèves tendent à utiliser le langage texto ?*

   ....

10. *Selon le 4e paragraphe* ***trois*** *des six phrases suivantes sont fausses. Indiquez les lettres correspondantes dans la case de droite.*

A. Les professeurs sont d'accord avec le président.
B. Les élèves écrivent tous leurs devoirs en langage texto.
C. L'utilisation du langage texto est rarement utilisé dans les devoirs des élèves.
D. Les abréviations apparaissent plutôt vers la fin du devoir.
E. Les étudiants utilisent les abréviations car ils sont fainéants.

☐ ☐ ☐

Ajoutez les mots qui manquent dans le 5e paragraphe en les choisissant dans la liste proposée ci-dessous. ***Attention*** *: il y a plus de mots que d'espaces et chaque mot ne peut être utilisé qu'une seule fois.*

car ***bien que*** ***avant*** ***encore*** ***plutôt*** ***quand*** ***quant***

[-11-] ....

[-12-] ....

[-13-] ....

[-14-] ....

15. *Dans le dernier paragraphe, à quoi est comparé le langage texto ?*

....

Vous avez des débuts de phrases à gauche et des fins possibles à droite. En vous basant sur le dernier paragraphe, associez chaque début avec la fin qui lui correspond. ***Attention*** *: il y a plus de fins que de débuts et chaque fin ne peut être utilisée qu'une seule fois.*

16. *Les spécialistes confirment...* ☐
17. *Pour les jeunes, le langage SMS...* ☐
18. *Afin d'éviter l'utilisation du* langage texto... ☐
19. *La détérioration du niveau de l'orthographe ...* ☐

A. *qui permet de prendre des notes en cours.*

B. *alors que le langage texto n'est pas à l'origine de la baisse du niveau en orthographe.*

C. *les élèves doivent prendre le temps de vérifier leur devoir.*

D. *permet de prendre des notes rapidement pendant les cours.*

E. *résulte d'un manque d'étude de la langue.*

F. *provenir du peu de temps consacré à l'étude de la langue.*

G. *est le résultat de l'utilisation du langage texto.*

H. *que le langage texto n'est pas à l'origine de la dégradation de l'orthographe.*

20. *En vous basant sur le dernier paragraphe, quelle peut-être la sanction pour un devoir n'ayant pas un bon niveau de langue ?*

....

TOTAL : 22

Petit lexique du « parler caillera »

TEXTE

❶ Savoir parler « cash » comme Fadela Amara, la secrétaire d'Etat à la ville. Ne pas être déstabilisé par un « portenawaque », résister à un gentil « coup de pression », ne pas pleurer parce qu'on vous traite de « bouffon ». Dix jeunes d'un quartier d'Evry, soutenus par l'association Permis de vivre la ville, ont rédigé un *Lexik des cités* (Fleuve Noir, 19,90 euros, 365 p., disponible le 4 octobre) qui décortique les tripatouillages de la langue dans les cités populaires.

❷ Du verlan « classique » (meuf, keuf, etc.) aux emprunts au vieil argot français, à l'arabe ou au tzigane, ils ont recensé et analysé, pendant trois ans, les expressions du « parler caillera (racaille) ». Leur travail rejoint celui commencé dès 2000 par Abdelkarim Tengour, un informaticien de 39 ans, passionné par l'écriture, qui a constitué, sur Internet (**dictionnairedelazone.fr**), une base de données gratuite, de plus de 1 500 mots.

❸ De ces recherches parallèles, il ressort un lexique passionnant. Et utile [-6-] la langue des cités déborde les halls d'immeuble des zones dites « sensibles » et irrigue les cours de récréation, les blogs et les radios de jeunes. [-7-], en une vingtaine de termes enrichis par des exemples, l'essentiel du vocabulaire [-8-] ne pas passer pour un « cave » (vieil argot français repris dans les cités pour désigner une personne dupe).

❹ **Alcatraz.** En référence à la prison, *« être Alcatraz »* signifie être privé de sortie par ses parents.

Bédave. Fumer un joint.

Bicrave. Vendre, dealer. Le rappeur Booba reprend ces deux termes : *« [...] J'suis au quartier bah ouais rien à faire gros/Ça bicrave, ça bédave, ça galère »* (*Autopsie vol.* 2). La plupart des mots avec une terminaison en « -ave » sont d'origine tzigane. Comme marave (se battre) ou chourave (voler), par exemple. *« Je me suis fait griller en flag pendant que je chouravais des carcasses à Rungis »*, glisse un des héros de *Chiens de la casse*, le roman de Mouss Benia (Hachette Littératures).

Boîte de six. Désigne un fourgon policier avec six hommes à bord. Dans certains cas, on parle de *« nuggets »* pour désigner des « poulets rangés en boîte ». Le vocabulaire pour les policiers est parmi les plus riches, dont le plus connu est « keufs » : *« Il s'est fait pécho par les keufs et est parti en GAV* (garde à vue). *»*

Bolos. Un terme relativement récent pour désigner une victime (proche de *« bouffon »*). *« Au moment où on a choisi les mots, bolos n'était pas encore apparu. Mais on l'a vu se développer très rapidement »*, explique Cédric Nagau, un des auteurs du *Lexik*. Les termes peuvent ainsi émerger dans un quartier, passer du 9-3 au 9-1 puis disparaître subitement. *« C'est le téléphone arabe – puis sénégalais, marocain, français... »*, rigole Cédric Nagau.

Bouillave. Faire l'amour.

Carotte. De *« carotter »* quelque chose, signifie se faire arnaquer. Mais le verbe n'est pas conjugué (sauf à être ridicule) : *« Il s'est fait carotte son sac. »*

Cash. Directement, franchement

Coup de pression. *« Mettre un CP »* signifie intimider quelqu'un.

Crevard. Désigne une personne toujours en train de réclamer quelque chose.

Daron, daronne. Devenus des classiques pour désigner le père et la mère. Ce terme correspond à du vieil argot français désignant les maîtres.

Hagra. Repris de l'arabe, signifie faire des misères. *« Quand tu commence a t'en sortir y'a tjrs les rageux* (jaloux) qui vienne te faire la hagra », s'indigne ainsi Zenen sur le site lehiphop.com. Se prononce en aspirant le « h » et en roulant le « r ».

Keuss. Verlan de sac. Représentait à l'origine 1 000 anciens francs avant que l'euro ne bouscule les conversions. Par extension, une cité comme les « 3 000 » à Aulnay-sous-Bois se présente comme les *« 3-keuss »*.

Meskine. Désigne un pauvre type. Ce terme, très courant, est d'origine arabe.

Mytho. Un menteur ou un mensonge. *« Kader il a clamsé pour quoi ? Juste parce qu'un keum* (mec) qui se prenait pour l'inspecteur Harry l'a fumé sans le faire exprès. C'est ce qu'ils ont dit les mecs de la BAC. Et puis ils ont aussi parlé d'un *« incident regrettable ». Ça éponge pas les larmes de la mère ces mitos-là »*, assène le héros de *Cités à comparaître*, le roman de Karim Amellal (Stock).

Poucave. Une balance, un informateur. *« Alors t'as chaud, c'est cramé/Tout le monde sait que t'as balancé/T'oses même plus te balader dans le quartier, t'es grillé, fiché, poucave »*, chante Mafia K1fry (*La Cerise sur le ghetto*).

Rebeu, Renoi, Babtou. Verlan pour arabe, noir, blanc (toubab). Les couleurs de la peau ne constituent pas des tabous dans les quartiers où les *« personnes issues de l'immigration »*, comme disent les sociologues prudents, sont nombreuses. *« Il n'y a pas de politiquement correct comme dans le reste de la société »*, souligne Marcela Pérez, à l'origine du *Lexik*.

Se taper des barres. Rigoler.

Vénere. Verlan d'énerver. Un classique construit comme des dizaines d'autres (« meuf » pour femme, « portenawaque » pour n'importe quoi, etc.). L'invention du verlan s'effectue par inversion des syllabes (métathèse syllabique, en langage châtié) puis en cherchant une sonorité agréable. *« On essaye de prendre les mots à l'envers. Mais si la sonorité ne passe pas bien, on la modifie »*, détaille Alhassane Sarré, un des auteurs du *Lexik*.

Luc Bronner, *Le Monde*, 29.09.07.

ACTIVITÉS

1. *Qui a créé le « Lexik des cités » ?*

....

2. *Quel est le thème de l'ouvrage « Lexik des cités » ?*

....

3. *Citez **deux** des origines possibles des mots ou expressions utilisés par les jeunes des cités.*

   (a) ....

   (b) ....

4. *Quel est le point commun entre les auteurs du « Lexik des cités » et Abdelkarim Tengour ?*

A. Ils ont travaillé pendant trois ans pour recenser les expressions du « parler caillera ».

B. Ils ont recensé et analysé les expressions du « parler caillera ».

C. Ils ont recensé les expressions du « parler caillera » dans un livre.

D. Leurs ouvrages recensant les expressions du « parler caillera » sont gratuits.

☐

5. *En vous basant sur le 3e paragraphe, citez* ***deux*** *endroits, autres que les cités, où l'on peut retrouver la langue des cités ?*

(a) ....

(b) ....

Ajoutez les mots qui manquent dans le 3e paragraphe en les choisissant dans la liste proposée ci-dessous. ***Attention*** *: il y a plus de mots que d'espaces et chaque mot ne peut être utilisé qu'une seule fois.*

alors ***tant*** ***mais*** ***voici*** ***pour***

[-6-] ....

[-7-] ....

[-8-] ....

En vous basant sur la liste des termes nommez :

9. *Deux termes en verlan.*

(a) ....

(b) ....

10. *Un terme d'origine arabe.*

....

11. *Un terme utilisé lorsque quelqu'un doit rester chez lui car il est puni.*

....

12. *Un terme qui désigne un membre de la famille.*

....

13. *Un terme qui signifie « rire ».*

....

14. *Un terme qui n'existait pas encore lorsque le « Lexik des cités » a commencé à être écrit.*

....

15. *Un terme qui désigne une personne qui ne dit pas la vérité.*

....

16. *Un terme en rapport à l'argent.*

....

17. *À quoi se réfère le mot « **la** » dans la phrase « on **la** modifie » à la fin de l'article.*

....

18. *Complétez la phrase suivante par les mots du texte.*

Pour obtenir un mot en verlan il faut procéder à l'...

TOTAL : 21

Le lexique québécois: son évolution, ses composantes

TEXTE

Parallèlement aux mots français qui cherchent à se tailler une place dans l'usage, de nombreux autres sont encore confinés à un rôle passif. On les connaît, les gens instruits les emploient mais ils n'appartiennent pas au vocabulaire actif de l'ensemble de la population. En québécois, *japper* au sens de 'aboyer' est le mot usuel, *aboyer* étant cependant compris de tout le monde (v. Bibl. 18, p. 3). On dira presque toujours *peser sur un bouton* (ou *sur un piton*) au lieu de *presser un bouton*, *mettre ses bas* au lieu de *mettre ses chaussettes*, mais le tour français sera reçu sans problème.

Même si les Québécois ont une excellente connaissance passive du vocabulaire français, il y a de ces emplois, usuels en France, qui risquent d'être mal compris au Québec. *Pendule* n'y est par exemple jamais employé avec le sens français de 'petite horloge d'appartement...', *horloge* étant le seul mot en usage (*pendule* ne désigne que le balancier de l'*horloge*). *Malin* n'est pour ainsi dire jamais mis en rapport avec *rusé* et *intelligent* puisque, pour la plupart des gens, il n'a que le sens d' « irascible » (*un gars malin, un chien malin*) ; on le trouvera plutôt associé à l'expression *avoir mauvais caractère*.

On pourrait comparer sous de nombreux autres rapports l'usage québécois et l'usage français. Encore un mot peut-être au sujet des distributions. Un Québécois [-14-] la montre ne fonctionne plus dira [-15-] elle est *brisée* alors qu'un Français parlera de montre *cassée*. *Dispendieux* est un adjectif courant en québécois ; il s'emploie en parlant de toutes sortes de choses, même d'objets de prix modique (par ex. d'une bouteille, d'une cravate), [-16-] n'est pas le cas en français européen. *Déshabillez-vous!* au sens de 'enlevez vos vêtements d'extérieur (chapeau, manteau, gants, etc.), est français si l'on se fie aux dictionnaires mais, à voir la réaction des visiteurs français [-17-] on adresse cette invitation, ce n'est probablement pas le tour le plus usuel en France.

Le caractère régional du vocabulaire québécois ne s'exprime donc pas uniquement par ses particularismes de mots ou de sens. Il s'exprime aussi dans le choix des mots français et dans la fonction qui leur est assignée. Les relations d'ordre paradigmatique que les mots français entretiennent entre eux sont susceptibles d'être modifiées par le locuteur québécois [-18-] fait intervenir de nombreuses unités de lexique qui ne sont pas régies par le code français.

Claude Poirier, « Le lexique québécois: son évolution, ses composantes », Stanford French Review, Spring-Fall 1980 (Culture populaire et littératures au Québec), p. 57–58

1. *Qui sont les personnes qui utilisent les mots français qui généralement ont un rôle passif en québécois ?*

   ....

2. *Donnez l'exemple d'un mot qui a un rôle passif dans le vocabulaire québécois.*

   ....

3. *Quelle expression du texte signifie que « l'expression française peut être comprise sans difficulté » par les Québécois ?*

   ....

4. *Pourquoi au Québec, le mot pendule n'est pas utilisé avec son sens français ?*

   ....

5. *Quel sens a le mot « malin »...?*

   (a) en français ?..

   (b) en québécois ?...

En vous basant sur le texte, reliez chacun des mots du texte figurant dans la colonne de gauche à son équivalent dans la colonne de droite. ***Attention*** *: il y a plus de mots dans la colonne de droite que dans celle de gauche.*

6. *confinés (l.2)*	☐	A. *modéré*
		B. *à l'endroit où*
7. *au lieu de (l.6)*	☐	C. *limités*
		D. *se réfère*
8. *tour (l.7)*	☐	E. *expression*
9. *modique (l.20)*	☐	F. *à la place de*
		G. *rare*
10. *se fie (l.23)*	☐	H. *courant*
		I. *limiter*
11. *usuel (l.25)*	☐	

Trouvez dans le texte, les mots qui se réfèrent à chaque mot en gras dans le texte.

12. *Pendule n'**y** est par exemple jamais employé*	**y**	
13. *la fonction qui **leur** est assignée*	**leur**	

Ajoutez les mots qui manquent dans le texte en les choisissant dans la liste proposée ci-dessous. ***Attention*** *: il y a plus de mots que d'espaces et chaque mot ne peut être utilisé qu'une seule fois.*

qui ***auxquelles*** ***ce qui*** ***qu'*** ***que*** ***dont*** ***auxquels***

[-14-] (l.18) ....

[-15-] (l.18) ....

[-16-] (l.21) ....

[-17-] (l.24) ....

[-18-] (l.30) ....

19. *Quelle expression québécoise surprend les français car cette même expression a une signification un peu différente en français ?*

    ....

20. *En vous basant sur la fin du texte, nommez* ***deux*** *manières dont « le caractère régional du vocabulaire québécois » est traduit ?*

    (a) ....

    (b) ....

TOTAL : 21

« Vous parlez français ? – Neen. »

Quand le train de banlieue s'ébranle en direction de Hal (« Halle » en flamand), quelques tags défilent sur les murs de la gare de Bruxelles-Midi, tels des SOS solitaires dans une Belgique au bord de l'explosion : *« Soyons différents, restons unis. »* La belle affaire ! A Hal, jolie ville de 35 000 habitants située en Flandre, juste à la frontière linguistique et dans cette fameuse périphérie de Bruxelles que les Belges appellent « BHV » (Bruxelles-Hal-Vilvorde), le conseil communal a mis les points sur les « i » : tout écriteau en français est prié de disparaître de la voie publique.

Des entreprises de travaux communaux affichaient leurs panneaux en deux langues, français et néerlandais, voire en français tout court. *« Déviation »* au lieu de *« Omlegging »*, par exemple. Un réflexe naturel dans cette banlieue flamande de Bruxelles, officiellement néerlandophone, mais bilingue de fait, et peuplée d'au moins 15 % de francophones.

Hal ne fait pas partie des six « communes à facilités » de la périphérie bruxelloise, situées en Flandre et tenues d'accorder des facilités linguistiques aux minorités francophones. *« Ces panneaux en français nous valaient des réactions de mécontentement »*, explique Dirk Pieters, bourgmestre (maire) de la ville. En septembre, le conseil municipal a décidé à l'unanimité de remplacer chaque inscription en français par un panneau en néerlandais.

Demandez en français le bureau du bourgmestre, à la maison communale de Hal. La dame de l'accueil vous répond longuement en flamand, à renfort de grands gestes inutiles. *« Vous ne parlez pas français ? »*, s'étonne-t-on. *« Neen »* (non). On insiste : *« Vous ne parlez pas français, ou vous n'avez pas le droit de le parler ? »* Une longue phrase en flamand, des gestes.

Le bourgmestre vient à sa rescousse, cordial, dans un français parfait. *« Théoriquement elle n'a pas le droit, en effet. »* Il rappelle la loi belge dite « sur l'usage des langues » : dans l'administration et les bâtiments publics, on parle néerlandais en Flandre, français en Wallonie, les deux à Bruxelles, et enfin allemand dans la région située à l'est du pays. La décision de retirer les inscriptions en français, explique-t-il comme à regret, n'est donc *« qu'une simple application du droit »*.

A Hal, l'application du droit se visite. Promenez-vous dans cette ville pleine de commerces où adorent flâner Bruxellois et Wallons voisins. Vous ne verrez plus un mot de français : la mairie a recommandé aux commerçants de supprimer **cela** de leurs vitrines. Douce *« recommandation »* qui, non suivie, leur vaudrait tout de même 250 euros d'amende. On ne verra donc plus *« soldes »*, mais seulement *« solden »* ou... *« sales »*, puisque certains esprits malicieux feignent d'avoir compris que le mot anglais n'était, lui, pas interdit. C'est le cas de Serge Hulsmans, un commerçant à la double origine néerlandophone et francophone : *« Cette démarche est ridicule. Près de la moitié de mes clients sont francophones. »*

Franchissez maintenant le seuil de l'Athénée royal de Hal, établissement scolaire public – donc flamand. Dans la cour de récréation, celui qui s'avise de parler français à son copain est puni. Comme un quart des élèves sont francophones, les punitions tombent tous les jours : elles consistent à faire des exercices de néerlandais, à nettoyer la cour ou à aider les plus petits à la cantine. Quant aux nombreux parents francophones qui préfèrent envoyer leurs enfants à l'école flamande, afin de les rendre bilingues et parce que le niveau des écoles flamandes est réputé meilleur, qu'ils n'espèrent pas un tête-à-tête en français avec un professeur. Tant pis pour ceux qui, marocains, cambodgiens, français ou belges maîtrisant mal le néerlandais, ne peuvent pas comprendre les difficultés de leur enfant : les professeurs n'ont pas le droit de s'adresser à **eux** en français.

Dans l'établissement, cette question est un sujet de débat infini : peut-on s'autoriser, dans certains cas, une entorse à la règle ? La directrice de L'Athénée, Patricia Van Eekenrode, se veut ouverte. *« Je dis aux professeurs : mieux vaut parler néerlandais, mais soyez souples. Le message est plus important que la langue utilisée. »* Plus intransigeant, le secrétaire de la « Middenschool », Dirk Uytterschout, a hésité longtemps avant de daigner nous répondre en français. *« On est obligé d'être strict. Ici, c'est toujours une lutte pour ne pas voir disparaître notre langue. Et si trop d'élèves parlent mal néerlandais, le niveau de l'école flamande baisse fatalement. »* Une mère francophone a retiré son fils de l'établissement. Et traité la directrice de *« raciste linguistique »*.

[...]

Les Flamands en ont marre. Même le roi des Belges, qui est aussi le leur, ne parle qu'approximativement leur langue, pourtant officielle dans le pays. Les hommes politiques flamands savent tous s'exprimer en français, alors que la plupart de leurs homologues francophones ne se risquent pas au néerlandais. En Flandre, l'apprentissage du français est obligatoire en première langue alors que les élèves wallons ont, eux, le choix entre l'anglais et le néerlandais. Les Flamands trouvent normal de parler français en Wallonie, les Wallons font rarement l'effort en Flandre. [...]

La moitié des Flamands ne soutiennent pas la séparation de la Belgique. Mais tous critiquent ceux, parmi les francophones, qui se comportent chez eux en terrain conquis. Et revendiquent *« un peu de respect pour notre langue »*.

Raoul, un menuisier francophone de Hal, n'est pas seul à le comprendre : *« Ils sont chez eux, je suis chez eux. La langue officielle est le néerlandais. La parler est bien la moindre des politesses ! »* Attablé dans le même bistrot, Kris, néerlandophone, l'approuve. *« Pourquoi devons-nous toujours faire l'effort de parler français chez nous ? Je sais faire la différence : à un Français, à un Marocain, je réponds toujours volontiers en français. A un Belge, je parle en néerlandais. Et s'il me dit qu'il ne comprend pas ma langue, je lui dis : « Eh bien, je vais vous aider à l'apprendre. »*

Marion Van Renterghem (Hal, envoyée spéciale), *Le Monde*, 18.11.07.

ACTIVITÉS

1. *Que marque la situation géographique de Hal ?*

   ....

2. *Quelle décision a été prise dans cette ville ?*

3. *Quelle langue parle-t-on en Flandre ?*

   ....

4. *Quelle langue parle-t-on en Wallonie ?*

   ....

5. *Quelle est la langue officielle de Hal ?*

   ....

6. *Pourquoi la dame de l'accueil de la maison communale de Hal ne répond pas en français ?*

   ....

7. *À quoi se réfère le mot « **cela** » dans la phrase «supprimer **cela** de leurs vitrines » (l.34)?*

   ....

8. *Que risquent les commerçants qui affichent du français dans leur commerce ?*

   ....

Vous avez des débuts de phrases à gauche et des fins possibles à droite. En vous basant sur le texte, associez chaque début avec la fin qui lui correspond. ***Attention*** *:il y a plus de fins que de débuts et chaque fin ne peut être utilisée qu'une seule fois.*

9. *Le remplacement des inscriptions en français par des panneaux en néerlandais...* ☐
10. *À l'école l'Athénée royal de Hal...* ☐
11. *Les professeurs de l'école l'Athénée royal de Hal...* ☐
12. *Dans les écoles flamandes, il est interdit de parler français...* ☐

A. *il est interdit de parler français.*

B. *afin de préserver la langue néerlandaise.*

C. *ne sont pas officiellement autorisés à parler français.*

D. *est imposé par la loi « sur l'usage des langues ».*

E. *ne peut sous aucun prétexte parler en français avec les parents francophones.*

F. *parce qu'il n'y a aucun élève francophone.*

13. *Citez* ***deux*** *raisons pour lesquelles, les parents francophones inscrivent leurs enfants dans des écoles flamandes.*

(a) ....

(b) ....

14. *À quoi se réfère le mot «* ***eux*** *» dans la phrase « les professeurs n'ont pas le droit de s'adresser à* ***eux*** *en français. » (l.52) ?*

A. Les parents cambodgiens.
B. Les parents français.
C. Les parents belges.
D. Les parents qui ne parlent pas bien le néerlandais.

☐

En vous basant sur le texte, reliez chacun des mots du texte figurant dans la colonne de gauche à son équivalent dans la colonne de droite. ***Attention*** *: il y a plus de mots dans la colonne de droite que dans celle de gauche.*

15. rescousse (l.25)	☐	*A. prétextent*
		B. exception
16. flâner (l.33)	☐	*C. confrères*
17. feignent (l.37)	☐	*D. aide*
		E. se baladent
18. entorse (l.54)	☐	*F. se promener*
19. homologues (l.66)	☐	*G. blessure*

20. Quelle expression est utilisée pour suggérer que les Flamands sont mécontents de la situation ?

....

21. Qu'est-ce que les Flamands reprochent au roi de la Belgique ?

....

Les affirmations suivantes, basées sur le texte sont soit vraies, soit fausses. Cochez [✓] la réponse correcte. Justifiez votre réponse par les mots du texte.

	Vrai	**Faux**
22. Les politiciens flamands parlent français.	☐	☐
23. Les politiciens francophones parlent néerlandais.	☐	☐
24. En Wallonie l'apprentissage du néerlandais est obligatoire en première langue.	☐	☐

Justification (22) ....

....

Justification (23) ....

....

Justification (24) ....

....

25. *Les Wallons s'efforcent de parler néerlandais lorsqu'ils sont en Flandre.* ☐ ☐

Justification ....

....

26. *Les Flamands ne souhaitent pas tous que la Belgique soit divisée en deux.* ☐ ☐

Justification ....

....

27. *Qu'est-ce qui agace les Flamands ?*

....

Chacune des personnes suivantes exprime deux des idées suivantes. Indiquez ces deux idées dans la case appropriée à droite du nom de la personne à laquelle elles appartiennent. ***Attention*** *: il y a des affirmations qui n'appartiennent à personne.*

28. *Raoul*	☐ ☐	A. *Je ne parle jamais français à un Belge*
29. *Kris*	☐ ☐	B. *Je suis francophone, alors que je sois en Wallonie ou en Flandre je parle toujours français.*
		C. *Quand je suis en Flandre je parle néerlandais.*
		D. *Je respecte la langue officielle de l'endroit où je me trouve et la parle sans problème.*
		E. *Je ne devrais pas avoir besoin de parler français quand je suis en Flandre.*
		F. *Je ne fais aucune distinction entre les francophones ; je leur parle toujours en néerlandais.*

TOTAL : 32

La Grammaire est une chanson douce

Le premier bâtiment de l'usine la plus nécessaire du monde était une volière immense, grouillant de papillons.

- Ceux-là, je crois que tu les connais, me dit la girafe.

Je hochai la tête (j'avais enfin retiré mon masque d'apiculteur). Tous les noms, mes amis de la ville des mots, étaient là. Ils m'avaient reconnue, ils se pressaient contre le grillage, ils me faisaient fête.

- On dirait que tu es populaire!

Le directeur-girafe semblait sidéré par cet accueil. Il me sourit (c'est-à-dire qu'il grimaça : comment peut-on sourire quand on n'a pas de peau ?) J'étais heureuse. L'usine m'avait adoptée.

Nous nous avançâmes de quelques pas, vers une grande vitre derrière laquelle, sur plusieurs étages, s'activaient d'autres mots. Par leur manière de s'agiter perpétuellement et en tout sens, on aurait dit des fourmis.

- Et ceux-là, tu t'en souviens ? Mon air désolé **lui** donna la réponse.

- Ce sont les *verbes.* Regardez-les, des maniaques du labeur. Ils n'arrêtent pas de travailler.

Il disait vrai. Ces fourmis, ces *verbes,* comme il les avait appelés, serraient, sculptaient, rongeaient, réparaient; ils couvraient, polissaient, limaient, vissaient, sciaient; ils buvaient, cousaient, trayaient, peignaient, croissaient. Dans une cacophonie épouvantable. On aurait dit un atelier de fous, chacun besognait frénétiquement sans s'occuper des autres.

- Un verbe ne peut pas se tenir tranquille, m'expliqua la girafe, c'est sa nature. Vingt-quatre heures sur vingt-quatre, il travaille. Tu as remarqué les deux, là-bas, qui courent partout ?

Je mis du temps à les repérer, dans le formidable désordre. Soudain, je les aperçus, « être » et « avoir ». Oh, comme ils étaient touchants! Ils cavalaient d'un verbe à l'autre et proposaient leurs services : « Vous n'avez pas besoin d'aide? Vous ne voulez pas un coup de main ? »

- Tu as vu comme ils sont gentils ? C'est pour ça qu'on les appelle des *auxiliaires,* du latin *auxilium,* secours. Et maintenant, à toi de jouer. Tu vas construire ta première phrase.

Et il me tendit un filet à papillons.

- Commence par le plus simple. Va là-bas, dans la volière, choisis deux noms. Après, pour le verbe, tu viendras choisir dans la fourmilière. Allez, n'aie pas peur, **ils** te connaissent, ils t'aiment bien, ils ne vont pas te mordre.

Il en avait de belles, le directeur-girafe, j'aurais voulu l'y voir. À peine la porte poussée, je fus assaillie, étouffée, aveuglée, les noms se battaient, ils m'entraient dans les yeux, les narines, les oreilles, j'éternuai, je toussai, je faillis mourir, ils voulaient tous que je les retienne, ils devaient tellement s'ennuyer dans leur prison. Au moment de m'évanouir, j'en saisis deux par les ailes, au hasard, « fleur » et « diplodocus », et je refermai la porte, pâle, tremblante, à demi morte.

La girafe ne me laissa pas le temps de souffler.

- Allez, maintenant, tu pêches un verbe.

Avertie par mon expérience précédente, je ne passai que la main. [-16-], en une seconde, fut recouverte, léchée, mordue, griffée, mais aussi caressée, pommadée, récurée, maquillée. Les fourmis-verbes s'en donnaient à cœur joie. Émue par tant d'attention, je **les** laissai travailler quelques secondes et puis je me retirai avec l'un d'entre eux, pris au hasard, « grignoter ».

- Bon, passe au distributeur d'articles et reviens me voir.

Plus sages, ceux-là. Une colonne « masculin », une autre « féminin », il suffisait d'appuyer sur le bouton et tombèrent dans le creux de ma main les avant-gardes [-17-] m'étaient nécessaires, un « le » et un « la ».

- Parfait, maintenant tu t'assieds là, à ce bureau, tu déposes tes mots sur la feuille de papier et tu formes ta phrase.

Mes mots, si péniblement attrapés, je les retenais toujours par les ailes, je ne voulais pas les laisser, je craignais qu'ils ne s'échappent. Après tout, une phrase, pour un mot, c'est une prison. Ils préféreraient sûrement se promener seuls, comme dans la ville que nous avions tant aimée, avec Monsieur Henri.

C'est **lui** qui vint à mon secours.

- Fais confiance au papier, Jeanne. Les mots aiment le papier, comme nous le sable de la plage ou les draps du lit. Sitôt qu'ils touchent une page, ils s'apaisent, ils ronronnent, ils deviennent doux comme des agneaux, essaie, tu vas voir, il n'y a pas de plus beau spectacle qu'une suite de mots sur une feuille.

J'obéis. Je lâchai «fleur», puis «grignoter», enfin «diplodocus». Monsieur Henri ne m'avait pas menti : le papier était la vraie maison des mots. Sitôt couchés sur **lui**, ils cessaient de s'agiter, ils fermaient les yeux, ils s'abandonnaient, comme un enfant [-18-] on raconte une histoire.

- Tu es contente de toi ? La voix de la girafe me tira de ma contemplation attendrie. Je regardai la phrase [-19-] j'avais formée, ma première depuis le naufrage, et j'éclatai de rire:

« La fleur grignoter le diplodocus. »

- Où as-tu vu ça ? Une plante fragile dévorer un monstre! Généralement, le premier mot d'une phrase, c'est le *sujet,* celui ou celle qui fait l'action. Le dernier, c'est le *complément,* parce qu'il complète l'idée commencée par le verbe...

Pendant qu'il parlait, j'avais vite modifié l'ordre. « Le diplodocus grignoter la fleur. »

- Je préfère ça. Entre nous, je ne sais pas très bien si ces grosses bêtes-là adoraient les fleurs. Bien. Dernière étape, nous allons *dater* le verbe. « Grignoter », c'est trop vague. Et ça ne dit pas quand ça s'est passé! Il faut donner un temps au verbe. Encore un effort, Jeanne, reste concentrée. Tu vois les grandes horloges, là-bas ? Vas-y. Et choisis.

Erik Orsenna, *La Grammaire est une chanson douce,* © Éditions Stock, 2001.

ACTIVITÉS

1. *D'après le début du texte que, en réalité, sont les papillons?*

....

	Vrai	Faux
2. *La narratrice n'avait jamais rencontré les mots avant ce jour.*	☐	☐

Justification ....

....

3. *Au début du texte, quelle expression est utilisée pour illustrer le fait que les noms sont contents de voir la narratrice ?*

....

4. *À quoi sont comparés les mots aux lignes 12 à 14 ?*

....

5. *Comment le directeur désigne-t-il les verbes ?*

....

6. *Quelle est l'activité principale des verbes ?*

....

7. *Donnez* **deux** *exemples de leurs occupations.*

   (a) ....

   (b) ....

8. *Pourquoi le directeur et la narratrice pensent que les verbes « être » et « avoir » sont « gentils » et « touchants » ?*

....

9. *Quelle est la fonction des verbes « être » et « avoir » ?*

   A. courir partout.
   B. aider les autres verbes. ☐
   C. courir d'un verbe à l'autre.
   D. travailler seul.

En vous basant sur le texte, reliez chacun des mots du texte figurant dans la colonne de gauche à son équivalent dans la colonne de droite. **Attention** *: il y a plus de mots dans la colonne de droite que dans celle de gauche.*

10. *sidéré (l.8)*	☐	A. *travaillait*
		B. *se calment*
11. *cacophonie (l.19)*	☐	C. *surpris*
		D. *déçu*
12. *besognait (l.20)*	☐	E. *vacarme*
13. *cavalaient* (l.26)	☐	F. *aide*
		G. *gifle*
14. *coup de main* (l.28)	☐	H. *s'endormaient*
		I. *couraient*
15. *s'apaisent* (l.61)	☐	

*Ajoutez les mots qui manquent dans les lignes 44 à 69 en les choisissant dans la liste proposée ci-dessous. **Attention** : il y a plus de mots que d'espaces et chaque mot ne peut être utilisé qu'une seule fois.*

qui ***que*** ***qu'*** ***laquelle*** ***à qui*** ***dont***

[-16-] ....

[-17-] ....

[-18-] ....

[-19-] ....

Les affirmations suivantes, basées sur le texte sont soit vraies, soit fausses. Cochez [✓] la réponse correcte. Justifiez votre réponse par les mots du texte.

	Vrai	Faux
20. *La narratrice a presque perdu la vie en voulant attraper deux noms.*	☐	☐

Justification ....

....

21. *La narratrice a eu droit a une pause avant de choisir un verbe pour se remettre de ses émotions.*	☐	☐

Justification ....

....

22. *Les verbes se montrent totalement indifférents envers la narratrice.*	☐	☐

Justification ....

....

23. *Que représente la phrase pour les mots ?*

....

24. *Nommez **une** des réactions des mots lorsqu'ils se posent sur le papier.*

....

25. *Que représente le papier pour les mots ?*

....

26. *Pourquoi la narratrice éclate de rire ?*

A. Parce que le *sujet* et le *complément* de la phrase sont inversés.
B. Parce que le verbe de la phrase est à l'infinitif.
C. Parce que les articles « le » et « la » sont inversés.
D. Parce qu'elle est contente.

☐

27. **Deux** des phrases suivantes reprennent les idées de la fin du texte (lignes 73 à 82).

Indiquez les réponses correctes dans les cases de droite.

A. Le *complément* apporte un complément d'information sur le verbe.

B. Le *sujet* subit l'action du verbe

C. Le *sujet* est normalement placé en début de phrase.

D. Un verbe à l'infinitif permet de *dater* l'action.

☐

☐

En vous basant sur le texte remettez dans l'ordre les étapes pour construire une phrase.

Indiquez les réponses correctes dans les cases de gauche.

28. Première étape.	☐	*A. Il faut pêcher un verbe.*
29. Seconde étape.	☐	*B. Il faut s'assurer que le premier mot de la phrase est le sujet et le dernier est le complément.*
30. Troisième étape.	☐	*C. Il faut attraper deux noms.*
31. Quatrième étape.	☐	*D. Il faut donner un temps au verbe.*
32. Cinquième étape.	☐	*E. il faut passer au distributeur d'articles.*
33. Sixième étape.	☐	*F. Il faut coucher les mots sur le papier.*

Trouvez dans le texte, les mots qui se réfèrent à chaque mot en gras dans le texte.

*34. Mon air désolé **lui** donna la réponse (l.14)*	**lui**	
*35. **ils** te connaissent (l.34)*	**ils**	
*36. je **les** laissai travailler (l.47)*	**les**	
*37. C'est **lui** qui vint à mon secours. (l.59)*	**lui**	
*38. Sitôt couchés sur **lui** (l.65)*	**lui**	

TOTAL : 40

POUR ALLER PLUS LOIN...

À discuter

1. Depuis combien de temps apprenez-vous le français ?
2. Pourquoi avez-vous choisi d'apprendre le français ?
3. Que trouvez-vous le plus difficile à maîtriser dans la langue française ?
4. Comment le français est-il perçu dans votre pays ?
5. Êtes-vous familier(ière) avec les différents registres de la langue française ?
6. De quelle manière apprendre le français ou une autre langue vous a aidé à mieux comprendre votre langue maternelle ?
7. Selon vous, quelle est l'importance de la langue française dans le monde d'aujourd'hui ?
8. Croyez-vous que le français vous servira dans votre carrière ?
9. En France, la langue française est une institution protégée par des lois. Est-ce la même chose dans votre pays ? Qu'en pensez-vous ?
10. « La dictée de Bernard Pivot » a été pendant des années une émission très populaire. Une fois par an, le journaliste Bernard Pivot dictait une dictée à la télévision. La première partie était destinée particulièrement aux enfants. Qu'en pensez-vous ?
11. Cela vous semble-t-il étrange qu'une nation entière s'arrête pour faire une dictée ?
12. Que cela révèle-t-il sur le rapport des Français avec leur langue ?
13. Le langage SMS menace-t-il la langue française ?
14. Le niveau d'orthographe baisse en France. Qui est à blâmer selon-vous ?
15. Croyez-vous que la langue française devrait être simplifiée afin de remédier à la dégradation du niveau d'orthographe ? Justifiez votre point de vue.
16. Pensez-vous qu'il est important de bien maitriser l'orthographe et la grammaire d'une langue ? Ou cela est-il secondaire, à partir du moment où vous arrivez à communiquer ?
17. En français il existe le tutoiement et le vouvoiement, trouvez-vous cela indispensable ?
18. Existe-t-il la même distinction dans votre langue ?
19. Pourquoi apprendre une langue étrangère est-il important selon vous ?
20. Que pensez-vous des proverbes suivants ?

    Qui ne dit mot consent.

    Il faut tourner sept fois sa langue dans sa bouche avant de parler.

    Il est bon de parler, et meilleur de se taire.

À écouter

Des mots, Charles Aznavour, 2003 *"Je voyage"*

À consulter

L'Académie française :
www.academie-francaise.fr

L'Organisation Internationale de la Francophonie :
www.francophonie.org

Les expressions françaises décortiquées :
www.expressio.fr

Les expressions de la langue française :
www.les-expressions.com

Le site officiel d'Erik Orsenna :
www.erik-orsenna.com

Trésor de la langue française au Québec :
www.tlfq.ulaval.ca

Dictionnaire de la zone:
dictionnairedelazone.fr

Bescherelle :
www.bescherelle.com

À lire

Le Chemin des mots, Danièle Dumarest, Marie-Hélène Morsel, éd. PUG, 2004

Exercices de style, Raymond Queneau, éd. Gallimard, 1982

La Grammaire est une chanson douce, Erik Orsenna, éd. Stock, 2001

Les chevaliers du subjonctif, Erik Orsenna, éd. Stock, 2004

La révolte des accents, Erik Orsenna, éd. Stock, 2007

Mot pour mot, kel ortograf pr 2m1 ?, Vincent Cespedes, éd. Flammarion, 2007

La Francophonie, Claire Tréan, éd. Le Cavalier Bleu, 2006

Le Bourgeois gentilhomme : la leçon de philosophie, Scène 4, Acte II, Molière, 1670

Chapitre 12

RÉPONSES ÉCRITES

QUELQUES CONSEILS

Le but de cet exercice est de montrer que vous avez bien compris le texte tout en vous exprimant de façon claire et la plus correcte possible. Mais attention, ce genre d'exercice ne s'improvise pas le jour de l'examen !

Afin de bien réussir cet exercice vous devez bien connaitre :

Les Types de Textes

Respecter les conventions du type de texte que vous devez écrire est primordial pour vous assurer une note maximale. Lisez bien les instructions, c'est simple mais beaucoup d'élèves ne le font pas !

Compte rendu

- **Présentation**
  - Titre
  - Date de rédaction
  - À l'attention de + nom de la personne à laquelle vous écrivez
- **Développement**
  - Utilisez les mots lien pour introduire chaque idée nouvelle (Voir le tableau ci-dessous)
  - Illustrez chaque idée par un exemple
- **Conclusion**
  - Résumez votre opinion
  - Signature : *prénom + nom*

Brochure

- **Présentation**
  - Titre
  - Sous-titres
  - Petits paragraphes
  - Liste de points importants
- **Langue**
  - Utilisez un registre formel ou familier suivant le public-cible
  - Utilisez l'impératif
  - Utilisez des interjections

- Utilisez des hypothèses : les phrases avec si
- Vocabulaire pour convaincre

- **Conclusion**

  Pour plus d'informations contactez le + numéro de téléphone

  Pour plus d'informations consultez + site internet

Discours

- **Début**
  - Formule d'appel : nommez les personnes importantes qui sont présentes :

    Mesdames et messieurs,

    Monsieur le président, Madame le Maire, etc.…

    Chers collègues, chers amis, (Si vous connaissez beaucoup de gens dans le public.)

    Vous pouvez commencer tout de suite votre discours sans adresse :

    Par une question : *Savez-vous combien d'étudiants handicapés fréquentent ce campus ?*

    Par une interpellation : *Les étudiants handicapés ont besoin de vous !*

    Et continuer ainsi : *Mesdames et Messieurs / Monsieur Le Président / Chers amis / Je suis devant vous aujourd'hui / je m'adresse à vous aujourd'hui pour vous parler de…*
- **Organisation des idées**
  - Utilisez les mots liens pour montrer clairement l'organisation de vos idées. (Voir le tableau ci-dessous)
  - Interpelez le public par des impératifs, des questions (rhétoriques), des hypothèses :

    Il faut arrêter de se voiler les yeux ! / Agissez ! / N'ayez pas peur ! / Saviez-vous que le bus ne passe qu'une fois par jour ? / Pouvons-nous réellement rester indifférents à cette situation ? / Si nous n'agissons pas très rapidement, il sera trop tard !
  - Vocabulaire pour convaincre
  - Utilisez la répétition et l'amplification
  - Utilisez des interjections :

    Ah ! Ah Bien ! Hélas !
- **Conclusion**

  Je vous remercie de votre attention. / Merci de votre attention / Merci d'être venus.

Journal intime

- **Début**
  - Une date en haut à droite : vendredi 13 février
  - Formule d'appel : Cher journal
- **Langue**

  Un journal intime doit être expressif. Montrez vos sentiments par :
  - Des expressions idiomatiques :

    j'en ai marre ! / C'est la fin des haricots ! / Les carottes sont cuites ! / Quel bonheur ! / j'y crois pas ! / Quelle journée ! / La barbe !...
  - Des interjections :

    Ah ! Bravo ! / Et, alors ? / Aaaaaah ! Nooooon ! Bon, tant pis ! / oh lala ! / Enfin !

    Le langage que vous utilisez doit être très proche du langage oral (registre standard ou familier).
  - Utilisez les mots liens (Voir le tableau ci-dessous)
- **Conclusion**
  - Faites une phrase de conclusion qui résument votre état d'esprit :

    Enfin, bref, je crois qu'il vaut mieux que je ne m'inquiète pas trop. Qui vivra verra !
  - Terminez par un proverbe :

    Qui vivra verra ! / Ne vendons pas la peau de l'ours avant de l'avoir tué / Un tient vaut mieux que deux tu l'auras / La nuit porte conseil / Après la pluie le beau temps…

Lettre à un ami

- **Début**
  - La date en haut à droite : *le vendredi 13 février 2009*
  - Formule d'appel :

    Cher / Chers/ Chère / Chères…ami / tous / Lucie / amies
- **Langue**
  - Utilisez un registre informel
  - Utilisez le tutoiement ou le vouvoiement si vous vous adressez à plusieurs personnes.
- **Organisation des idées**
  - Commencez votre texte par :

    Comment ça va ? / Comment allez-vous ? / Alors quoi de neuf ? / Vous ne devinerez jamais où je suis ! / … (changez le pronom sujet « vous » en fonction de la personne à qui vous écrivez)

- Utilisez les mots liens (Voir le tableau ci-dessous)
- Soyez expressif et utilisez des expressions idiomatiques

- **Conclusion**

  J'espère que vous allez bien / Je pense bien à vous / J'ai hâte de vous revoir / Plus que trois jours / J'attends de vos nouvelles…

  - Formule de politesse :

  Grosses bises / Gros bisous / Je vous embrasse / (à la famille, à des amis très proches)

  À bientôt / Amitiés / (à des amis moins proches ou à une connaissance)

- **Signature**

  Prénom

Lettre formelle

- **Début**

  - Votre nom et votre adresse en haut à droite et la date en dessous.

Pauline Dupont
3, rue Jules Verne
75 000 Paris

Mercredi 10 mai

  - Formule d'appel :

  Madame / Monsieur / Madame, Monsieur (quand vous ne savez pas à qui vous vous adressez)

- **Langue**
  - Utilisez un registre formel
  - Utilisez le vouvoiement

- **Organisation des idées**
  - Présentez la raison pour laquelle vous écrivez.
  - Présentez vos idées, votre requête.
  - Développez vos idées en les illustrant d'exemples. Une idée+ un exemple !
  - Utilisez les mots liens (Voir le tableau ci-dessous)

- **Conclusion**

  - Formule de politesse :

  Veuillez agréer, Madame, mes respectueuses salutations.

  Je vous prie d'agréer, Monsieur le proviseur, l'expression de mes sentiments distingués

- **Signature**

  Prénom + nom

Article

- **Début**

  - Nom du journal

  - Date de publication
- **Titre**

  - Une question ou une exclamation
- **Introduction**

  - Présenter le contexte
- **Développement**

  - Écrivez en colonnes

  - Utilisez des sous-titres

  - Introduisez chaque idée par un mot lien

  - Pour chaque idée, ayez un exemple ou une illustration (un témoignage)
- **Conclusion**

  - Mot lien : *En conclusion / Pour conclure* (Voir le tableau ci-dessous)

  - Exprimez votre opinion
- **Nom du journaliste**

  Prénom + nom

Email / Courriel

- **Présentation**

  À : adresse *email*

  Objet :
- **Début**

  - Formule d'appel :

  Si vous *écrivez à une personne que vous ne connaissez pas : Bonjour,*

  Si vous écrivez à une personne que vous connaissez qui a votre âge :

  Salut + prénom de la personne! *(Salut Elodie !)*

  Ou cher/ère + prénom de la personne *(Cher Mathias,)*
- **Développement**

  - Présentez vos idées avec des mots liens (Voir le tableau ci-dessous)

  - Utilisez des expressions du registre familier si vous écrivez à quelqu'un que vous connaissez bien. Soyez expressif.

  - Restez plus neutre si vous écrivez à une personne que vous ne connaissez pas.

- **Conclusion**

  - Formule de politesse :

    Si vous ne connaissez pas la personne : *Cordialement*

    Si vous connaissez bien la personne : *A+, Grosses bises, Gros bisous*

- **Signature**

  Si vous ne connaissez pas la personne : *prénom + nom*

  Si vous connaissez bien la personne : *prénom*

Les critères de notation © Guide du Programme du diplôme du BI : Langue B, avril 2002

Niveau Moyen

Dans quelle mesure le candidat a-t-il compris le texte d'origine et y répond-il de façon pertinente ?

• Le candidat fournit-il tous les détails du texte d'origine qui sont pertinents pour la tâche ?
• Le candidat réemploie-t-il les détails du texte d'origine de façon appropriée dans sa réponse écrite, en évitant de les recopier sans raison ?
• Le registre et le style employés sont-ils adaptés au type de texte requis et au destinataire ?
(Les niveaux de 5 à 10 ne peuvent être attribués que si le candidat a compris convenablement le texte d'origine.)
(Il ne s'agit pas ici d'évaluer formellement la correction de la langue, qui doit être prise en compte seulement si les fautes gênent la compréhension.)

Niveau

0 **Le candidat n'a pas atteint le niveau 1.**

• Les fautes de langue gênent généralement la compréhension.

1–2 **La compréhension du texte est très limitée.**
• Les détails du texte sont généralement insuffisants et/ou hors de propos.
• De nombreux passages du texte ont été recopiés pour pallier une mauvaise compréhension.

3–4 **La compréhension du texte est assez limitée.**
• Les détails du texte peuvent être en partie insuffisants et/ou parfois hors de propos.
• Certains passages du texte ont été recopiés pour pallier une compréhension limitée.
• Les fautes de langue gênent souvent la compréhension.

5–6 **La compréhension du texte est acceptable, mais la réponse n'est pas toujours convaincante.**
• Quelques détails pertinents ont été choisis dans le texte.
• Les détails ne sont pas toujours utilisés à bon escient et le texte a parfois été recopié sans raison.
• Le registre et le style employés sont parfois adaptés au type de texte requis ou au destinataire. Les fautes de langue gênent parfois la compréhension.

7–8 **La compréhension du texte est satisfaisante et la réponse est globalement convaincante.**
• Les détails pertinents du texte ont été choisis en quantité suffisante.
• Les détails choisis sont employés de façon relativement pertinente, en évitant de recopier sans raison des passages du texte d'origine.
• Le registre et le style employés sont relativement adaptés au type de texte requis et au destinataire. Les fautes de langue gênent rarement la compréhension.

9–10 **La compréhension du texte est très bonne et la réponse est convaincante.**
• De nombreux détails pertinents du texte ont été choisis.
• Les détails choisis sont employés de façon généralement appropriée, en évitant de recopier sans raison des passages du texte d'origine.
• Le registre et le style employés sont généralement adaptés au type de texte requis et au destinataire. Les fautes de langue gênent rarement la compréhension.

Niveau Supérieur

Critère A : interaction culturelle

Dans quelle mesure le candidat choisit-il une langue adaptée au destinataire et au type de texte ?
• Le registre et le style employés sont-ils clairs et adaptés au type de texte requis et au destinataire ? (Il ne s'agit pas ici d'évaluer formellement la correction de la langue, qui doit être prise en compte seulement si les fautes gênent la compréhension.)

Niveau
0 **Le candidat n'a pas atteint le niveau 1.**

1–2 **La réponse est à peine acceptable.**
• Le registre et le style employés sont rarement adaptés au type de texte requis et au destinataire ; les fautes de langue gênent en général la compréhension.

3–4 **La réponse est convenable dans l'ensemble, mais elle n'est pas toujours convaincante.**
• Le registre et le style employés sont parfois adaptés au type de texte requis ou au destinataire ; les fautes de langue gênent souvent la compréhension.

5–6 **La réponse est correcte et globalement convaincante.**
• Le registre et le style employés sont généralement adaptés au type de texte requis et au destinataire ; les fautes de langue gênent parfois la compréhension.

7–8 **La réponse est convaincante.**
• Le registre et le style employés sont adaptés au type de texte requis et au destinataire ; les fautes de langue gênent rarement la compréhension.

9–10 **La réponse est convaincante et fait preuve d'une certaine imagination.**
• Le registre et le style employés sont tout à fait adaptés au type de texte requis et au destinataire ; les fautes de langue ne gênent pas la compréhension.

Critère B : message

Dans quelle mesure le candidat inclut-il toutes les informations du texte d'origine qui sont nécessaires au message ?
• Le candidat fait-il preuve d'une compréhension complète et subtile du texte ?
• Le candidat fournit-il tous les détails du texte d'origine qui sont pertinents pour la tâche ?
• Le candidat réemploie-t-il les détails du texte d'origine de façon appropriée dans la réponse écrite, en évitant de les recopier sans raison ?

Niveau

0 **Le candidat n'a pas atteint le niveau 1.**

1–2 **La compréhension du texte semble plutôt limitée.**
• Les détails du texte sont généralement insuffisants et/ou hors de propos.
• De nombreux passages du texte ont été recopiés pour pallier une mauvaise compréhension.

3–4 **La compréhension du texte semble acceptable.**
• Les détails du texte peuvent être en partie insuffisants et/ou parfois hors de propos.
• Certains passages du texte ont été recopiés pour pallier certaines difficultés de compréhension.

5–6 **La compréhension du texte semble satisfaisante.**
• Les détails pertinents du texte ont été choisis en quantité suffisante.
• Les détails choisis sont employés de façon relativement pertinente, en évitant de recopier sans raison des passages du texte d'origine.

7–8 **La compréhension du texte semble très bonne.**
• De nombreux détails pertinents du texte ont été choisis.
• Les détails choisis sont employés d'une façon généralement appropriée, en évitant de recopier sans raison des passages du texte d'origine.

9–10 **La compréhension du texte semble complète et subtile.**
• Presque tous les détails pertinents du texte ont été choisis.
• Les détails choisis sont employés à bon escient, en évitant de recopier sans raison des passages du texte d'origine.

En résumé :

- N'hésitez pas à inclure le plus d'informations possibles du texte afin de démontrer votre compréhension. Essayez d'avoir un minimum de **10** détails. Faites bien attention à ne pas recopier de longs morceaux du texte.
- Après avoir lu le texte et les instructions. Relisez le texte et faites une liste des détails que vous devez inclure.
- Relisez les instructions plusieurs fois pour vous assurer que vous avez bien compris.
- N'oubliez pas que le but de l'exercice est de montrer que vous avez bien compris le texte de départ !
- N'inventez pas toutes vos informations !

- Soyez créatif ! Pensez à utiliser des interjections, des expressions idiomatiques, tout en respectant le style de votre type de texte, bien sûr.
- Faites une liste d'expressions, de mots liens, d'interjections que vous pouvez utiliser pour chaque type de texte au cours de l'année.

Quelques mots liens
Pour commencer : *Premièrement / tout d'abord / avant tout / en premier lieu*
Pour illustrer par un exemple : *en effet / ainsi / d'ailleurs / à ce propos / notamment / par exemple*
Pour contraster avec l'idée précédente : *Cependant / par contre / pourtant / néanmoins / en revanche*
Pour ajouter à l'idée précédente: *Ensuite / puis/ de plus/ en outre/ en second lieu*
Pour résumer : *Bref / en bref / en résumé / pour résumer / en somme*
Pour conclure : *en conclusion / pour conclure / enfin / en dernier lieu*

Quelques expression idiomatiques	
à tout bout de champ	sans cesse/ tout le temps
à toute vitesse / en quatrième vitesse	très vite
à tue-tête	très fort
avoir la tête sur les épaules	être très responsable
avoir les pieds sur terre	être réaliste
avoir le cafard	être triste, déprimé
broyer du noir	
avoir la pêche	être dynamique
être en forme	
avoir la poisse	être (très) malchanceux
avoir un appétit d'oiseau	manger très peu
baisser les bras	abandonner par découragement ou lassitude
C'est le bouquet !	il ne manquait plus que cela !
connaître sur le bout des doigts / savoir sur le bout des doigts	bien connaître quelque chose
connaître par cœur	
dire ses quatre vérités (à quelqu'un)	dire ce que l'on pense sans ménagement
en avoir par-dessus la tête	en avoir assez
en avoir ras-le-bol	
être au bout du rouleau	être épuisé

être à côté de la plaque	se tromper
être au courant	être informé / savoir quelque chose
être de mèche (avec quelqu'un)	être complice
être aux anges	être très heureux
faire froid dans le dos	faire peur
faire l'école buissonnière sécher les cours	manquer l'école
faire un tabac	avoir un grand succès
faire une croix sur...	renoncer à quelque chose
fumer comme un pompier	fumer beaucoup
marquer une date / un jour d'une pierre blanche	date ou jour mémorable.
mettre (avoir) la puce à l'oreille	éveiller l'attention, les soupçons
ne pas avoir froid aux yeux	ne pas avoir peur
ne pas voir plus loin que le bout de son nez	manquer de clairvoyance
se creuser la tête	réfléchir
s'en mordre les doigts	regretter
se voiler la face	ne pas voir/admettre les choses telles qu'elles sont
voir la vie en rose	être optimiste
voir rouge	être en colère

Quelques proverbes

Recherchez la signification des proverbes suivants dans un dictionnaire français.

L'argent ne fait pas le bonheur.
Toute vérité n'est pas bonne à dire.
Pas de nouvelles bonnes nouvelles.
L'habit ne fait pas le moine.
Tout ce qui brille n'est pas or.
C'est en forgeant qu'on devient forgeron.
Vouloir c'est pouvoir.
La nuit porte conseil.
Qui vivra verra.
Advienne que pourra.
Après la pluie, le beau temps.
Tel père, tel fils.
Plus on est de fous plus on rit.
Dis-moi qui tu fréquentes, je te dirai qui tu es.
C'est dans le besoin qu'on reconnaît ses vrais amis.
L'union fait la force.
Quand le chat n'est pas là, les souris dansent.
Charité bien ordonnée commence par soi même.
Tous les goûts sont dans la nature.
Des goûts et des couleurs, on ne discute pas.
Parlons peu, mais parlons bien.
C'est la goutte qui fait déborder le vase.
Un de perdu, dix de retrouvé.
Autre pays, autre coutume.
C'est l'intention qui compte.
Rien ne sert de courir ; il faut partir à point.
Il faut battre le fer quand il est chaud.
Tant qu'il y a de la vie, il y a de l'espoir.

Il y a un commencement à tout.
La liberté des uns s'arrête là où commence celle des autres.
Il ne faut pas dire « Fontaine je ne boirai pas de ton eau. »
Chat échaudé craint l'eau froide.
Tout est bien qui finit bien.
Mieux vaut tard que jamais.
Tout vient à point à qui sait attendre.

ACTIVITÉS

TEXTE

« Face au Monde ». Opérations humanitaires

L'association réussit à prendre en charge, chaque année, dix à quinze jeunes patients, pour des opérations pointues coûtant de 10 à 15 000 euros.

Depuis 2003, cette association française, spécialisée dans la chirurgie réparatrice du visage, aide des enfants victimes de difformités sévères à retrouver figure humaine et à envisager une vie sociale " comme les autres ".

En sortant de l'hôpital Armand Trousseau, à Paris, la petite Aïcha, seize mois, a esquissé un mince sourire vers sa mère. Le premier depuis son accident survenu plus d'un an auparavant. Cette nuit-là, dans le Sud algérien, une bougie mal éteinte mettait le feu à sa couverture, la brûlant grièvement. Blessée à une main qu'il a fallu amputer, la petite a eu aussi le visage dévoré par le brasier. Les flammes l'ont privée de nez et de paupières, et réduit sa bouche à un petit orifice. Deux semaines après l'intervention chirurgicale à Paris, Aïcha et sa maman ont retrouvé leur famille en Algérie.

« La petite devra revenir régulièrement en France se faire opérer, précise le docteur Gérald Franchi, président de Face au Monde et qui a pratiqué l'opération. *On procède par étapes, car chaque intervention est lourde. Mais peu à peu, elle retrouvera ce « passeport social » qu'est un visage, ce lieu où s'exprime le jeu subtil des sentiments. »*

Aïcha est l'une des dix à quinze jeunes patient(e)s que l'association humanitaire prend en charge chaque année. Tous ces enfants ont vécu une histoire édifiante. Denis, un jeune Roumain de six ans, peut enfin affronter le regard des autres. Il a de nouveau un nez - après qu'un rat le lui a dévoré dans son orphelinat quand il avait six mois –, il a également pu rencontrer une famille adoptive. Les autres se prénomment Louaï, Marita, Mamoud, Viktor... Ils viennent d'Algérie, de Bulgarie, de Sierra Leone, de pays qui ne disposent ni des plateaux techniques ni des compétences humaines pour soulager ces enfants atteints de malformations faciales sévères, de tumeurs de la tête ou de séquelles de traumatismes du visage.

Des interventions hautement spécialisées

Les associations humanitaires ne peuvent pas non plus intervenir sur place, et il coûterait encore plus cher d'envoyer une équipe pluridisciplinaire. La chirurgie réparatrice de la face nécessite, en effet, le plus souvent, la collaboration de neurochirurgiens, plasticiens, stomatologistes, pédiatres, dermatologues, ORL, radiologues, anesthésistes, infirmières spécialisées, interprètes...

Le cas d'Aïcha avait été signalé par un médecin d'origine algérienne travaillant dans la banlieue parisienne. Proche de la famille de l'enfant, il a envoyé une lettre accompagnée de photos suffisamment explicites. " *Ensuite,* explique Gérald Franchi*, on s'est assuré qu'aucune autre solution n'était envisageable, notamment dans le pays d'origine. Puis on a demandé un devis à l'hôpital car les sommes en jeu sont importantes. À raison de 1350 à 2160 euros par journée d'hospitalisation, le traitement de cette petite fille a coûté plus de 10 000 euros...* " Reste la logistique à organiser, notamment l'obtention, pas toujours facile pour certains pays, de visas d'entrée en France...

L'association Face au Monde est née en 2003 de l'implication des médecins du service de chirurgie plastique et maxillo-faciale de la professeure Marie-Paule Vazquez de l'hôpital Trousseau. Auparavant, les enfants comme Aïcha étaient hospitalisés gracieusement par l'Assistance publique des hôpitaux de Paris (APHP). Une question de générosité mais aussi l'opportunité pour ces équipes très spécialisées de chirurgiens de garder la main en opérant des pathologies rares grâce à une batterie de techniques dont certaines ont été mises au point dans les années 1950 à l'hôpital Foch (Suresnes).

Pourtant, en 2003, pour des raisons budgétaires, l'APHP change la donne et la gratuité de l'hospitalisation n'est plus accordée aux petits patients qui ne sont pas couverts par l'assurance maladie française. Du jour au lendemain, ils se voient tenus de débourser entre 10 à 15 000 euros en espèces par intervention. Difficile pour leurs familles, pour ne pas dire impossible, de réunir de tels fonds. " *La création d'une association a été la seule solution permettant de continuer à prendre en charge les enfants en cours de traitement et à en accueillir de nouveaux* ", soutient le Dr Franchi.

Collecte de fonds

Pour faire " face " à de tels engagements financiers, les bénévoles organisent des ventes aux enchères et des tournois sportifs. Nelson Montfort, le parrain de l'association et célèbre journaliste sportif, organise chaque année le trophée " Face au Monde " au golf de Maintenon, près de Rambouillet (en région parisienne). L'occasion de réunir des personnalités, comme le patineur Philippe Candeloro ou l'acteur Stéphane Freiss, mais aussi les invités de grandes entreprises mécènes. Un inconnu a également versé récemment 10 000 euros à l'association.

Outre les interventions chirurgicales, l'argent sert aussi à soutenir des actions de recherche pour les nouveaux traitements des difformités du visage. " *Mais nos ressources sont encore insuffisantes,* assure le Dr Franchi. *Il nous faudrait embaucher un salarié, qui s'occuperait exclusivement de la gestion de l'association et de la recherche de fonds auprès des entreprises ou des fondations...* "

En attendant, une association sœur, *Facing the World*, a été créée à Londres (Grande-Bretagne) par un chirurgien britannique formé à Paris. Une autre devrait voir le jour prochainement en Bulgarie. " *L'idée,* conclut le Dr Franchi*, est de créer un réseau international afin de changer le destin de ces enfants et leur permettre de retrouver un sourire à la vie.* "

Emmanuel Thévenon
Journaliste
Label France n° 68 – Un Tour de France des villes (2007)
www.diplomatie.gouv.fr

TÂCHE

1. *Effectuez la tâche suivante. Incluez tous les détails pertinents en vous basant* ***uniquement*** *sur le texte.*

Écrivez ***au moins*** *100 mots. Ne recopiez pas de longs extraits du texte.*

Vous êtes bénévole de l'association « Face au monde » et désirez récolter de l'argent au profit de cette association dans votre lycée. Rédigez une brochure dans laquelle vous présentez l'association et ses objectifs afin d'encourager les jeunes de votre lycée à contribuer à la collecte.

À FORCE D'ÉCOUTER LA MUSIQUE TROP FORT
ON FINIT PAR L'ENTENDRE À MOITIÉ

TEXTE

RISQUE AUDITIF : À BON ENTENDEUR...

Le saviez-vous ?

L'oreille interne est la partie la plus fragile de l'oreille. Elle est constituée de quelques milliers de cellules ciliées : c'est notre « capital auditif ». Lorsque l'oreille est exposée à un volume sonore excessif, un bruit brutal, des sons aigus, une durée d'écoute prolongée, ces cellules peuvent être abîmées, voire détruites.
Elles ne sont pas réparables, leur destruction est donc définitive.

Le seuil de danger pour l'oreille se situe à 85 décibels. Baladeur MP3, concerts, discothèques... On est souvent exposé à des niveaux supérieurs à 85 décibels, et ce, pendant plusieurs heures. Par exemple :

100 dB = Marteau-piqueur = Baladeur à volume maximum

105 dB = Sirène d'ambulance = Concert ou discothèque

Qui est concerné ?

Tout le monde est concerné !... et d'autant plus si :

- on écoute un baladeur tous les jours ou presque, longtemps et à un volume élevé (c'est-à-dire à plus de la moitié du volume maximum) ;
- on va, même de temps en temps, en concert ou discothèque ;
- on a l'habitude d'écouter de la musique à un volume sonore élevé à la maison, en voiture, dans les transports en commun... ;
- on est musicien et fait partie d'un groupe avec lequel on répète et joue régulièrement.

Quels sont les symptômes ?

À force d'écouter la musique trop fort, trop longtemps, des lésions graves peuvent apparaître… et rester à vie.
Des symptômes comme des bourdonnements, sifflements, sensations d'oreille cotonneuse peuvent apparaître. Ce n'est pas anodin : ces signaux d'alerte indiquent que les oreilles ont souffert de l'exposition sonore.
Une bonne nuit de sommeil ou plusieurs heures au calme sont nécessaires pour récupérer.

Si les symptômes persistent quelques heures après l'exposition ou après une nuit de sommeil, une consultation immédiate chez un médecin ORL ou aux urgences hospitalières est recommandée.

Attention : l'alcool, les médicaments, la fatigue, la drogue rendent moins sensibles au bruit et atténuent la sensation de douleur. On peut avoir tendance à s'exposer plus lorsque la perception du son et de la douleur est diminuée.

Qu'est-ce qu'on risque ?

- Une surdité totale ou partielle qui peut apparaître prématurément et définitivement.
- Des acouphènes : un bourdonnement ou un sifflement entendu tous les jours sans interruption.
- Une hyperacousie qui rend la personne qui en souffre intolérante au moindre bruit.

Ces problèmes peuvent arriver brutalement et à tout âge. Une seule fois peut suffire.

Pour plus d'informations : **www.ecoute-ton-oreille.com**

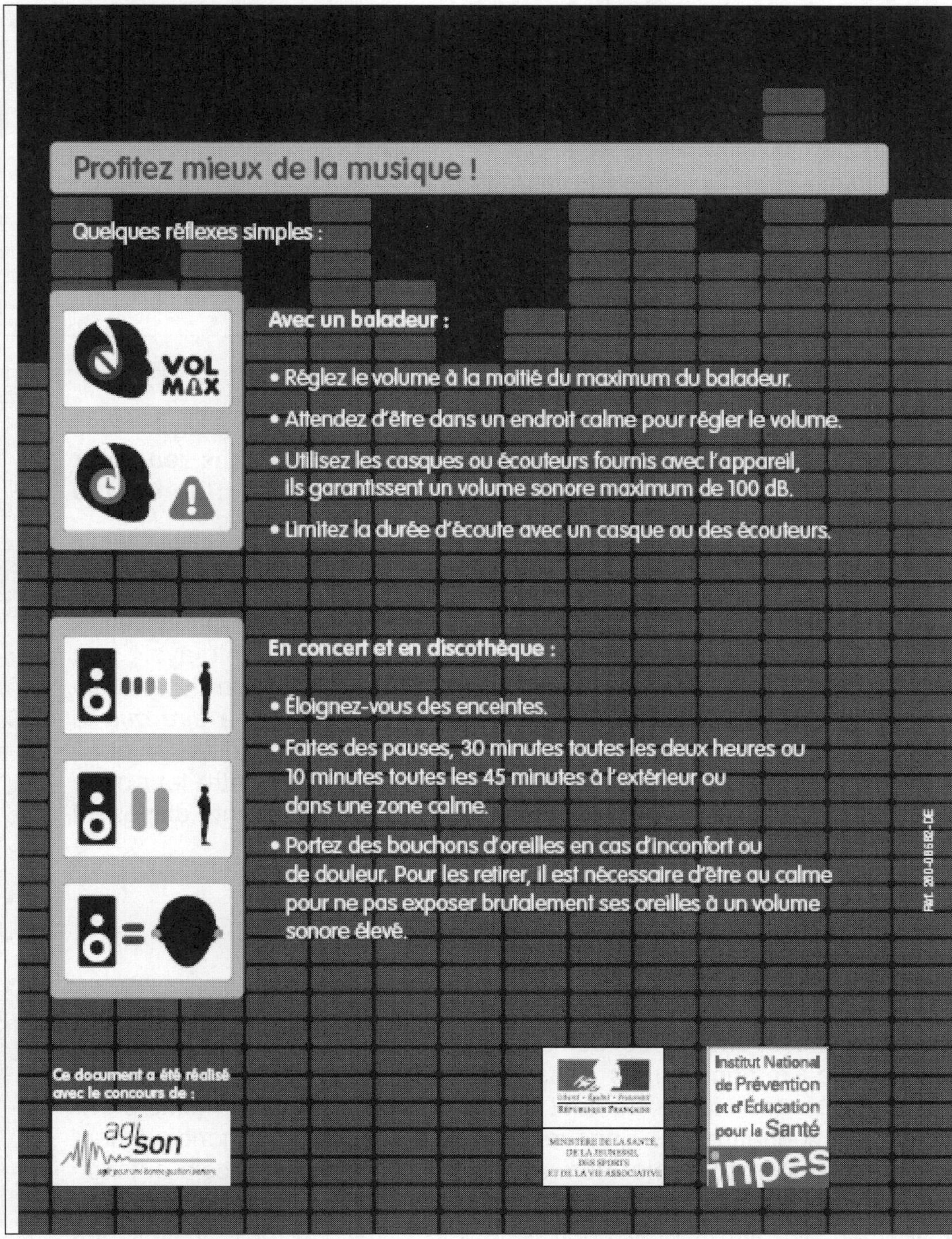

TÂCHES

1. *Effectuez la tâche suivante. Incluez tous les détails pertinents en vous basant* ***uniquement*** *sur le texte.*

Écrivez ***au moins*** *100 mots. Ne recopiez pas de longs extraits du texte.*

Vous avez pris conscience des risques que courent les jeunes en écoutant la musique trop forte. Vous faites un discours pour sensibiliser les étudiants de votre lycée à ce problème. Rédigez le texte de votre discours dans lequel vous expliquez à vos camarades les conséquences d'un tel comportement.

2. *Effectuez la tâche suivante. Incluez tous les détails pertinents en vous basant* ***uniquement*** *sur le texte.*

Écrivez ***au moins*** *100 mots. Ne recopiez pas de longs extraits du texte.*

Vous avez pris conscience des risques que courent les jeunes en écoutant la musique trop forte. Pour le journal de votre école, écrivez un article dans lequel vous expliquez à vos camarades les conséquences d'un tel comportement.

TEXTE

Le français, un atout plus qu'un obstacle

Contrairement aux craintes de certains, on peut étudier en France sans renoncer à l'anglais, tout en apprenant le français, une langue commune à plus de 180 millions de personnes.

En France, on parle français ! Une évidence certes, mais qui implique que, pour profiter au mieux de ses études, un candidat à la mobilité internationale doit avoir une connaissance préalable de cette langue. Néanmoins, précise Béatrice Khaïat, la directrice déléguée d'ÉduFrance, " *tout le monde s'accorde aujourd'hui à dire que le critère de la langue ne doit pas en être un* a priori*. L'idée est de sélectionner les bons candidats et de leur permettre d'apprendre le français* ". Pour ce faire, entre leur prise de décision et le début des cours dans l'établissement choisi, les étudiants disposent de nombreux mois, qu'ils peuvent mettre à profit.

[...]

Le français, langue internationale

Mais pourquoi faire tous ces efforts, se demanderont certains, alors qu'ils parlent l'anglais et que la Grande-Bretagne ou les États-Unis sont très ouverts aux étudiants étrangers ? Outre de suivre des études de haut niveau pour un coût bien moins élevé ou d'avoir le plaisir de connaître une langue dont la richesse est mondialement reconnue, parler le français comporte plusieurs avantages. Tout d'abord, cela autorise l'accès à des filières dont l'excellence n'est plus à démontrer et qui offrent de véritables opportunités sur le marché international du travail, telles, par exemple, celles des grandes écoles ou des facultés de médecine. Ensuite, et cela peut paraître paradoxal, mais c'est bien dans la mesure où, contrairement à l'anglais, tout le monde ne parle pas le français que le maîtriser devient un atout supplémentaire pour son avenir professionnel. Car le français, ne l'oublions pas, est la langue maternelle ou le second idiome de 181 millions de personnes à travers le monde, et est appris par 82,5 millions d'autres. Il est de plus l'une des langues officielles et de travail des organisations internationales et principales enceintes multilatérales (Organisation des Nations unies, Union européenne, Organisation du traité de l'Atlantique-Nord, Conseil de l'Europe...).

Il constitue, en outre, le lien fondateur des 56 pays " *ayant le français en partage* ", réunis au sein de l'Organisation internationale de la francophonie (OIF). Avec celle-ci, le français bénéficie donc d'une institution attentive à son essor et qui, de plus, est animée par la volonté que ce partage de la langue se double de celui de valeurs communes, dont la défense de la diversité linguistique et culturelle. Soucieux de soutenir le plurilinguisme, le ministère français des Affaires étrangères mène aussi, quant à lui, une politique active de promotion de la langue française, notamment *via* le réseau des 151 centres et instituts culturels et des 283 alliances françaises. Objectif : conforter le français comme grande langue de communication internationale, alliant culture et modernité.

Venir en France n'implique pas pour autant de renoncer à l'anglais, voire à d'autres langues. L'enseignement de haut niveau de la langue de Shakespeare est en effet intégré à de nombreux cursus, et en particulier à ceux qui sont liés aux études de sciences, d'agriculture et de management.

[...]

ÉduFrance a d'ailleurs mis en ligne un catalogue des quelque 300 formations en anglais proposées dans des domaines variés (arts/design/mode, droit, commerce, littérature, sciences de l'ingénieur, tourisme, environnement...) et recense les enseignements bilingues français-anglais, et dans d'autres langues.

Ainsi, tout en suivant, par exemple, un cursus en anglais, les étudiants peuvent s'immerger dans un environnement leur permettant d'apprendre également, au quotidien, le français. De la sorte, ils accèdent à l'immense patrimoine littéraire et culturel de la France, mais aussi profitent de son célèbre art de vivre, de sa riche vie sociale et artistique, et découvrent d'autres approches des grands enjeux actuels politiques, philosophiques, éthiques... Enfin, la France étant au cœur de l'Europe, quelle meilleure passerelle pour partir à sa découverte ?

Florence Raynal
Journaliste
Label France n° 62 – Étudier à la française (2006)

TÂCHES

1. *Effectuez la tâche suivante. Incluez tous les détails pertinents en vous basant **uniquement** sur le texte.*

*Écrivez **au moins** 100 mots. Ne recopiez pas de longs extraits du texte.*

Vous étudiez en France et vous faites partie du comité des étudiants étrangers. Vous souhaitez promouvoir l'éducation française auprès des étudiants étrangers. Vous rédigez une brochure dans laquelle vous exposerez les avantages (personnels, académiques et professionnels) d'étudier en France.

2. *Effectuez la tâche suivante. Incluez tous les détails pertinents en vous basant **uniquement** sur le texte.*

*Écrivez **au moins** 100 mots. Ne recopiez pas de longs extraits du texte.*

Vous étudiez en France depuis un an et vous êtes très satisfait de votre choix. Vous écrivez une lettre à un ami, dans laquelle vous exposerez les avantages (personnels, académiques et professionnels) d'étudier en France.

Angers, exemple de ville durable

En quelques années, la cité de la région des Pays de la Loire est devenue une référence européenne dans l'art de concilier environnement, économie et social, les trois piliers du développement durable.

C'est pour repenser la ville au présent et inventer celle du futur qu'Angers s'est résolument engagée, dès les années 90, dans le développement durable, après des décennies de croissance urbaine générale non maîtrisée.

En 1996, elle s'investit dans l'élaboration d'un " agenda pour le XXIe siècle " qui reprend le programme d'actions évoqué au Sommet de la terre de Rio (1992). En 1999, elle crée une mission sur le développement durable puis se dote de véhicules peu polluants, impose des clauses liées à l'environnement ou à l'insertion dans les marchés publics, prône la responsabilité écologique pour les commandes publiques, gère sans engrais ni pesticides dangereux ses nombreux espaces verts, et met en service la plus grande usine d'Europe de production d'eau potable équipée d'un procédé novateur d'ultrafiltration... En 2007, elle inaugure le centre régional Grand Ouest de traitement des déchets d'équipements électriques et électroniques (D3E), qui répond aux besoins de 27 départements et de 14 millions d'habitants.

Angers est une des premières villes de France à avoir adopté la démarche HQE® (Haute qualité environnementale) pour la rénovation ou la construction de bâtiments municipaux. Cette démarche, qui permet de concilier confort et maîtrise des dépenses énergétiques, a été notamment appliquée au centre de maintenance du tramway. Demain, l'énergie d'une station de dépollution sera produite sur place à partir de panneaux solaires et par méthanisation des boues. Trois quartiers, regroupant 10 000 logements neufs, bénéficient également du label HQE®.

Modes de déplacements doux

Située à la confluence de quatre rivières et d'un fleuve prestigieux, la Loire, Angers se prépare activement à reconquérir ses berges, occupées depuis les années 1970 par une autoroute qui coupe la ville en deux. Ces grands travaux d'urbanisme se conjuguent avec le développement des transports en commun et des modes de déplacements doux.

En attendant l'ouverture de la première ligne de tramway en 2009, les Angevins peuvent déjà emprunter l'une des 1000 bicyclettes mises à leur disposition gratuitement. L'occasion de découvrir l'environnement exceptionnel dont jouit l'agglomération, entre château médiéval et espaces naturels. Quelques minutes suffisent pour, du centre-ville, se rendre à l'île Saint-Aubin et ses 600 hectares inondables, lieu de la migration des oiseaux d'eau.

Agir ici et ailleurs

Consciente que le développement durable ne s'arrête pas au respect de l'environnement mais passe par l'adhésion de la population, Angers a pris l'habitude de consulter ses habitants sur les projets touchant à leur vie quotidienne.

TEXTE

Enfin, depuis trente ans, Angers consacre 0,5 % de son budget annuel d'investissement à un partenariat très concret avec la ville de Bamako, au Mali : une première en France qui permet une coopération fructueuse en matière d'environnement, de formation, mais aussi dans les domaines de l'eau, de l'assainissement et du traitement des déchets.

Emmanuel Thévenon
Journaliste
Label France n° 68 – Un Tour de France des villes (2007)

TÂCHES

1. *Effectuez la tâche suivante. Incluez tous les détails pertinents en vous basant **uniquement** sur le texte.*

*Écrivez **au moins** 100 mots. Ne recopiez pas de longs extraits du texte.*

Vous avez lu cet article sur la ville d'Angers et vous avez été impressionné(e) par les mesures mises en places dans cette ville. Ecrivez une lettre au maire de votre ville dans laquelle vous lui proposez de mettre en place des mesures similaires pour encourager le développement durable.

2. *Effectuez la tâche suivante. Incluez tous les détails pertinents en vous basant **uniquement** sur le texte.*

*Écrivez **au moins** 100 mots. Ne recopiez pas de longs extraits du texte.*

Vous habitez à Angers depuis un an et vous êtes impressionné(e) par les mesures mises en places dans cette ville. Vous écrivez un e-mail à un ami dans laquelle vous expliquez comment Angers s'engage dans le développement durable.

Des vacances pour apprendre

TEXTE

Si paresser au soleil ou à l'ombre d'un arbre, un bon roman à la main, ne vous suffit pas et que vous ayez envie de mettre à profit une partie de votre temps libre pour explorer un nouveau centre d'intérêt ou perfectionner une passion, pensez aux stages de courte durée et aux séjours à thème.

Ne "rien" faire pendant les vacances vous effraie ? Consacrez une semaine de vos congés à l'étude. Des séjours studieux, il en existe de toutes sortes et dans toute la France.

Ainsi, des propriétaires d'hébergements (notamment de gîtes ou de chambres d'hôtes dans des fermes) proposent aux vacanciers des séjours ou des week-ends pour apprendre une variété de loisirs, de la poterie à la cuisine en passant par le yoga, la relaxation, etc. Compter de 70 à 180 € par personne pour un stage de deux ou trois jours et entre 300 et 500 € pour une semaine (hébergement, repas et fournitures pour l'activité inclus).

Du goût et de la création

Autour de la gastronomie, de l'œnologie et de la cuisine, on peut (presque) tout apprendre : faire son pain, du fromage de chèvre, préparer le cochon en Bourgogne, le foie gras ou le confit de canard dans le Gers, découvrir les premiers rudiments de l'œnologie en Gironde, mettre la main à la pâte feuilletée ou brisée en Bretagne...

Si la culture et le patrimoine vous passionnent, vous serez tenté par les ateliers d'écriture ou de chant dans les Cévennes, une initiation à l'astrologie dans le Var, au jardinage en Seine-Maritime ou à la préhistoire dans le Périgord...

Si ce sont les activités manuelles qui vous attirent, tournez-vous vers les loisirs créatifs : marqueterie et restauration de meubles anciens en Normandie, poterie dans les Cévennes, travail du cuir ou du fer en Ardèche, tapisserie d'art ou art floral dans le Lot, pastel dans le Morbihan, peinture dans le Pas-de-Calais, sculpture dans l'Hérault, filage de la laine en Auvergne, rando croquis et aquarelle dans la Vanoise, mosaïque dans le Gers...

Un chantier pour les jeunes et les moins jeunes

Même sans aucune expérience de la taille de la pierre, du travail du bois, de la peinture, du jardinage, pourquoi ne pas participer à la restauration d'un château, d'une chapelle, d'une abbaye, d'un lavoir, d'un jardin, d'un moulin, d'un chemin ou d'une locomotive ?

Il y en a pour tous les goûts, partout en France et même à l'étranger. L'expérience s'adresse plus particulièrement aux étudiants (de 18 à 25 ans), mais elle concerne aussi les plus jeunes (de 13 à 18 ans), voire les adultes, sans limite d'âge cette fois. Il suffit d'avoir envie de partager travail et vie communautaire pendant une quinzaine de jours avec un petit groupe, de découvrir des savoir-faire ancestraux.

Bouger... en rythme

Enfin, si vous éprouvez le besoin de dépenser votre énergie, laissez-vous entraîner dans des ateliers de danse, de yoga ou de tai-chi.

Jacqueline, férue de danse orientale, se pose en adepte des stages : "Le temps d'un week-end ou pendant une semaine de vacances, j'en ai suivi beaucoup. On est davantage concentré pendant un stage ; ce que l'on apprend dans la journée mûrit pendant la nuit et se met en pratique dès le lendemain, sans avoir à attendre une semaine. On n'a pas le temps d'oublier".

"En plus, pratiquer ce que l'on aime avec des personnes qui apprécient la même chose, ça crée des liens. À condition d'arriver prêt à s'ouvrir aux autres, car c'est aussi une expérience de vie en groupe. C'est en tout cas un bon moyen de se faire des amis, surtout parce qu'on peut prendre les repas ensemble, et parfois partager un hébergement", ajoute-t-elle.

Elle raconte avoir testé un stage "multiactivités", qui permet de découvrir d'autres pratiques, à tester l'année suivante. "J'ai ainsi essayé la danse afro-brésilienne, la danse baroque, les danse écossaise, grecque... Ma fille s'est initiée au chant alors qu'elle était venue pour un stage de flûte", s'enthousiasme-t-elle.

Voyages scientifiques

Avoir à portée de main un scientifique du Muséum national d'histoire naturelle, du CNRS, un universitaire ou tout simplement un spécialiste (glaciologue, préhistorien, écologue, océanologue, ornithologue ou botaniste), voilà un luxe rendu possible grâce à Escursia, un tour-opérateur qui organise des voyages scientifiques dans les contrées lointaines mais aussi en France, le temps d'un grand week-end (comptez entre 215 et 350 € par personne).

Jean-Marcel Morel, volcanologue, accompagne ainsi les voyageurs pour des balades de 5 à 7 km par jour autour des volcans d'Auvergne : "Notre objectif, en deux journées et demie, consiste à sensibiliser les voyageurs, petits et grands, à ce qui supporte la faune et la flore, c'est-à-dire la terre. Je leur fournis les premiers rudiments du langage des roches. Comment, avec ses cinq sens, apprendre à les connaître : remarquer un affleurement, les toucher, les sentir, les écouter et même les goûter. Une roche qui absorbe la salive nous renseigne sur sa porosité..."

"En présence d'un public mixte, il faut savoir s'adapter, rendre les choses ludiques pour les enfants, livrer davantage d'informations pour ceux qui possèdent plus de connaissances. Au début, les gens sont un peu timides, puis, à la fin, ils posent et se posent beaucoup de questions. Ils n'abordent plus le paysage de la même façon et remarquent ce qu'ils n'auraient jamais observé auparavant. Nous évoquons aussi les risques volcaniques, l'utilisation des minerais, etc. Si c'est enrichissant pour eux, ça l'est pour moi aussi : je vois les blocages et apprends à mieux communiquer les sciences de la Terre", observe-t-il.

www.dossierfamilial.com
Publié le mercredi 16 avril 2008

TÂCHE

1. *Effectuez la tâche suivante. Incluez tous les détails pertinents en vous basant **uniquement** sur le texte.*

*Écrivez **au moins** 100 mots. Ne recopiez pas de longs extraits du texte.*

Certains parents ont des difficultés à convaincre leurs adolescents à partir en vacances en famille. Vous êtes animateur dans un lycée et on vous demande de faire un discours afin d'aider ces parents à organiser des vacances familiales inoubliables! Écrivez votre discours en vous aidant des suggestions proposées dans le texte.

La fête des voisins

LES 10 CONSEILS POUR RÉUSSIR VOTRE FÊTE

1 . Parlez-en à vos voisins
Ne préparez pas la fête tout seul dans votre coin. Le meilleur moyen de faire venir du monde à la Fête des voisins c'est d'en parler autour de vous et d'impliquer vos voisins dans la préparation. Plus vous serez nombreux à préparer la fête, plus le bouche-à-oreille fonctionnera. Répartissez-vous les tâches, partagez les projets, discutez-en. Cette préparation en commun c'est déjà un peu la fête !

2 . Soignez la publicité
Récupérez des affichettes dans un Monoprix, dans votre mairie (si elle est partenaire d'Immeubles en fête) ou sur notre site web pour les disposer dans le hall de votre immeuble, sur les portes d'entrées et dans les ascenseurs.
Téléchargez sur notre site les tracts et les invitations que vous pourrez personnaliser (date, heure et lieu de l'apéritif).

3 . Trouvez le bon lieu

Prévoyez de tenir la fête dans les parties communes de l'immeuble (cour, entrée, hall, porche, jardin...) plutôt que dans l'appartement d'un habitant. Ce sera moins intimidant pour les gens qui ne connaissent pas grand monde dans l'immeuble.
Si vous n'avez aucun lieu disponible dans l'immeuble, il est possible de faire cela sur le trottoir ou dans la rue : attention aux problèmes de sécurité et... de voisinage. Pensez à prévoir des solutions de repli en cas de mauvais temps.

4 . Installation

Pensez au matériel pour installer un buffet (tréteaux et planches, tables) mais aussi à des sièges, notamment pour les personnes âgées.

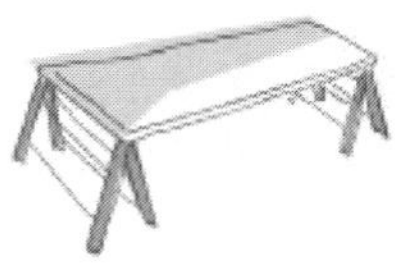

5 . Le boire et le manger

Tous les goûts sont dans la nature ! Prévoyez donc des boissons avec et sans alcool. Les punch et autres sangria sont en général appréciés pour leur côté festif. Prévoyez aussi de quoi grignoter : biscuits apéritifs, légumes crus, charcuteries, amuse-gueule.
Le mieux est que chacun apporte sa contribution à la constitution du buffet.

6 . N'oubliez pas les enfants !

Les enfants sont toujours bon public pour les fêtes. Ne les oubliez pas dans l'organisation : nourriture adaptée, boisson sans alcool, bonbons, ballons, etc.

7 . N'hésitez pas à faire connaissance

Le jour de la fête, ne restez pas dans votre coin. Le but est de mieux connaître ses voisins, alors faites le premier pas et présentez-vous. Les timides vous en seront reconnaissants.
Si votre immeuble ou votre résidence est très grand, imaginez des étiquettes pour indiquer le nom de chacun.

8 . Participez vraiment

Ne soyez pas spectateur mais acteur de la fête. Impliquez-vous dans l'organisation et mettez-vous à la place des autres. Imaginez des solutions pour ceux qui sont gênés pour participer : garde d'enfants, maladie, handicap.

9 . Soignez l'ambiance

Pensez aussi à la décoration (guirlandes, fleurs, plantes) et à la musique. Mais attention à ne pas importuner les voisins qui ne participeraient pas à la fête. Ce n'est pas le jour pour se fâcher avec votre entourage !

10 . Ce n'est qu'un début

La fête des voisins est un début, un premier pas pour mieux vivre dans son environnement quotidien. Qu'elle soit une occasion pour démarrer des projets en commun, pour rompre avec l'anonymat et l'isolement.

Inscrivez-vous pour notre nouveau projet VOISINS SOLIDAIRES dans la continuité de la Fête des Voisins
www.voisinssolidaires.fr

www.immeublesenfete.com

TÂCHE

1. *Effectuez la tâche suivante. Incluez tous les détails pertinents en vous basant* ***uniquement*** *sur le texte.*

Écrivez ***au moins*** *100 mots. Ne recopiez pas de longs extraits du texte.*

Vous avez organisé une fête des voisins. Écrivez une lettre à un ami dans laquelle vous lui racontez ce que vous avez fait pour réussir votre fête des voisins.

TEXTE

Il est toujours pendu au téléphone !

Tous les parents enragent de voir leur facture augmenter brutalement lorsqu'un des enfants atteint l'âge de l'adolescence. " Que trouvez-vous encore à vous dire ? Vous vous êtes vus toute la journée " ! C'est souvent le seul argument des parents, excédés par l'occupation permanente de leur ligne. Patience ! Cette manie peut durer quelques années. Elle atteint son apogée entre 13 et 16 ans, puis s'estompe lorsque l'adolescent commence à sortir.

C'est grâce aux autres qu'on devient soi-même et, c'est pourquoi l'amitié a beaucoup d'importance. Avec ses amis, on parle, on se livre, on exprime des sentiments et on crée des liens. A l'adolescence, on découvre qu'il est bon de ne plus se sentir seul, c'est-à-dire le seul de son espèce dans la cellule familiale. Il est donc indispensable pour la majorité des adolescents, qui rentrent de l'école, de passer des heures à bavarder avec les copains ou les copines qu'ils viennent de quitter.

Pourquoi ne peuvent-ils pas s'en passer ?

L'adolescent a besoin de garder un contact permanent avec ses copains et de se sentir lié en continu avec son confident ou sa confidente, voire avec son groupe d'amis. Le téléphone comble l'impossibilité de se déplacer et raccourcit les distances. En cas de coup dur, il lui est essentiel de pouvoir communiquer l'angoisse qu'il ne peut pas garder en lui. Il a besoin d'un conseil : il téléphone. Il a besoin tout simplement de parler : il téléphone. Il se sent seul : il téléphone. Toutes les excuses lui sont bonnes pour décrocher le combiné.

Le téléphone, gage d'intimité

Le téléphone, c'est aussi un moyen très intime de communiquer. L'adolescent se sent parfaitement à l'aise pour parler de sujets qu'il n'oserait pas aborder autrement, et ce, même avec ses amis. Ce qui s'échange au téléphone est de l'ordre de l'intimité ou du ragot, en tout cas de ce qu'on doit se cacher pour dire: on ne voit pas qu'il rougit, transpire ou qu'il a peur. C'est également un moyen de s'évader de la maison tout en y étant confortablement installé, d'échapper quelques instants au contexte familial.

Que faire pour réduire sa facture ?

Les adolescents souvent peu bavards en famille le sont extrêmement au téléphone, ils disent à leur meilleur ami tout ce qu'on ne dit pas à ses parents. Cette attitude vous exaspère : d'une part, vous aimeriez faire partie de la confidence et d'autre part diminuer vos factures... Si l'on ne peut pas empêcher les adolescents de téléphoner à leurs copains, on peut néanmoins fixer des limites et des règles. Il faut les responsabiliser en leur donnant des limites de temps, ils doivent être capables de dire ce qu'ils ont à dire en un temps donné. Un autre bon moyen est de compter, à l'aide d'une facturation détaillée, le montant des dépenses de votre adolescent. Constater concrètement de quelle somme ses coups de fil grèvent le budget familial, lui fera peut être prendre conscience qu'il exagère un peu.

Offrez-lui un portable !

S'il ne fait aucun effort et ne diminue toujours pas son temps de parole, faites-le participer aux factures et déduisez de son argent de poche le prix des communications. Si rien ne marche, offrez-lui un téléphone portable avec un système de carte. Il devra acheter une carte pour pouvoir utiliser son téléphone (avec son argent de poche !). C'est un bon moyen de le responsabiliser : il devra gérer ses consommations car une fois la carte épuisée et l'argent de poche dépensé, il ne pourra plus téléphoner. Cela est efficace, à condition de ne pas céder sur l'utilisation de la ligne familiale !

Attention, un adolescent qui passe trop de temps au téléphone veut peut-être attirer votre attention sur le manque d'espace de communication à la maison. A vous d'essayer de renouer les liens.

Agnès Bolleau
http://www.doctissimo.fr

TÂCHES

1. *Effectuez la tâche suivante. Incluez tous les détails pertinents en vous basant **uniquement** sur le texte.*

*Écrivez **au moins** 100 mots. Ne recopiez pas de longs extraits du texte.*

Vos parents ont pris des mesures pour limiter le temps que vous passez au téléphone. Exaspéré(e), vous rédigez une page de votre journal intime où vous mentionnez ces mesures et expliquez pourquoi vous avez tant besoin du téléphone.